国家社科基金
GUOJIA SHEKE JIJIN HOUQI ZIZHU XIANGMU
后期资助项目

校园心理剧的理论与实践

郭 成 刘衍玲 著

科 学 出 版 社
北 京

内 容 简 介

校园心理剧作为一种深受师生喜爱的心理健康教育方式，通过角色扮演和情景模拟，让师生共同探索和表现校园生活中的冲突与美好。这种形式不仅激发了参与者的创造力，还巧妙地融合了文学、音乐、美术和舞蹈等多种艺术元素，为校园生活增添了艺术光彩。

本书以通俗易懂的方式深入探讨了校园心理剧的理论基础和实践方法，为教师提供了从构思到实施的详尽指导，不仅是教师实施校园心理剧的实用指南，也是开展学校心理健康教育、提高学生心理素质和丰富学校文化生活的有效工具。

本书既适用于大学、中学、小学的学校领导和教师，尤其是心理辅导教师等参阅，也可供其他对校园心理剧感兴趣的读者阅读。

图书在版编目（CIP）数据

校园心理剧的理论与实践 / 郭成，刘衍玲著. -- 北京 ：科学出版社，2024. 11. -- ISBN 978-7-03-080394-8

Ⅰ. G444

中国国家版本馆 CIP 数据核字第 20244CK398 号

责任编辑：朱丽娜　冯雅萌 / 责任校对：王晓茜
责任印制：徐晓晨 / 封面设计：润一文化

科学出版社出版
北京东黄城根北街 16 号
邮政编码：100717
http://www.sciencep.com
北京中石油彩色印刷有限责任公司印刷
科学出版社发行　各地新华书店经销
*
2024 年 11 月第　一　版　开本：720×1000　1/16
2024 年 11 月第一次印刷　印张：25 3/4
字数：420 000

定价：139.00 元

（如有印装质量问题，我社负责调换）

国家社科基金后期资助项目
出版说明

后期资助项目是国家社科基金设立的一类重要项目，旨在鼓励广大社科研究者潜心治学，支持基础研究多出优秀成果。它是经过严格评审，从接近完成的科研成果中遴选立项的。为扩大后期资助项目的影响，更好地推动学术发展，促进成果转化，全国哲学社会科学工作办公室按照“统一设计、统一标识、统一版式、形成系列”的总体要求，组织出版国家社科基金后期资助项目成果。

全国哲学社会科学工作办公室

前　言

人生就是一台戏！每个人从一出生就是自己生命的主角，并拥有各自的舞台来演绎自己生命的精彩。然而，在现实生活中，很多人可能没有机会、时间和能力将自己内心深处的感觉淋漓尽致地在其生活历程中表达出来。心理剧就是一个载体、一种方式，个体可以透过舞台上角色的演绎表达，舞台下观众的互动共鸣，借由剧中的人、事、物抒发自己生活的思、悲、喜……它让人们有了更广阔的视野、空间和手段来表现人、了解人、影响人。校园心理剧作为一种基于心理剧相关理论和技术的发展性团体心理辅导活动，是近年来新兴的一种生动有效、广为学生喜爱的学校心理健康教育形式。它通过把学生在学习、生活、交往和自我成长中的烦恼、困惑与收获等问题编成剧本，以角色扮演、情景对话、内心独白等方式在舞台上进行表演，以此表现和解决学生的心理困扰与问题，因而是一种自主教育活动。学生正是在这种自创、自编、自导、自演的自主过程中潜移默化地学会自我认知、自我调适、自我控制与自我接纳，进而促进其心理健康发展。

校园心理剧是让校园里的师生通过角色扮演的方式来表演别人故事的一种教育性戏剧活动。首先，它是一种剧，即戏剧。戏剧强调的是人物之间的心理冲突和矛盾。在校园心理剧中，人物与人物之间、人物与事件之间因心理需求不同和情境变化而展开的心理冲突、矛盾和斗争被称为戏剧冲突。校园心理剧总是由一个心理冲突的提出、发展和解决而得到完成的。同时戏剧又是一门艺术，它是通过语言、动作、舞蹈、音乐、灯光等形式达到叙事目的的一种舞台表演艺术，是由演员通过扮演角色在舞台上当众表演故事情节的一种综合艺术。因此，校园心理剧正是以其形象生动的艺术感染力吸引学生主动参与，并产生显著影响力。其次，它是校园的，即心理剧的主题、内容总是与校园中的人物、生活紧密相关，反映的总是学生们在学校生活、学习生活中那些与自我成长和发展相关联的事件及人物，所以，校园心理剧总是基于校园、在校园中、为了校园的。因为内容的现实性、表达的创造性和表现的艺术性，校园心理剧受到学生的青睐，容易引起学生的思想和情感共鸣。最后，它是心理的，即强调通过参与者的身心表达来展现心理问题，解决心理问题，进而提升参与者的心理素质。参与者的身心表达至关重要。表达什么？表达的是情绪情感、思想观念（认识想法）、主观愿望。表达的作用在于由内而外地展示、倾诉、释放和沟通，以抚慰情绪、整合认知、调整行为。如何表达？强调的是表达方式的综合性，即语言、姿态、表情、动作等全身心的活动。因此，这种以心理冲突为线索来促进参与者包括观众的心理发展和成长的校园心理剧又被称为“心灵演出”的干预活动。

笔者自2000年开始探索校园心理剧，指导研究生刘冬威创编排演的大学生校园心理剧《成长风暴》在大学校园引起了强烈反响并在很多高校巡回演出。20多年来，笔者及团队成员结合学校心理健康教育的实践，先后在全国各地大中小学推广校园心理剧活动，指导校园心理剧的构思和实施，积累了实践经验。其间，我们不仅深感这种形式备受学生喜爱，效果奇特，更意识到要充分发挥校园心理剧的育人功能，有效实施校园心理剧，这既是一个值得探究的理论问题，又是一个亟待解决的实践课题。为此，本书从学校心理健康教育着眼于学生心理素质发展和心理健康促进的视角，围绕校园心理剧的理论与实践这一核心问题，结合心理剧的理论与技术、精神分析与认知疗法的思想、团体动力与辅导的理论和方法、戏剧艺术与审美的理论和方法，探讨了校园心理剧的理论基础、作用机制和具体技术，建构了校园心理剧有效实施的实践模式，并通过丰富的案例生动地诠释了各种技术的运用及其条件。在理论基础方面，本书深入阐述了校园心理剧的理论来源与发展、作用原理与功能、理论应用与具体操作；在构成要素方面，本书逐一介绍了校园心理剧的结构要素、设计策略与技术操作；在实操方面，本书重点探讨了校园心理剧的准备工作、剧本创作、排练和演出的操作流程与方法；在效果评价方面，本书深入剖析了校园心理剧对学生心理素质及心理健康的影响。

全书内容包括三个板块，第一板块主要涉及校园心理剧概述、基础理论与一般原理，具体包括第一至四章；第二板块主要涉及校园心理剧的实践操作和具体技术，具体包括第五至八章；第三板块主要涉及校园心理剧的效果评价与检验，具体包括第九章和第十章。我们相信，这些探索对于深化校园心理剧的理论，提高学界对校园心理剧作用机制的认识，尤其是对于指导中小学教师有效设计、组织和实施校园心理剧活动，具有重要的理论意义和实践价值。

本书由郭成、刘衍玲统稿。在书稿的形成过程中，硕士与博士研究生武婷婷、邓颜彦、李司泽、谭永芳、王思怡、缪华灵、张瑶瑶、王蝶、陈子豪、王靖萱、李晴、史明鑫、余宾、赖佳慧、黄可儿、王晨羽、龙雨、姚奕、张伊娉、韩嘉钰、吴蕊婷参与了部分章节的资料收集与整理工作，成都市建筑职业中专校的江燕、马全芝、钟钰、徐林、蓝海、李让秀、赵恭伟参与了部分章节初稿的修改与案例补充工作。书中还引用了我们指导的成都市建筑职业中专校、重庆市九龙坡职业教育中心、重庆市北碚区中山路小学的校园心理剧实践案例。成都市建筑职业中专校的宋良智、刘茂秋、刘泸生，成都市成华区教育科学研究院李翔，成都市教育科学研究院德育心理教育研究所曹璇，重庆市九龙坡职业教育中心的刘生亮、张洪、陈玲，重庆市北碚区教师进修学院的饶英等对我们在中小学广泛而持续地推动和实施校园心理剧活动给予了大力支持。同时，本书在写作过程中广泛借鉴和吸收了国内外同行的已有研究成果，在此一并致谢！

由于笔者水平有限，书中疏漏之处在所难免，敬请各位读者批评指正。

郭成于西南大学

2024 年 6 月 30 日

目　录

第一章　校园心理剧概述

人生如戏！从出生开始，我们就有了自己的舞台，来演绎生命的精彩。在这部生命剧中，我们自己是主角，喜乐忧伤、悲欢离合尽在生命的旅途中缓缓铺开。当然，现实生活中，我们可能缺乏机会、时间和能力，将自己内心深处的感受淋漓尽致地释放出来。心理剧作为一种表演形式，为我们直面、体验和表达内心情感提供了载体。通过扮演剧中的角色，我们能够借助这个中间地带，抒发自己生活的悲与喜。在心理剧中，我们可以通过演员的角色扮演，真实地体验到角色所经历的喜怒哀乐，感受他们的情感和困惑。观众也可以透过这些角色的表演，找到与自身类似的经历，引发认知的启发与领悟，获得情感的认同和共鸣。心理剧的一个重要作用是让我们能拥有更广阔的视野，且能更深入地理解生命的意义。

校园心理剧是指以校园生活为背景，通过呈现学生在学习、情感、人际关系等方面遇到的心理问题，传达积极向上的价值观念和心理健康教育的理念，提高学生心理素质，维护心理健康的一种教育活动。校园心理剧作为一种特殊形式的情景剧，在我国校园内具有广泛的影响力。其主要任务是引起学生对心理问题的思考，并向他们传递科学的心理健康知识和解决问题的方法。校园心理剧通常由学生自己创作和表演，注重直接面对观众的互动，以此增强剧目的说服力和实效性。

校园心理剧的题材非常丰富，包括学业压力、成长困惑、父母期望、青春恋爱、自我认同、友谊与背叛等内容。通过这些题材，校园心理剧可以展现出学生们日常生活中的真实情境，使观众能够更好地跟随角色的情感经历和变化，从而产生共鸣，加深他们对心理问题的理解和思考。除了呈现观众熟悉的情境以外，校园心理剧还注重在剧情中夹杂相关的心理教育元素，包括心理学知识科普、问题解决技巧等。例如，如果剧情描述了一个学生遇到学习压力过大的问题，就可以在适当的时候加入一些相关的心理健康知识，以提醒观众及时关注并适度调整自己的学业负担的重要性。此外，校园心理剧经常通过互动方式与观众产生联系，这种互动不仅是指场下观众的鼓掌、问答等，更重要的是引导观众主动参与，通过共同思考和讨论以对心理问题有更全面和更深入的认知。通过这种方式，校园心理剧可以直接触及观众内心，激发他们积极探索和反思的热情。在校园心理剧中，观众可以通过观看、参与和讨论等方式，全面认识各种心理问题，并学习如何处理和应对这些问题。它不仅提供了一种娱乐形式，还是一种教育、启发和引导工具。通过校园心理剧的魅力，我们能够更全面地了解自我，在不同的角色和情节中体验生命的多样性，以及在困境中找到自身的成长路径。

校园心理剧为我们开启了一扇通往内心世界的大门，透过这个窗口，我们能够更加真实地认识自己、理解他人，拓展自己的视野和思维，实现心理健康的发展。总之，校园心理剧是一种既有艺术表现形式，又有心理教育功能的团体辅导活动，是一种探索内心、理解自我和他人的重要工具。让我们走进人生的舞台，用戏剧的形式演绎出生命的精彩。

关键概念

心理剧：心理剧是一种心理治疗方法。它是一种借助舞台戏剧的表演形式来表达人物心理状态和情绪问题，从而促进人们反思自己的问题，帮助人们获得心灵成长的团体心理治疗活动。在心理剧中，参与者扮演某种人物角色，以自发表演的形式把自己的心理矛盾和情感问题展现出来，从而达到宣泄情绪、消除内心压力、降低自卑感的效果，还能提高当事人适应环境、战胜危机的能力。

校园心理剧：校园心理剧是一种针对学生心理发展问题的团体心理辅导活动。它借鉴了心理剧的相关理论和技术，通过角色扮演、情景对话、内心独白等方式，将学生在校园生活、学习和社交中面临的烦恼和困惑等编写成剧本，并由学校师生共同表演。这种活动旨在表达和解决学生的心理问题，同时发展其心理素质，提升其心理健康水平。

自发性和创造性：自发性和创造性是心理剧理论的两个核心概念。自发性指的是在当下、现场发生的，能够激发个人对新旧情境做出适当反应并具有创造性的能力。创造性是指个体在自发性能量的驱动下，运用智慧生成新颖、独特且富有价值的想法、方法或作品的能力。自发性作为一种能量，可以激活每个人的智慧，并为创造性活动提供推动力。

感应和会心：感应与会心是心理剧的两个关键概念，描述了观众与表演者之间在心理剧表演过程中的情感交流和内心共鸣。感应是指对他人洞察和领悟的感觉，即在心理剧中，演员通过语言、肢体语言、表情和声音等传达角色的情感和故事，观众在观看心理剧时，通过视觉、听觉等感官接收到直接刺激，这些刺激触发了他们的情感反应，从而产生情感上的共鸣。会心则表示两个主观世界相遇并相互了解的过程，即观众在感应的基础上，进一步理解和感受到角色的内心世界，体验角色的情感和心理状态。它是心理剧教育和治疗功能的核心，不仅可以增强观众的情感体验，还可以促进观众对自身情感和行为进行反思，有助于增强观众的同理心并提高其自我认知水平。在校园心理剧中，感应和会心是相互关联的两个层面，感应是会心的基础，而会心则是感应的深化。

角色扮演：角色扮演是指个体扮演某种角色，并从中得到领悟的心理辅导与治疗方法。一个人只有对自己以及他人的角色有正确的、完整的认识，才能很好地融入社会生活中。校园心理剧促使扮演者对其所扮演的角色不断进行评估和实践，反省自身内隐的心理过程，感知现实世界中他人行为的表征和特点，促进扮演者对人际角色有新的体验和感悟。

内容提要

心理剧作为一种操作性强的心理疗法，已得到广泛认可和提倡。校园心理剧是从心理剧演变而来的，具有话剧的特征，它的表演性和教育性都高于传统的心理剧。通过校园心理剧，学生们可以在老师的引导下，自发地再现自己的人生体验，探寻解决问题的方法。伴随着校园心理剧的创（剧本创作）、编（编剧）、排（排练）、演（演出）、享（分享）的进程，学生们在剧情中持续地经历并体会到各个角色的遭遇，试图找到不同的解决方法，并与同伴进行交流与分享，从而形成自己的解决方法。其实质是心理问题的解决过程，也是心理素质的形成与提升过程。最终，校园心理剧将会发展成为一个比较规范的、稳定的舞台演出，不仅可以为观众（包括老师、学生、家长等）提供一个感受与体验的平台，而且发挥着重要的教育作用，影响着人们的认知、情感与行为。它不仅是一种娱乐与观赏的享受，更是一次心灵成长的旅程，对参与者和观众具有深远的积极影响。

校园心理剧的开展与普及，为学生搭建了一个心理互助的平台，创造了一个心理自助、互助的环境。在学校开展校园心理剧活动，可以使学生学习到心理健康知识，学会如何调节自己的心理状态，宣泄自己的消极情绪，缓解自己的压力，解决自己的心理问题。这样，学生就可以在持续的表演、交流和讨论中，提高自己的情绪表达能力，增强自己的自信心，理解别人，接受自己，实现“润物细无声”的效果，这对于推动学校心理健康教育有着十分重要的意义。

目前，校园心理剧作为一种融合舞台表演和心理辅导与咨询的方法，在校园环境中得到了普及和推广，并取得了显著成效。它为学生的健康成长和全面发展提供了新的平台，不仅有助于他们心理健康成长，而且能够提高他们解决问题的能力，为构建高质量的学校心理健康教育做出了重要贡献。

第一节　心理剧的产生与发展

心理剧产生于20世纪20年代，起初主要在精神科治疗中被使用。后来，心理剧被广泛运用于很多领域，如教育、健康、社会工作、文化活动以及娱乐表演等。心理剧的产生离不开美国心理学家雅各布·莫雷诺（Jacob Levy Moreno）。①莫雷诺是群体心理疗法的奠基人和先锋人物。1921年，莫雷诺在奥地利维也纳创立了心理剧。心理剧是帮助个体“演绎”自己问题的一种方式，具有群体疗法的特征。在群体互动中，参与者通过身体活动，感觉到自己的内在需要与渴望，从而对自己有更深刻的认识、理解和领悟，推动人格的发展与完善。在心理剧发展历程中，它帮助人类探索心灵奥秘、挖掘心灵潜能，逐渐改善人类的生存方式和生活水平，展示着其独特的魅力。心理剧也是格式塔疗法、团体咨询等著名疗法的前身。

一、莫雷诺与心理剧的诞生和发展

（一）莫雷诺与心理剧的诞生

莫雷诺出生于罗马尼亚的一个犹太家庭，从小就喜欢看古典名著。他对宗教也很感兴趣，从小就喜欢上了戏剧，并“扮演”了许多不同的角色，如精神病医生、剧作家、神学家、诗人、哲学家、发明家、心理学家、心理剧家、社会测量学家和教育家。②

莫雷诺于1936年在美国纽约市以北的一个小城开办了一家私立的精神科疗养院。这座漂亮的城市是专业的心理学家、导演的培训基地。1949

① 莫雷诺. 音乐治疗和心理剧——演出你内心的音乐. 张鸿懿，邓旭阳，王月明译. 上海：上海音乐出版社，2008.

② 余敦旺. 对莫雷诺心理剧方法的评价. 池州学院学报，2002，16（1）：117-119.

年，莫雷诺与哲卡·托曼（Zerka Toeman）缔结姻缘。哲卡·托曼对心理剧的发展产生了重要影响。一开始，她只是翻译莫雷诺的观点，随后又成为心理剧中最重要的人物之一。她在精神科疗养院里宣传心理剧，建立了心理剧的框架，才有了现在的局面。

莫雷诺从小就喜欢带着一群孩子玩扮演上帝及天使的游戏。在这个游戏中，他自己经常扮演上帝，而其他的孩子们则扮演天使。这段经历可以说就是他后来探索并实践心理剧的初心。莫雷诺在维也纳大学学习期间，也经常在公园里和孩子们一起做一些有创意的游戏。这使他意识到，人类是可以通过游戏来创造和发展新事物的，这种经历让他明白了人类的自发性和创造性的宝贵。

1920 年，莫雷诺在维也纳将一个小博物馆改造成了一个名为“自发性剧场”的剧院。他亲自训练了一批演员，并担任剧场的老板和导演。在一次演出中，莫雷诺身着弄臣戏服，独自站在装饰有国王宝座的舞台上，向观众宣布他正在寻找一位天生的、智慧的领袖。他邀请观众自愿上台，分享他们心中的理想领导者形象。然而，由于当时的奥地利还是君主立宪制，这样的表演被认为是非常大胆的，导致许多人离场，最终没有人敢上台参与。这次尝试尽管未能达到预期的效果，却展现了莫雷诺在心理剧和社会治疗方面的创新精神与勇气。

莫雷诺的这场表演尽管是失败的，但却是人类心理剧发展史上的一次胜利，标志着社会戏剧和心理戏剧的萌芽。莫雷诺是一个不受传统约束的人，他认为自发创造力是人类发展的动力。他始终相信人类是天生的演员，且拥有自然的行动渴望，需要以亲身的体验来认识世界，同时也需要将内在的情感状态表达出来。

1921 年，作为心理剧创始人的莫雷诺遇到了一位虽生活富有但遭遇不幸的患者，这位患者请求莫雷诺帮助他结束自己的生命。莫雷诺深刻理解到，作为医生，他的使命不仅仅是挽救生命，更重要的是帮助患者找回生活的意义和价值。因此，他与患者深入讨论了关于死亡的话题，共同规划和想象死后的世界。在这一过程中，莫雷诺甚至让自己的妻子扮演患者，反复演绎患者想象中的死亡场景。这样的心理剧表演仿佛使患者获得了一次新生，他不仅在心理剧中实现了自己的愿望，而且在爱、耐心和温柔中重新发现了生活的美好。这个故事展示了莫雷诺如何将心理剧作为一种治疗手段，帮助患者重新找到生活的意义，体现了他对心理剧治疗潜力的深刻洞察。

1922 年，莫雷诺租用了一间更大的礼堂，将他的“自发性剧场”转型为“治疗性剧场”，正式开启了心理剧的演出之旅。这个剧场以即兴表演为主，题材来源于当天的新闻，深受观众喜爱。在这一过程中，有一位女演员在舞台上经常扮演温柔善良的角色，但在实际生活中却与丈夫关系紧张。她的丈夫甚至抱怨说：“她看起来像个天使，但和我在一起的时候，她就像一个恶毒的女人！”莫雷诺鼓励她在剧中扮演一个令人讨厌的恶毒女人，她将这个角色的暴力和憎恨表现得淋漓尽致。令人惊讶的是，扮演这个角色后，她的婚姻生活出现了戏剧性和成长性的积极变化。这个故事展示了心理剧如何通过角色扮演和情感表达，帮助个体在现实生活中实现转变和成长。

莫雷诺从希腊语“灵魂”和“行动”两个词中衍生出来“心理剧”这一术语，旨在唤醒人们内心深处的纯净与智慧。他将心理剧定义为一门以戏剧方法探索“真实”的科学，涉及人际关系和个人内心世界的深层次挖掘。

（二）心理剧的发展

自莫雷诺于 1921 年在奥地利维也纳创立以来，心理剧经历了一系列的发展，如今已成为一种结合了角色扮演和团体动力的体验式治疗形式，并在实践中得到了广泛应用。下面将从心理剧的继承者和开拓者众多、心理剧的理论与技术发展、心理剧在中国的发展三个方面对心理剧的发展历程进行简要介绍。

1. 心理剧的继承者和开拓者众多

自莫雷诺于 1921 年创立以来，经过众多继承者和开拓者的不懈努力，心理剧现已发展成为一种全球性的心理治疗和个人发展方法。以下人物对心理剧的发展做出了重要贡献。

作为莫雷诺的妻子兼工作伙伴，哲卡 · 托曼在心理剧的发展过程中扮演了至关重要的角色。她不仅协助莫雷诺进行心理剧的导演和教练工作，还帮助他整理文字著作，并致力于心理剧方法的推广和实践，她对心理剧的进步和持续发展产生了深远影响。马丁 · 哈斯凯尔（Martin Haskell）是心理剧方法的先驱之一，他在 20 世纪 50 年代与莫雷诺合作，对心理剧的早期发展和实践做出了重要贡献。作为心理剧杰出的培训师，艾雅 · 费奇宁 · 布兰汉姆（Eya Fechnin Branham）在心理剧的培训和实践中发挥了重要作用，特别是在美国西南地区。安妮 · 安瑟琳 · 舒岑伯格（Anne

Ancelin Schutzenberger）在法国和整个欧洲推广心理剧方面做出了显著贡献，帮助心理剧在这些地区扎根并得到不断推广。格雷特·勒茨（Gretel Leutz）是欧洲早期的心理剧家之一，对心理剧在欧洲的传播和发展有着不可忽视的影响。玛西亚·卡普（Marcia Karp）是英国心理剧的主要先驱，她将心理剧推广应用到英国，并通过有效的工作使心理剧成为一种被认可的治疗方法。

这些继承者和开拓者通过自身的努力，不仅保留了莫雷诺的原始理念，还根据时代的需要对心理剧进行了创新和发展。他们的工作使得心理剧能够适应不同的文化和社会背景，继续作为一种有力的治疗和个人成长工具在全球范围内得到传播与应用。

2. 心理剧的理论与技术发展

心理剧的理论与技术发展是一个不断进化的过程，融合了多种心理学理论和戏剧治疗的技巧。

理论方面，心理剧强调以“行动”来经历和体验生命而非仅谈论问题。它整合了音乐、美术等多种元素与咨询技术，强调自发性与创造性，以及互动关系的重要性，旨在恢复个体的自发性与创造性。此外，不同流派发展出了不同类别的心理剧，如分析心理剧、社会剧等。这些流派将心理剧的基本原则与不同的心理学理论相结合，进一步拓展了心理剧的应用范围和深度。

技术方面，心理剧的技术包括角色扮演、角色训练、角色交换、替身、独白、镜像、空椅技术等。这些技术使得心理剧成为一种极具表现力的治疗方法，使个体能够在安全的环境中重现和处理个人的心理问题。同时，心理剧技术已经从最初的心理治疗领域扩展到教育、音乐、宗教等其他情境，涉及心理学、精神病学、临床医学、教育学等多个学科，成为心理咨询、治疗及健康教育领域的一种常用技术。

3. 心理剧在中国的发展

心理剧在中国的发展经历了从引入、本土化到广泛应用的过程。20世纪80年代开始进入中国精神医学工作者的视野。起初，心理剧在中国的引入和应用范围较为有限，仅有少量文献提及。20世纪90年代，中国学者开始对心理剧治疗进行更全面和深入的研究，尤其是中国心理咨询领域的专家开始了解并实践心理剧。其中，李学谦的综述《心理剧治疗》是最早全面介绍心理剧的文献之一①。随着研究的深入，心理剧在中国的应

① 李学谦. 心理剧治疗. 上海精神医学，1988（4）：163-167.

用范围逐渐扩大，包括教育、音乐、宗教等领域。尤其是校园心理剧作为学校心理健康教育的一种重要形式，在中国得到了越来越多人的重视，南京铁道医学院（现已并入东南大学）的心理健康教育指导中心和大学生心理卫生协会于 1997 年在国内高校中率先成立了心理剧小组。

随着心理剧在中国的普及，专业培训和认证也逐渐兴起。2014 年 3 月 20 日，中国心理卫生协会团体心理辅导与治疗专业委员会全票通过心理剧学组成立的决议，并任命桑志芹教授为组长，这是心理剧在中国进入系统化、学术化与专业化发展的重要里程碑。

中国研究者在探寻心理剧技术本土化的同时，对心理剧的形式进行了创新，出现了诸如易术心理剧、音乐心理剧、螺旋心理剧、校园心理剧、民族心理剧等新的类别。这些创新使得心理剧更加贴近中国文化和社会实际，提高了心理剧在中国的适用性和有效性。

总之，心理剧作为一种深度体验式治疗方法，不仅在理论上不断深化，在实践中也日益多样化和普及化，成为促进个体和集体心理健康发展的重要工具。

二、心理剧的组成要素

心理剧的演出是借助团体心理动力的发展来推进的。心理剧有自己独特的风格，需具备五个基本要素：主角、导演、配角、舞台和观众。[①]在心理剧的演出中，主角是故事的核心人物，通常通过主角来表现心理剧中的冲突和转折点。导演负责组织和指导演员的表演，确保心理剧的情节和情感得以准确地传达给观众。配角是主角周围的次要角色，通过与主角的互动展示剧情的发展。舞台是表演心理剧的场所，为剧情的展开提供了背景和环境。观众是心理剧的重要组成部分，他们通过观看和沉浸在故事中来理解与体验剧中人物的情感和心理状态。这五个基本要素共同构成了心理剧的演出体系。

（一）主角

主角是整个心理剧舞台的核心，他们通常是那些带着内心冲突或特定问题而来到剧场的人。主角的故事往往充满了挑战和转折，在导演的引导下，他们的经历和情感通过行动与对话被展现出来。在心理剧的演出过程中，主角有机会重新体验和审视自己的生活事件，可以通过角色扮演和情

① 林赞歌. 校园心理剧：心理健康教育的有效途径. 厦门广播电视大学学报，2008，11（1）：49-51.

感表达来探索不同的应对策略和解决方案。这个过程不仅是对主角个人经历的再现，也是其对内心世界的深入探索。主角在舞台上的每一次行动、每一句台词，都是他们内心世界的映射，是对自我认知的一次挑战。随着剧情的推进，主角在团体的支持和导演的引导下，逐渐释放内心的压力，找到新的视角和解决问题的方法。他们的故事激励着观众，也启发着参与者，让每个人都能在这场共同的旅程中找到共鸣和成长。

心理剧的主角不仅是戏剧的焦点，也是自我发现和变革的催化剂。他们的故事告诉我们，无论面对多么复杂的内心冲突，都有可能通过勇气和探索找到解决之道。

（二）导演

导演在心理剧的舞台上扮演着重要角色。他们不仅是引导者和协调者，更是治疗者。他们以细腻的洞察力和丰富的经验，引导主角穿越情感的迷宫。他们不只是发号施令的指挥家，更像是艺术家，用同情心和专业技巧绘制出主角内心世界的蓝图。

在心理剧的演出过程中，导演细心聆听主角的故事，洞察其深层的需求和冲突。他们通过精心设计的行动和对话，帮助主角将无形的情感转化为有形的表演。他们的每一个提问、每一次干预都是为了让主角更深入地探索自我，发现新的自我认知和解决问题的途径。

导演在心理剧中的作用是多面的。他们既是支持者，为主角提供一个安全的环境来表达和体验情感；也是挑战者，鼓励主角面对内心的恐惧和不确定性。导演通过创造性的方法，如角色扮演、镜像技术、未来投射等，帮助主角从不同的角度看待问题，从而找到新的解决方案。

在心理剧中，导演必须保持敏感和灵活，随时准备调整策略以适应主角的需求和反应。他们的目标是帮助主角实现自我成长，增强自我效能感，以及提高应对生活挑战的能力。他们是连接主角内心世界与外在表现的桥梁，他们通过专业的指导和温暖的陪伴，让主角在心理剧的旅程中找到力量和希望。

在心理剧中，导演还要承担以下职责：①评估和选择主角，即确定谁将作为心理剧的中心人物，评估主角是否准备好进行深入的情感探索。②创建安全环境，即确保心理剧的演出环境对所有参与者来说都是安全的和具有支持性的。尤其是主角在团体中袒露出自己在成长过程中的痛苦和隐私时，导演需要让主角得到更多的正面信息①，保护主角在演出过程中不会受到伤害。③剧情设计和引导，即设计心理剧的框架和流程，引导剧情发展，确保主角能够探索和处理他们的问题。④促进自我反思，即通过提问和干预促进主角的自我探索和反思，帮助主角识别和处理情感、行为模式。⑤训练和指导辅助角色，即通过对辅助角色（如配角）进行训练和指导，为主角的探索过程提供帮助和支持，确保辅助角色能够有效地参与并促进主角的治疗过程。⑥监控进程，即监控心理剧的时间和情感进程，确保剧情在适当的时间内进行，避免过度消耗主角的情感。⑦情感管理，即观察主角的情感状态，确保他们不会过于情绪化，并在必要时提供支持和干预，以保护主角的情感安全。⑧整合体验，即在心理剧结束后，进入分享和反馈环节，帮助主角和参与者整合体验，促进治疗和个人成长。⑨记录和报告，即记录心理剧的关键点和进展，为治疗团队提供反馈，以便后续治疗计划的调整。⑩专业发展，即持续提升自己的专业知识和技能，确保自己对心理剧的最新研究和实践有一定了解。这些职责确保了心理剧导演能够有效地引导治疗过程，帮助主角实现治疗目的。

（三）配角

配角是指心理剧中的辅助性角色，是在主角生活中扮演重要人物的任何一个人。他们可以扮演主角以外的某种特定角色，如家庭成员、小狗、树木，也可以扮演主角内心的某些部分，如恐惧的自我、孩童时期的自我，或者内心深处的某种声音。配角能帮助主人公用言语或非言语的方式，把一些不能说的东西表现出来。他们是主人公形象的延续，塑造了主人公的某种形象，如现实形象、幻想形象等。配角要扮演“引导者”的角色，协助主角生命故事的发展。一旦进入角色，配角会被鼓励展现出更高的自发性，从而能够更深入地进行演出，有效协助主角完成治疗过程。配角还要扮演“演员”的角色，协助铺陈剧情。在导演的引导下，配角在扮演好自己的角色后，还要负责保持剧本的流畅性。他们可以根据主人公提供的简单线索，进行有创意的发言或行动，发展人物性格，塑造故事情节。在校园心理剧中，配角通常是导演精心挑选的参与者，被赋予特定的任务，以支持主角的情感探索和剧情发展。配角通过扮演主角生活中的关键人物，如家人、朋友或同事等，帮助主角重新体验和处理与这些人物的

① 邓旭阳，桑志芹，费俊峰等. 心理剧与情景剧理论与实践. 北京：化学工业出版社，2009.

关系。他们不仅是主角内心世界的镜像，也是情感反应的触发器，使主角能够在一个安全的环境中探索、表达和解决内心的冲突。配角的表演需要敏感性和适应性，因为他们必须响应主角的情感状态和导演的指导，以确保心理剧的辅导效果。配角的参与，不仅为主角提供了深入自我探索的机会，也促进了整个团体的共鸣和学习。

（四）舞台

心理剧的舞台是一个多功能的、充满变化的空间，为参与者提供了一个安全而灵活的环境，使他们探索和表达内心世界。作为一个治疗和自我探索的空间，心理剧的舞台不仅是一个物理的场所，更是一个情感和心理的实验室，这个舞台超越了传统意义上的表演区域，是一个实验场，允许参与者在导演的引导下，通过角色扮演和即兴表演来重现过去的经历、当前的困境和未来的可能性。在这里，主角可以安全地释放情感，尝试新的行为模式，并在导演和团体的支持下，对现实生活中的挑战进行预演。

校园心理剧的舞台应该建构出尽可能真实的环境，以帮助师生真正进入生活场景。如果对话是在厨房中进行的，就布置出桌子、椅子，并且想象出窗户、水槽、冰箱以及其他物品的位置。此外，时间（白天或晚上）、气氛（温暖、冷淡、敌意或友善）以及空间大小和物品间距等在心理剧的舞台上都至关重要。更为重要的是，舞台布置通常要简单而富有象征意义，能够迅速适应不同的场景和情境，从而为主角的内心旅程提供背景。

总之，心理剧的舞台是心理剧治疗过程中不可或缺的一部分，是心理治疗和自我发现的场所，它见证了个体从痛苦到治愈、从困惑到洞察的转变。

（五）观众

在心理剧中，那些不在舞台上担任主角、导演或配角的人被称为观众。观众不仅是旁观者，也是参与者和共情者。观众的角色至关重要，因为他们提供了一个支持性的环境，使得主角能够在一个充满同理心的氛围中探索自己的情感和经历。观众的反应和反馈可以为主角提供额外的视角，帮助他们从不同的角度理解自己的行为和情感。在心理剧的演出过程中，观众的在场可以增强主角的体验感，因为他们对主角的注意和关注可以作为一种肯定性力量，使主角确认自己的感受和经历是能引起他人共鸣和有价值的。

无论是主角还是配角，都离不开观众的支持。观众通过观察和感受主角的表演，往往能够与主角建立情感上的联系，这种联系有助于促进团体内的理解和团结。在心理剧结束时，观众的分享和讨论可以进一步加深主角对自身经历的理解，同时也可以为主角提供宝贵的反馈和支持。这种互动不仅有助于主角的个人成长，也促进了观众自身的反思和学习，因为每个人都可能从主角的故事中看到自己的影子，从而获得个人洞察和成长。

总的来说，心理剧中的观众是心理辅导或治疗过程的重要组成部分，他们的参与和反馈对于主角的治愈效果和整个团体的动态发展都有着不可忽视的影响。

除了上述五个基本要素外，心理剧还有一些需要注意的地方。例如，心理剧通常关注的是人物的内心体验和情感状态，注重展现人物的情感发展和心理冲突。心理剧的表演形式千变万化，可以采用对话、动作、舞蹈、音乐等多种表现方式，以满足观众的需求。另外，心理剧的表演过程大多是及时创作的，演员和导演通常需要对话、交流和反复推敲来达成共识，以保证心理剧能够更好地展现出故事的情感和主题。

一般来说，当一个心理剧场中的主角、导演、配角、舞台、观众这五个重要元素都具备时，心理剧就开始了。

三、心理剧的流程

心理剧的流程一般包括暖身、演出、分享和审视四个阶段。[①]在暖身阶段，演员和导演会使用一些热身练习与活动来调整自己的身体和心理状态。这些热身活动包括肢体放松、声音练习、情感释放等，旨在提高演员的专注力和表演力，营造出一个良好的氛围。演出阶段是心理剧的核心部分。在这个阶段，演员通过表演来展现故事中的人物情感和内心体验。他们会通过情绪的起伏、肢体语言的运用以及声音的变化等来表达角色的情感和状态。这个阶段通常需要导演的指导和协调，以确保演员能够准确地传达故事的情感和主题。演出结束后，通常会进入分享阶段。这个阶段的目的是让演员和观众进行交流，以分享他们的观点和感受。演员可以分享他们在表演过程中的体验和发现，而观众可以表达他们对剧情和角色的理解与触动。这样的分享有助于深化人们对故事主题和心理剧表演的理解，促进人们之间的情感交流。最后一个阶段是审视阶段。在这个阶段，演员

① 刘玉新. 校园心理剧模式的创新性实践研究. 现代教育科学（普教研究），2011（5）：60-61.

和导演会对整个演出进行回顾与反思。他们会探讨演出中的亮点和挑战，以及如何进一步提高演员的表演技巧。这样的反思和审视是演员与导演持续改进和成长的关键，可以帮助他们在未来的演出中有更好的表现。

通过暖身、演出、分享和审视这四个阶段，心理剧能够更好地展示故事的情感和主题，同时带给演员和观众更深入的体验。这个流程也能够增强团体的凝聚力和合作力，帮助个体提升情感表达能力和沟通能力。

（一）暖身

暖身是心理剧整个治疗过程的起始点，为参与者提供了一个逐渐进入角色和情境的机会。在这个阶段，导演会引导大家进行一系列的活动，如游戏、角色扮演、小组讨论或即兴表演，旨在降低参与者的防御机制，产生安全感和信任感，增强团体成员之间的信任和凝聚力，进而自由发挥，产生无限的创造力。暖身就像我们通过有意义、有趣味的活动放松身心，打开情感通道，从而为更深层次的情感表达、自由联想和探索做好准备。

通过暖身，参与者能够更好地了解彼此，建立起团体的共同语言和理解。在这个过程中，导演会特别注意观察参与者的互动模式，为后续的心理剧选择主角和设定主题提供线索。暖身也是参与者练习表达和沟通技巧的机会，会对后续的心理剧演出等环节产生重要作用。最终，暖身阶段为心理剧的深入探索和辅导治疗工作奠定了基础，确保参与者在进入更激烈的情感体验之前已经做好了准备。

（二）演出

心理剧的演出阶段是整个过程中最为活跃和动态的部分，是主角情感探索和自我发现的高潮。在这个阶段，主角在导演的引导下，将内心的问题和冲突通过角色扮演和即兴表演具体化，将抽象的情感和记忆转化为可见的行动和对话。演出允许主角在安全的环境中重新体验和处理过去的经历、当前的挑战或未来的可能性，同时在团体的见证和支持下进行。

在演出中，主角可以探索不同的角色和视角，尝试新的行为和应对策略，这有助于他们获得新的洞察力和解决问题的方法。配角和其他团体成员通过扮演主角生活中的重要人物或抽象概念，为主角提供了一个丰富的人际互动网络，使得主角能够在多个层面上体验和处理他们的关系与情感。

导演在演出中扮演着至关重要的角色。他们不仅要确保剧情的发展符合辅导与资料的目标，还要时刻关注主角的情感状态，确保演出既具有挑战性，又处于主角的情感承受范围内。演出结束后，团体通常会进行分享和反馈，这有助于主角整合体验，提炼出有价值的经验，并将其应用到现实生活中。

总之，心理剧的演出是一次深刻的情感之旅，旨在促进个体的成长、治愈和变革。

（三）分享

心理剧的分享阶段是演出结束后的重要环节，为参与者提供了一个反思和整合体验的机会。在这个阶段，主角、配角和观众都有机会表达自己的感受、观察和学习心得。分享通常在导演的引导下进行，以确保每个人都能在一个支持性和受尊重的环境中发言。

主角可能会谈论他们在演出中的感受，以及这些体验如何与他们的生活经历相联系。配角可以分享他们扮演角色时的感受，以及他们如何通过支持主角来学习处理与之相类似的冲突和问题。观众则可以提供他们的观点，包括他们从演出中获得的共鸣和启示等。这种开放式的交流有助于团体成员加深对演出内容的理解，同时也有助于增强团体凝聚力。

分享阶段也是主角获得反馈和建议的时候，这些反馈可以帮助他们从不同的角度看待自己的问题，并探索可能的解决方案。通过分享，参与者不仅能够更好地理解自己和他人，还能够从集体的智慧中获得力量和启发。总之，心理剧的分享有助于巩固辅导与治疗过程，促进个人成长，并加强团体的凝聚力。

（四）审视

心理剧的审视阶段是辅导与治疗过程中一个深刻而内省的环节，通常发生在演出之后，是对心理剧信息的处理和使用是否恰当进行检查的过程，旨在帮助主角和团体成员深入分析与理解所发生的情感和行为，是团队、主角和导演的学习过程。在这个阶段，导演引导参与者以一种反思的态度回顾整个心理剧的过程，探讨其中的关键事件、情感反应和互动模式。

在审视阶段，导演和团体成员会就整个校园心理剧的演出做一次回顾，探讨导演是怎样把主要人物从一个场景引向另一个场景的、使用的技术是否有效、为何有效、还有什么其他的方法可以使用等。对主角来说，他们在审视的过程中可以更清晰地理解自己和他人的情况。

审视是心理剧辅导与治疗中理性解构的部分。在大多数的团体中，审视这个过程通常都是在心理剧结束后的一天内进行的。审视阶段允许主角从更广阔的视角来观察自己的行为和情感，识别潜在的模式和触发点。配角和观众也参与到这一过程中，分享他们的观察和感受，为主角提供不同的视角和见解。这种集体的反思有助于揭示主角可能未曾意识到的内在动力和关系动态。

导演在这一阶段扮演着关键角色，他们不仅应提供专业的见解，还应鼓励开放和诚实的交流，确保审视过程既具有建设性又充满同情心。通过审视，主角能够获得更深层次的自我理解，并制定实际的行动计划，以促进个人成长和治疗进展。

总之，审视是心理剧辅导与治疗过程中不可或缺的一部分，有助于团体成员将演出中的情感体验转化为持久的洞察和改变。

四、心理剧的主要形式

心理剧是一种以演出的方式来解决个人心理冲突的有效治疗方法。它通过生动地再现个人在现实生活中的经历和情感，以及在特定场景下的行为和反应，帮助个体理解和处理自己的情绪问题。在心理剧中，角色扮演是主动的，参与者能够通过扮演不同的角色来表达和体验自己的情感。这种扮演角色的方式有助于将抽象的心理问题具体化，使参与者能够更好地理解自己的情感和行为。同时，心理剧中的角色扮演还可以帮助参与者发展出新的行为模式和应对策略，以更好地应对生活中的挑战。

心理剧的表现形式多种多样，其中最主要的三种形式是社会剧、角色扮演和校园心理剧。[①]社会剧是心理剧中的一种重要表现形式。它以小组为中心，通过模拟社会生活中的情境和角色来展现人们在社会生活中的问题和冲突，可以帮助参与者提高人际交往技能、学会处理问题的方法以及增强他们的社交能力和情感表达能力。角色扮演则是一种更为自由的表现形式，允许参与者根据自己的情感和意愿来选择扮演的角色及情境。校园心理剧则是以校园生活为背景，通过模拟学生在学校中的经历和情感来展现学生的心理问题与成长过程。无论是哪种表现形式，心理剧都强调参与者的情感表达和体验，以及通过表演来呈现个人的内心世界。这种以演出方式来解决情绪情感问题的方法不仅能够帮助参与者更好地理解自己的心理问题，还可以促进他们的个人成长和发展。

---

① 周国韬. 校园心理剧的实践探索. 长春：长春出版社，2008.

（一）社会剧

社会剧是一种以社会问题和集体经验为核心的剧场形式，将个人和社会的冲突、问题以及变革过程置于舞台的中心。它是由心理剧创始人莫雷诺发展而来的，旨在通过集体的即兴表演，探讨和解决社会问题，促进社会意识和集体行动，同时还可以帮助参与者增强自我意识和自我认知，提高他们的社交能力和情感表达能力。

在社会剧中，参与者将现实生活中的社会议题带到舞台上，通过角色扮演和即兴表演来探索这些议题的不同方面。这种剧场形式鼓励参与者从多个角度审视问题，包括受害者、加害者、旁观者等，从而增进参与者对复杂社会现象的理解和同情。社会剧的目的不仅是加深参与者对特定社会问题的认识，也是为了激发他们的创造力和解决问题的能力，寻找可能的解决方案。

社会剧的过程通常是充满包容性和民主性的，它鼓励所有参与者贡献自己的观点和经验，共同构建剧情。这种集体创作的过程有助于增强参与者的社区感和团结感，同时为参与者提供了一个安全的空间来表达他们对社会问题的感受和担忧。通过社会剧，参与者可以体验到共同解决问题的力量，以及通过集体行动实现社会变革的可能性。

（二）角色扮演

角色扮演也是心理剧的衍生物之一，是一种通过模拟真实场景中的角色和情境来探究问题的有效处理方法。角色扮演是一种强大的表达和探索工具，允许个体暂时置身于他人的角色中，体验不同的视角和情感。通过扮演一个角色，个体能够更深入地理解角色背后的动机、情感和经历，这种体验可以增进个体的同理心和社交技能，提高其应对和解决问题的能力。在教育、治疗、团队建设等多个领域，角色扮演都被广泛用于促进个人成长和集体理解。

在角色扮演中，参与者通过模拟特定的情境和互动，可以探索复杂的社会动态和个人反应。这种活动鼓励创造性思维和自我反思，因为它要求参与者超越自己的直接经验，想象和表现不同的生活现实。角色扮演也可以是一种治疗手段，帮助个体处理过去的创伤、当前的冲突甚至未来可能的挑战，通过在安全的环境中模拟这些情境，个体可以学习新的应对策略和解决问题的方法。

总之，角色扮演是一种多维度的体验，不仅丰富了参与者对人类行为和内心世界的理解，同时还创造了一个安全的环境，让参与者可以探索、表达和解决内在的心理问题，促进了其情感释放和自我理解。

（三）校园心理剧

校园心理剧是一种特别适用于学校环境的戏剧形式。它结合了心理剧的元素和教育目的，旨在通过角色扮演、即兴表演和团体互动来促进学生的情感发展和社会技能。在校园心理剧中，学生可以探索与学校生活相关的各种主题，如友谊、欺凌、压力管理、自我认同和冲突解决等。

校园心理剧是一种以教育启发为主、寓教于乐的方式，被应用于学生的心理健康教育中，是一种比较有效的辅导方式。校园心理剧一般由主角以戏剧、小品等形式表现学生的心理问题，然后，由经过心理剧专门训练的治疗师、导演和老师担任指导者，利用心理剧的技巧和方法，帮助主角和当事人验证真假，抒发情感，培育和提升他们的观察力。校园心理剧是以学生的生活为创作基点，通过对学生自身的真实故事进行叙述，对其心理问题进行分析，以互动、独白和生动形象的场景设定等方式，将角色的心理世界展现出来，展现出多种不同的抉择和价值观，让观众产生共鸣和深思。它为解决新时代学生面临的心理问题开启了一种全新的途径。

校园心理剧为学生提供了一个安全的空间，让他们能够表达自己的感受，尝试不同的角色和问题解决方案，并从同伴和成人那里获得反馈。通过参与校园心理剧，学生可以学习如何更好地理解他人的观点，发展同理心，以及如何有效地与人沟通和解决冲突。此外，校园心理剧也可以提高学生的创造力和自我表达能力，同时提供一个支持性的平台，让学生能够共同探讨和处理成长过程中遇到的问题，从而有助于培养学生的社交能力，促进他们的个人成长和心理健康发展。

第二节　校园心理剧的内涵与特征

校园心理剧是一种深度融合了心理剧理论和技术的针对学生的发展性团体心理辅导形式。[①]它以学生的日常生活、学习和社交场景为创作基础，通过角色扮演、情景对话和内心独白等方式，将学生面临的困扰和心理问题以剧本的形式进行编排和表演，使学生的心理问题具象化，从而帮助学生表现和解决心理问题，提高他们的心理健康水平。总之，校园心理

① 高思芳.《校园学习心理剧》课程初探. 现代基础教育研究，2011，4（4）：152-156.

剧是一种有益于学生心理健康教育的自我教育活动，为学生提供了一个安全、支持和鼓励的环境，有助于激发他们对心理健康问题的关注和思考。

一、校园心理剧的产生

校园心理剧是在莫雷诺的心理剧理论的指导下，根据学校的实际情况创作出的适合于校园生活的戏剧。它是在心理学基本原理的指导下，由辅导老师针对学生的身心特征进行启发、引导，通过特定的戏剧形式，将学生在校园生活中的冲突、困惑、烦恼等写成剧本，并结合心理学的原则和技能进行表现的一项自主性实践活动。通过角色扮演、角色互换、内心独白等方法，学生能够深入了解自己的内心世界，同时学习解决心理问题的技巧。在自编自演或观看同伴表演的过程中，学生能够潜移默化地获得一些有益的启示，增强其自我意识和提高其情感表达能力。这种校园心理剧形式的团体心理辅导方法能够提高学生的心理素质，促进他们的心理健康发展。

在我国，校园心理剧是一种新颖且充满活力的教育方式。与传统的灌输式教育相比，它更能激发学生的学习兴趣和主动性。通过参与校园心理剧的编写和表演，学生能够更深入地了解自己和他人，发现、思考并解决自身问题，从而培养自我认知、自我调适、自我控制和自我接纳的能力。这些独特的魅力和特点使得校园心理剧在学校心理健康教育中越来越受到重视和青睐。我国的校园心理剧首先出现在高校，2001 年 12 月，北京师范大学心理咨询中心举办的心理剧表演首次进入高校学生中。此后，各高校普遍开展了心理剧表演。近年来，全国各地的高校在心理健康教育活动中逐渐引入校园心理剧。

在大学掀起校园心理剧热潮的同时，中小学在心理健康教育活动中也开始积极引进和应用这一方式，并受到了学生们的热烈欢迎。2003 年 10 月，南京市孝陵卫中心小学成立了南京市第一个儿童心理剧研究中心，这一举措得到了国家教育部基础教育司德育处的关注和鼓励。2013 年 6 月 10—11 日，成都市建筑职业中专校自编、自导、自演的校园心理剧《向左向右》在成都市进行了巡演，场场引起了轰动。该剧通过绚烂的灯光、悦耳的音效、恰当的心理技术呈现出精彩的剧情，台上台下、戏里戏外、角色观众的情感得以不断共鸣和交流，达到了意想不到的成功效果。近年来，随着中小学生心理健康教育在学校深入开展，全国各地的中小学纷纷开展校园心理剧，把它作为学校心理健康教育的一种创新形式并不断推广和深化。目前，校园心理剧已成为学校心理健康教育的一种普遍形式。

二、校园心理剧概念解析

从本质上讲，校园心理剧是一种运用行为表达的方法与技术，通过舞台创设生活情境，以重现学生现实生活中的各种心理活动的表演形式。这种表演形式有助于当事人和参与者认识到特定生活场景中的核心问题，进而促进他们的认知领悟、情绪表达和行为改变。同时，校园心理剧还可以对个体的心理活动起到干预作用，提高参与者的心理素质，进而帮助他们更好地应对生活中的挑战和困难，维护其心理健康。因此，校园心理剧也称校园心理情景剧，是学校心理健康教育的有效载体之一。为更好地理解这一概念，自然离不开“校园”“心理”“剧”这三个关键词。其中，“校园”是背景和舞台，提供了学生之间互动、学习和成长的场所。在“校园”这个特定的环境中，学生们可以展现出他们在日常生活中遇到的种种问题和挑战，如学业压力、人际关系困扰、自我成长困惑等。“心理”是校园心理剧的核心，不仅涉及学生的情感、认知和行为等方面，还揭示了学生在面对各种挑战时的内心反应和变化。通过校园心理剧的表演，学生们可以更深入地了解自己的内心世界，发现自己的问题，并寻找解决的方法。“剧”是校园心理剧的表现形式。它借助舞台表演的艺术形式，通过角色扮演、对话、动作、音乐等手段，生动地展现学生的心理活动和情感变化。这种表演形式不仅具有观赏性，还可以引发观众的共鸣和思考，从而在潜移默化中实现对学生心理活动的干预①。总之，我们认为，校园心理剧是依托于学生在校园生活情境中的人、事、物，以舞台创设生活情境，借助于身体、行为表达的方法与技术，以舞台表演的形式重现生活情境中的心理活动与冲突，使当事人和参与者感受、体验与认识问题，从而促进其认知领悟、情绪表达和行为改变的一种综合性、表达性的团体心理辅导活动。

（一）校园心理剧中的“校园”

校园是一个人成长的重要场所，校园生活阶段也是塑造个人人格和价值观的关键时期。在校园这个充满稚气与青春的场所，学生们不仅汲取知识，还经历着情感的起伏和人际关系的磨砺。校园心理剧正是源自这个丰富的生活背景，以校园中的人物、事件为主题，展现学生们在成长过程中

① 王平. 试论校园心理剧的教育功能. 苏州市职业大学学报，2004，15（1）：86-88.

所面临的压力、困惑和挑战。校园心理剧的情节设计通常以学生的心理活动和情感变化为主线，通过精练而富有感染力的表演，让观众深入了解人物内心的复杂情感。它不仅揭示了学生们的心理困扰和冲突，还展示了他们在困境中寻求解决方法和自我成长的过程。这种艺术形式以其独特的方式触动观众的心灵，引发共鸣，使人们对心理健康教育有更深入的理解和认识。校园心理剧旨在通过戏剧化的表演形式，帮助学生更好地认识自己，理解他人的情感和需求，并学会在现实生活中解决心理困扰和问题。它是一种富有创造性和启发性的教育方式，能够提高学生的心理素质和应对能力，促进他们在人格、情感和学业等方面得到全面发展。①在演出过程中，学生们通过角色扮演、对话、动作等表演技巧，将自己的情感和体验融入其中，从而深入地理解人物的心理活动和情感变化。通过这种艺术形式，校园心理剧以生动形象的方式展现了学生们在成长过程中的心理变化和情感起伏，促进学生们身临其境地体验和理解自己与他人的内心世界，激发他们的同理心和关爱他人的意识。

（二）校园心理剧中的“心理”

校园心理剧的特点不仅在于还原校园真实生活，更在于其紧紧围绕“心理”展开。对“心理”内容的突出强调使得校园心理剧区别于其他情景剧，成为一种专业程度较高的艺术形式。它来源于生活，而高于生活。

为了准确展现学生在真实生活中的心理活动、唤起观众的心理共鸣，首先，校园心理剧的编剧需要选取当前学生常见的心理困惑和心理问题作为主题，例如，开学时可以设置人际交往相关主题，考试前可以设置学业压力相关主题等，同时，还需要注重合理运用学生心理发展规律，通过生动形象的剧情设置来提高学生的参与度。其次，在具体情节的处理上，专业人员应该反复权衡心理剧技术的运用程度，以尽可能精准而深刻地展现校园心理剧所聚焦的心理问题，这样不仅能够丰富校园心理剧的表达形式，也能够充分体现校园心理剧对学生真实心理状况的极大尊重。通过这种方式，校园心理剧可以有效地帮助学生认识自己、理解他人，提高心理素质和应对能力，从而更好地应对生活中的挑战和困难。②

总之，校园心理剧要结合学生自身特点，以某一年龄段的学生在成长过程中可能遇到的问题为切入点来开展。只有抓住了学生的心理特点和心

① 郭小艳. 校园心理剧的功能和作用. 长春教育学院学报，2012，28（11）：39，41.

② 张伯华. 心理咨询与治疗基本技能训练. 北京：人民卫生出版社，2011.

理困惑，校园心理剧才能更好地通过精细的加工、动人的情节和艺术的渲染，展现学生在校园生活中最真实的心理状况，让心理困扰的表达遵循个体的心理发展规律，让学生在看得见的表演中找到解决心理问题的方法。

（三）校园心理剧中的“剧”

戏里戏外皆人生，校园心理剧就是一种反映生活的舞台表演艺术。它运用独特的技术使戏剧所展现的冲突更加丰富，同时借用戏剧表达方式，通过对话、动作、舞蹈、音乐等达到叙事的目的。除了包含戏剧的特征之外，校园心理剧还增添了许多原创性的技术，以此来形成一个完整的故事，并完成一段疗愈过程。

校园心理剧的创作灵感来源于学生在现实校园生活中的冲突场景。在校园心理剧中，人物与人物之间、人物与事件之间的心理矛盾和斗争构成了核心冲突。这些冲突因个体的心理需求差异而产生，并随着情境的变化而发展，主要的冲突类型包括性格冲突、内心冲突、人物冲突和环境冲突。伴随着一个个心理冲突的提出、发展和解决，校园心理剧对心理问题的阐释得以完成。

三、校园心理剧的组成要素

校园心理剧通过表演的形式，让参与者在安全的环境中将生活中的事件再现出来，并探索事件背后的心理问题以及解决问题的办法。一部完整的校园心理剧包括五个基本要素：指导教师、主角、配角、观众及舞台。①。

（一）指导教师

指导教师是校园心理剧的导演，在校园心理剧中处于核心位置，是校园心理剧的灵魂人物，其主要任务是负责校园心理剧的策划、组织和指导等工作，包括引导学生架构校园心理剧，指导校园心理剧的编排、演出与分享等。他们不仅是校园心理剧的组织者和指导者，更是学生心理健康的守护者和教育者。在校园心理剧中，指导教师一般由学校心理辅导老师或者校园心理剧演出班级的班主任担任。

指导教师对校园心理剧的实施过程具有重要的掌控与指导作用，需要在必要时进行点拨：在准备阶段，需要对辅导对象的想法和行为进行评估，以敲定心理剧的主题，还需要组织学生编写剧本、对角色进行分配，

① 王国钧. 校园心理剧——心理健康教育的新亮点. 大连教育学院学报，2011，27（2）：27-29.

以及组织热身等；在编演阶段，需要鼓励学生积极参与，还需要预想和处理校园心理剧演出过程中出现的具体问题；在分享阶段，需要组织学生进行问题讨论，并邀请所有演员及观众分享各自的切身体会和感受。[①]

具体来说，指导教师在校园心理剧中承担以下具体职责：①策划与组织。指导教师负责策划心理剧的主题和内容，组织学生参与剧本的编写和排练，确保校园心理剧的顺利进行。②专业指导。指导教师需要具备心理学的专业素养，为学生提供心理健康的专业指导，帮助学生理解剧本中的心理问题和解决方法。③角色分配。指导教师在演员的选择上起到关键作用，需要帮助学生理解角色，分配合适的角色给学生，并指导他们如何更好地表现角色。④情感支持。在排练和表演过程中，指导教师为学生提供情感支持，帮助他们处理可能出现的情感反应和心理冲突。⑤引导与分享。在校园心理剧的分享阶段，指导教师运用自身的知识经验，引导学生对问题进行分析，挖掘其背后的深层问题和意义。⑥教育启发。指导教师通过校园心理剧向学生传达心理学的知识原理和技巧，使学生在表演和观看的过程中获得教育启发。⑦评估与反馈。演出结束后，指导教师对校园心理剧的效果进行评估，提供反馈，帮助学生整合体验，提炼出有价值的教训，并将其应用到现实生活中。⑧促进学生成长。指导教师通过校园心理剧促进学生的心理成长，帮助学生学会调节个体的负性情绪，舒缓心理压力，克服心理障碍。⑨整合资源。指导教师需要整合各种资源，包括剧本、场地、道具等，以确保校园心理剧的质量和效果。⑩安全保障。在整个校园心理剧的演出过程中，指导教师需要确保所有参与者的安全，包括情感安全和身体安全。

（二）主角

主角也被称为“当事人”。校园心理剧的主角通常是学校中的一名学生，他们被选中来表现一个特定的问题、情感冲突或成长经历，这些通常是校园生活中普遍关注的话题。主角在校园心理剧中扮演着举足轻重的角色，他们不仅是剧情的中心，也是治疗和教育过程的关键参与者。正是通过主角的表演，观众才可以更好地理解他人的感受，学习如何应对复杂的社交情境，并从中获得个人成长。

主角的首要工作就是在所设定的一系列情境中，按照剧情的要求，在指导教师的启发下，自然地、主动地、有创造性地进行表演，将校园心理

① 高思刚. 中小学校园心理剧. 福州：福建教育出版社，2008.

剧想要探索的问题演绎出来，让观众能够理解问题出现的根本原因，并寻找解决问题的办法。通常，主角的角色和职责主要包括以下方面：①情感载体。主角承担着表达特定情感和经历的责任，他们的情感旅程是校园心理剧的核心。②问题呈现。主角通过自己的经历来呈现一个特定的问题，这个问题可能是校园中普遍存在的，如欺凌、友谊问题、学业压力等。③角色模型。主角的行为和反应为观众提供了一个模型，帮助他们理解如何在类似情况下行动。④互动中心。在校园心理剧中，主角与其他角色的互动是剧情发展的主要驱动力。⑤自我探索。主角在导演和团体的支持下，探索自己的内心世界，寻找解决问题的方法。⑥变化的催化剂。主角的成长和变化可以激励观众思考自己的行为与态度，促进个人和集体的变化。⑦反馈接收者。主角在校园心理剧结束后，会从观众和其他参与者那里接收反馈，这有助于他们整合体验并从中学习。⑧治疗的参与者。对于主角来说，参与校园心理剧可以是一种治疗过程，帮助他们处理个人问题，增进自我理解。⑨勇气的体现。愿意成为校园心理剧的主角需要勇气，因为这意味着在公众面前展示自己的脆弱和问题。⑩共鸣的桥梁。主角的经历和情感可以与观众产生共鸣，帮助建立观众与剧情之间的联系。

（三）配角

配角也被称为“参与者”。在校园心理剧中，配角起着不可或缺的辅助作用。他们不仅是剧情的组成部分，也是治疗和教育过程的积极参与者。配角的作用是支持主角的探索过程，并为剧情增加深度和复杂性。他们的存在使得校园心理剧更加丰富和真实，为主角和观众提供更全面的体验。

一般来说，配角扮演着主角生活中的重要人物，他们体会所扮演角色的内心情感，用所扮演角色的语气和行为来衬托主角的现实。正是他们使得主角的世界变得更加真实、具体，甚至引发了主角内心的斗争和矛盾。在校园心理剧中，配角的数量不宜太多，要根据不同的题材、不同的情境，有针对性地进行合理安排。作为校园心理剧的参与者，配角跟随剧情的推进，自然而然地进入故事当中，逐渐体会自身所扮演角色的心情，同时和主角一起推动故事的发展，对主角给予支持和鼓舞。具体来说，配角往往具有以下作用：①支持角色。配角通过扮演主角生活中的重要人物，如朋友、家人或老师，为主角提供情感支持和互动。②情境构建。配角帮助构建故事背景，通过他们的表演，为主角的情感冲突和社会互动提供情境。③角色互换。在某些情况下，配角可能与主角互换角色，这有助于主角从不同的角度理解情境，增进自我认识。④情感共鸣。配角的表演可以引发观众的情感共鸣，帮助观众更好地理解主角的体验。⑤行为模范。配角可以通过展示积极的应对策略和社交技能，为主角和观众提供行为模范。⑥剧情发展。配角的行动和决策推动剧情发展，他们的行为可能是主角情感探索的催化剂。⑦反馈提供者。在校园心理剧结束后，配角可以提供对主角行为的反馈，帮助主角从他人的视角理解自己的行为。⑧多样性代表。配角代表了主角生活中的多样性，包括不同的性格、观点和背景等。⑨团体动力的体现。配角的参与反映了团体中的互动和动力，有助于探索团体中的社会关系。⑩治疗参与者。对于参与的配角来说，扮演角色也是一种治疗体验，可以帮助他们处理自己的问题，增进自我理解。⑪创造性表达。配角有机会通过角色扮演来探索和表达自己的创造力。⑫教育工具。配角的角色可以用于教育目的，帮助学生学习社交技能、情感管理和冲突解决。

（四）观众

校园心理剧的观众通常由学生、教师构成，有时也包括家长或其他学校工作人员。他们不仅仅是观看演出，还包括参与和体验校园心理剧所带来的情感与教育价值。这些观众以观看剧目表演、参与交流、讨论问题解决为主要目的。当校园心理剧正在上演时，观众往往只能静静地看着台上的表演，体会着演员的心情，起到辅助、激励、衬托的作用。与此同时，他们也会对自己所经历过的相似情况有新的认识和理解。当然，在校园心理剧的实际演出过程中，导演也可以在演出过程中或者在一个情节结束时提出一些启发性的问题，和台下观众一起分享，进而形成一种生动的台上演员和台下观众之间的互动状态，由此可以使校园心理剧产生更大的影响力。

总之，校园心理剧的观众是整个体验的重要组成部分，他们的参与和反应对演员与整个学校社区都有积极的影响。校园心理剧的观众往往扮演以下角色：①参与者。观众成员常常被鼓励参与到校园心理剧中，可能是通过讨论、反馈等形式参与，在某些情况下也可能直接参与到表演中。②学习者。观众通过观察剧情和角色互动，学习社交技能、情感管理和冲突解决策略。③支持者。观众为演员提供支持，他们的在场可以加深演员的体验，为演员提供一种积极的反馈环境。④共情者。观众通过与主角的情感共鸣，增进对他人经历的理解，培养同理心。⑤反思者。观众在观看校园心理剧后，可能会反思自己的行为和情感，并思考如何将其与剧中展示的主题相关联。⑥讨论者。在校园心理剧结束后，观众有机会参与讨论，分享他们的观察和感受，这有助于深化他们的学习体验。⑦变化的催化剂。观众的反馈与讨论可以激发个人和集体的变化，促进学校环境的积极发展。⑧社区建设者。演员与观众的共同的体验和讨论，有助于建立和加强学校与社区之间的联系。⑨情感的共鸣箱。观众的反应可以为演员提供情感上的共鸣，使他们感受到自己的经历和情感是被理解和共享的。⑩治疗的参与者。在某些情况下，观众也可能从校园心理剧的治疗过程中获益，特别是当剧情涉及他们普遍关心的问题时。

（五）舞台

校园心理剧的舞台是一个专门为学生设计的治疗和教育空间，是校园心理剧的开展场地。在校园心理剧里，一个舞台可以把过去、未来和现实的感觉结合起来，这不仅可以方便演员进入角色，也可以方便观众对剧中的时空变化进行理解，从而拥有相应的体验和感觉。总之，校园心理剧的舞台是学生自我发现、情感表达和社交学习的重要场所，为学生提供了一个独特的机会，让他们在安全与支持的环境中探索自我和他人。

校园心理剧的舞台通常要求具有以下特点：①多功能性。舞台通常布置简单，能够做到灵活、迅速转换以适应不同的剧情和背景，如从家庭环境转换到教室场景。②安全性。舞台环境被设计为一个安全的空间，让学生能够自由地表达情感和探索问题，而不必担心被评判或嘲笑。③互动性。舞台鼓励学生参与和互动，无论是演员还是观众，都能在校园心理剧中找到参与感和归属感。④象征性。舞台布置往往具有象征意义，通过使用简单的道具和布景来代表更复杂的概念与情感状态。⑤灵活性。舞台空间需要足够灵活，以适应不同规模的团体和活动，如从小组讨论到全班参与的表演。⑥包容性。舞台欢迎所有学生参与，无论他们的背景、能力和兴趣如何，都能在校园心理剧中找到自己的位置。⑦教育性。舞台不仅是表演的场所，也是学习和成长的平台，学生可以通过角色扮演和剧情发展来学习社交技能、情感管理和冲突解决。⑧治疗性。舞台提供了一个治疗环境，学生可以在其中处理个人问题，如焦虑、抑郁和人际关系问题，同时得到同伴和老师的支持。⑨创造性。舞台鼓励创造性表达，学生可以通过戏剧、音乐、舞蹈等艺术形式来探索和表达自己的思想与情感。⑩反馈性。舞台表演结束后，通常会有分享和反馈环节，让学生能够讨论他们的经历，从中学习和成长。

四、校园心理剧的特征

（一）自发性

校园心理剧的自发性是指在心理剧的创作和表演过程中，参与者（包括学生、教师和导演）能够自然地、不受限制地表达自己的思想和情感，以及对剧情的理解。这种自发性是心理剧的核心特征之一，它鼓励参与者在当下、现时、当场做出适当的反应，或是对一个旧的情境做出新的反应。这种自发性主要表现为从剧本的编写、排练到最终的表演，校园心理剧的全过程中都体现了对学生主体性的尊重，让他们充分地融入自己的角色中去，从而使他们能够主动地发挥自己的创意和想象。这一过程充分地调动了学生的主观能动性和自觉性，打破了在课堂上由教师主导的教学方式，将“老师讲，学生听”的消极状态转变为学生自主探索的积极状态。

校园心理剧的自发性在表演这一部分尤其突出。表演者在校园心理剧的表演过程中会自发、主动地理解角色内心活动，努力让自己与角色相融合，唤醒自己内心的潜在情感，以释放内心的不良情绪、情感，缓解内心的矛盾、冲突，从而开放自己的内心，以最为真实的内在面对团队。

具体来说，校园心理剧的自发性主要体现在以下几个方面：①创作自由。学生和教师在编写剧本时，可以根据自己的生活经验和心理需求，自由地创作剧情和角色，这不仅是一种艺术表达，也是一种情感释放。②表演即兴。在心理剧的表演中，演员可以根据自己对角色的理解和感受，即兴地进行表演，这种即兴表演有助于更真实地展现角色的内心世界。③情感表达。心理剧提供了一个安全的环境，让学生可以自由地表达自己的情感和冲突，这种情感的自由表达有助于学生探索和解决内心的问题。④互动过程。在心理剧中，演员之间的互动是自发的，他们可以根据剧情的需要和自己的反应，自然地进行对话和行动，这种互动过程有助于探索人际关系和自我认知。⑤观众参与。观众在心理剧中也有机会参与到表演中，他们的反应和反馈可以影响剧情的发展，这种参与性增强了心理剧的互动性和教育意义。⑥辅导治疗。心理剧的自发性还体现在其辅导治疗上，通过自发的表演和互动，参与者可以探索、释放、觉察和分享内在自我，这是一种可以让参与者练习怎么过人生，但不会因为犯错而被惩罚的方法。

总的来说，校园心理剧的自发性是其教育和治疗过程中的一个重要组成部分，促进了学生的自我探索、情感表达和创造力的发展。

（二）创造性

校园心理剧的创造性体现在多个方面，它不仅是一种戏剧表达，更是团体心理辅导的一种形式。指导教师布置或是学生自拟的校园心理剧主题，提供给学生一个情境、一个需要解决的问题或任务，要求他们依据现实生活、关注身边的人和事、正视各种心理问题来进行艺术创造和个性化的表演，从而促进个人意义的获得。由此可见，以校园心理剧为依托的第二课堂侧重达成表现性目标，它对学生创造过程的关注甚于对结果的关注，不仅关注事物是什么样的，更关注事物为何是这样的。这种从了解学生心理问题产生的根源着手，而非仅仅关注心理问题的表现的方法，更能达成发现问题、解决问题和预防问题的目的，本身便具有一定的创造性。

从校园心理剧演出前的剧本创作到演出时的生动呈现，创造性始终贯穿其中。尤其是在表演时，学生演员对剧本的剧情以及人物的语言、表情和动作等均要进行仔细琢磨，力求能够将剧本的故事情节尤其是人物的情绪、情感生动地再现出来。随着一次次的排演，表演者会随自身经验和感受的不同而有所调整与改变，再通过自己深层次的领悟进行创造性演出，以活化角色功能，将剧本人物的内心情绪、情感完全表达出来，增强剧本的渲染力。真正优秀的演出是有“灵魂”的演出，可以说一部成功的校园心理剧是所有参与者想象力与创造力的结晶。

在扮演当事人的角色时，演员会感受到角色的快乐和悲伤，同时也会冲破现实生活中的各种阻碍，通过所饰演的角色表达出自己内心深处真正的情绪和情感，将不良情绪宣泄出去，转变消极的思想。在扮演参与者的角色时，演员不但可以获得间接的教育，还可以体会到自己的态度对别人的心理产生的影响，从别人的视角对自己的情绪和行为有更好的理解，进而提高自己与他人交流的能力，并且在此过程中，他们的合作能力也会有所提高。在充当观众角色的过程中，表演者既是剧情的旁观者，也是受教育者，他们积极地体验、冷静地思考，与当事者和参与者一起探讨问题、找到症结、解开困惑，还学会为他人建立一种安全、信任、尊重、接纳的人际氛围。

具体来说，校园心理剧的创造性主要体现在以下几个方面：①原创剧目的精准表达。校园心理剧通过原创剧目精准化表达教育意图，所有的情节设计、角色安排、场景布置等都可以围绕实现特定的育人目标来做调整。②成长任务的串联。校园心理剧利用成长任务串联大单元主题设计，关注学生的心理成长，通过各种任务，如作业打卡、助人自助等，用校园心理剧微视频的形式呈现出来。③深度体验与视角转换。校园心理剧强调深度体验，通过角色扮演让学生从旁观者角色转换为当事人角色，体验感更强，自我觉察和触动也会更深。④心理剧技术的互动可能性。校园心理剧借助心理剧技术如对白、旁白、独白、雕塑等，提供更多互动可能，激活学生内在能量，破除困境，找到问题解决方案。⑤对话机会的创造。校园心理剧创造对话机会，促进觉察后的自觉表达，让学生有机会与想要建立联结的任何事物进行对话，这些对话都是基于学生的有意觉察。⑥复原个体自发性。心理剧理论提出人天生具有自发性与创造性两大属性，校园心理剧通过创建安全适宜的环境，帮助人们重新唤起自发性与创造性。⑦行动化处理。校园心理剧的情节要做行动化处理，通过人物的情景对话、行动把事件呈现出来，而不是语言的叙述，让学生在情景演出中充分地“经历”与“体会”问题。⑧情节的精练集中。校园心理剧要求高度精练集中，配角的设置应尽可能精简，遵循以少胜多的原则，以引出主角内心思想与情感的表达为目的。⑨心理健康理念的融入。在事件的处理上，校园心理剧把一定的心理健康理念和价值观融入情节中，使平凡的故事具有非常的意义。⑩时空架设的集中。校园心理剧在事件的处理上，尽可能把不同的情节浓缩到一个场景里，把地点集中在一二处不可少的地方，把时间差距缩短得越小越好，以增强剧情的紧凑和连贯。

总之，校园心理剧的创造性不仅丰富了学生的情感体验，也促进了学生心理自助的自觉性和内省性，为学生提供了一个发现、思考以及解决自身心理问题的新思维方式。

（三）审美性

校园心理剧的审美性体现在其独特的艺术形式和教育价值上。它通过戏剧化的表演，将学生在学习和生活中遇到的心理问题以一种生动、直观的方式呈现出来，从而触动学生的情感，引发共鸣；它将音乐、美术、灯光等多种元素整合起来，协助演员演绎一个个动人的故事，其美轮美奂的舞台布景、惟妙惟肖的神态动作，以及时而含蓄、时而奔放的歌舞表演，无一不在散发着心理剧独特的、动人心魄的魅力。

校园心理剧与戏剧或文艺表演有一定的共同特征。它有鲜明的人物特征，有生动丰富的情节，有开头、转折、高潮、结尾，让学生们以舞台演出的方式再现真实的情景，在情景中真实地表现自己，用各种肢体语言表现内心情感和矛盾冲突。校园心理剧是对人与人、人与环境、人与事件之间关系的一种折射，将人物的性格、情感和矛盾表现出来，为参与者带来视觉、听觉的感受，它极具吸引力，能够感染、震撼观众，使表演者与观众深陷其中，陶醉不已，具有强烈的审美意义。①

校园心理剧综合了文学、摄影、音乐、绘画等多种艺术形式，以视觉、听觉、触觉来激发人们的情绪。对于学生而言，要创作出一部好的校园心理剧，除了要具备深厚的美术功底、独到的审美观外，他们还必须具备一定的文学修养。在剧本的创作过程中，他们不仅仅是演员，还担任着导演、编剧、舞美、制作等工作。在这一过程中，他们获得了一种艺术上的教育，提高了自身对艺术的鉴赏力，能够正确认识和鉴赏事物，并能够从其他的人、事、物中感受美、发现美、创造美。②

具体来说，校园心理剧的审美性主要表现在以下方面：①艺术性与创造性。校园心理剧通过角色扮演、情景对话、内心独白等戏剧技巧，将学生的心理问题和情感冲突艺术化地表现出来。这种艺术性的表达不仅增强了剧情的吸引力，也提高了学生对心理问题的认识和理解。②情感共鸣。心理剧的剧情和角色往往能够引起学生的情感共鸣，使他们能够在轻松自然的氛围中体验心理的微妙变化，领悟其中的意义。③教育与治疗功能。校园心理剧不仅是一种艺术表现形式，它还具有教育和治疗的功能。通过戏剧表演，学生可以学习到如何处理心理问题，如何在面对挑战时保持积极的态度。④审美体验。校园心理剧提供了一种审美体验，学生在观看和参与心理剧的过程中，能够体验到艺术的魅力，同时也能够从中获得心理上的启示和成长。⑤生命教育。校园心理剧通过角色扮演的方式能让学生更好地体会他人处境，体验他人的内心感受，学会从他人角度看待问题，让学生更懂得理解和尊重。⑥情感升华。校园心理剧以其独特的形式、丰富的内涵、巨大的辐射力诠释人间的“真、善、美”，使学生情感得到升华，心灵得到了净化。⑦审美与教育的结合。校园心理剧将审美与教育相结合，通过戏剧表演的形式，使学生在审美的过程中接受心理健康教育，这种结合提高了教育的趣味性和有效性。⑧情感表达与宣泄。校园心理剧为学生提供了一个情感表达和宣泄的平台，通过戏剧表演，学生可以安全地探索和表达自己的情感，这对于他们的心理健康和情感发展具有重要意义。

综上所述，校园心理剧的审美性不仅体现在其艺术表现上，更体现在其对学生的学习、生活和心理健康的积极影响上。通过这种独特的艺术形

---

① 李颖. 教育戏剧融入初中心理健康教育的实践探索——以亲子沟通主题活动为例. 现代教学，2021（24）：50-53.

② 陈秀娟. 校园心理剧教学研究. 武汉：武汉出版社，2010.

式，校园心理剧为学生提供了一种全新的学习和成长体验。

（四）教育性

校园心理剧是一种区别于一般意义的戏剧或文艺表演。它是一种将心理治疗与戏剧艺术相结合的教育形式，它以其独特的互动性和参与性在学生心理健康教育中发挥着重要作用。校园心理剧不是单纯地为了表演而表演、为了观看而观看，而是通过模拟现实生活中的情境和问题，让学生们在一个安全且充满支持性的环境中，通过角色扮演的形式体验不同的角色和视角，探索和处理个人及社会问题，促进他们的自我认识和情感发展，培养他们的同理心和社交技能。

校园心理剧的教育性主要是通过学生的情感体验进而引发认知领悟来实现的。[①]从心理学的角度来看，体验就是个体通过对客观事物的深刻认识，从而产生真实情感，并进行相应的意义创造。所以，不管是参与者还是观看者，都是在相对完整、真实的情境和经历中不断得到感悟，进而产生意义、得到启发与升华。同时，体验也可以刺激学生的心理内化机制。依据皮亚杰和维列鲁学派的观点，人的心理素质的形成和发展与内化有关。可以说，主体是在对客体的体验基础上，形成了对客体的内化。在校园心理剧中，来自学生现实生活的情节体验进入学生的心理结构，让他们在知识和技能、过程和方法、情感态度和价值观方面有了自己的经验和领悟，最大限度地开发了他们的心理潜力，让他们的精神得到了调节、改造和发展，促进了他们的心智发展，最终将他们的思想转化为心理素质。

具体来说，校园心理剧的教育性主要体现在以下方面：①情感教育。校园心理剧帮助学生识别、表达和管理自己的情绪，通过剧中角色的情感体验，学生可以学习如何以健康的方式处理情绪。②社会技能培养。通过角色互动，学生学习如何沟通、解决冲突和建立人际关系，这些技能对于他们的社会适应和个人发展至关重要。③自我认知提升。在剧中扮演不同角色，学生有机会探索自己的价值观、信念和行为模式，从而增强自我认知和自我效能感。④价值观塑造。校园心理剧常常涉及道德和价值判断，通过讨论剧情和角色行为，学生可以反思和形成自己的价值观。⑤心理健康意识。心理剧提高了学生对心理健康重要性的认识，帮助他们了解心理问题，并学会寻求帮助和支持。⑥团队合作。在剧本创作、排练和表演过

① 王中华. 中小学校园心理剧的教育价值与实施策略. 教学与管理（中学版），2010（13）：35-37.

程中，学生需要协作和相互支持，这有助于培养团队精神和合作能力。⑦创造力激发。校园心理剧鼓励学生发挥创造力，通过即兴表演和创造性解决问题，激发他们的创新思维。⑧教育干预。心理剧可以作为教育干预的手段，针对特定的心理问题，如欺凌、焦虑或压力管理，提供预防和干预策略。

以成都市建筑职业中专校的校园心理剧作品为例，《无助的泪水，最后的微笑》讲述的是一个农村女孩到城市读书，从不适应、没有朋友，到恢复自信、最终赢得友谊的故事。《一个胖女孩的自述》讲述的是人的外表无法改变，面对自身形体的缺陷，一个胖女孩终于坚强自信的心路历程。《我的天使迷了路》讲述的是一个青春期的女孩陷入“恋还是不恋”的矛盾中。学生们用天使和魔鬼两个鲜明的形象来比喻学生在青春期强烈的内心冲突。学生们想表明：生活中，正义与邪恶的较量处处可见，一个人必须有辨别是非的能力，只要坚持下去，正义最终会打倒邪恶。《什么都没有了》讲述的是四个女孩在面临人生挫折时断然放弃生命，但最终醒悟、珍惜生命的故事。

从以上校园心理剧作品内容的选择上，我们不难发现，这些主题和内容具有非常重要的教育价值，因为它们往往是不少学生没有或很难处理好的“心理疙瘩”，或者是他们日常热衷探讨的热点、焦点话题。对这些问题的关注和处理，是学校育人工作的重要内容。由此，我们可以认为，校园心理剧是一种多维度的教育工具，它通过戏剧化的表演，将教育内容以生动、直观的方式传达给学生，使他们在参与和体验中学习和成长。

第三节　校园心理剧的作用原理与活动原则

校园心理剧是通过故事、游戏、身体开发、绘画、面具、音乐、演绎等艺术表现方式，将个人的内心矛盾和情感波动表现出来。它生动有趣，具有很强的渗透性，很容易走进学生的心中并被学生所接受。

一、校园心理剧的作用原理

在校园心理剧中，每个学生可以通过共同的创意，将内心的感受或潜在的想法生动演绎出来。校园心理剧的作用原理主要包括以下几个方面。[1]

---

① 黄辛隐，戴克明，陶新华. 校园心理剧研究. 苏州：苏州大学出版社，2003.

（一）自发性与创造性

自发性与创造性是心理剧核心特征，它们在心理剧的实施过程中发挥着至关重要的作用。所谓自发，是指对此时、此地发生的情况和问题做出恰当的回应，或者对已发生的情况和问题再次提出新的、合适的应对或解决办法。自发是一种能量，可以启发每一个人的智慧。自发性是指在心理剧过程中，参与者能够自然地、不受限制地表达自己的思想和情感，以及对剧情的理解和创造力。这种自发性的表现可以促进参与者更深入地探索和解决内心的问题，同时也使得心理剧的进程更加真实和生动。心理剧理论认为人天生具有自发性与创造性两大属性，自发性可能会在成长的过程中被外界的人或事阻碍，继而影响了人创造性解决问题的能力。心理剧就是创建一个安全适宜的环境，帮助人们重新唤起自发性与创造性。

创造性在校园心理剧中体现为参与者在剧情发展、角色扮演和问题解决中的创新思维和行动。创造性的发挥不仅有助于参与者找到新的视角和解决方案，还能够增强心理剧的教育性和治疗性。例如，校园心理剧通过人物与人际关系反映和解决心理问题，真实而巧妙的人物设置本身就包含心理矛盾冲突的发展与问题的探索。

正是由于人类具有自发性和创造性，才使得校园心理剧能够在帮助人类解决心理问题、促进人类拥有健康生活方面发挥较大的作用。在心理剧实践活动中，如何选材、编排、演出和总结，如何在演出时让舞台表现得更有美感，这些都需要学生们充分发挥自己的创造力和想象力。

（二）社会关系网络

社会关系网络是指个体在社会中通过各种社会联系形成的复杂网络结构，这些联系包括家庭、朋友、同事、邻居等。这个网络不仅反映了个体之间的互动和沟通，还体现了社会资源的流动和社会资本的积累。在社会关系网络中，每个人都是一个节点，而节点之间的连接代表了他们之间的关系，这些关系可以是强联系，如亲密的家庭成员和朋友，也可以是弱联系，如偶尔互动的熟人或同事。

社会关系网络对个体的社会行为和心理健康有着重要影响。一个强大的社会关系网络可以提供情感支持、信息资源、社会认同和安全感。它能够帮助个体在面对生活挑战时获得帮助，增强社会凝聚力和促进团体合作。此外，社会关系网络还与个体的职业发展、教育机会和社会流动性密切相关。通过社会关系网络，个体可以获取新的工作信息、学习机会和其他社会资源，从而提高自身的社会地位和生活质量。

然而，社会关系网络的质量和数量也会影响其功能。一个健康且多元的社会关系网络应该包含不同类型的关系，以满足个体在不同情境下的需求。社会关系网络的建立和维护需要时间和努力，但它对于个体的福祉和社会的整体和谐都是至关重要的。

（三）社会活动测量

心理剧中的社会活动测量，也称为社会计量（sociometry），是由心理剧创始人莫雷诺发展出来的一种检测团体动力的方法。它在研究和评价群体中的人际关系方面具有重要意义，在心理剧中扮演着重要的角色。这种方法旨在识别群体中存在的吸引和排斥的模式，并利用这些信息来加强沟通、建立信任、促进社会变革。该方法可以对群体动态进行度量，从而使研究者对群体动态状态和群体内部成员的情绪有一个清晰的认识。

社会计量技术的目标包括促进个人和团体的建设性变化、提高认知、同理心、互利和社会互动；探索社会选择模式，并减少冲突；明确角色、人际关系和价值观；揭示公开和隐蔽的团体动态；提高团队凝聚力和生产力。在心理剧的大多数工作坊和课程中，社会活动测量被用来帮助团体成员探索自己与他人的关系和联系，并更好地理解他们与周围世界的关系。

在心理课堂中，社会活动测量技术能高效地作用于课堂，降低心理防御，并使团体做好进入潜意识工作的准备。其灵活的方法、柔和的手段、激励自发性的效果能很好地活跃课堂气氛，既能帮助教师对团体状态、课堂效果进行评估，也能推进学生团体的发展，更好地帮助教师达成课堂目标。

总之，心理剧中的社会活动测量是一种强有力的工具，它不仅帮助个体探索和理解自己在社会网络中的位置，还促进了团体成员之间的互动和理解，从而增强了团体的凝聚力和个体的社会功能。

（四）感应和会心

感应和会心是心理剧中两个非常重要的概念，它们对于理解和实践心理剧至关重要。

人与人之间的互相选择，主要取决于双方之间的感应强度。感应是一种洞察别人、欣赏别人的情感。感应是人在遇到对方时所产生的一种情感，可以是喜悦相吸引，也可以是冷淡相排斥，还可以是多种交互的结果。在心理剧中，感应是指一种连接感，也就是在人与人之间互动过程中情感的流动和变化。这种感应是一种能够感受到与他人互动过程中情感变化的能力，它体现了人与人之间流动的感觉。在心理剧中，当参与者能够感受到自己和他人的感受时，这通常表明治疗取得了重要进展，因为这时他们会变得更加清楚自己应该做什么。因此，感应是心理剧中不可或缺的一部分，它帮助参与者在相互沟通中体会到自己和他人的感受，从而促进治疗过程的发展。

会心则是指两个主观世界彼此相遇而相知的过程。怀着谦虚而尊重的态度进入另一个体的主观世界，是建立治疗关系的第一步。会心包含无为的好恶、权利的相争、内心的激荡、彼此的接受与宽容之意。在心理剧中，会心是一种通过两个人互相理解而达到彼此接纳的过程。当会心运用于心理剧时，成员所演绎出来的一切不再是成员自己一个人的世界，而是包含了成员自己与他人的关系。由此，成员不仅能够通过心理剧了解自己，还能够看到自己与他人的关系，从而能够更加灵活地处理自己和他人的关系。

在心理剧的过程中，感应和会心共同作用，帮助参与者建立更深层次的自我理解和与他人的联系。通过这种深刻的人际互动和情感体验，心理剧促进了个体的情感表达、自我探索和社会整合。

（五）角色投射

每个人所扮演的角色决定了他的行动，进而决定了他的个性。然而，生活中的任何角色都不是独立的，而是与角色系统中的其他角色相互联系的。在角色系统中，每个人都有自己的角色列表，并通过交互作用来扩展自我的觉知度。每个人都是各种角色的中心，并通过各种角色与其他人联系在一起。因此，角色投射就成为心理剧中的一种重要技术，它涉及将个体的内心世界、情感体验和心理过程转移到他人或外界事物上。

在心理剧中，角色投射通常通过以下几种方式实现：①角色扮演。参与者暂时脱离自己的角色，承担他人的角色或扮演另一个自我。这可以用于重新演出过去、现在或未来的情形，尤其是人际关系和处事技巧方面的问题，进而有机会检视和评估在该情景中的行为和角色表现。②角色互换。心理剧的核心之一，主角和舞台上的其他人互换角色。通过这种方式，主角可以更深入地了解真实情况和对方的感受，增加人际关系的敏感程度。③替身技术。一个配角站在主角身后与主角同台表演，或替主角说话，这个配角即是替身。替身可以模仿主角的内心思想和感受，并时常表达出潜意识内容。④独白。主角直接面对观众说话，表达一些未觉察的感受和思想。独白使主角有机会表达他自己或他人正在思考和体验而未直接表达的感受。⑤镜像技术。配角通过模仿主角的手势、姿势、表演中的语言，来反映主角的状态。在配角的模仿过程中，主角观察由他人反映出来的自己的行为，像别人一样来看待自己。⑥未来投射。非现实的，根据主人公当前的状况以预见其未来，或是对于未来的期望。通过对未来的演绎，使主人公能够直观形象地觉察到自己的问题，或者使主人公更积极地面对现实。⑦附加现实。主角内心体验的延伸和涌现，个体主观感受被当作真实存在来对待。附加现实演出来的场景可以是以前从来没有发生过的，也可以是未来也不可能发生的。

通过这些技术，心理剧中的角色投射不仅帮助参与者更深刻地理解自己以及周围的人和事，而且还能够促进情感的宣泄和情绪的释放，从而达到治疗和自我发现的目的。观众在观看心理剧时，往往会产生情感共鸣，对剧中情节、角色命运产生共同感受的现象，这种共鸣可以使观众对剧情更加深入地思考，产生共鸣的情感也会在观众之间产生一种心灵上的交流与共享。

（六）团体动力

人类的行为往往受其周围环境的影响，是个人和环境相互作用的结果。心理剧的团体动力是指在心理剧过程中，团体成员之间的相互作用、相互影响以及团体内部的动力关系。这种动力关系对于心理剧的效果至关重要，因为它涉及团体成员如何相互连接、沟通和协作。

心理剧中的团体动力往往通过以下几个方面来得到展现：①社会计量。社会计量是心理剧的一个组成部分，它使用结构化的练习来探索和测量群体成员之间的社会联系。这有助于识别团体中存在的吸引和排斥模式，并利用这些信息来加强沟通、建立信任和促进社会变革。②团体凝聚力。团体动力中的凝聚力是指团体成员之间的紧密联系和相互吸引力。这种凝聚力对于团体的稳定性和成员的积极参与至关重要。③角色扮演与互动。在心理剧中，团体成员通过角色扮演来探索和处理个人及社会问题。这些角色之间的互动反映了现实生活中的人际关系，有助于成员理解和解决现实生活中的冲突。④导演的角色。导演在心理剧中扮演着领导者的角色，他们负责引导团体动力，确保团体成员能够在安全和支持的环境中探索和表达自己的情感和想法。⑤配角的作用。配角由团体成员扮演，他们帮助主角通过扮演重要他人的角色来探索问题。配角的表演需要敏感性和适应性，因为他们必须响应主角的情感状态和导演的指导。⑥观众的参与。即使那些未直接参与演出的团体成员，通过观察和反馈，也参与到团体动力中。他们可以提供支持、反馈和新的视角，这对于主角和整个团体都是有益的。⑦情感的共鸣与表达。团体动力还包括了情感的共鸣，观众和团体成员通过共鸣来理解主角的情感体验，这有助于建立团体内的情感联系。⑧团体的变化和发展。团体动力还涉及团体如何随着时间的推移而发展和变化。这包括了团体的创建、冲突解决、工作平台期以及结束期。

心理剧的团体动力是复杂且多维的，它涉及团体成员之间的相互作用、情感表达、角色扮演和反馈。通过这些互动，团体成员能够更好地理解自己和他人，从而促进个人和团体的成长和发展。

二、校园心理剧的活动原则

校园心理剧活动的开展需要教师、导演和学生的共同努力，以及学校管理层的支持。通过这些活动，学生不仅能够在一个安全的环境中探索和表达自己的情感，还能够学习到如何在现实生活中应用这些经验，从而促进他们的个人成长和心理健康。校园心理剧活动的开展需要坚持一些基本的原则，这些原则是确保心理剧活动有效性、安全性和教育价值的基础。

（一）可接受性原则

校园心理剧的可接受性原则是指在心理剧的策划、组织和实施过程中，确保活动内容、形式和处理方式能够被学生广泛接受，从而有效地促进学生的心理健康和个人成长。这一原则的重要性体现在以下几个方面：①增强学生参与度。可接受性原则确保心理剧的内容和形式贴近学生的实际生活和心理需求，从而提高学生的参与度和兴趣。当学生感到剧情和角色与自己的经历相关时，他们更愿意投入并从中获得收益。②促进情感共鸣。通过选择学生能够共鸣的主题和情境，心理剧能够触动学生的情感，使他们在剧中看到自己的影子，从而更深入地反思和探索自己的心理状态和行为模式。③提高教育效果。可接受性原则有助于确保心理剧的教育目标得到实现。心理剧通过生动的剧情和角色扮演，将抽象的心理健康知识具象化，使学生在观看和参与的过程中自然而然地接受教育。④确保活动的安全性。在心理剧的表演中，可接受性原则要求确保剧情和角色扮演不会引发学生的过度情绪反应或心理创伤。这要求剧本和表演方式要考虑到学生的心理承受能力，避免过于强烈的负面内容。⑤促进学生自我探索。心理剧提供一个安全的环境，让学生能够通过角色扮演探索自己的内心世界。可接受性原则确保这种探索是在学生感到舒适和安全的情况下进行的，从而鼓励学生进行更深层次的自我发现和成长。⑥增强活动的吸引力。通过确保心理剧的可接受性，活动更有可能吸引广泛的学生群体参与，从而扩大心理健康教育的影响力和覆盖面。

综上所述，校园心理剧的可接受性原则对于确保活动的有效性、安全性和吸引力至关重要，它有助于提高学生的参与度，促进情感共鸣，提高教育效果，确保活动的安全性，并促进学生的自我探索。

（二）自愿参与原则

校园心理剧的自愿参与原则是确保活动有效性和学生福祉的关键准则之一。这一原则强调学生参与心理剧相关活动时应出于自愿，没有外部压力或强制。它可以确保学生在参与过程中的自主性和积极性，从而提高他们的参与度和活动的成效。落实自愿参与原则需要注意以下几点：①自主选择。学生应有权选择是否参与心理剧活动，他们的决定应受到尊重，无论他们选择参与还是不参与。②信息透明。在邀请学生参与之前，教师或导演应提供清晰的信息，说明活动的目的、过程、预期的收益和可能的风险。③尊重个体差异。认识到每个学生都有不同的舒适度和准备水平，尊重他们的个人选择，不因他人参与而强迫或诱导某个学生参与。④保护隐私。确保学生知道他们在活动中的分享将是保密的，不会在未经他们同意的情况下被公开或用于其他目的。⑤无负面后果。学生应被保证，他们选择不参与校园心理剧不会受到惩罚或负面影响，如影响成绩或社交关系。⑥持续的同意。学生的参与应视为持续的同意过程；他们有权在任何时候退出活动，如果他们感到不舒服或不再愿意继续。⑦支持和鼓励。教师和导演应鼓励学生参与，但这种鼓励不应变成压力或强迫，而应基于对学生最佳利益的考虑。⑧教育意义。强调心理剧的教育价值，让学生理解参与的潜在好处，如提高社交技能、情绪管理能力等。⑨适应性。活动的设计应考虑到不同学生的需求和能力，确保活动内容和形式对学生来说是适宜的。⑩反馈机制。建立一个反馈机制，让学生能够表达他们对活动的看法和感受，以及任何不适或担忧。

总之，通过遵循自愿参与原则，校园心理剧能够为学生提供一个安全、支持的环境，让他们能够探索个人问题，从而最大化地从活动中受益。这一原则有助于建立学生的信任感，增强他们对学校心理教育项目的信心。

（三）发展性原则

校园心理剧的发展性原则是指在心理剧的策划和实施过程中，应当关注学生的心理发展需求和成长潜力，以及心理剧活动如何促进学生的个人成长和心理健康。这一原则体现了心理剧作为一种发展性团体辅导方式，不仅关注当前的心理问题，也着眼于学生的未来发展。发展性原则主要体现在以下几个方面：①促进个人成长。校园心理剧通过角色扮演、情景对话和内心独白等形式，帮助学生探索和解决心理问题，从而促进他们的个人成长和心理健康发展。②关注发展需求。心理剧活动应当符合学生的心理发展阶段，关注他们在不同年龄阶段的心理特点和需求，以及新的心理品质的形成。③提供发展机会。校园心理剧为学生提供了一个自我表达和发展的平台，使他们能够在安全的环境中尝试新的行为和角色，从而增强自我认识和社交技能。④解决发展性问题。校园心理剧关注的是学生在成长过程中遇到的发展性问题，如自信心的提高、自我认识、人生规划等，这些问题对于学生的未来发展至关重要。⑤教育性与治疗性相结合。校园心理剧不仅具有教育功能，还具有治疗性功能，它通过戏剧化的表演帮助学生解决心理问题，同时也促进他们的心理健康和个人发展。⑥面向全体学生。作为一种心理健康教育途径，校园心理剧面向全体师生，不仅关注个体学生的心理发展，也关注整个团体的心理健康和成长。⑦内容的现实性和普遍性。校园心理剧的剧本内容通常来源于学生的真实生活经历，这些内容具有普遍性和现实性，能够引起学生的共鸣，并促进他们对问题的深入思考和解决。

通过遵循发展性原则，校园心理剧能够更好地服务于学生的心理健康教育，帮助他们应对成长中的挑战，促进他们的全面发展。

（四）主体性原则

校园心理剧是学生主动参与的过程，从设计、准备到具体的安排和组织再到排演，学生始终应该处在校园心理剧的中心地位。校园心理剧的主体性原则强调的是心理剧活动要以学生为主体，充分尊重学生的自主性和创造性，让学生在心理剧的编演过程中发挥主动作用。这一原则体现了学生在心理剧活动中的中心地位，具体体现在以下几个方面：①学生为中心。校园心理剧的策划和实施应以学生的需求和兴趣为中心，确保学生在活动中的主体地位，让他们成为心理剧的创造者和表演者。②自主参与。学生应有选择参与心理剧的自由，包括选择剧本、角色以及参与的方式，这样可以增强学生的参与感和责任感。③创造性表达。鼓励学生发挥创造力，通过自编、自导、自演的方式，将他们的生活经历和心理体验转化为戏剧表演，从而促进自我表达和自我探索。④自我教育。校园心理剧是一种自我教育的过程，学生通过扮演不同角色，体验不同的生活情境，从而增强自我认识和自我教育的能力。⑤问题解决。在心理剧中，学生通过表演和讨论来探索和解决心理问题，这样的过程有助于学生发展解决问题的策略和技能。⑥情感体验。学生在心理剧中体验角色的情感，这种体验有助于他们理解和处理自己的情感，促进情绪智力的发展。⑦团队合作。在心理剧的准备和表演过程中，学生需要与同伴合作，这种合作有助于培养团队精神和社交技能。⑧反馈与分享。在心理剧表演结束后，学生有机会分享自己的感受和学习，这种反馈和分享有助于深化学习体验和促进个人成长。

主体性原则是校园心理剧成功实施的关键，它确保了学生在心理剧活动中的积极参与和个人成长。通过这种参与，学生不仅能够更好地理解自己和他人，还能够在安全和支持的环境中探索和解决个人及社会问题。

（五）体验性原则

校园心理剧的体验性原则是指在心理剧的编演过程中，强调学生通过亲身参与和体验来达到心理成长和变化的目的。这一原则突出了学生在心理剧中的主体地位，以及通过行动和体验来探索和解决问题的重要性。不管是校园心理剧的设计、准备还是排练，学生通过参与这一过程体验到了不同情景中的不同情感，在体验中发展自我。在校园心理剧中，学生们得到了更多的体验，体验越深，潜能被激发的可能就越大。这种体验不仅包括情感的体验，也包括行动的体验和互动的体验。通过这种体验，学生能够更深入地理解自己和他人，从而促进个人的心理发展。体验性原则主要表现在以下方面：①亲身参与。学生不仅是心理剧的观众，更是参与者。他们通过扮演角色，直接参与到剧情的发展中，这种亲身参与使得学生能够更深刻地体验角色的情感和心理状态。②情感体验。心理剧提供了一个安全的环境，让学生可以自由地表达和探索自己的情感。在角色扮演中，学生体验角色的情感，这种体验有助于他们理解和处理自己的情感。③自我探索。在心理剧中，学生通过角色扮演来探索自己的内心世界，包括他们的思想、感受和行为模式。这种自我探索有助于学生增强自我认识和自我理解。④行动化学习。体验性原则强调通过行动来学习，学生在心理剧中的行动和体验是他们学习的主要方式。通过行动，学生能够将抽象的心理健康知识转化为具体的体验。⑤情感释放和宣泄。心理剧为学生提供了一个释放和宣泄情感的平台。在安全的戏剧环境中，学生可以表达和处理他们通常在现实生活中压抑的情感。⑥互动和交流。心理剧中的互动和交流不仅发生在演员之间，也涉及观众。学生通过观看和讨论心理剧，与他人分享自己的感受和观点，这种互动和交流有助于他们获得新的视角和理解。⑦教育和治疗的结合。体验性原则体现了心理剧的教育和治疗功能。学生在体验中学习，在体验中成长，同时也在体验中获得治疗和解脱。

（六）合作性原则

校园心理剧是一种团体辅导活动，团体成员之间的有效合作至关重要。只有师生处于平等、民主、合作的关系中，校园心理剧才可以在轻松、自由、平等、民主、快乐、和谐的良好团体氛围中进行。校园心理剧的合作性原则是指在心理剧的策划、排练和表演过程中，所有参与者包括导演、演员、观众以及其他工作人员需要共同努力，相互协作，以确保心理剧的成功实施。这一原则强调团队精神和集体参与，是确保校园心理剧活动成功的关键，它促进了学生之间的相互理解、支持和合作，有助于培养学生的团队精神和集体责任感，主要体现在以下方面：①团队协作。校园心理剧需要导演、演员、观众和工作人员之间的紧密合作。每个人都是心理剧团队中不可或缺的一部分，他们的合作直接影响到心理剧的质量和效果。②角色分配。在校园心理剧活动中，每个参与者都有特定的角色和职责。明确分工和职责范围有助于理清权责，形成完整一致的剧情呈现思路，避免莫衷一是的情况。③共同创作。剧本的创作往往是一个集体智慧的结晶，它可能涉及编剧、导演、演员和观众的共同参与。这种共同创作的过程有助于增强团体成员之间的沟通和理解。④相互支持。在排练和表演过程中，演员需要相互支持，共同克服困难。这种相互支持不仅能够提高学生的抗挫折能力，而且能增强他们的自信心。⑤集体解决问题。在校园心理剧的分享阶段，所有参与者共同讨论和反思剧情中提出的问题，通过集体智慧寻找解决方案，这种集体解决问题的过程有助于提升学生的共情能力和解决问题的能力。⑥情感共鸣。校园心理剧的表演和观看过程中，演员和观众之间会产生情感共鸣。这种共鸣有助于建立团队精神，增强成员之间的情感联系。⑦共享经验。通过校园心理剧的表演和讨论，参与者共享他们的经验、感受和学习，这种共享有助于建立团队的凝聚力和合作精神。

第四节　校园心理剧的功能

校园心理剧通过生动的戏剧表演形式，将学生在生活、学习、交往和成长中切实遇到的各种心理困扰、困难和问题以戏剧艺术的表达方式真实地表现出来，让他们在活动体验中深入思考自己的生活，感受生命的意义，更加明确未来的人生方向和价值。

校园心理剧营造了一个真正属于学生自己的舞台，在这个舞台上，学生和角色融为一体，重新思考以前的认知方式和行为方式，重新定位自我，重拾自我。他们在校园心理剧的演出过程中慢慢地改变，不知不觉地成长，体现了校园心理剧强大的教育与心理辅导功能。

一、校园心理剧的心理健康维护效能

校园心理剧与传统的单向讲解和集体心理咨询有很大的区别。它通过戏剧、小品等多种形式，向学生们呈现了他们在生活中常见的各类问题，使他们在表演、观看、分享、讨论的过程中对剧中角色有了一定的认识，从而使他们能更全面和深入地理解心理和行为问题，起到心理健康教育和咨询作用。与此同时，它也有助于培养学生的审美意识，促进学生审美心理的养成，从而在学校心理健康教育中起到十分重要的作用。总而言之，校园心理剧是一种值得在学校心理健康教育中推广和运用的新型团体辅导方式，具有维护和促进学生、教师心理健康的功能。

（一）校园心理剧能有效促进学生的健康成长

校园心理剧是学生宣泄情绪的良好渠道。它的独特之处就是能够将当事人的心理问题如实地呈现出来，对他们的情绪进行安抚，防止负性情绪进一步恶化，给学生们释放不良情绪提供一个安全的环境，还可以教会他们如何控制自己的情绪，学会理智看待问题。在校园心理剧中，因为每个角色的积极合作，所以当事人能很快地融入剧中，可以通过剧中的角色来宣泄自己的情感，将自己心底的问题暴露出来，并在参与者和观众的帮助

下，在一定程度上减轻一些负性情绪，如愤怒、焦虑、恐惧等。经过这一过程，当事人通常能够在一种比较平和的心态下平静地分析问题，或者通过角色的互换学习如何解决问题，并更好地把握自己的情绪。

校园心理剧符合学生的年龄特征。中小学生因其年龄特征、心理发展程度等，在自我反省方面存在缺陷。校园心理剧能满足学生内心的演出和创作愿望，增强学生的参与意识，通过将学生周围的特定情况直观地展现出来，可以在某种程度上引发并唤起学生更多的反省，是一种行之有效的心理健康教育方法。

校园心理剧可以让学生快乐地成长。它是一种具有创造性、探索性的充满惊奇感和愉悦感的艺术，符合孩子们的本性，可以让他们在创作中体验，在体验中反思，在反思中成长。校园心理剧建立在心理剧的理论依据上，通常由学生扮演当事人，利用舞台将他们在日常学习中遇到的典型心理问题表现出来，并在心理辅导老师、所有参与者和观众的协助下，学习怎样应付和解决自己的心理问题，从而让所有人都能得到教育。它是一种集教育性、活动性和趣味性于一体的教学方式，是一种更容易被中小学生及其家长所接受的方式。

校园心理剧可以培养学生的创造力。如何选择合适的素材，怎样进行表演，都要靠学生的创造性来完成。在整个校园心理剧的表演过程中，不管是当事人还是参与者，都可以凭自己的感觉、想象来进行即时表演，他们可以充分发挥自己的想象力与创造力，在灯光、音乐、身体语言等方面深入发掘自己所扮演的人物的内在世界，并将其展现出来。从创作到构思，再到表演，都是学生创造性发展的一个过程。

（二）校园心理剧能提升学校心理辅导的效能

校园心理剧的舞台就像是一个微缩的社会，在那里，人们所遇到的各种问题都可以通过戏剧的形式展现出来。与其他形式的心理辅导相比，校园心理剧是一种形象化、生活化、深度化的方式，可以让参加表演的人员和现场的很多观众迅速地与故事内容发生联系。校园心理剧的神奇之处在于，它能在无形之中营造出一种气氛，让学生压抑已久的情绪得以宣泄。①通过校园心理剧，在场的每一个人都可以从各自的视角出发，讲述自己生活中的相关经历，从这一方面来说，校园心理剧是一种让学生们对其认知

① 钟毓，马全芝，兰海等. 打造师生心灵成长的舞台——四川省成都市建筑职业中专校校园心理剧实践与探索. 中小学心理健康教育，2013（9）：41-43，2.

理念和行为方式进行整合的契机，使他们能够在短期内学会更多解决问题的办法和对策，这是其他形式的心理辅导很难实现的。

校园心理剧能有效地预防学生掩盖自己的心理问题。学生的心理问题有很多，比如，学生和父母的亲子关系问题，中学生的青春期性心理发展困惑，高中生的学习压力太大等。在一些问题上，他们可能会不好意思开口，特别是在老师面前，部分学生不敢把自己的想法说出来，这样的情况往往会给心理咨询带来阻碍。但是在校园心理剧中，学生可以通过角色扮演来表达自己的困惑和愿望，校园心理剧给了他们一个充分表露自己的机会。

校园心理剧激发了学生的积极潜能。校园心理剧能够促进学生主动地进行自我探究，满怀热情地进行创作、排练，对所发生的事件进行反思，从而有效地激发他们在其他活动中难以表现出来的潜能。校园心理剧也给学生们创造了一个良好的学习机会，使他们了解和掌握与人际交往、社会知觉、自我对照、社会学习、模仿、自我管理、印象管理等相关的知识和技能，这是其他课程所不具备的特点。

（三）校园心理剧创新了学生中心的教育形式

校园心理剧的演出始终围绕着学生展开，学生是演出的中心，一切演出也是为了学生。通过素材搜集、主题提炼与研究、剧情构思、排练演出和分享，学生们用身边的实际生活案例来教育自己和帮助其他同学。校园心理剧可以让学生们进行自我反省，由此加深了他们对自我的理解——从生理自我到心理自我再到社会自我，从自我的视角转向别人的视角，从现在的自我走向未来的自我——学生们对自我的理解水平也在不断提升。校园心理剧是一种以学生为主体的活动，在心理辅导老师布置完任务以后，学生们负责完成材料收集、主体形成、故事编辑、剧本形成、体验反思等过程，整个过程以学生为主体，从而使校园心理剧发挥出“教育”作用。

（四）校园心理剧促进了教师的成长

校园心理剧促进了教师的专业成长和精神成长。在编撰和排演校园心理剧的过程中，既有负责心理健康教育的专职老师的专业指导，也有语文、音乐、美术、体育、计算等专业课老师的大力帮助，这些老师都有一个共同的目标：为了学生的心理成长。大家各展所学、各尽所长，为了校园心理剧的演出成功尽职尽责。在当今教育背景下，很多教师为了考试和成绩身心俱疲，职业幸福感逐年下降。当启动校园心理剧活动时，教师的专业能力在教学实践中得以实现。教师参与其中，走进学生心灵，关注学生心灵成长，适时调整自己的教育教学观，增进自己和学生之间的友谊，进而提升自己的幸福感水平。当校园心理剧获得成功时，当学生受到感化而发生转变时，当教学工作越来越顺利时，当家长和社会越来越支持和信任自己时，每一位教师都会感到幸福，他们得到了愉悦和成长，进而会更加热情地投入到工作中去。

二、校园心理剧的心理发展功能

校园心理剧以心理剧为理论基础，认为人类具有创造性与自发性，能够领悟和自我觉察，进而促进自我问题的解决。校园心理剧使学生们将他们在学习、生活、人际交往过程中遇到的各种心理矛盾、烦恼和困惑等，用角色扮演的方式表现出来，使他们体会到自己微妙的心理变化，由此实现心理辅导的目标。总体而言，大多数学生在学习、交往、情感、社会适应和人格发展等方面均存在一定的问题。在实施相关的心理咨询与治疗的过程中，相关人员可以根据校园心理剧中的各种治疗技巧，采取针对性的方法，让当事人能够认识到问题的关键所在，减轻他们的心理压力与冲突，使他们重建一个健康的人格体系。校园心理剧内容丰富，形式生动，方法多样，寓教于乐，是一种深受学生欢迎和喜欢的心理辅导方式，能够促进学生的健康成长与发展。

（一）宣泄和梳理情绪情感，提升情绪智力

情绪是人们对于客观事物与自身需求相一致的一种态度和经验，是人们对于客观世界的一种特别的反应。与认知的区别在于，情绪体现了主体、客体之间的关系。凡是符合和满足主体需要的事物，往往会引发积极的情感体验，反之则会引起不满、悲伤等消极的情感体验。例如，在一个民主家庭中长大的孩子，通常自己的需求和观点能够受到重视，所以，他们对家长会有正性情绪和情感体验，也会对家长表示亲近与尊敬。反之，如果孩子总是受到家长的压抑，家长对孩子的态度过于冷淡或者过于严格，孩子的自尊心和独立性需要无法得到满足，那么孩子就会出现不满、反感、敌对等负性情绪和情感体验。

通常来说，负性情绪分为两类：一类是持续性的负性情绪，如抑郁、习惯性的紧张焦虑、经常性沉默、忧郁或不满等；另一类是一些强度比较大的情绪反应，如狂喜、大怒、恐惧、悲痛欲绝等，这些都是比较常见的

不良情绪。青少年正处在成长的关键时期，不良情绪会给他们带来诸多负面影响，如学业不良、身心健康受损、人际关系不和谐等。开展校园心理剧的目的之一就是疏导学生的不良情绪与情感，通过各种表演技术与手段，将学生关注的矛盾、冲突反映出来，通过外显的表达和内心的反省，使其不良情绪与情感得到宣泄或升华，最终促进其健康成长。可以说，校园心理剧为学生提供了一个独特的宣泄和梳理情绪情感的平台，允许学生在一个安全和支持的环境中通过角色扮演来表达和体验各种情绪。在参与校园心理剧的过程中，学生可以探索和释放积压的情感，如愤怒、悲伤或焦虑，这种情感的宣泄有助于减轻内心的压力和紧张。同时，校园心理剧也鼓励学生识别和命名自己的情绪，通过剧情的发展和角色的互动，学生学会了理解和管理自己的情绪，从而提升情绪智力。在角色扮演中，学生不仅能够体验到角色的情感，还能够观察和感受其他角色的情感，这种体验有助于培养同理心和社交技能。通过参与校园心理剧，学生学会了如何以更健康的方式处理情绪、如何有效地与自己的感受进行沟通，以及如何在面对挑战时保持情绪平衡。这些技能对于学生的情绪健康和人际关系的发展至关重要。

（二）激活新思维，促进认知结构优化

事实上，学生的很多适应不良问题都是由认知失调引起的。因此，要想达到问题解决的目的，方法之一就是激活学生的新思维，改变其认知方式，优化其认知结构。心理适应的内部机制模式表明，一个人在经历了一系列的不适应过程后，通常会经历一系列的认知调整、态度转变和行为抉择过程。认知调控在这一过程中发挥了至关重要的作用。在心理辅导过程中，相关人员要注重提升学生的认知能力，转变他们对环境的不合理认知，让他们清楚地认识到自己在新的环境中所扮演的角色，从而促使他们在自我认知、自我体验和自我调节上产生积极的转变，并通过自我调控体系的改进，提升他们的适应性。

校园心理剧在激活新思维和促进认知结构优化方面发挥着重要作用。首先，通过角色扮演和情景模拟，校园心理剧鼓励学生从不同的角度看待问题，这有助于打破传统思维模式，激发学生的创新思维和批判性思考。校园心理剧能够使学生在角色扮演中体验不同角色的心理感受，增强同理心。这种体验性的学习方式不仅促进了学生对问题的深入理解，还有助于他们发展更为复杂和灵活的认知结构。其次，校园心理剧通过模拟现实生

活中的情境和挑战，为学生提供了一个安全的环境，让他们能够在没有风险的情况下探索和尝试新的思维方式。这种实践性的体验有助于学生将理论知识应用于实际情境中，从而优化他们的认知结构，提高解决问题的能力。如前文所述，校园心理剧通过让学生扮演心理问题中的当事人主体，有利于其压力的舒缓，并且可以提升信息交流的效果。此外，校园心理剧的互动性和参与性特点，使得学生能够在团体中交流和合作，共同探讨和解决问题。这种合作过程不仅增强了学生的社交技能，也促进了他们的认知发展，因为它们需要协调和整合来自不同成员的观点与信息。最后，校园心理剧的反思和分享环节，鼓励学生对自己的行为和思维进行深入的反思，这有助于他们识别和修正认知偏差，从而促进认知结构的优化。通过这种反思，学生能够更好地理解自己的心理特点，提高自我认知能力。

综上所述，校园心理剧通过提供角色扮演的机会、模拟现实情境、促进团体合作和鼓励反思分享，有效地激活了学生的新思维，并促进了他们认知结构的优化。

（三）探寻问题解决，建立行为新模式

校园心理剧在引导学生探寻问题解决和建立行为新模式方面发挥着重要作用。校园心理剧通常以特定的冲突场景为背景，这给学生提供了一个直接学习的机会，也给老师提供了一个很好的引导学生改变自己行为的契机。例如，有些学生害怕在大庭广众之下说话，老师可以将他们召集起来，逐步纠正他们不敢大声说话、表情紧张等行为，直至他们能够自信地、大胆地表达自己的想法。

学生们可以按照自身的情感和体验来推动校园心理剧故事情节的发展，通过发挥自己的创造力、与同伴讨论以及寻求老师的指导，敞开自己的思维，从而使整个校园心理剧更加完善。通过这一过程，学生们能感受到他人对自己的看法，以及自己的行动对他人所产生的影响，并把这些感悟与自己的日常生活经验相结合，促进自己的健康成长，同时也可以知道以后再遇到类似的事情时应该怎么做才能找到解决问题的办法。

校园心理剧的开展可以使学生认识到自己及身边同学存在的问题，发现问题症结所在，并在表演和观看的过程中进行自我体验、自我反思、自我剖析，以及学会换位思考等解决问题的方法，重新塑造自己的行为模式。当再遇到类似问题时，他们就可以启动这些行为模式来成功解决问题。首先，校园心理剧通过模拟现实生活中的情境和挑战，为学生提供了

一个安全的环境，让他们能够在角色扮演中探索和体验不同的生活方式与行为模式。在校园心理剧的开展过程中，学生可以看到各种各样的心理问题，如焦虑、抑郁、自卑等，并通过观察和分析剧中人物的心理问题，更好地认识到这些问题的存在和危害性。校园心理剧中的人物会通过积极的方式来解决问题，这对学生来说通常会起到很好的榜样和启发作用，他们可以从中学到一些应对心理问题的方法，如寻求帮助、调整心态等，从而更好地解决自己的心理问题。校园心理剧的特别之处还在于不仅需要头脑的参与，更重要的是身体的共同参与，以及个体和环境的互动。身体在认知过程中发挥着关键作用。通过身体的演绎和接触，个体内隐的部分将被层层打开，自发性被调动起来，之后再产生一种创造力，由此推动固有模式产生新的疗愈机会，从而促进新行为模式的建立。

（四）探索现实社会，完善自我

校园心理剧作为一种富有成效的教育工具，在促进个人探索社会问题和完善自我方面扮演着独特而重要的角色。通过模拟现实生活中的情境和挑战，校园心理剧为学生提供了一个安全的环境，让他们能够体验不同的角色和视角，从而更深入地理解社会现象和个人行为。在这一过程中，学生不仅能够识别和讨论诸如欺凌、压力管理、人际关系等社会问题，还能够在角色扮演中实践新的应对策略和解决方案。这种体验性的学习方式有助于学生发展批判性思维、培养同理心和社会责任感，同时促进自我认知的提升和情绪智力的增长。通过参与校园心理剧，学生学会了如何从他人的角度看待问题、如何在团队中协作，以及如何有效地沟通和解决冲突。这些经验不仅丰富了他们的社会技能，也为他们提供了自我反思和成长的机会，使他们能够更好地适应社会，实现自我完善。

第二章　校园心理剧的理论基础

校园心理剧涵盖了多元的理论基础，主要融合了心理学的精神分析、认知行为疗法、团体动力和戏剧审美等理论，旨在通过戏剧表演来探讨和承载人们在校园环境中的心理与情感体验，以扮演、启发、互动等方式探索校园中存在的各种心理成长困惑和挑战，激发观众的情感共鸣和思考，维护学生良好的心理健康。具体来说，首先，基于精神分析理论，通过校园角色与情感的演绎呈现角色内心的冲突与阻抗；其次，基于认知行为疗法理论，通过认知调整改变人们解决问题的思维模式；再次，基于团体动力理论，通过群体互动展示群体关系的交互作用；最后，戏剧艺术理论提供了戏剧结构、角色发展和情感表达的框架。因此，校园心理剧以生动的方式展现了精神分析、认知行为疗法、团体动力和戏剧艺术理论中的概念与原则，为大众提供了一个观察和思考心理学议题的途径。

关键概念

精神分析：精神分析是为探索性驱力和攻击驱力以何种形式隐藏在个体的意识与潜意识层面而形成的一种深入细致的心理咨询疗法，通常涉及长期的咨询过程，需要来访者对分析师保持信任与开放性。

潜意识：潜意识是指正常情况下不能被个人所觉察到的意识部分。潜意识分为三个成分：第一个成分为过去生活积累的创伤经历，该成分会因为年代久远而被遗忘；第二个成分为生命的原动力，包括对爱和情感的追求，由于难以满足对爱和情感的需求，人们会假装该成分不存在，不愿真诚地面对此成分；第三个成分是我们从未被开发的能量。由于前两种成分的影响，我们生命中的大部分能量都会被隐藏，未被释放出来。

认知行为疗法：认知行为疗法是以行为心理学和认知心理学的基本原理为基础而形成的一种谈话疗法。该疗法通过调整个人的认知和行为来处理心理问题，特别适用于抑郁症和焦虑症，强调个人的情绪体验主要取决于认知，不同的认知会引发不同的行为结果。由于得到大量科学研究的实证，并且具有短程高效与结构化等特点，该疗法被大众所认可和接纳。

团体动力：团体动力是研究团体内部成员之间相互关系、互动、沟通和行为的学科领域，旨在深入理解群体、组织和集体行为的心理与社会力量。其研究目的在于揭示团体的发展规律和内在动力，以及团体与个体、团体与团体以及社会之间的相互关系。①相比于个人活动，团体活动与个人的生活情境更加贴合。

戏剧艺术：戏剧艺术是一门以剧本为基础（包括虚构的、具有矛盾冲突的、典型化的人物和事件），通过演员在舞台上的表演（包括形体和语言的表达），让观众产生情感上的共鸣（产生审美情绪和获得审美感受）的艺术。

戏剧审美：戏剧审美是戏剧美学与心理学的一个重要分支。戏剧审美是使外在造型和表演与内在心理过程高度统一的一种表现内在心理的审美过程，强调通过戏剧冲突性使极不容易觉察的心理过程变得直观。

内容提要

校园心理剧是一种集合了多元理论基础的表演艺术形式，汇聚了心理学领域多个重要理论的精髓，其中包括精神分析、认知行为疗法、团体动力和戏剧审美等理论。首先，校园心理剧以精神分析理论为基础，通过校园角色的演绎来呈现角色内心的心理变化过程。演员通过深入挖掘角色内在的欲望、潜意识冲突和防御机制，在剧中生动呈现精神分析的概念，使观众更深刻地理解个体心理的复杂性。其次，基于认知行为疗法理论，校园心理剧通过角色的认知调整展示了改变人们问题解决思维模式的可能性。角色在剧中经历认知转变，观众通过剧中角色的经历意识到思维对情感和行为的影响，从而对自身认知模式进行反思。再次，团体动力理论在校园心理剧中扮演着重要角色，通过展示群体互动和关系的交互作用，观众可以观察到群体中成员之间的相互影响，理解团体动力对个体心理健康的重要性，以及群体中的支持和冲突如何影响个体成长。最后，戏剧艺术理论为校园心理剧提供了表演框架，包括戏剧结构、角色发展和情感表达。这些理论元素赋予了校园心理剧生动而有深度的表现力，使其能够以引人入胜的方式呈现精神分析、认知行为疗法、团体动力和戏剧艺术等理论中的概念及原则。综合而言，校园心理剧运用心理学各领域的理论，通过戏剧艺术的形式促进学生的心理健康发展。

① 樊富珉. 团体咨询的理论与实践. 北京：清华大学出版社，1996.

第一节 校园心理剧的精神分析理论

一、精神分析及其发展

（一）精神分析的起源

精神分析（psychoanalysis）的起源可以追溯到奥地利精神病医师西格蒙德·弗洛伊德（Sigmund Freud）。弗洛伊德开展了一系列研究与临床实践，以此创立了精神分析的心理疗法，并在 1895 年出版了著作《梦的解析》（*The Interpretation of Dreams*）。《梦的解析》标志着现代精神分析心理学的正式形成与建立，这是因为该书首次提出了精神分析的基础核心概念，如潜意识、梦和性心理。

弗洛伊德精神分析中的潜意识、梦以及性心理倾向有着久远的哲学渊源。潜意识概念受到莱布尼兹、赫尔巴特、尼采、叔本华等人哲学思想的影响。同时，精神分析的崛起也与达尔文进化论的发展密不可分。达尔文认为，人是由动物进化而来的，人与动物在许多方面是没有区别的。①弗洛伊德从达尔文的生物学观点出发研究人类，但并没有直接将人的本能与动物的本能完全等同，而是从生物与心理的双视角出发，强调人类行为受心理、生物基因和生理机能的调控，包括基因对行为的遗传指导、神经系统对行为的调控以及荷尔蒙对情绪和行为的影响。弗洛伊德认为，人类的心理活动受到生物学和心理因素的影响，由此提出了精神分析的基本观点。②值得强调的是，虽然精神分析理论中存在生物学元素，但并没有简单地将动物的本能赋予人的本能。相反，该理论强调心理过程和文化因素对人的心理活动与行为的复杂影响。因此，精神分析更侧重于心理动力学和心理分析，而不是将生物学元素直接应用在个体发展中。

（二）精神分析的发展历程

自弗洛伊德创立以来，精神分析受到了许多人的追随，他们进而开始进行精神分析的早期研究与实践。在早期研究中，研究者主要探讨精神分析在心理疾病、人格结构和儿童发展等主题中的应用。1908 年，弗洛伊德与他的研究团队创建了维也纳精神分析学会。随后，全球各地逐渐成立

---

① 达尔文. 人类的由来及性选择. 叶笃之，杨习之译. 北京：北京大学出版社，2009.

② 弗洛伊德. 弗洛伊德的智慧：弗洛伊德心理哲学解读. 刘烨编译. 北京：中国电影出版社，2005.

了国际精神分析协会等类似组织，这标志着精神分析在全球范围内开始得到更广泛的认可和专业化发展。

在弗洛伊德的学生卡尔·亚伯拉罕和安娜·弗洛伊德的贡献下，心理学作为精神分析的一个分支兴起。与弗洛伊德的原初驱动力理论有所不同，心理学强调了自我和自我心理的重要性。此后，独立精神分析关系学的代表人物梅兰妮·克莱茵（Melanie Klein）、罗纳德·费尔贝恩（Ronald Fairbairn）和唐纳德·温尼科特（Donald Winnicott）提出了调查关系理论，强调了潜意识中的探究关系和现实关系的作用，并进一步发展出了对象关系理论，尤其是婴儿和母亲之间早期关系的探索，强调了早期的关系和情感对个体人格发展的影响。

20 世纪后半叶，精神分析理论支撑了许多后弗洛伊德主义流派，如法国精神分析学派、关系精神分析学派和现代精神分析学派。这些学派提出了各自的理论和方法，拓展了精神分析的范围。当今时代，精神分析不仅被用于心理治疗，还在其他更广泛的领域发挥作用，如文学、艺术、电影分析、文化研究和社会科学等。

总之，精神分析的发展历程经历了不同学派的兴起和闭合，在探索潜意识心理学方面做出了突破性的贡献，开辟了人格心理学、动力心理学和变态心理学等新的研究领域，进一步推动了自我心理学的发展。精神分析在心理学和心理治疗中仍然占有重要地位，精神分析的核心理念和技术也在不断发展与适应不同的文化和时代。

二、精神分析的概念、主要观点与技术

（一）精神分析的概念

侧重于心理动力与心理分析的精神分析是一种心理治疗方法与理论体系。其核心思想是强调通过与患者建立信任关系，探讨其内在潜意识活动、内心冲突及发展过程中的心理问题，以帮助个体理解和解决问题。精神分析的关键概念主要包括潜意识（sub-conscious）、梦（dreams）和防御机制（defense mechanisms）。

1. 潜意识

弗洛伊德主张人类的心灵可以被划分为三个组成部分，即本我、自我和超我。[①]本我代表着完全的潜意识，在主观意识的控制之外，是指内在

① 弗洛伊德. 弗洛伊德的智慧：弗洛伊德心理哲学解读. 刘烨编译. 北京：中国电影出版社，2005.

的欲望往往与现实的道德、法律或社会规范相冲突，因此无法在现实中得以直接表达或实现；自我是指有意识地与现实世界接触；超我是指在部分意识的操控下对良知或道德的判断。精神分析强调潜意识对行为、情感和决策的重要影响。潜意识是指个体意识中的心智部分，包括思维、情感、欲望和记忆等心理过程，这些过程不易被察觉或自觉控制。潜意识中的内容通常不会在意识层面进行，但它们仍然可以影响个体的行为、情感和决策。在潜意识中，个体可能存在不为自己所感知的欲望、情感和冲突。那些不受直接控制或觉察的思维过程可能在潜意识中进行，然后在必要时进入意识层面。潜意识思维可以涉及创造力、洞察力和直觉等。潜意识包含了个体的欲望、冲突和儿童时期的经历，这些内容可以影响个体，因此弗洛伊德创立了精神分析学，试图通过分析患者的潜意识来解决心理问题。

2. 梦

梦提供了一种使现实中无法实现或受到压抑的愿望得以实现的机会。它是潜意识的表现，当人的心理防御机制使个体的本我愿望受到压抑时，被压抑的愿望不会直接显示在梦中，而是以象征形式出现。因此，梦具有象征性。[①]梦包含两种形式，即显梦和隐梦。所谓显梦是指人们真正体验到的梦，也就是梦境中直接呈现的内容，是我们能够回忆起来并描述出来的内容。隐梦则是指梦的真正含义，即梦通过象征形式想表现的被压抑的潜意识欲望，这些是梦的深层含义，通常需要通过分析才能揭示出来。简单来说，显梦是梦的外在表现，而隐梦则是梦的内在意义。

3. 防御机制

防御机制是指为减轻或消除人格内部的冲突，降低或避免焦虑，以保持人格的完整和统一而自我创造的保护性机制[②]，主要包括以下特征：①防御机制往往是在无意识或部分无意识的层面运作的，而非人们通常能够直接意识到或主动控制的。②防御机制通过增强自尊或自我美化（提高自我价值）而保护自己免受伤害。③防御机制是一种具有自我欺骗性质的心理现象，通过掩盖或伪装人们真实的动机来发挥作用。具体而言，防御机制通过扭曲知觉、操纵记忆、调整行为、隐藏真实的动机以及干扰思维等方式来保护自我，甚至可以完全阻断可能对自我造成伤害的心理过程。

① 陈小文. 弗洛伊德. 长春：东北师范大学出版社，2020.
② 陈小文. 弗洛伊德. 长春：东北师范大学出版社，2020.

（二）精神分析的主要观点

1. 个体的心理行为和情绪受无意识过程的影响

无意识是指个体的心智层面中那些不容易察觉或自觉控制的心理过程。这些过程包括潜在的欲望、情感、信仰、价值观、判断和记忆等，可以对个体的行为和情绪产生影响，但个体通常不会在日常生活中明显感知到这些影响。

无意识对个体行为与情绪的影响范围广泛，包括决策、情感反应、记忆、自我概念、自我表达等方面。具体而言，第一，无意识过程可以影响个体的决策。有时，个体可能会在无意识层面对某种选择产生偏见或情感反应。第二，无意识过程可以调节和影响个体的情感反应。情感可能来自个体过去的经历或潜在的恐惧和欲望，而这些情感可能在个体的日常生活中最终表现出来，但个体可能并不自觉。第三，无意识过程会影响个体的记忆，包括偏见、遗忘或错误的记忆等，可能导致个体对特定事件或信息的记忆不准确或发生扭曲。第四，无意识过程可以影响个体的自我概念，负面的自我认知可能在个体的无意识中扎根，进而影响他们的行为和情绪。第五，无意识过程经常通过隐喻和象征的方式影响个体的自我表达。这些隐喻和象征可以在梦境、幻想、创作作品和日常语言中找到，提供了理解和沟通无意识内容的窗口。因此，无意识过程确实会影响个体的心理行为与情绪，探索和处理无意识方面的内容，可以帮助个体更好地认识自己，解决心理问题，提升心理健康水平。

2. 个体内部的心理冲突可能在童年经历中根植

这一观点是弗洛伊德理论的基础之一。他认为个体的童年经历和早期经验会对个体的心理发展产生重要影响。[①]童年发展的关键是由与重要他人（如母亲）单方面的“婴儿期依赖”顺利过渡到双方交互的“成熟性依赖”。科胡特（Heinz Kohut）在其自体心理学理论中明确强调，儿童在与母亲的关系中产生自我，早期父母与孩子的关系决定了孩子自我成长的方向。[②]如果早期孩子感受到来自父母积极正面的接纳，这将有利于其自尊的发展，反之，儿童则会形成自我中心人格，并表现为过于强调自我的重要性。一个人如果没有发展出完整和谐的客体关系，就会出现人格失调，

① 转引自俞国良，李森. 危机与转机：童年期虐待对青少年心理健康的影响及应对策略. 北京师范大学学报（社会科学版），2021（1）：5-15.

② 海因茨，科胡特. 自体的分析：一种系统化处理自恋人格障碍的精神分析治疗. 刘慧卿，林明雄译. 北京：世界图书出版公司，2012.

其中主要的原因可能是缺乏明确的主客体界限和早期家庭亲情不足等。①以早期亲子关系为焦点的关系治疗和将问题放在家庭互动过程中来解决的家庭治疗都是以客体关系理论为基础的。

当前的研究同样发现，对个人心理发展而言，早期教育和家庭环境是影响心理健康的重要因素之一。②研究显示，如果个体的早期环境单调而贫乏，这会对其心理发展造成阻碍，进而抑制其潜能的发展。相反，如果个体早期得到了良好的照顾，并接受了丰富的刺激，那么他们有可能在成年后取得出色的成就。此外，父母的教养态度、教养方式和家庭类型等因素也会对个体的心理健康产生影响。③精神分析治疗旨在探索个体内部的无意识冲突，这些冲突往往与个体的童年经历和情感经验紧密相关。通过深入分析这些经历和经验，精神分析治疗试图理解并解释个体的情绪和行为，进而提供针对性的治疗方法。然而，这一观点在心理学中存在争议。

3. 梦境往往是不加掩饰的欲求满足

地形学模型也称“冰山理论”，该理论认为，意识是一座冰山露出海平面的部分，而潜意识是隐藏在冰山下的更为庞大的部分。潜意识内不为人知的欲望和冲突往往对人的行为有支配性力量。地形学模型经过修正之后，发展成更为完整的结构模型。结构模型将人的心理结构分为本我、自我和超我三个部分。④本我由潜意识的冲突和欲望组成，遵循快乐原则，倾向于即时满足。超我由被内化的价值观和社会规范组成，位于人格结构的最高层，遵循道德原则。自我则负责协调本我与超我之间的关系。弗洛伊德的“愿望满足理论”进一步认为，梦是潜意识的部分，是个体对内心未满足的欲望的一种反映，这些欲望在现实状态下可能会受到社会规范、道德观念的制约。

梦是潜意识的表达方式，因为梦境的内容往往暗示着个体的潜意识、冲突和深层心理需求。梦境中出现的符号和情节往往是不加掩饰的愿望层面的体现，这些愿望可能是个体处于清醒状态下因各种原因而无法直接表

① 转引自俞国良，李森. 危机与转机：童年期虐待对青少年心理健康的影响及应对策略. 北京师范大学学报（社会科学版），2021（1）：5-15.

② 俞国良，李森. 危机与转机：童年期虐待对青少年心理健康的影响及应对策略. 北京师范大学学报（社会科学版），2021（1）：5-15.

③ 索利红. 大学生体质现状与心理健康状况关系的研究. 呼和浩特：内蒙古师范大学，2012.

④ 严梅福. 弗洛依德：认识人类本性的先锋——本世纪心理学领域中争论最大的理论评析. 湖北大学学报（哲学社会科学版），1999（1）：4-10.

达的内容。例如，梦境中出现的愿望可能涉及性欲、权力欲等，但这些欲望在现实生活中可能会受到控制或约束。此外，梦境有时会体现个体内部的冲突，包括道德与伦理冲突、责任感与自我满足欲之间的冲突等。梦境也可以表达个人的恐惧、焦虑和不安感，这些情绪可能是由于日常生活中的压力和困难过大而产生的。

值得一提的是，对梦的理解可能因个体差异和文化差异而不同。有些理论将梦视为一种信息处理的过程，用于整理和处理日常的情感与经历，而不一定是欲望的表达。但是，无论如何，梦对于心理治疗领域来说是一个富有价值的研究对象。

4. 防御机制可以帮助个体应对焦虑和心理痛苦

防御机制是精神分析流派的观点，是个体心理结构中的一种无意识过程，是心理自我调节的一部分，用于保护个体免受焦虑、冲突和心理压力的伤害。防御机制的作用是在个体面对内在或外在的威胁时，帮助维持心理平衡和自我完整性。这些机制通常在个体不自觉的情况下运作，通过改变个体对现实的认知、情感或行为反应，以减少不愉快的情绪体验。

防御机制包括但不限于压抑（repression）、投射（projection）、反向形成（reaction formation）、转移（displacement）、合理化（rationalization）、否认（denial）、升华（sublimation）等。它们可以是适应性的，帮助个体应对短期的困难或压力，也可以是不适应性的，导致个体在长期内无法有效地处理问题，甚至可能加剧心理问题。在精神分析治疗中，理解患者的防御机制对于揭示其潜意识冲突和促进治疗过程至关重要。通过识别和处理这些防御机制，治疗师可以帮助患者发展更健康的应对策略，从而提高其心理适应能力和生活质量。

压抑是一种防御机制，是个体在生活中最早出现的、最简单和最基本的方式之一。压抑指的是将不合理的冲动排除到意识之外，从而使自我能够阻止那些会引起焦虑的念头、情感和冲动进入意识层面。压抑的常见表现形式是选择性遗忘，即有意地遗忘一些特定的经历或信息。通过压抑，人们可以暂时摆脱一些令人不舒服或困扰的想法和情感，这有助于维持个体的内心平衡和心理健康。

投射是指个体在意识中把自己内心不被允许的态度、行为和欲望推给别人或其他事物。投射的潜台词就是“不是我，而是他”，在生活中的具体表现如下：当对别人产生不满时，个体倾向于将自身感受转化为“别人对我不满”；一个吝啬的个体倾向于责怪全世界的人都缺乏慷慨；一个学生如果在考试中作弊，往往会认为其他人也在作弊，由此变得心安理得。

反向形成又称反向作用，是指个体以相反的行为方式来表达不符合自己态度的情感。这种机制通过夸大相反的行为来掩盖个体内心的焦虑和冲动，例如，个体对某个人心生恶感，但因为道德约束而对这个人格外友好。

转移是个体将强烈的敌意等情感从原始的触发对象移植到另一个威胁相对较小或无威胁的对象上，从而减轻心理负担。例如，在工作场所受到老板的责备后，员工可能会将自己的不满情绪转移至妻子、孩子或宠物身上并发泄出来。有时候情感转移也可能针对个体本身，这时就会出现抑郁或自我贬低的思想和行为。比如，一个人在受到上级责备后，可能会因自责而打自己的脸或者嘲笑自己无能。

合理化是指通过给出自己能接受的、超越自我的动机或理由来替代真实的动机或理由，从而体现个体的自我价值感。常见的合理化方式有两种：一种是采用“酸葡萄”机制，即当未能达到某个目标时，个体否认该目标的重要性和意义，也就是常说的“吃不到葡萄就说葡萄酸”；另一种是采用“甜柠檬”机制，即由于未能实现预期的期望或目标，个体通过提升当前状态的价值和意义来让自己的感觉更好一些，就像个体无法吃到葡萄而只好吃柠檬，便认为柠檬是甜的一样。

否认是一种心理防御机制，其作用是阻止个人意识到自身的痛苦这一事实，通过否认客观事实和扭曲现实的方式，逃避无法解决的困难和无法实现的愿望，从而减少内心的焦虑。不同于压抑，否认是在潜意识和意识层面发生的。

升华能够使个体将本能的冲动或欲望转移至被社会认可的目标或对象上。例如，个体通过参与某些具有攻击性的运动，如拳击、橄榄球等，可以使潜在的攻击冲动以能被社会接受的方式宣泄出来。

（三）精神分析的主要技术

在精神分析治疗中，常用的治疗技术包括自由联想、梦境解释，以及通过深层心理治疗来探索个体的内心世界和应对防御机制。下面主要对校园心理剧中经常使用到的自由联想和梦境解释技术做简要介绍。

1. 自由联想

自由联想是一种心理治疗方法，用于探索和理解个体的潜意识思维与情感。这种方法通常被用于精神分析治疗中，由弗洛伊德及其他精神分析师提出、开发和使用。在精神分析的自由联想过程中，来访者被鼓励表达他们的思维、情感和回忆，而不受过多的干预，这有助于来访者探索并揭示他们的无意识思维和情感。自由联想的具体操作为，精神分析师先让来访者坐下，并尽量使其不受干扰，然后让其自由说出或写下他们大脑中的所有想法、感觉、记忆和幻想，无论这些内容看起来如何散乱或不相关，整个联想过程是为了让个体能够首先摆脱潜意识思维的束缚，以便探索潜意识的内容。

同时，在自由联想中，来访者被鼓励放松道德约束，不去审查自我或过度过滤他们的思维，这有助于挖掘潜意识中的冲突、欲望和情感。通过自由联想，来访者可能会想起潜意识中的内容，包括梦境、幼年时期的经历、压抑的情绪和欲望等，这些内容可以帮助精神分析师和来访者一起探索个体的内心世界，进而促进心理治疗的进展。

2. 梦境解释

弗洛伊德强调通过梦境中的符号和象征来反映个体的内在心理过程，这个过程通常以象征和隐喻的形式出现，而不是直接表达。因此，精神分析将梦视为无意识的窗口，通过分析梦中的象征和隐喻，解释个体的梦境，进而揭示个体的内在冲突、愿望和欲望。

梦境的解释涉及显性内容和隐性内容。显性内容是梦境中表面上可见的内容，如梦中明显可见的情节、图像和事件，通常是不连贯或离散的。而隐性内容是其中的核心意义，如隐藏在梦境中的潜在愿望、焦虑、内心冲突等，通常以符号或象征的方式表达，需要解码。而精神分析对梦境进行解释的核心任务是解码梦境中的隐性内容，以理解其中隐含的意义，通常涉及识别与分析梦中的符号和象征，以发现个体的需求、欲望和冲突。精神分析师经常会对患者的无意识过程和冲突进行解释，以帮助患者理解自己的情感和行为。同时梦境解释的目标是帮助个体解决内在的心理冲突，从而提升个体的心理健康水平和情感福祉。具体而言，精神分析师将与个体一起探索和解释梦境，个体被鼓励回忆和描述他们在梦中所经历的细节和情感，精神分析师会通过询问问题并分析梦境中的符号、隐喻等来帮助个体理解梦境的含义。

虽然梦境解释方法在心理学领域备受关注，但也存在一些争议和批评，因为梦境解释在很大程度上依赖于精神分析师的主观解释和个体的解释，这可能导致产生不同的结果。总之，梦境分析这种深度心理治疗方法在精神分析和心理动力学领域有一定的影响力，但该方法通常需要在接受过培训的精神分析师的指导下进行。

三、精神分析理论在校园心理剧中的应用

（一）触碰内心创伤，提供宣泄途径

儿童和青少年在成长过程中会遇见各种各样的问题，会遭遇或大或小的创伤体验。有些创伤体验随着时间的流逝和自身的调节会自然治愈，被内化为成长经验的一部分；而有些创伤体验因没有得到及时处理，会变得更加隐秘和顽固，蛰伏在个体的生命中。例如，孩子 A 的爸爸妈妈工作繁忙，于是便将他交给保姆照顾，孩子理智上知道要懂事，要理解爸爸妈妈，但是那种被抛弃感和不安全感却难以避免；孩子 B 从小由爷爷奶奶带大，但是某一年爷爷因病去世了，孩子看起来在迅速恢复正常，从悲伤中走了出来，但爷爷去世给他的生命带来的缺口只是被遮挡起来了，并没有被填补；孩子 C 由于淘气给老师留下了负面的刻板印象，有一次被老师误会损坏了教室的公物而受到严厉的批评，事后老师虽然查明了事情的真相，但是并没有向他道歉，那种愤怒和委屈一直留在他的心里。

弗洛伊德在关于心理创伤的理论中阐述，与创伤有关的情绪需要宣泄，没有得到及时宣泄的负性情绪并没有消失，而是在未来会以更具破坏力的方式表现出来，宣泄本身就是一种治愈。儿童和青少年在成长过程中的消极表达往往是受限的，他们没有足够的空间去表达自己的委屈、失望和愤怒，校园心理剧为那些未被充分表达的创伤体验提供了宣泄空间。通过情节与角色的设置重现各种各样的情境，儿童和青少年就有机会重回创伤当下，为自己发声。例如，孩子 A 可以在校园心理剧中大声说出来：我不想当一个懂事的孩子，爸爸妈妈，我真的很孤单，我希望你们陪着我；孩子 B 也可以在相应的场景设置中与爷爷重逢，不再掩饰自己的悲伤，尽情地倾诉自己对爷爷的爱和思念；孩子 C 可以在校园心理剧中随着剧情的推进产生移情反应，面对扮演老师的演员，将自己当时对老师的愤怒和内心的委屈宣泄出来。

将那些被压抑的情绪宣泄出来，藏在儿童和青少年体内的创伤体验才会被理解，其内心世界才会被看见，僵化的信念和应对模式才有机会流动起来，从而为进一步的心灵疗愈与成长提供可能性。

（二）直面心理冲突，探索真实自我

在原始防御机制和次级防御机制的作用下，原始的欲望和冲突往往会

经过很多的修饰，导致对真实自我的探索犹如雾里看花。对儿童和青少年来说，很多复杂的内心体验和心理历程是没有办法用语言精准表露出来的。

通过校园心理剧这种形式，儿童和青少年可以将难以言喻的内心冲突用更加直观的方式呈现出来。例如，一个总是逃学并且和父母吵架的孩子在接受心理咨询的时候可能会破罐子破摔地表明“我就是这样的人”，但是如果利用校园心理剧一字一句地重现他和父母争吵的过程，他的叛逆行为便可以得到更精准的理解，如父母言辞上的贬低让他受伤，过高的期待让他感觉到很大的压力，对成绩过分关注而忽视情感需求……通过校园心理剧呈现出来的并不是一个天生就冷酷、叛逆的坏小孩，而是一个内心受到伤害、渴望获得关注和尊重的普通孩子，只是在这之前，他内心脆弱的那一部分被藏起来了而已。当那个孩子能够看见受伤的自己、需要被爱的自己之后，他对自己的看法和评价也会随之发生改变，逐渐发展出更加稳定、多元的自我表象，其发展潜能也将逐渐被激发。

（三）对话内在小孩，追求人格成长

在精神分析理论中，“内在小孩”是一个用来描述个体内心深处未成熟、受伤或被压抑部分的心理概念。这个概念最早由心理学家卡尔·荣格（Carl Gustav Jung）提出，他将“内在小孩”视为每个人人格中的一部分，这一部分代表着天真、单纯，但也含有无助、需要呵护的含义。荣格认为，“内在小孩”是从潜意识、人类本性的深处所诞生的，而意识对它一无所知，它代表的是所有存在中最强大的冲动，努力地想了解自己，这种想要了解自己的力量是一种自然规律，因此具有无可比拟的力量。

在心理治疗领域中，“内在小孩”是一种隐喻，通常是指那些在个体童年时期由于未被满足的需求、不被允许的情绪或被伤害的经验而形成的创伤性记忆。这些记忆被深藏在内心，却时不时会被重新激发，影响着个体的思维模式和行为反应，甚至在成年后仍然对个体产生伤害，引发痛苦的体验。然而，“内在小孩”在我们的内心世界中却难以被觉察。因此，通过了解和疗愈“内在小孩”，个体可以更好地理解自己的行为和情感，促进个人成长和心理健康。

校园心理剧能够给儿童和青少年提供体验不同生命角色的机会，可以促使他们以第三人称审视自己的生命历程。例如，在关于学业拖延的校园心理剧中，儿童和青少年可以选择扮演即将要完成的“任务”，作为一个物品和主人公自由对话。在对话的过程中，儿童和青少年可能会逐渐体会到

“任务”对主人公的逼迫和压力，如作为一个即将要完成的“任务”，扮演者可能会不停地责问主人公“你怎么还不开始？”“你能做好这件事吗？”“你一定要做得很完美！”“你之前每次都做不好，这次真的可以吗？”

沉浸在角色中说出来的话，其实就代表着儿童和青少年在拖延时会受到的来自内心的责问。对于大多数儿童和青少年，一直有一个“害怕自己不完美，担心搞砸一切”的“内在小孩”躲在他们内心深处，因此他们才会为了躲避消极体验而不停地拖延完成任务的时间。校园心理剧可以让这样的内在小孩具象化，儿童和青少年通过与内在小孩对话，明晰自己人格中固着的那一部分，明了过往的创伤体验对自己当下的牵绊，父母、老师也能认识到他们面临的更深层次的困境，双方合作从而有针对性地解决问题，从而使儿童和青少年健康成长。

第二节　校园心理剧的认知疗法理论

认知是指个人处理和理解客观世界信息的过程与结果，包括感知、觉察、记忆和思维等心理活动，是人类最基本的心理过程。认知疗法（cognitive therapy）强调认知改变在心理治疗中的重要作用，通过采用识别自动化思维（automatic thoughts）、真实性检验等技术促使个体进行认知重建，旨在帮助人们识别和改变不良思维与信念，改善个体的情绪、行为和心理健康。

校园心理剧根据认知疗法理论帮助个体明晰心理症结所在，从而使他们更理性地看待问题。首先，在问题呈现上，校园心理剧通过戏剧表演方式充分体现人物内心的歪曲认知与不良情绪，有利于演员和观众发现心理问题的根源所在。其次，在剧情设置上，校园心理剧通过呈现不同场景中人物的认知观念和不同时间点认知、情绪以及行为的对比变化，使人物塑造更立体、生动，有利于演员和观众理解认知是影响行为的关键内驱力。最后，在效果体现上，演员和观众均可以将校园心理剧中展现的相关认知技术迁移到日常生活情境中，促进问题解决。

一、认知疗法的起源与发展

（一）认知疗法的起源

认知疗法最早由美国临床心理学家阿伦·贝克（Aaron Beck）创立，是20世纪60—70年代美国心理治疗界涌现出的一种新的理论和技术。最初的认知疗法被称为“认知与情感”，后来简称为“认知”。认知疗法的思想起源于古希腊哲学家苏格拉底的辩证法和维特根斯坦（Ludwig Wittgenstein）的语言哲学分析。苏格拉底的辩证法强调尊重个体的自我认知和反思自我，通过提问与对话来引导人们思考和理解自己的信仰。这种思考和自我反思的过程在认知治疗中也具有重要意义，因为它鼓励患者改变罪恶思维的信念。维特根斯坦的语言哲学分析强调语言对于思维和理解的重要性。在认知治疗中，语言也被认为是一个重要的工具，用于帮助患者表达他们的思维和情感，以及分析与调整他们的思维和信仰。苏格拉底的辩证法与维特根斯坦的语言哲学分析为贝克的认知疗法提供了哲学与概念层面的启示，根据认知过程会对情感和行为产生影响的理论假设，贝克应用一种被称为“反思和语言提问技术”的方法来协助患者识别和修改不良思维模式，从而提出了认知疗法。

（二）认知疗法的发展

20 世纪 50 年代末至 60 年代初，贝克在抑郁症患者中开展了一系列的心理研究，发现患者的情感和信念问题与其负面思维密切相关，随后发表了一系列重要研究成果，详细描述了认知治疗的理论和技术。这一系列研究成果得到了学界的认可，也推动了认知治疗的早期发展。20 世纪 70—80 年代，认知疗法开始在心理治疗领域（包括抑郁症、焦虑症和其他情绪障碍方面）不断扩展，并得到了广泛应用，其效应得到了验证，由此认知疗法得到了长足发展。随着心理治疗的不断发展和演变，认知疗法衍生出不同流派和变种，如认知行为疗法（cognitive behavioral therapy，CBT），以及各种专门用于治疗特定问题的认知治疗。

二、认知疗法的概念、主要观点与技术

（一）认知疗法的概念

1. 认知疗法

认知疗法是根据认知过程影响情感和行为的理论假设，通过认知和行为技术改变患者不良认知的一类心理治疗方法的总称。[①]这种方法通过引导患者思考自己的内心想法，促使其认识到可能存在的负面思维模式和信念，然后引导他们改变这些不健康的思维模式和信念。通过这种方式，患

① 孙心悦. 我不想失去“唯一”的朋友——认知行为疗法应用于初中同伴交往个案辅导. 中小学心理健康教育，2023（31）：49-52.

者可以重新建立积极和健康的思维模式，促进更健康的情感体验和行为表现。因此，贝克的贡献在于他的认知疗法提供了一种改善患者的心理健康水平的有效方式，并且在临床实践中取得了显著成效。

2. 核心信念

核心信念是一种从童年开始，通过与重要他人之间的相互影响以及遭遇一系列情境而产生的根深蒂固的信念。①该信念包括对自己、他人、世界的看法。在认知疗法中，负性核心信念通常是个体产生负性情绪和非适应性行为的根源。该疗法强调将个体的负性核心信念转变为正性或适应性的核心信念。

3. 潜在假设

潜在假设是个体判断自己、他人和世界的标准。事情的发生是纯粹、客观与中性的，无论好坏，都只是客观发生的一个现象。然而，当接收到事件信息时，个体往往会根据潜在假设来判断、思考该事件对自己造成的影响。

4. 自动化思维

自动化思维是指个体在日常生活中无意识地、快速地、不费力地产生的思维过程。这种思维方式是一种心理节省机制，可以帮助人们更加简单和快捷地处理信息与做出决策。自动化思维通常是基于个人的经验、信仰、价值观和社会化背景而产生的，因此可能受到个人过去的经历和教育的影响。

（二）认知疗法的主要观点

1. 认知是情感与行为发生的前因

认知疗法以认知心理学为基础，其核心在于认知过程影响情感和行为的理论假设。该疗法认为，个体的情绪和行为问题主要源于其错误或扭曲的认知模式。通过识别、挑战和改变这些不良的认知，个体就可以有效地改善自身的情绪状态和行为反应。认知治疗通常包括帮助个体识别自动化思维、评估认知的合理性，以及发展更适应性的思维模式和行为策略。这种治疗方法强调教育和自我监控，旨在提高个体的认知技能，使他们能够更有效地应对生活中的挑战和压力。事实上，个体情绪和行为问题的原因并非仅仅是事件发生本身，而是个体对事件的解释。认知、情感和行为之

① 郭召良. 认知行为疗法入门. 北京：人民邮电出版社，2020.

间存在着相互联系和相互影响的关系。[①]不良的认知、负面的情绪和异常的行为形成恶性循环，导致情绪和行为问题难以解决。情绪障碍患者往往存在认知偏差，只有通过识别和纠正这些认知偏差，才能解决他们的心理问题。具体而言，导致不良情感和行为发生的认知包括自动化思维、中介信念、核心信念，三者与不良情绪和行为产生的关系如图 2-1 所示。

以人际关系为例，早期经验（例如，经常被家人忽视，无法得到关注）会使个体形成核心信念（我是孤单的）。为了和他人建立联系，得到认可和情感温暖，个体不得不通过讨好、委屈自己等方式来赢得他人的喜欢，从而形成了中介信念（只有被别人喜欢的人，才会得到别人的帮助，于是我要努力讨好别人，表现得更坚强）。当在人际交往中，个体向他人示好，但他人可能因各种原因，如没听到或没看到个体而未对他做出回应，于是个体可能瞬时产生“他/她是故意不理我的”“家人都不了解我”之类的自动化思维，从而产生生气、无奈等不良情绪，加深了“我是孤单的”这一想法，导致其行为更加谨慎，做出更多讨好他人或人际退缩的行为。

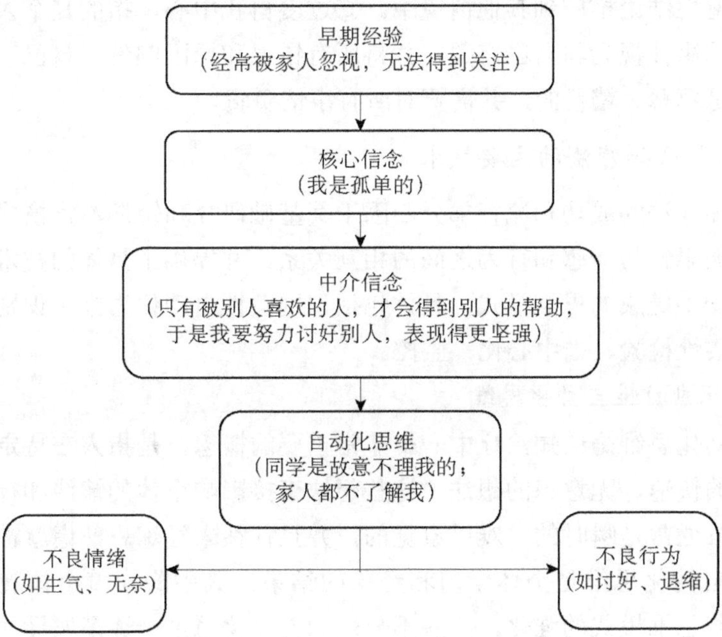

图 2-1　认知模式假设框架

基于此，个体的认知，包括思维、评价、信念和解释等，对情感与行为的产生和体验起关键作用。具体而言，个体的思维和解释方式可以影响他

① 郭召良. 认知行为疗法入门. 北京：人民邮电出版社，2020.

们对特定个体的情感反应，积极的思维可以引发愉快的情绪，而消极的思维则可能导致不愉快的情绪。综上，认知是影响情绪、行动的关键前驱因素。

2. 认知歪曲是心理问题产生的关键

在认知治疗这一方法中，认知对情绪和行为的影响至关重要。个体认知出现歪曲，可能会导致其情绪失衡，进而引发各种心理问题。因此，认知治疗的核心目标在于帮助个体克服认知上的盲点、视觉上的模糊、对自己的欺骗以及错误的判断，改变其对现实扭曲或不符合逻辑的思考方式。有六种常见的认知偏差形式：①思维方式的极端偏向，持有这种偏颇认知的个体倾向于将事情简化为“非黑即白、非此即彼”，没有灰色地带。②挑选部分信息，类似瞎子摸象，只关注某些细节或部分，而忽略其他信息，导致得出片面化的结论和判断。③在证据匮乏或不足的情况下，个体可能会进行任意推断，即仓促地得出结论。④灾难化思维，即个体常常将担忧的事情夸大成非常可怕的情况，并对未来进行消极预测，而不考虑其他可能的结果。⑤以个别事例为基础，以偏概全，是指将个人的能力或价值的普遍性结论推广到其他情境中。⑥过度自我中心，指的是个人将与自身无关的事件视为与自己有关，并将所有错误和原因归咎于自己，因此认为自己是邪恶、糟糕的，并需要对所有事情负责。

（三）认知疗法的主要技术

认知疗法的成功和流行部分归因于其基础研究和短期治疗模式。认知疗法强调思维与情感和行为之间的相互关系，并提供了具体的技术来帮助人们改变不健康的思维模式，具体包括识别负性自动化思维、识别歪曲信念、真实性检验、去中心化、监控。

1. 识别负性自动化思维

自动化思维是认知治疗中一个非常重要的概念，是指人在特定情境中所产生的快速、无意识的想法，这些想法直接影响个体的情绪和行为。自动化思维通常是瞬时的、难以察觉的，并且往往未经深思熟虑就被接受为事实。自动化思维是个体学习和经验的结果，其中隐含着个体观念的线索。随着思维模式的强化，一些不合理的自动化思维会逐渐发展成为一种固定模式，其中包括情境-行动策略或情感反应，并导致个体对结果的不真实判断和不良行为习惯的形成。[①]自动化思维往往具有自动涌现和完全

① 李辉. 去自我中心化：个体心理发展的一般规律. 北京师范大学学报，1992（2）：98-103，42.

接受的特点。自动涌现，即这些思维是自发产生的，不是经过深思熟虑的结果，很多时候我们并不会意识到自己有自动化思维；完全接受，即我们往往会不加质疑地接受这些自动涌现的想法，认为它们是真实的，即使这些想法可能并不正确。因此，认知疗法首先着眼于识别先入为主的自动化思维。识别自动化思维的过程主要由个体自己完成，要求个体对遇到的事件进行及时记录，并总结其中经常出现的消极念头，如“我再次让父母失望了”“我连这样的事情都做不好，真是丢人现眼”“为什么我总是做不好”。这些消极想法看似真实，但在逻辑上却经不起推敲。①治疗师会帮助个体识别这些思维，并通过实证检验它们的有效性，从而逐步替换这些不适应的思维模式，以改善情绪状态和行为反应。这个过程通常涉及使用技术，如认知重建、心理应付、问题解决等，其中认知重建是最为关键的技术之一，即帮助个体识别、挑战和修改他们的负面或不准确的认知模式，从而改变其情绪和反应的过程。

2. 识别歪曲信念

在找出绝对化、片面化的自动化思维之后，认知治疗的主要工作就是发现隐藏在这些自动化思维背后的歪曲信念或错误信念。歪曲信念源自个体在孩童时代通过不断的实践和经验积累而逐渐形成的对于主体和客体之间关系的错误信念体系。该体系一般由三个环节组成，即核心信念、中间信念、自动化思维。为了识别歪曲信念，治疗师必须仔细聆听和记录患者所述的自动化思维以及各种情境和问题，以引导患者总结出普遍规律并找出共同之处。例如，“我不能按时完成作业，因为我觉得我能力很差”“这道题好难，因为我很笨”等均可以归纳为个体的“我是无能的”信念。通过分析和识别自身存在的错误认知和图式，个体逐渐意识到情境、自动想法和情感反应之间的联系，并试图利用新的积极认知和图式来取代原有的不良认知和图式。

3. 真实性检验

真实性检验是认知疗法的关键组成部分，旨在通过设立严格的行为模式或情境来检验来访者的自动化思维和歪曲信念。这可以帮助来访者认识到自己原有观念中与实际情况不符的地方，并主动进行修正。具体而言，当个体觉得在人际关系中总是被别人忽视时，治疗师可以通过追问“按你所说……”“因此……”等，以迫使个体意识到情境和自身认知的矛盾。

---

① 李燕燕，曹树娟，张林翠. 认知行为疗法对抑郁症患者的影响. 心理月刊，2023，18（13）：100-102.

4. 去中心化

去中心化是指个体能观察自己的思想或情感，从而应对脑海中出现的事情。在认知治疗中，当个体认为自己的行为举止稍有改变，就会引起周围每个人的注意时，治疗师往往需要采取一定行动以帮助其去中心化。具体操作为，治疗师要求当事人改变以前的行事方式，在行为举止上稍做变化，并记录该情境下周围人的反应，结果可发现很少有人会注意到其行为举止的变化，因其改变而给他人带来的不良反应更是几乎没有。例如，个体每次上课被抽到回答问题时，总是认为班上所有同学均在注视自己，不敢看向周围同学，经常紧张得手发抖，而当治疗师告诉个体尝试看向同学们时，其可能发现周围同学并没有全部或一直将目光投在自己身上。

5. 监控

很多人感到抑郁和焦虑时，常常会错误地认为这些情绪将永远持续下去。事实上，抑郁和焦虑情绪通常会经历一个先出现，然后达到高峰，最后逐渐减弱的过程。个体如果能够意识到并掌握这一过程，对自己的情绪进行监控，那么就能更容易地控制自己的情绪。因此，鼓励个体对自己的抑郁或焦虑情绪进行自我监控，有助于其认识到这些情绪的波动特点，从而增强他们的自信心，这也是认知治疗常用的一种方法。例如，抑郁个体某段时间内经常失眠，对任何事情均失去兴趣，情绪低迷，其很可能认为这种状态将持续存在，因而更容易出现焦虑、恐惧等，从而加重负性情绪。一旦被鼓励去监控自我情绪，个体可能会更客观地认知自我以及相应的情绪状态，减少对未来不确定感的忧虑。

（四）认知疗法的基本治疗过程

基于认知疗法的主要技术，其基本治疗过程如下。

第一，建立求助动机。强烈的求助动机是治疗成功的前提，如果个体自身没有想要改变的动机，只是出于家人强迫或其他因素而接受治疗，那么治疗效果往往较差。例如，若家长带着孩子来治疗，孩子通常会有强烈的抵触情绪，此时治疗便无法顺利进行。强烈的求助动机有助于加快治疗进程，从而使个体在认知、情绪和行为方面产生积极改变。在认知治疗中，建立求助动机至关重要，治疗师可从以下方面帮助来访者建立求助动机。首先，认知模式的介绍和对其治疗效果的渲染，这也是初次会谈的重要内容。其次，发挥个体自主性，使个体充分参与治疗，让个体感知到自己被理解和认可，加深个体对治疗师的信任。最后，对不良表现或认知给予解释并且估计认知治疗所能达到的预期结果，增强个体对治疗的确信感和掌控感。

第二，适应认知矫正。这是认知治疗的正式工作阶段，发展新的认知以替代适应不良的认知是认知治疗的关键，若无法对个体认知进行矫正，很可能导致其"特定情境—负性情绪—非适应行为"这一恶性循环继续进行下去。在矫正之前，治疗师需通过各种谈话和提问技术，带领个体识别自动化思维，以及挖掘中介信念与核心信念，其中自动化思维的识别和矫正是首要的。例如，当个体在某个场景中产生了强烈的情绪时，治疗师可引导个体回忆或体会当时的感受和想法，以确定其自动化思维。之后，治疗师对其自动化思维进行评价和梳理，以帮助个体认清、检查该思维的有效性及其对情绪、行为的影响，并通过列举正、反两方面的证据等方式，监测事件情境与想法之间的合理性。若该自动化思维是不合理或是非适应性的，治疗师要引导个体产生替代性想法，从而减少消极情绪和负面行为反应。

第三，处理日常问题。矫正后的认知不应仅限于治疗过程中，还需迁移到日常生活中，这是认知治疗效果评估的显性体现。在治疗过程中，治疗师通过使个体将新的认知与原有的认知进行对抗，并反复练习，从而帮助个体形成全新的认知模式。最终，这些新的认知模式将被应用于社会情境中，取代原有的认知模式。例如，治疗师可通过在治疗过程中帮助个体发现其不合理的认知模式，利用安排家庭作业、情境想象等方式，使其在现实或想象情境中练习处理日常问题。通常而言，家庭作业的安排和情境想象需充分尊重个体的自主意见。治疗师通过对家庭作业的完成度以及在情境想象中处理问题的认知模式进行评估、反馈、改进，从而减少个体在日常生活中由认知歪曲引发的消极情绪，进而提高其解决问题的能力。

第四，改变自我认知。负面自我认知往往是个体核心信念形成的根本，认知治疗的终极目标或最内核的要素就是帮助个体改变自我认知。消极的、负面的自我认知一旦形成便很难改变，这往往需要个体持续进行自我监察和练习，从而减少负面自我认知，如"我是无能的""我是失败者""我没有价值"。这些负面自我认知均来源于个体对自我的长期否定、缺乏自信和自我效能感。在认知治疗过程中，治疗师需引导个体重新评价自我效能，降低其对负性事件的关注度。

三、认知疗法在校园心理剧中的应用

（一）识别歪曲信念

在认知治疗中，歪曲信念是个体产生负性情绪和非适应性行为的根源。因此，在认知疗法的指导下，校园心理剧主要通过主角独白、配角表达和情境渲染三种途径识别歪曲信念，促进大众直面心理问题、增进自我认知。

1. 主角独白

主角独白是指将主角的感受、思想等以最直接的方式传达给观众，主要是通过主角直接面对观众说话的方式实现的。将主角的内心活动毫无隐蔽地展现在观众面前，有助于揭示主角最隐蔽的内心世界，使观众更深入了解主角的认知观念。①校园心理剧以学生在学习、生活和人际交往过程中遇到的烦恼和困惑为依据，强调学生心理冲突的发现、发展和解决。在发生心理冲突时，个体往往伴随强烈的情绪体验，且这种情绪体验往往是由无意识的自动化思维引起的。因此，主角独白可穿插在主角产生强烈的情绪体验的过程中，以表达主角当时的感受、想法，暴露其不合理的认知。例如，对于刚步入大学的学生而言，由于性格迥异、生活习惯不同，宿舍关系可能存在问题。小李就是一个典型的例子：

> 小李与小明是室友，但两人经常因为生活习惯的不同而发生小摩擦。某天中午，小李正在午休，突然其室友小明回到了宿舍并发出了各种声响，导致小李醒来。
>
> 小李感到非常气愤，对其室友小明大声说道：“你没长眼睛吗？难道不知道有人在睡觉休息吗？”
>
> 此刻画面静止，主角小李独白：“他明明稍微注意观察一下就知道我在睡觉，还吵醒我，他是故意的吧！他不想让我睡个好觉肯定是因为他不喜欢我、故意针对我！”

2. 配角表达

配角通过扮演主角生活中的某一个重要人物或主角的某一个侧面，以体验所扮演人物的内心感受或更全面地展现主角的内心世界。展现主角的内心世界不仅可以通过主角自身独白来实现，还可以通过配角表达来充分展现。当配角扮演主角的某一个侧面时，其可让主角的世界变得更加立

① 武婷婷，阳希，刘衍玲等. 校园心理剧的常用技术及应用. 中小学心理健康教育，2018（18）：29-31.

体、具体和可接触。配角可通过语言表达、动作表达等突出主角的矛盾性，以呈现其歪曲信念。小张就是一个典型的例子：

小张作为一名高三学生，平时成绩优异，对自己要求严格。在高三上学期的一次模拟考试中，他的总分没有达到班主任对他的期望，甚至比上次考试还少了40分。他被班主任叫到办公室以了解情况。

班主任："你最近什么情况呢？为什么成绩下滑这么多？你回去自己要好好反思和总结，争取下次考个好成绩！"

主角感到十分伤心，也觉得自己很失败，于是回到了教室，一直在默默地哭泣。

配角（作为主角内心世界的另一面）长叹一口气，用很伤心的语气、低沉的声音说："我这次考这么差，老师肯定很失望，觉得我是一个不求上进、没有能力的人，他肯定也不喜欢我了，我的同学们肯定也会因此而疏远我吧，我真差劲啊！"

3. 情境渲染

情境是校园心理剧的重要背景因素，无论是主角独白抑或是配角表达均依托于特定情境。情境渲染由剧中的人、音乐、灯光等共同配合实现。情境能烘托情绪，也能使负性情绪下的歪曲认知得以显现和突出。情境渲染可通过对人物的表情、语气、姿态等进行强调而凸显人物彼时彼地的心理状况或认知状态，同时还可通过配合环境，如灯光的亮度和聚焦范围的调整、音乐的强度和节奏的调整、各情节之间的转换与衔接等方面来衬托或渲染出人物的歪曲认知。这需要心理辅导老师、学生、主角、参与者以及各后台工作者的共同参与，为引发和加强校园心理剧中人物歪曲认知信念以及观众情感反应或自我反思做出努力。以上文"配角表达"中提到的小张为例：

班主任："你最近什么情况呢？为什么成绩下滑这么多？你回去自己要好好反思和总结，争取下次考个好成绩！"（灯光聚焦于班主任和主角小张）

主角感到十分伤心，也觉得自己很失败，于是回到了教室，一直在默默地哭泣。（灯光聚焦于主角；音乐节奏缓慢但表达深刻；将主角定格在舞台一隅）

配角（作为主角内心世界的另一面）长叹一口气，用很伤心的语气、低沉的声音说：“我这次考这么差，老师肯定很失望，觉得**我是一个不求上进、没有能力的人**，他肯定也**不喜欢我了，我的同学们肯定也会因此而疏远我吧，我真差劲啊！**”（灯光同时聚焦于主角和配角；音乐突然停止；在说到加粗字体时语调上升、语气加强；配角站在舞台中央）

（二）聚焦认知观念的改变

校园心理剧的最终目标是促进学生心理健康，发展积极心理品质，提高心理素质。根据认知治疗，一切负性情绪都来源于非理性的认知观念，认知观念的改变意味着个体形成了积极认知，进而可以减少个体的负性情绪和增加其适应性行为，从而促进其健康发展。因此，可通过情绪改变和认知替换两方面来监测认知观念改变效果。

1. 情绪改变

情绪改变是指通过认知治疗，个体学会识别、理解和管理自己的情绪反应。治疗过程中，个体意识到他们的情绪反应不仅仅由外部事件引起，更多是由他们对这些事件的解释和认知评估所决定。通过改变对这些事件的认知评估，个体可以有效地改变自己的情绪状态。例如，如果一个人认为自己在社交场合中总是被评判和拒绝，这种消极的自我认知可能导致焦虑和抑郁。认知治疗帮助他们挑战这些消极认知，并发展出更积极、现实的认知，从而改善情绪反应。

情绪改变是个体认知观念改变的外显结果，是最明显的认知观念改变的特征。在校园心理剧过程中，主角或配角展现情绪的时间、方式、类型等至关重要，丰富的情绪不仅能增加人物形象的生动性，更能体现其内在观念。首先，在展现情绪的时间上，通过对某一情绪出现前后相应的情绪进行充分表演，对比不同的情绪反应和感受。其次，在展现情绪的方式上，通过语言、语音语调、身体姿态、动作、表情等增加情绪的感染力。最后，在展现情绪的类型上，由喜、怒、哀、惧等原始情绪可延伸出许多其他情绪，如内疚、厌恶、仇恨等。

2. 认知替换

认知替换是认知治疗中的一种重要技术，涉及识别和挑战个体的负面、扭曲或不健康的思维模式，并用更积极、现实和适应性强的思维来替代它们。这种技术基于认知行为疗法的原理，认为人的情绪和行为受其认知（思维）的影响，通过改变负面的认知，可以达到调整情绪和行为的目的。例如，一个人可能会自动化地认为自己不够好，这种消极的自我认知可能导致低自尊和抑郁情绪。认知治疗通过认知替换技术，帮助个体用更积极、现实的认知来替代这些消极的自我认知，如“我有很多优点和成就”，从而改善情绪状态和行为反应。

在校园心理剧中，认知替换是主角发生认知改变的内在体现，是主角产生积极认知的基本条件。认知替换的发生可从认知区分性、认知替换的持续性以及认知替换的影响性等方面进行演绎。首先，在认知区分性上，重视对比主角内在认知信念的不同，可通过主角独白和配角表达等方式，在同一时间点同时呈现改变前后的认知观念。其次，在认知替换的持续性上，可通过在认知替换后的不同情境下，对主角的认知观念进行演绎，或通过旁白等形式展现主角未来的状态。最后，在认知替换的影响性上，通过对个体面临不同情境时的情绪、自动化想法以及行为等进行充分展现，展现认知替换的发生程度。

（三）遵循认知治疗的治疗进程

校园心理剧的编剧创作、排练、表演、分享过程本质上与认知治疗过程相符。具体而言，主要体现在两个方面：在对问题的认识上，呈现出“纵向的”由表及里的解读过程；在问题的解决上，呈现出“横向的”由此及彼的治疗效果。

1. 由表及里

由表及里、由浅入深符合人的认知规律，表演者也是在校园心理剧的编剧创作、排练、表演、分享阶段实现加深自身认知这一目的的。第一，在编剧创作阶段，表演者彼此之间展开充分的讨论，以最大限度地发挥自主性和创造性，有助于调动参与动机和求助动力，激发表演和创作激情。选取与学生心理发展特点相一致的表演主题，重视每个表演者的自主性均不失为良好的策略[①]，这有助于增加表演的趣味性和创造性，为表演的可理解性奠定基础。第二，在排练阶段，表演者之间以及表演者与心理辅导老师的充分互动和讨论，有助于提升剧本的完善程度和表演的丰富性。这会进一步加深表演者对错误认知的理解，进而调整歪曲信念、认知替换的呈现方式。第三，在表演阶段，通过前期的不断排练，表演者对所演绎人

① 蔡宝鸿，齐平. 校园心理剧在大学生心理健康教育课程中的运用. 科技信息，2013（20）：180.

物的情绪和认知把控将更加准确。有逻辑、有层次的情境设置和主角心理活动的表达，有助于表演者更形象地演绎出主角的负性情绪及其自动化思维，以及从自动化思维合理推论和总结出的认知信念。表演者可由此宣泄情绪，获得认知改变，最终得以成长。第四，在分享阶段，不同观众通过结合自身经验分享感悟和体验，将校园心理剧演绎内容推导到自己的生活中，从而为校园心理剧注入新的活力和意义。在该过程中，校园心理剧中的表演者和观众之间可形成良性的双向互动，形成流通的“交流链”，双方对演绎内容的理解得以升华，有益于识别自身不合理的认知并最终形成积极正面的自我认知。

2. 由此及彼

治疗效果的由此及彼是指教育功能的情境迁移，使治疗效果也能迁移到日常生活中，这是认知治疗的重要目标之一，也是校园心理剧的心理辅导目标之一。具体而言，情境迁移涉及地点迁移、人物迁移、时间迁移以及内容迁移等方面，即从舞台前到舞台后、从主角到其他表演者再到观众、从现在到未来、从学习到人际等，使心理治疗教育功能不局限于特定情境与特定人物，在任何地点、人物、时间、事件等情境下均可发生。具体而言，在编剧创作、排练、表演、分享阶段均能增加情境迁移发生的可能性。第一，在编剧创作阶段，增加剧本的典型性和生活性。剧本来源于学生生活，且应最能概括和代表特定阶段学生的心理特征。例如，对于处于青春期的中学生而言，自我概念易受外界评价的影响，而较差的自我概念清晰性会致使其主观幸福感降低。[①]第二，在排练阶段，完善剧本和提升人物的表现力。好的剧本和表演并非一蹴而就，需要经过多次调整和磨炼，而排练正是重要的实现途径之一。表演者可在排练过程中进行不断创造，根据表演呈现的效果调整剧本和打磨自身演技；此外，可通过招募学生志愿者等方式，让他们观摩排练过程，并就剧本和演员的表演提出建议，从而使表演更加完善。第三，在表演阶段，增加表演的感染力。例如，可在表演者产生强烈负性情绪和不合理认知时，通过夸张、强调的方式，从语言表达的语音、语调以及表情和姿态入手，增加表演者表演的生动性和感染力；同时，辅以舞台的其他设置，如音乐的强弱、灯光的变换与转移等，使角色更加丰满、生动。第四，在分享阶段，提高观众的参与度。校园心理剧的心理辅导功能最终辐射到观众，观众是校园心理剧的参

① 向光璨，陈红，王艳丽等. 青少年自我概念清晰性与主观幸福感的关系：基于潜在剖面分析. 西南大学学报（社会科学版），2021，47（2）：153-160.

与者和获益者。观众的支持、鼓励和烘托作用类似于认知治疗中治疗师对患者的支持和无条件积极关注。在表演过程中，观众与扮演者同喜同忧，并将故事迁移至自己日常生活的类似情境中，产生新的认知与领悟；在表演完成后，观众分享自身的感想和思考，交流自身经验，从而产生新的领悟。通过分享，观众进行自我反思，同扮演者一同获得自我的成长。

第三节　校园心理剧的团体动力理论

团体动力学是研究集体行为、群体心理和团体互动的学科。校园心理剧作为一种团体辅导活动，其教育辅导不仅依赖于个体在活动中的卷入程度，更依赖于活动中成员之间的相互作用，包括导演和主角、主角和配角、演员和观众之间形成的团体互动与配合。导演负责引导团体中的成员，并随时观察成员的言行；主角是所有人活动的核心；配角作为主角的延伸，与主角一起将当事人的生活经历再现于舞台上；同时，舞台上的所有演员和观众一起觉察角色内心的感受。观众作为客观存在，陪伴角色经历整个故事，对自我产生新的领悟，进而获得成长。校园心理剧从编排、练习、演绎的整个过程中都充分体现着团体的魅力，成员相互信任、相互依赖和相互启迪，促进演员与观众在校园心理剧中收获感受和启发。因此，充分理解和运用团体动力与团体辅导的原理和技术，是创作、演绎校园心理剧的基本要求，也是增强校园心理剧影响力和有效性的重要途径。

一、团体动力的起源与发展

弗洛伊德是团体动力学的早期贡献者。他不仅是精神分析领域的奠基人，同时，他的早期工作对团体动力学的形成也产生了重要影响。1921年，弗洛伊德在其著作《集体心理学和自我的分析》中首次探讨了团体行为和团体心理的一些概念，如话题、群体认同和个体在团体中的变化。

1945年，库尔特·勒温（Kurt Lewin）正式建立了团体动力学这门学科。该学科旨在通过对团体现象的动态分析，揭示团体运作中的一般规律，研究重点集中在探讨团体的凝聚力、压力和标准，以及个体的动机和团队的目标。①

1947年，塔维斯托克人类关系研究所在伦敦成立，并致力于研究团

① 申荷永. 团体动力学的理论与方法. 南京师大学报（社会科学版），1990（1）：101-105.

体动力学和组织心理学。该机构团体在治疗和组织咨询方面做出了重要贡献，推动了团体动力学的发展。当代团体动力学包括多种流派和方法，如社会学的团体动力学、组织心理学、家庭治疗、小组治疗等，关注团体内部及其与外部环境之间的互动，以及心理集体、领导、权威、冲突和合作等主题。

二、团体动力的概念、主要观点与技术

（一）团体动力的概念

团体是由成员之间的相互影响关系构成的。团体动力是研究团体内部成员之间相互关系、互动、沟通和行为的领域，旨在研究和理解群体、组织与集体行为的心理和社会动力。随着研究的深入，团体动力也有了越来越多的定义。

总之，他人在场会对个体的思想和行为产生影响，导致其与个体一个人时的思想和行为不同，这就是团体动力。而团体动力学的研究，本质上在于探索团体的发展规律、内在动力，以及团体与个体、团体与团体、团体与社会之间的关系。①

（二）团体动力的主要观点

1. 整体比部分重要得多

这一观点来自团体动力的场动力理论。该理论借用物理学中“场”的概念来比拟人的心理和行为，认为人的行为是其个性与其环境相互作用的函数。场动力理论强调了心理紧张系统和生活空间，前者表达了动力的观点，后者则强调了整体的意义。②个体与环境间的相互作用产生的心理紧张系统是个体心理与行为的动力本质。处于特定生活空间中的个人，其身心需要与发展愿望往往会使其产生一种心理上的紧张感或张力，通常情况下个体倾向于不断消除或缓解自身的心理张力，实现心理平衡。“场”将行为主体及其环境融为一体，两者相互依存，不可分割，这就形成了个体的“生活空间”。同时，“整体比部分重要”作为一种哲学观点，强调了整体的重要性超过了个别部分。这一观点表明，要真正理解、评估或改变事物，必须考虑整体的特性、相互关系和效果。整体具有系统的性质和特征，部分在整体系统中存在相互作用。根据整体的重要性，场动力理论提

① 刘伟. 团体心理咨询与治疗. 北京：人民卫生出版社，2015.

② 吴军其，操令瑜. 基于团体动力理论的课堂问题行为及其管理. 教学与管理，2019（22）：5-8.

出如果想要使个体发生改变，先改变这个团体会比直接改变这个个体容易得多。

2. 人的动机是由人的需要决定的

需要被看作个体行为和动机的基础。在团体中，人与人之间的心理关系和距离反映的是个人或集体追求满足社会需要的心理状态。马斯洛的需要层次理论把人的需要分为五个层次，即生理需要、安全需要、归属与爱的需要、尊重需要和自我实现需要。其中，归属与爱的需要、尊重需要和自我实现需要，无不与团体中成员的关系紧密关联。这些需要得到满足，个体在团体就形成一个积极行动的力量。爱德华·迪西（Edward Deci）和理查德·瑞安（Richard Ryan）提出的自我决定理论则强调了自主性、能力感和关系性三种基本心理需要对动机的影响。其中关系的需要就是一种团体动力。

校园心理剧作为一种团体心理辅导方式，与心理需要的满足有着紧密的联系。例如，在校园心理剧中，学生通过角色扮演和情节发展，可以体验到被接纳、被尊重的感觉，这有助于他们满足归属与爱的需要，通过克服剧中的挑战来实现自我成长和自我实现。同时，校园心理剧提供了一个自主选择和参与的平台，学生可以在这个平台上自主地表达自己，提升自身能力，并通过与其他参与者的互动来满足关联性需要。

3. 团体的重塑性可以从团体氛围和团体凝聚力中得以体现

首先，不同的团体氛围会让团体成员产生差异较大的行为。团体里的领导就是团体的氛围营造者。各个领导者在展现领导角色时呈现出各自独特的领导风格，而这些不同的领导风格会对团体成员的工作满意度和绩效产生不同的影响。这些多样化的领导风格可被归为三种主要类型：民主型、专制型和放任型。[①]其中，民主型领导一般充当指导者的角色，其主要目标是调解和仲裁团体成员之间的冲突，同时鼓励和支持他们，关注满足团体成员的需要，并与他们保持密切的心理联系，在制定团体目标、方案时会征求大家的意见，通过共同协商来决策。专制型领导则是将决策等权力都牢牢握在自己的手中，只关心工作任务的进度、工作效率的高低等，因此他们与团体成员的心理距离较远，并且团体成员比较缺乏自主性和创新性。放任型领导将权力定位于每一位成员，而自己置身于团体之外，缺乏对团体目标与工作方向的指导和安排，这类领导与团体成员的心

① 刘九林. 当代社会心理学中“勒温传统”的内涵及影响. 菏泽学院学报，2005（3）：88-92.

理距离非常远，人际关系较为淡漠，但是很少发生冲突。综上可知，民主型领导下的团体成员通常拥有更高的积极性和自主性，也能在团体中感受到更多支持和归属感。

团体凝聚力对于团体的活动有着重要的影响。团体凝聚力是至关重要的，能够为成员提供温馨、舒适和归属的感觉，同时还能够让每个成员感受到其他成员的无私接纳和支持。那么，团体凝聚力从何而来呢？这就需要团体成员在团体中拥有共同的经历，并且这些经历越发深刻，团体凝聚力就会越强。当团体成员都紧密团结在一起，并为着一个目标共同奋斗的时候，这个团体就成了一个高度融洽的团体。

团体动力强调，因为团体中存在互相依存、互相作用的关系，并且这种交互关系也在某个层面决定了这个团体的独特特征，所以，团体氛围和团体凝聚力对于个体与团体来说都具有非常大的影响力。

4. 角色影响个体在团体中的行为与互动方式

角色是团体动力中的一个关键概念，涉及群体成员如何选择特定的社会角色，以及这些角色如何影响他们在群体中的行为与互动。角色通常包括一组期望和行为，这些期望和行为被赋予特定的社会地位或职能。例如，在工作团队中，可能有项目经理、团队领袖、专家等不同的角色。当个体扮演某一特定的角色时，他们可能会根据与该角色相关的期望和行为来行动。这有助于实现协调和合作，因为为实现共同的目标，不同角色的行为可以相互补充。在一些情况下，不同的角色会有不同的期望和行为，因而可能会发生冲突。另外，个体可能同时扮演多个角色，有时这些角色之间有所重叠，这可能导致复杂化的互动和冲突。

总的来说，团体中的角色是一个重要的社会构建，有助于组织和协调团体成员的行为，以实现共同的目标。角色的定义、期望和行为方式可以根据不同的团体和立场而发生变化，但均在团体中起着关键作用。理解和管理角色是有效团体协作的关键因素。

（三）团体动力的技术

1. 建立安全感

团体动力强调在团体活动开始前可以通过暖身活动使成员之间建立安全感，促进开放性。建立安全感是创建一个支持性环境的基础，这样的环境允许成员在没有恐惧或压力的情况下表达自己的想法和感受。安全感的建立涉及多个层面，包括物理安全、情感安全和心理安全。团体刚建立的时候，团体成员都是独立的个体，几乎每个人都会处在一种等待、观望和防备的状态中。对于这种体验，我们每个人都并不陌生。当置身于一个陌生的群体中时，个体更多的是感到不安与畏惧，所以，通过暖身活动为团体成员提供契机，对于促进团体成员之间的开放性、推动团体成员投入群体至关重要，这在团体辅导中被称作“破冰”。在团体辅导中，先通过一系列破冰游戏，让团体成员之间有简单的了解，使他们紧张的情绪得到舒缓，之后团体的指导员就可以更好地推动主题活动的开展。

为了建立安全感，团体领导者可以采取以下措施：第一，明确规则，在团体组建初期，与成员一起制定明确的团体规则，包括保密性、尊重他人发言、避免打断和评判等。第二，建立信任。通过一致性和可靠性来建立信任，领导者需要展现出对团体成员的关心和承诺。第三，鼓励开放性，鼓励成员分享他们的想法和感受，同时确保他们知道分享是自愿的，他们有权决定分享多少信息。第四，处理冲突，及时和有效地处理团体中的冲突，确保团体环境的安全性。第五，提供反馈，以建设性和支持性的方式提供反馈，帮助成员理解他们的行为如何影响他人，以及如何改进交流和互动。

2. *激发凝聚力*

团体凝聚力是吸引、组织和影响团体成员的一个关键因素，主要体现在团体成员的参与度、自发性和相互信任的程度等方面。而形成团体凝聚力的重要因素则是团体内部形成一致目标。每个团体都要拥有自己的目标，这需要根据每个团体的需求和特点来明确。这一目标可以是团体辅导活动中的一次破冰、一次体验、一次团建，也可以是校园心理剧中一个心理问题的解决、一次教育的主题或是一次预防性的思考等。团体凝聚力直接影响了团体未来的发展，也影响了团体活动的效率和活动开展的氛围，还会对团体成员的安全感、责任感和价值取向的一致性等产生影响，进而影响团体成员之间的互动情况。

在校园心理剧活动中，为有效激发团体凝聚力，可以采用以下方法：①共享愿景，确立并共享一个清晰的团体目标，使成员感到他们是朝着共同愿景而努力的。②角色明确，为每个成员分配具体的角色和任务，让他们能感受到自己的价值和对团队的贡献。③沟通畅通，鼓励坦诚交流，确保信息流通无阻，促进理解和信任。④团队活动，组织团队建设活动，通过共同完成任务来加强成员间的联系。⑤正面反馈，及时给予正面反馈，认可成员的努力和成就，增强团队的自信心和驱动力。⑥冲突管理，有效解决团队内的冲突，将其转化为团队成长和学习的机会。⑦尊重包容，尊重每个成员的独特性，营造一个包容和尊重的团队氛围。

3. 调动共情力

共情始于沟通，发展于理解，落实于行动，这是一种天赋，但也需要后天的努力。团体成员之间的沟通是建立在彼此之间相互了解、能够充分理解他人情感和行为的基础上的，而团体则搭建了一个能够增进学生相互理解的平台。在完成团体任务的过程中，学生通过处理人际关系来强化共情能力。其中，人际交往能力较强的学生对团体其他成员的情绪识别能力较强，也具有更强的共情能力。在校园心理剧这一强调表达性的团体辅导活动中，共情一方面源于指导者引导团体成员在活动中主动提供帮助，在讨论中自发分享感受，在倾听中充分理解他人；另一方面源于团体成员的共性，如团体成员可能来自一个特殊的群体，也可能是遇到了同一个问题等。

为了在团体中有效调动共情力，可以采取以下措施：①鼓励倾听，培养一种鼓励倾听的文化，让成员学会真正听到对方的话语背后的情感和需求。②分享个人经历，鼓励成员分享个人故事和感受，这有助于建立共鸣和理解。③角色扮演，通过角色扮演活动，让成员体验他人的角色，从而增进个体对他人的理解。④情感认同，引导成员识别和表达对他人情感的认同，增强同理心。⑤正面反馈，提供正面反馈，认可成员展现出的共情行为，以鼓励更多的共情交流。⑥处理差异，在处理团体内的差异和冲突时，强调理解和尊重，促进共情的表达。

4. 启发思考力

在团体动力技术中，启发思考是一种引导成员深入探索自己想法和感受的方法。它要求团体领导者通过提出开放式问题、引导性的评论和反思性的练习，来激发成员的思考。这种方法鼓励成员不仅关注自己的内在体验，也关注他们与团体其他成员之间的互动和关系。

启发思考的目的在于帮助成员识别和挑战他们的认知模式，探索他们行为背后的动机，以及理解他们的情感反应。通过这种方式，成员可以更好地理解自己，增强自我意识，发展更有效的应对策略，并在团体中建立更深层次的联系。

在校园心理剧的实际操作中，可使用以下方法来促进启发思考：一是提问，提出引发深思的问题，如“你如何看待这个情况”，或者“这件事对你意味着什么”，这样的问题可以帮助成员从不同的角度考虑问题，并鼓励他们分享自己的见解。二是反馈，提供反馈，帮助成员看到他们可能未曾意识到的行为模式或情感反应，从而促进自我探索。三是角色扮演，通过角色扮演，成员可以在安全的环境中尝试不同的行为和反应，这有助于他们理解自己在不同情境下的感受和行为。四是小组讨论，鼓励成员分享他们的想法和感受，以及他们对团体中发生的事情的解释，这可以促进集体智慧的形成和观点的多样性。五是反思性练习，引导成员进行反思性练习，如写日记、绘画或冥想等，这些活动可以帮助成员更深入地探索自己的内心世界。

通过这些策略，启发思考力技术有助于创造一种支持性和挑战性并存的环境，使团体成员能够在相互尊重和理解的基础上进行自我发现与个人成长。

（四）团体辅导的阶段

从本质上讲，校园心理剧属于一种团体辅导活动，其有效实施必须依据团体辅导的阶段来展开。团体辅导是一个复杂的过程，通常可以分为三个相对连续且相互关联的阶段。首先是准备阶段，这个阶段是团体辅导的基础，为后续的运作和结束阶段提供了必要的支持与准备。准备阶段包括一系列的前期工作，如确定团体辅导的目标、明确辅导者和参与者的角色与职责、制定适当的辅导活动和计划等。其次是运作阶段，这是团体辅导最核心的部分，也是参与者真正体验到集体力量和互帮互助的阶段。在运作阶段，辅导者需要有针对性地实施各种辅导活动和技术，如讨论、角色扮演、情景模拟等，以促进团体成员之间的沟通、合作和共同成长。最后是结束阶段，这个阶段是团体辅导的最后一个环节，也是对整个过程进行总结和评估的阶段。辅导者需要与团体成员一起回顾整个辅导过程，分享个人的成长和感受，并对未来的发展提供一些建议和指导。总而言之，团体辅导经历了准备、运作和结束三个阶段，每个阶段都有其特定的目标和任务，共同构成了一个完整的团体辅导过程。①

1. 准备阶段

其重点在于辅导者对团体辅导过程的铺垫，包括团体辅导目标的制定、辅导方案的设计以及具体活动的安排。团队建立之初，辅导者就会给整个团体辅导定下一个基调，加深学生对团体辅导的理解，进而影响之后的整个团体辅导过程。在该阶段，辅导者要向学生讲述团体辅导中辅导者

① 樊富珉. 团体咨询的理论与实践. 北京：清华大学出版社，1996.

的定位、团体辅导的开展方式、团体辅导的团体规则等内容。该阶段形成了辅导者-成员的团体动力。此外，辅导者的角色定位需要明确，作为团体辅导的带领人，与授课教师的职责不同，他们更多扮演的是陪伴者的角色，陪伴成员们成长。因此，辅导者要采取民主的方式，制定团体规范并与成员共同商讨，在一定程度上听取成员的意见并修订相应内容。

2. 运作阶段

团体辅导的运作重点在于活动的过程。该过程包括暖身活动、主题活动两个部分。暖身活动的目的在于破冰和分组，可以使成员之间初步建立联结，调动成员的积极性，营造轻松愉悦的氛围，集中团体成员的注意力等。主题活动经由暖身活动破题而入，这是团体辅导的核心内容，具体包括以下三个方面：①主题引入，即引入团体辅导的主题，让成员对即将进行的活动有一个清晰的认识；②行动处理，即成员通过扮演不同的角色来探索和处理问题，重现成员的实际生活情境，以便更好地理解和解决问题，成员之间相互提供反馈，讨论角色扮演中的经历和感受，帮助成员识别和挑战他们的负面思维模式，并培养和发展更为积极的认知方式；③整合反思，即总结和反思他们在校园心理剧中的经历，并将其与自己的生活联系起来，同时帮助成员制定具体的行动计划，将他们在团体中获得的启示等应用到日常生活中。

3. 结束阶段

该阶段着眼于巩固团体辅导的效果，通过分享让成员们感受共同成长。在团体辅导的结束阶段，辅导者不仅要升华团体辅导的主题，还要很好地处理成员之间的离别情绪。一方面，活动结束时，每一位成员都会有或多或少的感悟，辅导者可通过分享的方式，让每个成员参与其中，畅谈自己的感受和收获。成员们有自己的选择，他们也可以选择讲述自己没有感受的原因，这有助于辅导者进一步调整活动方案等。另一方面，结束即面临分别，所以成员们需要做好心理准备以接受离开该团体的事实，处理好失落、伤感等复杂的离别情绪，并积极地将自己在团体辅导中学到的知识和技巧融入自己的生活中，也可以将最好的祝愿赠予团体中的其他成员。分享建立在安全、信任的基础上，通过团体辅导的整个过程，成员和辅导者形成了一个完整的团体。在结束后，辅导者通过处理成员的分别情绪、对团体历程的回顾与分享，以及对辅导效果的评估等方式，巩固团体成员间的联结。这符合场动力理论的基本思想，即整体比部分重要得多。团体内部形成联结，就能增强团体成员之间的凝聚力和稳定性，使团体成员形成相互依存的共同体，从而使每一位成员都能很好地投入团体中，被无条件接纳，并且从自己的感悟以及他人的收获和经验分享中获得更多的成长。

三、团体动力在校园心理剧中的应用

校园心理剧作为团体情感与表达的载体，涵盖了学生在校园学习、生活、交往以及自我成长中的烦恼和困惑，通过角色的独白和对话演绎等方式将情感外化，与观众产生共鸣，让学生们相互了解、相互影响、共同成长。校园心理剧基于团体心理辅导的理论与机制，将观众和舞台融为一体，对学生进行心理健康教育，能够有效地通过团体影响成员，进而促进学生的认知、情感和行为的健康发展。

（一）以整体视角看世界

在校园心理剧中，团体建设的核心在于培养一种整体视角，即看待问题和解决方案时不仅仅局限于个体视角，而是要从整个团体乃至更广阔的社会文化背景出发。这意味着团体成员需要学会从不同的角度理解彼此的经历和观点，认识到每个成员的行为和情感是如何与团体的整体动态相互作用的。通过这种整体视角，团体成员可以更好地理解如何在团体中发挥自己的作用，同时也可以认识到自己的行为如何影响团体的凝聚力和效能。

在实践中，校园心理剧可以从角色定位、编排演练、内心探索的各个环节促进参与者以整体的视角看世界。同时，参与校园心理剧的成员包括指导教师、主角、配角和观众，成员间产生互动，进而形成一个“场”，这个“场”会对每位成员的认知与情感产生重要影响。这意味着团体领导者和成员应该共同努力，以促进开放沟通、相互尊重的良好氛围的形成，进而产生集体责任感。团体活动和讨论应该鼓励成员超越个人利益，考虑如何共同工作以实现团体的共同目标。这种整体视角有助于建立一种支持性的环境，其中每个成员都感到自己是一个重要组成部分，并且他们的贡献对于团体的成功至关重要。通过这种方式，校园心理剧不仅促进了个体的成长，也增强了团体凝聚力和提高了整体福祉。

在校园心理剧活动中，促进团体以整体视角看世界的方法主要包括以下几种：①促进多元视角的交流，鼓励成员分享各自的视角和经验，通过讨论和角色扮演活动，让成员体验不同角色的立场和感受，从而培养对团体整体动态的理解。②团队合作活动，设计需要团体协作才能完成的任务，如团队建设项目、共同创作剧本或集体解决问题，这些活动要求成员协同工作，从而加深对“团体是一个整体”的认识。③共享目标和价值观，明确团体的共同目标和价值观，确保每个成员都对团体的愿景有清晰的认识，并理解自己在实现这一愿景中的角色。④系统性思考训练，通过教育和讨论，帮助成员发展系统性思考的能力，理解个体行为如何影响团体，以及团体如何影响更广泛的社会系统。⑤集体反思和反馈，在活动后进行集体反思和反馈，让成员有机会思考团体互动中的模式和动态，以及成员个体如何影响团体的整体表现。⑥文化敏感性培养，在团体中培养成员对不同文化和社会背景的敏感性与尊重态度，有助于成员理解多样性如何丰富团体的视角和提升团体的整体能力。⑦跨学科学习，鼓励成员从不同学科的角度探讨问题，有助于拓宽成员的视野并促进其创新思维的发展。⑧领导力轮换，让不同的成员在不同的活动中担任领导角色，这样可以培养每个人的领导能力，同时也可以让他们体验到从不同角度管理团体的挑战。

通过这些方法，校园心理剧的团体建设能够促进成员以整体视角看世界，增强团体的凝聚力和效能，同时培养成员的全球视野和社会责任感。

（二）宣泄情绪，感受团体积极氛围

校园心理剧通常采用音乐、舞蹈等艺术形式让成员的情感在人际互动中得到宣泄。在校园心理剧的排演过程中，学生能体验到自己的情感，尤其是当遇到过类似事件的成员在一起时，相互之间的理解和支持是非常重要的，这也正是团体动力的所在之处。在校园心理剧的表演过程中，各个角色积极配合，主角很容易回到事件发生时的情绪状态，并借由角色宣泄负性情绪，也可以通过配角的深度表现，揭露相应情绪产生的缘由。在分享阶段，各个角色又能得到观众的协助，从而缓解自身的负性情绪。最后，在校园心理剧结束之后，当事人能够在团体成员的支持和帮助下使自己的心情保持平静，并在这种状态下复盘成员的分享和建议，进而冷静、全面地分析问题，掌握解决问题的方法和更好地整合自己的情感。此外，融洽、温暖、凝聚的团体氛围能给每个人提供一个安全的环境，并且能使他们感受到积极的团体氛围。

团体动力为校园心理剧打造了一种温暖的支持性氛围，团体成员之间相互支持、相互理解，也相互依赖。在这样充满安全性氛围的团体中，学

生能获得团体的支持，同时这种团体也能激发个体的自我支持。伴随着主角的演绎，每一位成员都对情绪情感有了亲身体验和感悟，从而能够最大限度地挖掘学生的心理潜能，促进认知领悟，强化行为改变，促进心理的健康发展。

在校园心理剧的实践活动中，可以运用以下方法实现有效宣泄情绪并营造积极氛围：一是情感释放活动，通过即兴表演和角色扮演，为成员提供表达和释放情绪的平台；二是支持性分享，创建一种支持性环境，鼓励成员开放分享个人感受，从而获得团体的共鸣和支持；三是积极心理练习，引入感恩和优势识别练习，提升团体的积极情绪和凝聚力；四是成就庆祝，定期认可和庆祝团体及个人的成就，增强积极氛围和集体自豪感；五是情绪管理技巧，教授团体成员识别和调节情绪的技巧，帮助他们更好地管理情绪，降低负性情绪的影响。

（三）模仿学习，促进自我教育

校园心理剧应突出团体的行为交互特征，用团体促进学生的自我教育。团体辅导下的校园心理剧对学生心理健康的维护功能可以用模仿学习理论来解释。模仿学习理论强调人们的行为经常受到所处环境中交互作用产生的影响。[①]在心理团体中，每个成员都有可能从旁观者的角色转变为主要参与者，也就是成为剧中的核心人物。而校园心理剧就是将学生的生活点滴编成剧本，主要关注学生的社会适应、人际交往、情绪情感、学业发展、生涯规划等内容。学生通过模仿角色的内心世界，借助情景对话、内心独白等方式表现角色内心的冲突、渴望与纠结，以此促进自我教育与警醒。

主角在舞台上以角色的身份展示自己的经历，表达自己的情绪，与配角进行配合，最终解决问题的过程，能够让当事人获得团体的支持和帮助，也有助于解决其所遇到的心理问题。配角则是当事人生命中的某一位重要他人的缩影，可以是某位家庭成员，也可以是当事人内在的某个角色，还可以是主角的延伸。当学生作为配角时，他们更多地学会了站在他人的角度思考问题，进而体会当事人的内心，思考自己应如何理解和帮助他人。观众则代表了客观的声音，他们通过观看和分享，思考如何避免生活中类似的问题发生在自己身上。

---

① 孟亮，李丹丹. 行为者–观察者视角下的养家动机. 心理科学进展，2023，31（8）：1342-1358.

在校园心理剧的实践活动中，我们可以通过以下方法来促进模仿学习和自我教育：一是角色示范，邀请成员扮演某一模范角色，通过角色示范的方式展示积极行为和解决问题的策略，激发成员的学习与自我反思；二是行为镜像，在校园心理剧中重现现实生活场景，让成员模仿积极应对方式，从而学习如何在生活中应用这些应对方式；三是互动式讨论，在表演后的组织讨论环节，让成员分享自己从角色行为中学到的教训，促进自我教育和相互学习；四是反馈循环，在模仿学习后，提供即时反馈，帮助成员理解行为后果，强化学习效果；五是情景模拟，创建模拟情境，让成员实践新技能，通过实践学习如何面对挑战。

第四节　校园心理剧的戏剧艺术理论

戏剧艺术是一门古老而富有活力的艺术。校园心理剧是一种在教育环境中常见的戏剧形式，旨在通过表演艺术来探讨和传达心理健康、社会问题以及学生生活中的各种场景。所以，戏剧艺术是根，校园心理剧是支。校园心理剧作为心理剧与校园心理健康教育相结合的特殊探索，是心理剧在教育领域应用的特色成果。而心理剧最初就是由莫雷诺在对戏剧艺术研究的基础上，以传统戏剧为载体，结合团体心理治疗技术而探索出来的一种新型心理治疗技术。因此也可以说，校园心理剧是在戏剧艺术的基础上发展出来的一种特殊的戏剧艺术。

校园心理剧具有戏剧艺术的普遍特征，其创作、表演和欣赏也必须遵从戏剧艺术的创作、表演和欣赏的审美规律，因此有必要了解戏剧艺术，掌握其审美内涵和审美特征，并将其审美规律运用于校园心理剧的创作、表演和欣赏过程，这对提高校园心理剧的艺术性、表演性、有效性具有重要的理论意义和实践价值。

一、戏剧艺术的起源与发展历史

从古至今，戏剧艺术一直是人类文化的重要组成部分。戏剧艺术具有深厚的群众基础，深受人们的喜爱，是人类审美的重要领域。戏剧艺术的起源可追溯到2500年前的古希腊。亚里士多德在著作《诗学》中对悲剧的概念和内涵进行了阐述，这也是目前有关戏剧艺术理论的最早记述。亚里士多德认为，悲剧是对于一个严肃、完整、有一定长度的行动的模仿；它的媒介是语言，具有各种悦耳之音，分别在剧的各部分使用；模仿方式是借人物的动作来表述，而不是采用叙述法；借引起怜悯与恐惧来使情感得到陶冶。①他强调，对完整行动的模仿、戏剧语言的运用、舞台动作的表演和审美感情的激发是戏剧艺术的普遍特征。②之后，大量的戏剧理论家、艺术家都对戏剧艺术的概念进行了界定和解释。其中，美国戏剧理论家克莱顿·汉密尔顿（Clayton Hamilton）认为，戏剧的本质在于演员在舞台上通过客观的动作和表现，将故事情节展现给观众，以感情的而不是理智的力量进行当众表演的一场人与人的意志冲突。③经过2000多年的不断发展和变化，戏剧艺术从最初的悲剧和喜剧形式逐步形成了具有话剧、歌剧、创造性戏剧、滑稽戏、舞剧、哑剧等多种表演形式的现代戏剧艺术。戏剧艺术的呈现舞台也从原有的具体场所，如剧院，扩展到了广播、电视和网络。

二、戏剧艺术的概念、主要观点与技术

（一）戏剧艺术的概念

戏剧艺术是一门以剧本（包括虚构的、具有矛盾冲突的、典型化的人物和事件）为基础，通过演员在舞台上的表演（包括形体和语言的表达）让观众产生情感上的共鸣（产生审美情绪和获得审美感受）的艺术。

戏剧是艺术的重要形式，也是重要的审美对象。从剧本的创作、表演到欣赏，戏剧的整个过程无不涉及审美；剧本、演员、观众和剧场作为戏剧不可或缺的要素，无不体现着审美。只有掌握了戏剧的审美特征，按照美的规律创作和实施戏剧，这样的戏剧才是美的，才具有艺术性和价值。具体说来，戏剧艺术的审美特征主要表现为戏剧艺术的冲突性、表演性和情感性。

第一，戏剧艺术的冲突性。冲突是戏剧的核心，戏剧由一系列内在和外在的冲突构成。情节在一系列冲突中展开，人物在一系列冲突中塑造。在冲突中，人们欣赏戏剧的美，也是在冲突中，戏剧实现了它的审美功能和社会意义。冲突性是戏剧艺术的本质特征，没有冲突的戏剧是不存在的。戏剧艺术就是向观众呈现特定的时间、地点和人物所出现的各种矛盾冲突。这些矛盾冲突推动着戏剧沿着情节的主线不断发展，并构成了戏剧的整个内容。戏剧的本质在于冲突，冲突是戏剧产生的根源。因此，冲突

---

① 伍蠡甫等. 西方文论选（上卷）. 上海：上海译文出版社，1979.

② 顾永芝. 美学原理. 南京：东南大学出版社，2008.

③ 顾永芝. 美学原理. 南京：东南大学出版社，2008.

性是戏剧艺术的重要审美特征。

第二，戏剧艺术的表演性。戏剧是一种表演艺术。表演是戏剧的基础，也是连接剧本与观众的桥梁。通过演员的表演，观众才能欣赏到戏剧艺术的魅力和美。戏剧角色通过演员的话语和形体语言塑造，进而推动故事情节的展开。表演不仅可以将戏剧的内容传递给观众，还可以对戏剧的艺术效果起到增强或减弱的作用。因此，表演对于戏剧艺术来说十分重要，是戏剧艺术的生命。戏剧表演是演员在剧本的基础上所进行的一种创造性活动，受到剧本、演员和观众的共同影响。一个好的舞台表演是一部成功的戏剧的重要标志，是戏剧艺术的生命。因此，表演性是戏剧艺术一个非常重要的审美特征。

第三，戏剧艺术的情感性。离开了情感，纯粹理性的戏剧是不存在的。戏剧艺术通过激起观众的情绪情感，使其沉浸在戏剧所创造的氛围中，获得审美的快乐和感受。审美快感的获得，也是观众评价一部戏剧优秀与否的重要标准之一。情感贯穿戏剧的始末，失去了情感也就不能被称为戏剧。通过欣赏戏剧，人们可以体验到不同的审美情绪和审美感受。因此，情感性是戏剧艺术的一个重要审美特征。

（二）戏剧艺术的主要观点

1. 戏剧欣赏以情感为基础

以情感的激发和调动为基础，戏剧理论家提出了戏剧欣赏方面的一些理论，比较有代表性的有净化理论、共鸣理论和间接满足理论。首先，戏剧艺术的净化理论。“净化”最早来源于亚里士多德的《诗学》，他在其中提到悲剧具有“卡塔西斯”（catharsis）作用。朱光潜在《西方美学史》中把“卡塔西斯”翻译成“净化”。[①]净化主要指观众在欣赏戏剧时，不良情绪得到宣泄，心灵得到陶冶和慰藉，并最终产生情感的升华。其次，戏剧欣赏的共鸣理论。在观赏戏剧等外部世界时，人们会在意识中形成期待的观察角度。无论是有意还是无意，人们会将作品中人物的特征、经验、情感等与自己进行比较。如果找到了相符之处，就会产生强烈的认同和共鸣，进而获得情感支持和审美感受。这种共鸣有助于人们从焦虑等不良情绪中解脱出来。最后，戏剧欣赏的间接满足理论。观众在欣赏戏剧时获得的快感，与儿童从游戏中获得的快感和成人从幻想中获得的快感是同质的。欣赏戏剧可以满足人们某些得不到满足的愿望，使得观众可以将自己

① 朱光潜. 西方美学史. 2 版. 北京：人民文学出版社，2002.

未完成的情结在虚拟的戏剧想象空间中得以继续完成。

总的来说，戏剧欣赏强调要达到激发观众情绪和情感的目的。不仅是戏剧的创作和表演需要激起观众的审美情绪和情感，就连舞台、灯光、背景等的设计也需要调动起观众的感情。戏剧的布景必须带有感情色彩，可以通过情景交融的方式，最大限度地在戏剧中引起观众的共鸣。只有这样，才能让观众在戏剧欣赏中得到美的满足。

2. 表演建立在直接体验的基础上

戏剧作为一种表演艺术，其核心在于演员通过直接经验来塑造角色和讲述故事。直接经验的融入，让演员能够在舞台上真实地再现人物的内心世界，从而触动观众的情感，引发共鸣。这种直接经验可以是演员自身的生活体验，也可以是通过研究、观察和模仿得来的知识。俄国戏剧表演大师斯坦尼斯拉夫斯基提出了“体验论”，认为表演应该建立在直接体验的基础上。[①]无论是亲身经历的痛苦与喜悦，还是通过深入研究所获得的角色背景与动机，演员都必须将这些直接经验转化为表演的一部分，以便在舞台上创造出真实、有力、动人的戏剧作品。因此，在戏剧的世界里，表演不仅仅是对台词的背诵和动作的模仿，更是一种深刻的内在体验和外在表达的结合。随着时代的发展，尤其是受到后现代主义思想的影响，美国“方法派”等表演理论体系出现。该体系强调一个好的戏剧表演应该是演员在深刻挖掘、领会剧本的基础上，表演性和体验性并重的一个表演。

作为一种戏剧表演活动，校园心理剧反映的是学生在校园中的生活。为了使表演建立在其直接经验的基础上，演员就需要通过一系列的方法和技巧来实现与角色的深度连接。首先，演员可以通过回忆自己的亲身经历，寻找与角色情感和经历相似的瞬间，以此来激发真实的情感反应。其次，演员可以通过观察他人的行为和情感反应，学习并模仿这些行为，以便在表演中更自然地呈现出角色的特点。此外，演员还可以通过分析角色的背景和心理状态，来构建一个全面的角色形象，这有助于他们在表演时做出更准确的选择。最后，通过即兴练习和角色扮演，演员可以在安全的环境下尝试不同的表演方法，从而找到最能触动自己和观众的表演方式。通过这些方法，演员能够将直接经验转化为表演的“燃料”，使得校园心理剧更加生动、真实和感人。

① 斯坦尼斯拉夫斯基. 演员的自我修养. 刘杰译. 武汉：华中科技大学出版社，2015.

（三）戏剧艺术的技术

1. 表演技术

表演技术主要包括舞蹈技术、唱腔技术、演技技术等。

第一，舞蹈技术。舞蹈在戏剧中扮演着重要角色，舞蹈动作能够表达角色的情感和性格特点。这一技术主要包括脚法、手法、身法等方面。脚法要求舞者脚步准确、舞姿优美；手法要求舞者手势流畅、有力度；身法则要求舞者舞姿挺拔、舞台动作精准。

第二，唱腔技术。在戏曲等戏剧形式中，唱腔是艺术的灵魂所在，能够表达角色的情感和内心世界。演员需要通过声音的高低、强弱来展现角色的喜怒哀乐，同时还要运用音调的变化来表达情感的转折和角色的心理变化。此外，字音的处理也非常重要，演员需要清晰准确地发音，使观众能够听懂。

第三，演技技术。演技是戏剧表演中至关重要的一环，能够塑造出各种各样的角色形象。这一技术主要包括身体语言的运用、情感的表达等。演员需要通过面部表情、手势、眼神等方式来表达角色的情感和动作，同时还需要通过声音、动作等途径来传达角色的内心感受。

2. 舞台技术

舞台技术主要包括布景技术、灯光技术、音响技术等。

第一，布景技术。布景是戏剧舞台美术的重要组成部分，可以为剧情发展提供支持。布景技术包括远景和近景的呈现，远景通常使用画幕来呈现，而近景则需要通过细致的布景设计来营造真实感。此外，布景的立体感可以通过多种方法实现，如伪造透视面、配合灯光效果等。

第二，灯光技术。灯光在戏剧舞台演出中起着至关重要的作用。它不仅可以照亮舞台，还可以营造氛围、引导观众视线、突出角色形象等。随着科学技术的发展，现代艺术舞台的灯具形式多样，包括面光、柱光、幻光灯、聚光灯等，这些灯光形式使舞台造型更加独特，有助于增强观众的观赏体验。

第三，音响技术。音响技术在戏剧舞台演出中同样不可忽视。它不仅可以传递演员的台词和音乐伴奏，还可以营造环境音效，如风声、雨声、雷声等，从而增强戏剧的真实感和感染力。特别是在古典戏剧舞台设计中，简单的视觉摆场造型难以展现戏剧舞台艺术的魅力，因此必须利用环境音响来微妙地传递现场信息和人物心理。

3. 其他技术

除了以上技术外，戏剧艺术中还经常会用到其他一些技术。

第一，服装与化妆技术。服装和化妆是戏剧艺术中塑造角色形象的重要手段。服装可以根据角色的身份、性格和时代背景来设计，而化妆则可以通过化妆技巧来改变演员的面部特征，使其更符合角色的形象要求。

第二，道具技术。道具在戏剧演出中扮演着重要角色。它们可以是角色的某一随身物品，也可以是剧情发展的线索，还可以是营造氛围的装饰物。道具的设计和使用需要符合剧情的要求，同时还需要考虑观众的观赏效果。

综上所述，戏剧艺术中所使用的技术多种多样，这些技术相互协作，共同构成了戏剧艺术的独特魅力。

三、戏剧艺术在校园心理剧中的应用

校园心理剧是戏剧艺术的一种特殊形式，具有戏剧艺术的审美特征。以戏剧艺术的审美规律指导校园心理剧的创作和实施，对于提高校园心理剧的艺术性，更好地达到教育和维护学生心理健康的目的非常有必要。把握戏剧艺术的冲突性、表演性和情感性等审美特征，并将其运用于校园心理剧中，可以有效提高学生的认识、解决学生的问题和净化学生的心灵。

（一）通过戏剧冲突，提高学生认知能力

校园心理剧应充分利用戏剧的冲突性，在矛盾冲突中提高学生的认知能力。这种认知包括理性认知和感性认知，涉及对自我、家庭、学校和社会等多方面的认知。学生出现心理、行为和不适应等问题，很多时候是在认知上出了偏差。心理学中的认知失调理论可以很好地解释如何通过戏剧冲突来提高学生的认知能力，进而解决其心理和行为问题。

莱昂·费斯廷格（Leon Festinger）于1957年首次提出了认知失调理论，以解释个体在面对态度、信念或行为之间的矛盾时所经历的心理不适感。当个体的态度或行为不一致时，他们会感到紧张和不适，这种状态被称为认知失调。为了减少这种不适感，个体会采取一些措施来恢复认知的一致性，这些措施包括改变态度、行为或增加新的认知来减少不一致性。认知失调理论有两大假设：第一，失调的产生会引起个体心理上的不适，人们会努力减少失调，恢复协调；第二，在面临失调时，个体会积极采取措施来减少失调，同时也会自觉地避免那些可能会加剧失调的环境和信

息。[①]也就是说，当个体的认知出现偏差时，他们就会处在一种认知的矛盾中，继而产生心理上的冲突，这种心理上的冲突会导致学生产生心理问题。这时，如果可以通过一定的方法和手段消除学生的认知偏差，那么其相应的心理问题就可以得到解决。

在学校教育环境中，当学生出现由认知偏差引起的心理和行为问题时，可通过校园心理剧的手段，以戏剧冲突的方式向学生展示其头脑中的认知冲突，并让学生意识到自己认知上的问题。学生可以通过调整认知偏差的方式达到认知和行为上的一致，进而使心理冲突得以消除，问题行为得以调整，并最终达到维护心理健康的目的。具体来说，当学生通过校园心理剧冲突的呈现意识到自己的问题行为时，可以通过以下几种途径进行调整，使认知恢复平衡：第一，通过更改自身的问题行为，使认知与新行为之间重新达到一致与平衡；第二，通过改变自己旧有的不正确认知，达到认知与行为的一致；第三，通过引进新的认知因素的方式，使各认知因素间达到平衡与和谐。

要将戏剧艺术的冲突性审美特征融入校园心理剧中，具体可从以下几个方面入手。

第一，校园心理剧的冲突应具有真实性。校园心理剧的冲突要反映学生现实生活中的真实问题，只有这样才具有心理健康教育的意义。一方面，校园心理剧的冲突应具有普遍性。校园心理剧的冲突应是源自学生身边的、具有普遍意义和性质的问题，只有这样才能够对学生起到很好的教育作用。另一方面，校园心理剧的冲突应具有特殊性。学生身上所出现的某些特殊冲突也是十分重要的，可以很好地对其他学生起到预防问题行为发生的作用。因此，校园心理剧的冲突应该建立在真实的基础上，做到普遍性与特殊性的结合。

第二，校园心理剧的冲突应具有适宜性。校园心理剧的冲突应是适宜的，既不能过于简单，也不能过于复杂，每一个冲突都需要被精心设计。一方面，校园心理剧的冲突是猛烈的。过于平淡的冲突不易引起学生情绪和情感上的强烈变化，且容易造成学生注意力不集中，不能吸引学生欣赏。因此，校园心理剧在呈现冲突时，应该同时向学生展示一个冲突的多个方面，或者同时呈现紧密相连的几个冲突，通过冲突的合流和激变，形成更大的冲突，以此增加冲突的丰富性和整体性，带给学生强烈的冲击

---

① 陈灿军，张雪峰. 大学生心理健康问题的研究. 湖南财经高等专科学校学报，2003，19（3）：75-78.

感。只有这样，才能引起学生情绪和情感上的强烈波动和变化，促进其认知行为的改变。另一方面，校园心理剧的冲突是曲折的。冲突的发展不能是平铺直叙的。过于稳定、平静地发展的冲突呈现同样不利于学生认知行为的改变。曲折复杂、变化多端和出人意料的冲突可以使学生在整个校园心理剧的欣赏过程中一直处于期待和紧张的状态，更利于学生认知行为的改变。因此，校园心理剧的冲突应该建立在适宜性的基础上，做到猛烈性与曲折性的结合。

第三，校园心理剧的冲突应具有时空性。校园心理剧是在既定的时间和空间里来表现冲突的，其冲突的展开必须考虑时间性和空间性。一方面，校园心理剧的冲突具有时间性。冲突的展开在时间上应该是连续和延伸的。只有这样，学生才能更好地从冲突中认识到自己的认知偏差和行为问题。时间上的间断，或过于跳跃，可能会造成学生在认知上产生新的偏差。另一方面，校园心理剧的冲突具有空间性。舞台、布景、灯光等空间特征的设计和呈现都应该有利于冲突的呈现，应想尽一切办法充分利用空间，让学生感受冲突的吸引力和震撼力，不利甚至阻碍冲突呈现的空间设计需要避免。因此，校园心理剧的冲突应该在时空性的基础上，做到时间性与空间性的结合。

总的来说，认知失调理论可以通过校园心理剧的冲突性，改变学生的认知偏差和问题行为。在具体的实践中，一定要善于将冲突性这一戏剧的核心审美特征融入校园心理剧的创作和实施过程中。

（二）通过戏剧表演，促进问题解决

校园心理剧应善用戏剧的表演性，通过舞台表演帮助学生解决问题。在校园心理剧的实施过程中，学生在更多情况下是作为观众来欣赏，而不是作为演员去表演。但是通过观赏演员的表演，学生同样可以在潜移默化中接受演员的语言和观点，习得演员所表现出的动作和行为，感受到演员传递出的情绪和情感。这与心理学研究中提到的具身认知（embodied cognition）有关。

20 世纪中后期，认知科学研究领域发生了一场研究取向和范式上的变革，即从单纯的认知转变为具身认知。具身认知是一种认知科学理论，强调身体在认知过程中的作用。与传统的认知主义观点不同，具身认知认为认知不仅仅是大脑中的信息处理过程，还与身体的感觉、运动能力和环境互动紧密相关。其主要观点包括：①认知依赖于身体基础，即认知过程依赖于身体的物理属性和感觉运动系统。我们的身体结构和感觉经验塑造

了我们理解世界的方式。认知的内容是由身体提供的，包括概念和思维，往往是基于身体经验的。例如，我们对“上”“下”概念的理解可能与我们身体直立时的重力感受有关；我们常常使用身体经验来理解抽象概念，例如，我们可能会用“上升”来表示“改善”，因为在我们的身体经验中，“上升”通常与“改善”相关联。同时，认知不仅限于大脑的单一模式，而是涉及多种感觉和运动模式的整合，如视觉、听觉、触觉等。②认知、身体和环境是相互作用的统一整体。认知不是孤立于身体和环境之外的，而是与身体和环境相互作用的结果。认知过程是身体与环境互动的一部分。一方面，认知活动是情境化的，即它们是在特定的环境和情境中发生的，认知和行为是对个体所处环境的一种响应。另一方面，认知是一个动态过程，涉及身体与环境的持续互动。个体的认知和行为是随着环境的变化而不断调整的。③认知具有行动导向性，即认知的主要目的是指导行动，认知过程是为了帮助个体与环境进行互动并采取行动。

作为一种心理辅导与治疗形式，校园心理剧结合了戏剧表演、角色扮演和社会心理学的元素，旨在通过行动化的方式来探索和解决个人的心理问题，与具身认知有着紧密的联系。在校园心理剧中，参与者通过身体动作、情感表达和角色扮演来探索自己的内心世界，这种身体上的参与使得认知过程具身化。通过具身化的过程，参与者能够更深刻地体验和理解自己的情感和行为模式，从而促进自我认知和情感调节。校园心理剧通过具身化的认知过程，使得参与者能够在一个模拟的、控制的环境中探索和解决心理问题。这种探索不仅仅是心智上的，还包括情感上和身体上的。通过这种全方位的探索，参与者能够更全面地理解问题的本质，从而找到更深层次的解决方案。校园心理剧的这种行动化方法使得问题解决过程更加生动和具体，有助于参与者将抽象的认知转化为具体的行动，从而更有效地应对现实生活中的挑战。可以说，校园心理剧是一种强大的教育工具，结合了具身认知和问题解决的元素，帮助个体通过戏剧表演来探索、理解和解决心理问题。这种方法不仅促进了自我认知和情感表达，还提高了个体应对复杂情境的能力。

要将戏剧艺术的表演性审美特征融入校园心理剧中，具体可从以下方面入手。

第一，校园心理剧的表演中应善于使用戏剧语言。戏剧语言就是演员所使用的台词，包括对白、独白和旁白等在剧中出现的一切语言形式。演员在表演中如何处理台词，并将台词进行表达和演绎，是校园心理剧能否达到应有功效的关键之一。首先，语言的表达应高度性格化。演员所表达出来的语言应该符合具有不同情境、职业、性格和背景等特征的人的特征。由于每个角色的年龄、性格、职业、出身等背景的不同，他们的语言会有巨大的差异，其语音、语调、音色等都会有明显的不同。演员在表演中如果不能够使用性格化的语言，势必会造成突兀感，无法塑造良好的环境，难以使学生获得良好的体验，最终破坏校园心理剧的效果。其次，语言的表达应尽量口语化。校园心理剧的内容基本上都是贴近学生日常生活的，能反映学生普遍出现的问题，因此，在语言的使用上也应贴近学生的生活，尽量做到口语化，这样学生理解起来才更为容易，也更为亲切。再次，语言的表达应力求丰富化。演员使用的语言应该尽量丰富，过于简单的语言会显得单薄和单调，不利于学生身体认知体验的形成。此外，更要注意潜台词的运用。潜台词语言具有暗示性的特征，可以留给学生发挥想象力和创造力的空间。演员在舞台上所使用的潜台词可以在很大程度上增加语言的丰富性，丰富的、绘声绘色的语言有助于学生良好体验的形成。最后，语言的表达应做到动作化。演员所表达的语言不应该是静止的，而是应该能够起到推动整个剧情向前发展的作用，这也是人物性格内在力的体现。动作化的语言可以在角色内部和不同角色之间流动起来，进而推动情节前进。演员所说的语言不应仅限于背诵台词，而应通过语言影响其他角色，使其产生心理上或者行为上的变化。动作化的语言不仅可以使舞台上的演员之间形成良好的互动关系，也可以对学生观众的身心产生更为积极的影响。

第二，校园心理剧的表演中还应配合使用形体语言。形体语言是贯穿整个戏剧表演的重要形式，可以增强校园心理剧的舞台表现力和艺术性。在校园心理剧中，演员通过头部、腰部、肩部、腿部、手部、脚部等身体各部位的动作向观众传达思想和情感，为学生的具身认知提供涉身性的动作模仿和情感体验，从而为学生营造良好的认知和体验环境。在校园心理剧中使用形体语言时应注意以下几点。首先，形体语言应具有节奏感。节奏感是人类审美的需要之一，建立在个体的生理和心理特点基础上。演员应在全面了解剧本情节和体验所扮演角色的基础上，表现出节奏一致的形体语言。通过具有节奏感的形体语言，演员的肢体动作会具有相当强的舞台张力，从而能更好地传达出情绪和情感，加深学生的认知和情绪体验。其次，形体语言应具有冲击力。过于平淡的形体语言不能使学生产生强烈而深刻的体验。因此，要善于运用具有冲击力的形体语言，震撼学生心灵，引发其模仿和思考。最后，形体语言应是一种综合性表达。演员的形体语言应是肢体、表情和情境的综合表达。通过表情与肢体动作的结合，演员可以向学生传递情感，并辅之以音乐、布景等情境的设置，以起到增强情感传递的效果。

总之，校园心理剧通过具身认知和戏剧表演，为个体提供了一种安全、支持的环境，使其能够在角色扮演与情感表达中探索和解决内在的心理问题，从而促进个体的心理成长和问题解决。

（三）通过戏剧情感，净化学生心灵

校园心理剧应突出戏剧的情感性特征，用情感净化学生的心灵。戏剧艺术情感对学生心理健康的维护功能可以用“净化说”来解释。净化说源于亚里士多德，他在《诗学》中论述悲剧对观众的影响时强调，悲剧引起的哀怜与恐惧可以使观众情绪得到净化。[①]净化说主要是指戏剧观赏者在欣赏戏剧作品时，与作品中的人物和情节发生心灵契合与沟通，情绪得以调节和慰藉，进入有所派遣、有所纠正和有所升华的情感状态，最终使困扰戏剧观赏者的心理问题得到解决。艺术审美可以通过激发、宣泄情绪和情感，使欣赏者的心理健康水平得到恢复和提高。

所谓“净化”，表示情绪、情感的宣泄与净化过程，主要涉及三个层面。第一，凭借戏剧激起的怜悯与恐惧等审美情绪，顺势促发观众内在的情感宣泄。第二，凭借这种情感宣泄，使人获得心理上的解脱或审美满足。第三，通过戏剧所表现出的崇高理想、伦理德性及其精神效应，使人获得道德净化或道德意义上的心灵净化。这三个层面紧密相连，其核心和关键就在于情绪、情感的激发和释放。在现实社会和生活中，出于社会化的原因，很多人都会对自己的情绪、情感进行控制和压抑。这些被压抑的情绪、情感会导致压力和焦虑，进而对人的心理健康产生负面影响，久而久之还会对人的生理健康产生严重影响。因此，让观赏者在戏剧审美的过程中，在由戏剧艺术所创造的虚拟、安全和自由的环境中，释放和宣泄那些被压抑的不良情绪和情感，可以对欣赏者的心理健康起到维护的作用。净化说也是校园心理剧的理论基础之一。因此，在校园心理剧的创作和实施过程中，一定要注意将戏剧艺术的情感性融入其中。

要将戏剧艺术的情感性审美特征融入校园心理剧中，具体可从以下几个方面入手。

---

① 顾祖钊. 文学原理新释. 北京：人民文学出版社，2000.

第一，校园心理剧的剧本创作应突出情感冲突。首先，在剧本的结构上，整个故事情节的设计应充分利用戏剧的矛盾冲突，激起欣赏者强烈的审美情绪。过于平淡、没有冲突的剧情，不能或难以引起学生强烈、紧张的情绪和情感，也就不能使他们很好地宣泄这些情绪和情感，无法达到净化心灵的作用。其次，在剧本的内容上，应把握好现实与虚构的关系。一方面，校园心理剧的内容应来自学校的现实生活，是学生身边发生的、最迫切需要解决的问题。另一方面，校园心理剧也不能够过于写实，应该注意戏剧的虚构性，利用陌生化的手法，为学生营造一个自由、安全的审美环境。校园心理剧的内容只有在兼具现实与虚构的基础上，才能为学生创造良好的审美心理环境，调动学生的真情实感。

第二，校园心理剧的表演应强化情感表达。首先，校园心理剧的舞台表演应着力于提升表演的张力，从而引导学生进入相应的情感氛围。一方面，演员在戏剧语言的使用上应注意语言的表演性。在校园心理剧的舞台上，应尽量使用高度个性化、生动、丰富且具有动作性的语言。另一方面，演员在形体语言的使用上应突出表演性。表演性是校园心理剧区别于心理剧的重要特征。演员应通过其肢体动作、眼神、表情、手势、身段等形体语言，向学生传递情绪和情感。生硬和突兀的形体语言都会破坏整个校园心理剧的情感氛围。其次，校园心理剧舞台布景的创设应有利于情绪和情感的表达。戏剧是一门综合艺术，在校园心理剧舞台布景的创设上，应综合考虑使用各种技术手段，如声、光、电等，使其共同发挥作用，最大限度地激发学生的情绪和情感。最后，校园心理剧的舞台表演应融合音乐、舞蹈、造型等多种艺术形式，通过多种综合性的艺术刺激，让学生产生丰富的审美情绪和情感。单一的表演艺术形式不利于学生情绪和情感的激发，应尽量避免。

第三，校园心理剧的欣赏应拓展想象空间。首先，应在时间和空间上为学生创造欣赏的条件。一方面，校园心理剧的表演时间应相对宽松。过于紧迫的时间不利于学生欣赏，会使学生产生压迫感，不利于审美情绪的激发和审美情感的回味。另一方面，校园心理剧表演的舞台空间应大小适宜。过于空旷或者狭窄的空间都不适宜审美情感的产生。除了空间大小外，空间位置、空间温度、空间中学生的密度等因素也会对学生的欣赏产生影响。只有适宜的、可以让每一个学生感到舒适的空间才是一个良好的表演空间。其次，应让学生自由的创造，给予学生发挥想象的空间，深化认知深度。审美是一个认知与情感相结合的过程。没有自由创造和充分想象，就没有深度的欣赏。因此，校园心理剧应鼓励学生在欣赏的过程中充分发挥想象力和创造力，通过提高认知的深度来提升情感的厚度，进而有助于学生审美情感的升华。最后，应为学生创造持续、稳定和安全的欣赏氛围。要想让学生产生审美情绪，并使其沉浸在校园心理剧的特殊审美情感中，除了要有良好的环境氛围外，还必须为学生营造良好的心理氛围。在整个校园心理剧的欣赏过程中，不要随便人为地打断舞台的表演和学生的欣赏，如向学生提问题，或者讲道理等，这些都应该留在后面的讨论和分享环节进行。

总的来说，净化说使戏剧审美具有治疗的意义，可以对个体的心理健康起到维护和治疗的目的。因此，在具体的实践中，一定要利用戏剧的情感性审美特征，使学生的心灵得到充分净化。

第三章　校园心理剧的结构要素

嬉笑怒骂，他们在台上尽情演绎自己真实的经历；浅吟低唱，他们将自己心底的声音向观众娓娓道来；恍然大悟，他们在剧里最终拨开心中的迷雾。校园心理剧集人物、剧本、舞台三个要素于一体，以自发性为动力，以互动创造性为核心，以典型性、现实性为导向，以艺术表演为依托，以促进学生心理健康为教育目的①，通过学生自编、自导、自演的形式进行团体辅导和教育，在促进学生的心理健康方面发挥着积极的作用。

关键概念

导演：导演又称引导者，是校园心理剧的专业引导者、组织者和实施者，一般由有经验的、专门从事心理辅导和咨询工作的心理辅导老师担任。莫雷诺在其心理剧中赋予了导演制作人、咨询师和分析师三种身份。身为制作人，导演需要负责整个心理剧的构思和实施，要敏锐地解构主角所提供的每一条线索，并将其转化和融入戏剧当中，让作品的情节线索跟主角的生活线索保持一致；身为咨询师，导演要保证戏剧可以契合观众的情感需求，与演员建立信任关系，提供情感支持、技术指导和心理辅导，激发他们的表演潜力；身为分析师，导演需要观察与评估主角的人格特质与心理状态，要能够通过主角的叙述和演出过程中的表现，决定使用什么样的心理剧技巧来实现治疗目标。由此可见，导演的专业水平制约着校园心理剧的作用方向与效果。

主角：心理剧的主角指的是在剧中扮演最主要角色的人，主角需要在舞台上扮演自己，将自己现实的生活经历呈现在舞台上。主角拥有极大的自主权。作为群体的代言人，主角就像一面镜子，团体的其他成员可以通过这面镜子来解决自己的困惑。校园心理剧中的主角一般由想要寻求心理困惑解决方法的当事人来担任，某些情况下也可以由经历相似或是擅长表演的其他学生担任。主角需要根据教师的启发和剧情的要求去表演，需要充分发挥其自主性和创造性，进而实现校园心理剧的教育功能。

---

① 余腊梅. 寻访心灵的家园——校园心理剧对中职学生心理健康促进作用初探. 科学咨询，2014（18）：36-37.

群体行为评估：校园心理剧的群体行为评估是指通过观察和分析团体成员在心理剧中的行为与互动来了解他们社会关系和心理状态的方法。

组织热身：校园心理剧的组织热身是校园心理剧开始前的一种活动，其目的是在团体中营造包容、接纳的氛围，帮助参与者放松、建立联系，使他们能够更深入地参与到校园心理剧的体验中。通过热身，参与者可以放下防备，以开放的态度探索自己的内心世界和人际关系。

角色分配：角色分配包括决定成员扮演什么角色、何时需要转换角色，以及何时让新成员参与角色扮演。校园心理剧的角色分配是指在校园心理剧的准备和演出过程中，根据剧情需要和参与者的特点，将不同的角色分配给学生演员的过程。其目的是确保每个参与者都能在校园心理剧中找到适合自己的角色，从而促进剧情的顺利发展和参与者的个人成长。

角色扮演：角色扮演是指个体通过扮演某种角色，并从中得到领悟，进而学会从不同角色出发来探索和处理心理社会问题的一种心理辅导或治疗方法。一个人只有对自己以及他人的角色有正确、完整的认识，才能很好地融入社会生活中。角色扮演是校园心理剧中最常用的一种心理技术，其作用就是扮演者通过对自己所扮演的角色进行评估、实践，进而反省自身内隐的心理过程，感知现实世界中他人行为的表征和特点，最终促进扮演者的认知领悟、情感体验和行为改变。

内容提要

在一部成熟的校园心理剧背后，必然有丰富真实的人物故事、精心雕琢的剧本剧情和能支撑全部故事发生发展的舞台及其艺术表达。那么，如何才能使校园心理剧区别于一般的校园剧？怎样的角色才是校园心理剧中需要表现的对象？怎样选择和编排剧本？怎样最大化地发挥舞台的作用？了解校园心理剧的要素会让我们更能体会它发挥的功能，凸显出其自主性和创造性并进、典型性与现实性结合、审美性与教育性匹配的特征。想要区分校园心理剧和一般的校园剧，人物、剧本、舞台这三个要素缺一不可，只有三个要素相互协调、相互整合，才能使校园心理剧的育人功能得以最大限度地发挥出来。

自主性主要体现在学生自编、自导、自演完成整部校园心理剧的演出。学生在这个过程中可以充当导演、演员还有观众的角色，从而充分发挥自己的主观能动性。而创造性则贯穿整部剧从演出前的编写到演出后的分享的全过程。发挥学生的主观能动性、尊重学生的主体性是校园心理剧所强调的重点，学生主体所能发挥的创造力和想象力是校园心理剧熠熠生辉的关键所在。

典型性则主要体现在剧本的创造主题上。校园心理剧的剧本内容取材于学生在家庭生活、校园学习、人际关系中遇到的困惑及其产生的认知、情感和解决方式等，再通过多种多样的形式，如戏剧、小品、情景对话等进行表演。在编排校园心理剧的剧本前，我们需要深入调查当前学生的心理健康状况以及多数学生存在的心理困扰，保证选题的真实性、客观性和有效性，避免校园心理剧受教育者的主观影响而脱离实际，这体现了校园心理剧的现实性特征。

校园心理剧以舞台表演的形式呈现，将音乐、美术、灯光等多种元素整合起来，配合演员呈现一个个动人的故事，具有很强的审美性。此外。校园心理剧还注重对学生的心灵启发和教育引导，因此，它的表演并不是以娱乐观众为目的。相反，它的主要目的是通过一系列技术的运用，使学生将自己在面对冲突时内心产生的不良情绪宣泄出来，同时引导学生掌握解决冲突的正确方法，提高学生自主发展的能力，最终使表演者、参与者、观众都受到教育和启发，这体现了校园心理剧的教育性特征。

第一节　人　物

“心较比干多一窍，病如西子胜三分。”在影视剧《红楼梦》中，品格高雅、气质忧郁的陈晓旭宛如书中走出来的人物，完美地贴合了曹雪芹笔下林黛玉的形象。她才情出众、才华横溢，写出了“满纸自怜题素怨，片言谁解诉秋心”等诗句，而现实中的陈晓旭也写出了“居傲不媚春，偏爱秋色凉”的诗句。她容貌清丽，清冷脱俗，聪慧而通透，眉目中却总是带着淡淡的哀愁，如一团化不开的浓雾，不像是世间的女子，倒像是书中所说的绛珠仙草转世。一旦某个角色被人们赋予了深厚的内涵，又被演员刻画得入木三分、诠释得淋漓尽致，就如陈晓旭饰演的林黛玉，我们就会恍然感觉他们就像存在于现实生活中的有血有肉的人物一样。即便理智告诉我们，他们只是影视剧或者书中的角色，但我们仍会在他们身上投射自己的情感，甚至会希望他们是真实存在的，就像希望林黛玉是真实存在的一样。

在任何戏剧中，人物都是其基本的组成要素。人物承载着戏剧的灵魂，推动着戏剧情节的发展。结合我们的生活经验便会发现，每一个让我们难以忘怀的经典剧目，都离不开对许多贴近观众生活的、生动而饱满的人物形象的塑造。虽然剧中的角色非常重要，但是校园心理剧中的人物远不只是指剧中的人物角色，不仅包括导演（指导教师）、主角、配角，还包括为校园心理剧演出做台前幕后工作的学生。没有这些学生有条不紊地工作，就没有异彩纷呈的校园心理剧。除此之外，坐在舞台下观看校园心理剧的观众也是人物之一，因为有舞台就要有观众，观看校园心理剧才是学生们广泛参与校园心理剧并且获得成长的主要方式，离开了观众，校园心理剧的表演也就在很大程度上失去了其宣传教育的意义。

校园心理剧的剧本取材于人物的现实生活，目的是解开人物的现实困惑，使其获得新的感悟。所以，我们需要保证校园心理剧的各个环节，如主题、结构、情节、情境等都要围绕人物需要来展开。校园心理剧中主要有导演（指导教师）、主角、配角和观众四种人物角色，每个角色的参与都遵循自愿原则，学生们自发地去参与，发挥自身的创造力与想象力，由此才能将校园心理剧的真正魅力发挥得淋漓尽致。

一、导演

（一）心理剧与校园心理剧的导演

1. 心理剧的导演

心理剧的导演往往兼具制作人、咨询师和分析师三种身份。身为制作人时，导演必须要敏锐地解构主角所提供的每一条线索，并将其转化和融入戏剧当中，让作品的情节线索跟主角的生活线索保持一致。身为咨询师，导演要保证戏剧契合观众的情感需求。而身为分析师，导演可能会通过观众的反馈信息，将自己的解释移植出去。

2. 校园心理剧的导演

校园心理剧中的导演通常是由有经验的、专门从事心理辅导和咨询工作的心理辅导老师担任。导演是校园心理剧的策划者、组织者和引导者、点拨者，需要秉承校园心理剧的宽容和接纳原则，从专业角度对校园心理剧的整个过程进行调控。导演承担着激发人物潜力、协助校园心理剧演出等主要任务。在每一个阶段，导演都发挥着不同的作用：暖身阶段，导演需要负责群体行为评估、角色分配和组织热身等；演出阶段，导演需要为整个演出过程服务，包括维持秩序、问题引入和描述、对情节进行补充解释等；分享阶段，导演需要调动观众的积极性，鼓励大家分享自身的感受，促进大家获得更多的成长经验。所以，优秀的校园心理剧导演既是心理学专家，更是艺术家，还是优秀教育管理者。

（二）校园心理剧导演的胜任力

导演在校园心理剧中发挥着举足轻重的作用，那么，什么样的心理辅导老师才能胜任导演的角色呢？

1. 多学科的知识技能与良好的个性品质

导演应具备心理学、教育学、社会学等学科的丰富知识技能，擅长针对学生进行心理咨询和辅导工作，实践工作经验丰富，思维清晰、敏锐，有洞察力；要熟悉并能够在校园心理剧中合理应用心理技术，如角色扮演、角色互换、替身技术、镜像技术、雕塑技术、空椅技术、超现实的童话扮演、螺旋心理剧等。①同时，为了使剧情发展更加符合实际且扣人心弦，导演在编排剧本时要学会适当使用悬念、重复、渲染、对比等艺术表现手法与技巧。此外，在个人特质方面，导演还要有同理心、宽容、耐心、坦诚和热情，有挑战的勇气、好奇心、活力、创造性和想象力等良好的个性品质。

2. 应变与情绪处理技巧

对于导演来说，较强的应变能力也是专业素养的一部分，这就需要导演具备专业的心理学素养，掌握团体辅导的技巧等。在处理情绪方面，作为团体的心理治疗师，导演有必要合理控制自己的情绪，对情绪收放自如。“放”是指在剧中用心、用情去感受，“收”则是指理性分析之后能客观、中立地做出决定。这样既可以做到与团体成员“共情”，又可以合理地分析当事人的问题，促进其成长。

3. 团体调动与创新思维

校园心理剧是一个团体辅导活动，导演的工作对象不仅是一个个演员、观众，更是一个团体。因此，导演还应该有能力激发与调动团体成员的积极性和创造性，维持团体内和谐、融洽的良好氛围，要积极促成宽松、接纳的团体气氛，并鼓励学生自我探索和得出结论。同时，导演要依据演出的需要，敢于挑战和创新，不断尝试运用新的技术和方法来推进校园心理剧的发展。

总之，校园心理剧导演的胜任力体现在多个方面，不仅需要具备专业

① 钟毓，马全芝，兰海等. 打造师生心灵成长的舞台——四川省成都市建筑职业中专校校园心理剧实践与探索. 中小学心理健康教育，2013（9）：41-43，2.

知识和技能，还需要具有相应的个人特质，保持对团体互动的敏感度，以确保校园心理剧的有效性和安全性。

（三）校园心理剧导演的作用

校园心理剧的导演在剧本创作、演员挑选、排练指导、演出实施以及后续的分享讨论中都发挥着核心作用。他们不仅是艺术创作的指导者，也是心理治疗的执行者，对校园心理剧的成功至关重要。在校园心理剧实施的不同阶段，导演的作用各不相同。

1. 角色分配及暖身

在校园心理剧的暖身阶段，导演要进行群体行为评估、角色分配和组织热身等。群体行为评估包括对选题是否恰当、主角能否顺利适应角色需要以及其他成员是否适合扮演剧中的角色等条件的判断和评估。角色分配包括决定成员扮演什么角色、何时需要转换角色，以及何时让新成员参与角色扮演；组织热身的目的是在团体中营造包容、接纳的氛围，并对参与者在演出前进行指导和提供支持。

2. 维持演出

在校园心理剧的演出阶段，导演要进行探索问题描述、演出过程维持和解释等工作。探索问题描述相当于校园心理剧的开场白，导演需要向观众引入本次校园心理剧要探索的主题，简单阐述问题发生的背景等；演出过程维持是指维护演出过程的秩序和氛围，包括干预不正当行为、维护团体有益氛围等；解释是指在必要的时候，导演可以暂停演出，以对演出进行评价，确保角色的适当性和准确性，并在必要时对当事人的行为提供合理的解释。

3. 组织分享

在校园心理剧的分享阶段，导演要适时地结束演出，然后组织学生们相互交流和分享。当剧中的当事人已经掌握了解决问题的方法或者有了积极的感悟时，导演便可以适时地结束表演。并且，导演还要负责组织当事人、参与者和观众畅谈观点，分享各自的体验和感受。

4. 跟随而非控制团体

需要注意的是，导演不应控制团体的走向，而是应该跟随团体。有时候我们会遇到这样的问题：导演满怀期待准备了一系列的暖身活动，却发现实际效果并不理想。因为导演的人为计划性会破坏团体的自发性，反而使团体产生抗拒心理。因此，导演应该尽量减少人为计划，降低对团体的控制感，将主导权还给团体，充分跟随团体，从而使校园心理剧发挥其自发性和治疗性功效。

二、主角

（一）心理剧与校园心理剧的主角

心理剧的主角和校园心理剧的主角是有所区别的。

1. 心理剧的主角

心理剧的主角指的是在剧中扮演最主要角色的人。主角需要在舞台上扮演自己，将自己现实的生活经历呈现在舞台上。主角拥有极大的自主权。作为群体的代言人，主角就像一面镜子，团体的其他成员可以通过主角这面镜子来解决自己的困惑。

主角（当事人）首先要描述自己的问题和困惑，然后在导演的启发与引导下将这些问题和困惑在舞台上通过表演的方式展现出来。俗话说“鲜花也需绿叶衬”，主角还需要一些配角（参与者）的配合，配角的选择依据有人物的外貌和性格特征、言语和行为方式等。在演出过程中，主角与配角所饰演的重要人物将抛开偏见，彼此敞开心扉与对方沟通交流，进而提高自我认识能力，找到问题和困惑的根源，最终使其得到解决。此外，主角也可以根据自己的意愿拒绝登台演出，由导演指派合适的人选来演绎自己诉说的问题，并在观看演出的过程中成功解决自己的心理困惑。

2. 校园心理剧的主角

与心理剧多以当事人为主要角色扮演者相比，校园心理剧则面对全体学生。因为校园心理剧的本体功能是预防性和发展性的，旨在解决学生在成长过程中最渴望探索和解决的共性问题，所以，剧中所呈现的事件往往是学生现实生活的真实再现。①

在校园心理剧中，主角一般也是指存在心理困扰并渴望得到解决的学生（当事人）。主角可以充分发挥自主性和创造性，由一个学生或几个学生根据教师的启发和剧情的要求去表演，在演出时也可以根据剧情的需要进行合理的调整，如可一人分饰两角或两人合饰一角。

相比于心理剧，校园心理剧的主角存在特殊性，因此校园心理剧中选主角的策略与心理剧中有所不同。在实际的编排中，导演可以选择校园心理剧故事的当事人作为主角，因为每一次的排演都是主角自我反思、自我

---

① 李玉荣. 对校园心理剧实践操作中若干问题的思考与实践. 中小学教师培训，2012（12）：54-56.

锻炼、自我教育的过程。[①]然而在特殊情况下，因为题材或情节的限制（如早恋或自伤自残事件）而不适合当事人出演，或是不能预料当事人演出时的情绪以及演出结束后对校园环境压力的承受能力时，校园心理剧的主角就应由学校内的其他学生扮演。尽管事件可能并非最终选取的主角的亲身经历，但他可能也有着类似的体验和心理活动。

（二）校园心理剧主角的确定

在校园心理剧中，主角的确定是一个关键步骤，因为主角通常是一部校园心理剧的核心，他们的问题和冲突是剧情发展的主要驱动力。不论谁做主角，想要编排一场成功而完整的校园心理剧，角色的表现力、感染力至关重要。主角要充分表现主人公的角色特征，以或松弛、或自然、或夸张、或含蓄的表演方式张弛有致地塑造人物形象，把握整个演出的脉搏和起承转合。[②]以下是确定主角的一些方法和需要考虑的一些因素。

1. 导演确定

主角可以由导演确定。在学校，导演一般由心理辅导老师担任，心理辅导老师的丰富经验在选角过程中起着重要作用，他们需要有敏锐的观察力，擅于发现学生们存在的比较集中的一些问题，并选择一个问题表现突出且又有意愿寻求帮助的学生作为校园心理剧的主角。心理辅导老师需要对潜在的主角进行评估，了解他们的心理状态和问题，以及他们是否愿意和能够参与校园心理剧的整个过程。

2. 团体选择

在前期的团体辅导和团体交往过程中，团体成员认真倾听主角候选人讲述他们自己的故事，然后共同决定哪一位候选人成为主角。这种情况下，主角与团体成员间的“心电感应”十分关键，主角所描述的主题应是整个团体成员都感兴趣的话题，这也有利于校园心理剧的展开。

3. 主角的个人意愿

每一个成员参加校园心理剧演出时的心理状态是不一样的，有些成员积极投入，愿意自我暴露，愿意担任主角；而有些成员则是团体中的游离者，自我暴露程度低，也不愿意担任主角。主角的选取必须要遵循自愿原则，强行逼迫只会适得其反。鼓励学生自愿报名成为主角，这样可以确保参与者的积极性和主动性，同时也能让他们感到被尊重和重视。

---

① 秦娟. 校园心理剧. 中国职业技术教育，2005（23）：29-31.

② 唐斯复. 追求表演艺术的感染力——记中年演员张家声. 戏剧报，1986（7）：44-46.

4. 心理成熟度与角色匹配

主角的选择还应考虑其心理成熟度和应对能力，确保他们能够在校园心理剧中处理自己的情绪和问题，不会因为剧情的深入而感到不适，同时还应关注角色匹配度，考虑主角的气质、性格和经历是否与角色相匹配，以及他们是否能够真实地表达角色的情感和冲突。

5. 问题相关性与代表性

选择那些愿意探讨和解决自己心理问题的学生作为主角。主角的问题应该是普遍存在的，能够引起观众共鸣，这样有助于达到校园心理剧的教育、启发和治疗目的。同时，主角的问题应该具有一定的代表性，能够反映学生群体中的普遍问题，如人际关系、学业压力、自我认同等。

值得一提的是，在确定主角时，要确保他们的隐私得到保护，避免在剧情中透露过多的个人信息，以免对主角造成不必要的压力和困扰。同时，主角在校园心理剧中的自主性应该得到充分尊重，甚至主角可以拥有某种“特权”。主角需要感受到自己正在掌控着目前所发生的事情，正在演绎出自己的生活。也有人认为，不存在糟糕的主角，只有准备不足的团体或者导演。当然，在确定主角时，也要考虑预备方案，以防主角在排练或表演过程中出现意外情况，如情绪波动、身体不适等；还要考虑角色的多样性，包括性别、文化背景、社会经济地位等，以增加校园心理剧的包容性和教育意义。

在确定主角时综合考虑上述因素，可以确保主角的确定过程既公平又有效，从而为校园心理剧的成功打下坚实的基础。

（三）主角的作用

主角在校园心理剧中扮演着至关重要的角色。他们不仅是剧情的中心，也是观众情感共鸣的桥梁，同时也是教育和治疗的重要载体。通过主角的经历和变化，校园心理剧能够达到教育、启发和治疗的目的。

具体来说，主角主要起到以下几方面作用。①剧情发展与推动：主角的行为和决策直接影响剧情的发展和结局，他们是推动剧情前进的关键人物。这种剧情发展和推动作用是促使校园心理剧具有吸引力和教育效果的重要保证。②情感共鸣与共情：主角的经历和情感反应能够引起观众的共鸣，能够使观众感同身受。这种共情是校园心理剧能够产生治疗效果的关键因素之一。③行为示范与学习：主角在校园心理剧中的行为和反应可以为观众提供行为示范，展示如何应对和处理特定的心理问题。这种示范作用可以帮助观众学习到新的应对策略和技巧。④冲突解决与策略：主角在剧情中尝试解决自己的冲突和问题，这个过程可以为观众提供解决问题的策略和方法。观众可以通过观察主角的冲突解决过程，学习到如何在现实生活中应对类似的挑战。⑤情感释放与调节：主角在校园心理剧中可以释放自己的情感，这不仅有助于主角调节自身的情感，也可以为观众提供一个情感释放的出口。这种情感释放有助于个体缓解心理压力，促进心理健康。⑥自我探索与成长：主角在剧情中进行自我探索，他们在导演的引导下，通过与配角的互动，能够深入探讨自己的内心世界，寻找解决问题的方法。这个过程不仅是主角的自我成长过程，也将对观众有所启发。⑦角色认同与联系：观众可以从主角的经历和情感反应中找到自己的影子，从而在心理上与主角建立联系，增强角色认同感。这种认同感有助于观众更好地理解自己的情感和问题。⑧启发思考与反思：主角的问题和冲突可以启发观众思考自己的问题，促使观众进行自我反思和自我成长。这种启发作用是校园心理剧教育意义的重要体现。⑨心理治疗与康复：在校园心理剧的辅导与治疗过程中，主角通过角色扮演和情感表达可以减轻心理压力，促进心理康复。这种治疗作用是校园心理剧的重要目标之一。⑩社会影响与关注：主角的经历和问题可以反映某种社会现象和问题，从而引起社会的关注和讨论。这种社会影响有助于增进公众对心理健康问题的认识和关注。

三、配角

（一）心理剧与校园心理剧的配角

1. 心理剧的配角

莫雷诺把配角解释为导演的延伸，负责探索和引导剧情；同时，配角也是主角的延伸，帮助主角雕塑出真实的和想象的角色。[①]配角的身份有三层：作为演员，塑造出主角故事中所需要的角色；作为咨询员，来引导主角探索问题；作为特殊的调查者，调查主角生活中的真实情况。

2. 校园心理剧的配角

校园心理剧的配角是指除导演和主角以外参与演出的所有学生，负责扮演主角生命中的重要他人。配角承担着多种多样的功能，既可以扮演某个外在的角色，如某位家庭成员、某个同学或朋友等；又可以饰演某个内

① 石红. 心理剧与心理情景剧实务手册. 北京：北京师范大学出版社，2006.

在的角色，如主角的负面自己或童年期的自己等。配角可以协助主角，通过语言或非语言的形式表达出主角隐藏的部分，以此来帮助主角更快速地认清自我并获得成长。此外，担任配角的学生也可以从中学会解决心理问题的方法，体验不同角色的生活，学会更加理性地看待自己周围的人和事。

（二）心理剧与校园心理剧的配角选择

心理剧中配角的选择方法与主角的选择方法类似：一是可以由导演确定；二是可以由主角在团体中挑选一些外貌特质或者内在感觉与配角相契合的成员；三是可以由团体中的成员主动担任，成员中可能恰好就有可以“本色出演”的人，如主角人际关系网络中的室友等。第三种方法可以更加真实、紧张地把矛盾演绎出来，同时主角和配角双方都可以获得更多的成长。①

在校园心理剧中，配角是除导演和主角外参与演出的所有人，负责出演主角现实生活中的重要他人，为主角的表演服务。在表演中，配角需要自觉地配合主角，协助主角展现自己过往的人生经历、未来的生活预期以及行为的良性发展趋向。同时，他们还需要在“现在的”演出中展示其内心的问题和矛盾，并寻求相应的解决方法。

校园心理剧中配角的选择是一个重要的环节，对剧情的发展和主角心理问题的呈现有着重要影响。以下是一些关于配角选择的标准和建议：①与主角心理问题的相关性。配角的选择应与主角的心理问题形成、发展与解决有关。配角通过自己的角色扮演推动主角问题的呈现、发展与解决，进而影响整个校园心理剧的过程。②精简原则。由于校园心理剧受时空限制，要求高度精练集中，配角的设置应尽可能精简，遵循以少胜多的原则。过多的配角可能会导致舞台混乱，分散观众的注意力，削弱演出效果。③聚焦心理问题。配角的言行设置应帮助主角表达出思想、情感与行为。配角的作用是帮助主角表达内心冲突与困惑，进而推进问题的解决。④角色的代表性。配角应具有鲜明的特点和代表性，能够引发观众的共情。配角的行为和语言应该围绕主角的心理问题，以引出主角内心思想与情感的表达为目的。⑤演员的气质与角色匹配。在挑选配角时，应考虑演员的气质类型是否符合角色，以及他们是否能够认识、体会和了解角色的心理问题。⑥团队协作精神。在分配角色时，应鼓励学生展现团队协作精

---

① 黄艳. 心理剧治疗的理论与实践. 烟台：鲁东大学，2006.

神，不应只争着演主角而忽视配角的重要性。配角在校园心理剧中同样扮演着关键角色，有助于主角完成整个表演。⑦异质性考虑。在选择配角时，应考虑到异质性的问题，即应选择不同性格和背景的演员来演绎，这样可以增加戏剧的冲突和深度，同时也可以为演员提供更多的学习和成长机会。⑧角色分配的自主性。在某些情况下，角色的分配可以由表演小组成员自行决定，这样有助于提高学生的参与度和主动性。

（三）配角的功能

虽然校园心理剧中的主角只能有一个，但是仅有主角，是无法完成所有剧情的演出的，也无法充分发挥出校园心理剧的育人功能。配角虽然不是剧情的中心，但他们在校园心理剧中起到不可替代的作用。

具体来说，配角主要有以下几方面作用：①支持主角，提供社会支持。配角通过与主角的互动，帮助主角探索和表达自己的情感和问题。他们可以提供不同的视角，帮助主角看到问题的多个方面。配角可以代表主角的社会支持系统，如朋友、家人或老师，可以为主角提供支持和鼓励，帮助他们克服困难。此外，配角还可以为主角提供反馈，帮助他们看到自己的行为和决策如何影响他人。②提供对比和冲突，推动剧情发展。配角可以通过与主角持有对立或不同的观点，为剧情增加冲突，这些冲突有助于揭示主角的内心冲突和问题。同时，配角通过他们的行动和对话推动剧情向前发展，为主角提供情境，使其能够展示自己的内心世界。③反映社会现实，促进自我探索。配角可以代表社会中的不同角色和观点，反映主角在现实生活中可能遇到的各种社会关系和压力。配角可以通过提问和挑战，促使主角进行自我探索和反思，从而促进个人成长和变化。④增强情感表达，提供解决方案。配角可以通过他们的情感反应来增强主角的情感表达，使观众能够更深入地理解主角的感受，还可以提出不同的解决方案或建议，帮助主角思考和探索解决问题的方法。⑤提供象征和隐喻，增加戏剧性。配角有时可以通过象征或隐喻方式来表现某些概念或情感，为剧情增添深度和复杂性，并通过自身的行为增加剧情的戏剧性，使校园心理剧更加引人入胜和有趣。

总之，配角在校园心理剧中扮演着多方面的角色，不仅为主角提供了支持，也丰富了剧情，为观众提供了更全面的视角和更深刻的体验。

四、观众

在心理剧中，那些不在舞台上担任导演、主角或配角的人，被称为观众。但观众并不只是简单地坐在台下观看演出，事实上，他们可以主动参与到对主角心理活动的探讨中。在心理剧中，观众属于旁观者，代表了客观、中立的视角，如果主角所表达的主题和内涵能够被观众所接纳，这就象征着主角本身可以被外界认可和接受，象征着主角的社会支持。因此，观众的反馈是非常重要的。①

在校园心理剧中，成为观众是参与校园心理剧最广泛和最便捷的方式。观众虽然没有参与到校园心理剧的表演之中，但是通过观看演出，他们可以领悟到心理问题的实质，为主角提供支持，也能给自己的心灵成长带来启发。虽然观众偶尔也会应导演的召唤来到舞台上饰演某个角色，但是大多数时候，观众是来交流自己的经验或进行评论，并且洞察自己的人际关系状况的。事实上，体验校园心理剧所传达的感受是观众观看演出的主要目的。

和导演、主角与配角一样，校园心理剧的观众也具有很强的自发性，积极地营造着校园心理剧的良好氛围。他们在观看演出的过程中产生了共鸣，从而实现了自身情绪的宣泄；同时，他们也从不同角度展开了开放性的观察，并提出了一些建设性的意见。观众在校园心理剧中有两种功能：要么协助主角，要么被主角协助。协助主角时，观众通过观看校园心理剧与主角分享他们的感想和感受，产生对主角的支持与认同；在主角展现出自己真实的困境时进行共情，随着主角悲伤沮丧而流泪，随着主角积极成长而高兴。被主角协助时，观众会将主角当作镜子，从而对自己的类似困境有新的认知和领悟，进而促进自我的成长与发展。

所以，校园心理剧中少不了“观众”这个角色，否则导演、主角和配角的戏剧就得不到支持和肯定，其教育功能也会大打折扣。只有四者相互联系、相互结合，共同构成校园心理剧的角色网络，才能使校园心理剧的独特魅力得到最大限度的发挥。

第二节　剧　本

心理剧或者团体辅导中的一般的心理剧甚至教育戏剧通常都没有确定的剧本，大多是团体成员在辅导者的带领下，即兴地寻找主题，围绕主题开展心理剧。而校园心理剧则是围绕剧本展开，以剧本为核心的。校园心理剧的剧本主要基于一定的育人目的，针对学生在真实校园生活或家庭生

① 石红. 心理剧与心理情景剧实务手册. 北京：北京师范大学出版社，2006.

活中遇到的心理困惑和成长问题，并将其融入艺术创作，用来展现学生的心理冲突，因此学生可以比较容易地表演出来。剧本的主题一般是学生成长和发展中共同存在的需要解决的问题。创作剧本时，可以选择发生在学生身上的一个真实故事展开具体描述，情节要跌宕起伏、环环相扣，通过角色塑造来展现人物的内心冲突，用心理学的方法来处理主角遇到的问题，充分地启发和激励观众与演员。

校园心理剧区别于一般的戏剧。一般的戏剧以一系列事件为线索来塑造人物形象，以人物为主体和核心。而校园心理剧则是以表演问题为形式，以化解内心冲突为中心，以内容为主体和核心。校园心理剧的重心不在于塑造一个典型的人物角色，而在于通过人物来演绎心理问题，其主要内容就是当事人的内心困惑和矛盾。因此，校园心理剧的剧本中最重要的两部分就是事件和人物关系。

一、事件

事件是引发主体内部矛盾的导火索，也是产生心理问题的诱因。事件是指发生在主体现实生活中并对其心理产生了重要影响的事情，包括过去发生的事件（如童年时的创伤、儿时的家庭经历）、当前面临的困境（如人际冲突、学业挫折）和即将发生的事件（考试、升学、择业）等。校园心理剧是以事件为中心逐步展开的，通过对事件的演绎，人们会对其产生新的理解和领悟，最终实现转变认知、深化情感和矫正行为的目的。

下面的例子就是以过去发生的对个体当前的心理产生重要影响的事件为原型的剧本：

> 小玉是第一季校园心理剧《我想有个家》的原型，剧本由她创作。她父亲常年在外工作，她和两个姐姐随母亲长大。父母因长时间的分离而互相猜疑、争吵。她的记忆里父母永远都在争吵……面对她身上发生的一切，我们内心无比沉重，家本应是避风的港湾，父母本应是孩子的第一任教师，但这个家庭几近破裂……
>
> 我们在打算创作这个剧时，特意找来了小玉，在征询她的意见时，她内心的成熟超出我们的意料，她表示："没关系，我没事了，我希望我的故事能对其他家庭有所启示。"①

① 钟毓，马全芝，兰海等. 打造师生心灵成长的舞台——四川省成都市建筑职业中专校校园心理剧实践与探索. 中小学心理健康教育，2013（9）：41-43，2.

校园心理剧的剧本素材的选取过程属于剧本创作的初始阶段，也是主题确立的过程。剧本素材大多以学生成长中的困惑或者发展性问题为核心。对于选择什么主题，以及选择哪些事件来表现主题，这既需要导演对学生的成长有充分的了解，也需要团体或班级中的学生主动参与，表达自己在生活、学习中的各种困惑。选择主题时，导演要考虑能反映学校中大多数学生共性问题的主题，要有明确的辅导目标，这一目标由团体成员共同商讨确定，如成都市建筑职业中专校第二季校园心理剧《来不及说爱你》就以人际问题为主题，展现了一个少年从叛逆到亲近社会的转变。

> 男主人公子翔在成长过程中，总被拿来与一个优等生冷俊作比较，赞扬和掌声永远属于冷俊，现实的比较使他们的友谊变得苍白，慢慢出现裂痕。而子翔的扮演者小易本是个阳光开朗的男孩，但排演过程中，这个阳光男孩却很难进入子翔那自卑的、带有怨气的内心世界。于是，我们不断与之沟通，让他换位思考，慢慢地，小易找到了感觉，并且随着情节的发展，融入了剧情。小易也从中收获了很多。①

一旦主题确定后，就要围绕主题来选择事件。事件应该最能集中反映主题，最能带来心灵上的震撼，最能突出矛盾和冲突，由此才能给观众带来强烈的冲击。事件承载着剧情的发展，所以事件的选择尤为关键。这时就需要广泛地征集学生们的故事，鼓励学生们分享曾经触及他们内心感受的那些记忆犹新的事件，为确立事件提供第一手素材。校园心理剧的时空架构也要符合表现主题的客观条件。通常情况下，应选取学生们熟悉并且具有独特内涵的时空环境，这样可以通过情景再现的方式实现最佳辅导效果，比如，空间设定上，可选择教室、宿舍、操场、办公室等特定环境；时间设定上，可以假定在日常上课、考试、重大节日、周末等。这种设置可以帮助学生身临其境，感同身受，让演员和观众能够更容易进入剧情。

二、人物关系

校园心理剧的剧本中除了事件外，另一个要素就是人物关系。其实，人物关系也和事件息息相关，因为引人入胜的事件中往往也包含着各种各

① 钟毓，马全芝，兰海等. 打造师生心灵成长的舞台——四川省成都市建筑职业中专校校园心理剧实践与探索. 中小学心理健康教育，2013（9）：41-43，2.

样的人物关系。现实生活中大多数学生的困惑就来源于不能够清晰地认识自己所处的关系，或者是处理不好人际关系。校园心理剧使得学生能够跳出自己的生活，从旁观者的角度来审视自己的生活以及其中的关系，这样可以更好地换位思考，站在对方的立场上考虑问题，从而引发自己对心中困惑的反思，进而在认知上发生改变。因此，剧本中人物关系的巧妙设置可以让事件变得更有教育意义。

人物关系是人在社会生活中通过交往所形成的人与人之间的各种关系。根据马斯洛的需要层次理论，人有归属与爱的需要、尊重需要，而这些需要只有在与人交往的过程中才能得到满足。在社会生活中，我们会发展出丰富的人物关系，如亲子关系、师生关系、朋友关系等。这些丰富的人物关系相互交织，集结成一张人际关系网，占据着个人生活与发展的重要部分，从不同角度对人的心理产生影响。良好的人物关系是个体积极健康成长的重要影响因素，而不良的人物关系则会对个体心理产生负面影响，甚至导致心理问题的产生。校园心理剧就是将引发心理问题的种种关系以角色扮演的方式呈现出来，让当事人在观看、感悟的过程中，不断地对自己的行为进行调整。这样，当事人在现实生活中遇到这些人物关系时就可以采用恰当的方法进行处理，就不会再感到无助和困惑。

在校园心理剧的剧本中，不同年龄阶段的人物关系冲突是不一样的。导演要从团体和班级学生中普遍认为的很苦恼的关系入手，设置人物关系。比如青少年阶段，如何处理亲子关系可能会成为大部分学生的烦恼，那么在剧本中就可以将亲子之间时而亲密时而疏离的矛盾关系展示出来，让学生能够将心比心地体会父母的想法，进而改变自己的认知，减少因对抗父母而做出的冲动的、不理智的行为。此外，还应该尽可能地邀请学生们参与演出，扮演父母的角色，通过角色扮演和互换帮助他们获得最直接的情感体验。再如大学阶段，亲密关系可能会成为部分大学生的苦恼，相应的剧本内容就需要对亲密关系进行塑造和阐释，帮助大学生们“答疑解惑”，让他们对如何与异性相处有更多的了解和体会，使其在亲密关系中可以做到游刃有余。

下面这部成都市建筑职业中专校的校园心理剧《我想有个家》就以亲子关系为题材：

小玉是第一季校园心理剧《我想有个家》的原型，剧本由她创作。她父亲常年在外工作，她和两个姐姐随母亲长大。父母因长时间的分离而互相猜疑、争吵，她的记忆里父母永远都在争吵……每一次排练，我们都要求她用尽感情去读旁白，在一次次的朗读中，小玉的感情也得到了释放。其中有一段旁白这样说道："很多人总是在冷静过后，才清晰地看清自己曾犯下的过错，惋惜或是悔恨，悲伤或是痛苦。一切都难以回到过去。因为我们都不是幸运的大雄，难以坐上抽屉里神奇的时光机去抹平岁月所带给我们的伤害。"我们发现，小玉在读这段旁白时不是忧伤的，而是坚定的。公演时，我们瞒着小玉请来了她的妈妈。表演完毕后，妈妈走上了舞台，小玉和妈妈紧紧地拥抱在了一起。①

其实，校园心理剧的人物关系不需要像一般的戏剧一样离奇古怪、错综复杂，而是需要贴近学生现实生活，这样才能在观众中产生情感共鸣，才能使校园心理剧获得更好的教育效果。

剧本是校园心理剧排练以及学生表演的依据。校园心理剧的剧本应该是开放式的，随着剧情的发展，剧本可以在排演的过程中不断地得到修改、丰富、完善和创新。一般的戏剧和文艺演出等表演主要以剧本为依据，其内容、程序、台词等是固定化、模式化的，限制了表演者自身的发挥和观众的参与度。与之相比，校园心理剧的剧本具有一定的开放性和生成性。因为在校园心理剧的演出过程中，表演者和观众是互为一体、紧密相连的，前者可以通过画外音和独白等形式与后者进行交流，还可以随时通过与观众讨论、即兴表演等各种形式与后者互动。在互动过程中，表演者在对自己角色的言行进行评价之余，还可以尽力让观众理解角色的心理与行为；在努力揭示其所扮演角色的世界的同时，也试图将角色的世界、表演者与观众的世界、现实世界有机结合起来，使表演成为表演者与自己、与角色、与观众对话的过程。学生"自己演，演自己"，把"大道理"用"心理剧"的形式表现出来，在与观众的分享和互动过程中一起体验、感悟并达成一致的认识，共同成长为更好的自己。因此，校园心理剧的剧本制作也应该反复征询学生们的意见，甚至可以由他们自己来当剧本制作人，这样可以充分发挥他们在校园心理剧中的自主性。在剧本创作过程中，需要体现出"生活即教育"的原则，将心理健康教育渗透到学生生活中去。这样，心理健康教育工作者能更好且更及时地对学生中有代表性

① 钟毓，马全芝，兰海等. 打造师生心灵成长的舞台——四川省成都市建筑职业中专校校园心理剧实践与探索. 中小学心理健康教育，2013（9）：41-43，2.

的心理问题进行诊断并提出解决方案，引导学生们对自己面临的问题进行分析、评判，找到解决问题的途径，既是育人，也是育己。

校园心理剧要走进学生，演学生的故事，说学生想说的话，抒发学生的情感。因此，我们坚持遵循学生自编、自导、自演的原则。在剧本采集之初，为了让对心理剧一无所知，甚至有抵触心理的学生慢慢了解、喜欢、创作心理剧，我们先把心理剧的视频资料在每一个班播放，一边播放一边讲解。通过演示，告诉学生什么是心理剧，怎么创作心理剧。让他们感受到，校园心理剧是很好的团体辅导，它可以让自己渐渐成熟和自信。在这样的宣传下，学生们受到了很大的鼓舞和启发，纷纷拿起笔写下自己的感受和生活，创作了很多材料鲜活的剧本。

在广泛征集剧本的基础上，我们开始认真遴选剧本，力争选出富有代表性，能够表达学生心声的剧本，并根据剧本内容进行归类整理。将其中最具有代表性的内容筛选出来。然后将这些剧本的作者集中起来，共同分析这些内容是否是学生们普遍存在的心理困扰或者是普遍需要的发展主题，从而确定主题。之后，心理辅导老师、作者和心理剧社的学生一起对剧本内容进行修改。剧本修改时既注重选择典型事件，也注重刻画剧中人物的内心冲突和情感变化。心理剧的剧本和演出的目的是在演出结束后，给演出者和观众解开一个心结，放下担负已久的精神包袱。因此，我们在对剧本主题的提炼过程中，非常注重人物内心的冲突、挣扎、矛盾等，通过多种心理技术在舞台上一一再现，力求和台下观众达到共鸣。而修改剧本都是在排练中进行，一句台词，一个动作，情绪情感，内心独白，都是一边排练，一边和剧组全体人员讨论怎样改更好，每一个剧组成员提出的建议、看法都会得到肯定并且投入实践。让剧组每一个成员都有一种责任感、成就感、价值感、被尊重感，学生参与的积极性很高。①

三、剧本创作应注意的问题

（一）典型性

校园心理剧的典型性主要体现在剧本创作的主题上。校园心理剧的剧

① 钟毓，马全芝，兰海等. 打造师生心灵成长的舞台——四川省成都市建筑职业中专校校园心理剧实践与探索. 中小学心理健康教育，2013（9）：41-43，2.

情内容灵感来源于学生的现实经历，具有普遍性和典型性。校园心理剧可以重现学生真实生活的典型情境，特定的情境线索可以帮助学生身临其境，通过移情进入自我之境，在自我参与的真实活动中转变角色、探究发现、自主分析并顺利解决困惑，培养自己解决问题的能力，并将这种能力迁移到现实生活中的方方面面。此外，典型、真实的情境氛围能充分调动观众的情绪，引发他们产生情感共鸣。

传统的授课方式可能并不利于学生接受心理健康知识，这时就需要校园心理剧这样可以调动学生主观能动性、以活动促学习的方式，使他们在活动过程中潜移默化地接受心理健康知识，实现学生心理的自主建构，生成价值理念。因此，从学校心理健康教育角度，学校应积极开展以校园心理剧为形式的第二课堂，充分发挥其优势。

此外，要提高剧本的典型性，就要求校园心理剧的导演深入调查学生的心理健康状况和大多数学生存在的心理困惑，对校园内外的种种现象进行深层剖析，在不超出学生心理接受范围的前提下创作出精彩的剧本，解决学生诸如环境适应、学业发展、人际交往、情感困惑、自我成长等问题。一般来说，儿童和青少年在学校生活中的典型问题主要包括以下几个方面：①健全人格的培养，培养学生在适应社会过程中所应具备的健康人格品质，如心理素质、适应性、独立性、抗压力、价值感等；②学习心理的指导，引导学生树立正确的学习目标，提高学习的内部动机，培养良好的学习习惯和掌握科学的学习方法；③人际交往的辅导，培养学生的交往意识，掌握人际交往的技巧，懂得化解人际矛盾和冲突的方法；④情绪情感的管理，引导学生合理表达自己的情绪情感，正确识别他人的情绪情感，学会情绪调节的策略与方法；⑤恋爱与性的引导，引导学生认识和掌握与异性交往的知识和技巧，积极主动地进行正常的两性交往，学会正确处理恋爱问题，掌握科学的性知识，合理地控制和宣泄情绪。

（二）实然性

所谓实然，就是指本来应该是什么样子，实际是什么样子。实然是客观的，是事实层面的。校园心理剧的剧本创作必须是实然的，即必须是基于真实客观的事实。因为学生的一切心理问题一定是源于曾经发生过的真实经历，而要解决这些问题，只有运用心理剧技术，使个体以一种新的状态或者身份重新回到当时的情境中，去对话、去思考、去感受、去认识，才能获得新的感受、体验和认知，从而实现改变或者治愈。因此，从内容上看，校园心理剧是一种叙事表演。它讲述了学生在生活中发生的故事、遇到的困惑与挑战。在制作校园心理剧的剧本前，我们需要深入调查当前学生的心理健康状况以及大多数学生存在的心理困扰，保证选题的真实性、客观性和有效性，避免校园心理剧受教育者的主观影响而脱离实际，因而校园心理剧具有实然性的特征。从功能上看，校园心理剧像镜子一样展示出学生的心理问题，且注重学生表现出来的态度、认知、情感与行为表现。它充分尊重学生的现实情况，在演绎过程中发掘出隐含的意义和价值，从而帮助学生悦纳自我，善待他人，提高学生的社会适应和心理健康水平。因而，校园心理剧巧妙地将感性与理性相结合，感性通过动人心弦的故事情节表现出来，而理性则通过基于事实的心理分析展示出来；既努力展现最真实的生活世界，又通过梳理和分析，找出表象背后的本质。例如，在校园心理剧中，常常会有许多“画外音”和“独白”。“画外音”是让表演者以“表白”的方式补充台词和演出无法表达的情绪。“独白”是表演者根据剧本的编排，在必要的时候先暂停表演，跳出剧情外，以言语的方式向观众补充阐述前一段表演的含义，以免观众遗漏一些剧情想要传达的感受和思想。“画外音”和“独白”旨在具有诱发和唤醒表演者与观众的内心体验，并使其清晰化。在实际表演与观看过程中，学生会产生一些模糊不清的感受，而“画外音”和“独白”的运用可以推动表演者与观众进行深入反思，使想法和体会清晰化，更好地发挥出校园心理剧的育人功能。①

总之，校园心理剧在充分尊重个体生活现实的基础上，通过讲述与演绎一个个真实的故事，去倾听学生内心的声音，沿着学生心灵的足迹，去追寻学生个体或者群体行为背后的真相，从而更好地帮助每一个参与的学生更好地发现、探索和提高自我。

第三节　舞　台

每个人都需要舞台！可以说，生活就是我们每个人的天然舞台。但是，我们要想自如地、勇敢地步入生活这个舞台，演出自己的精彩人生，就需要在成长的历程中站上更多的舞台去历练、去成长。这些舞台经历使我们的勇气、自信、积极心理状态和心理素质得以发展。校园心理剧就是学生成长的一个舞台。然而，要成功上演校园心理剧，当然离不开真实的

① 庄建东. 校园心理剧特征探析. 文教资料，2010（36）：112-114.

舞台。不过，校园心理剧的舞台并不仅仅是一个演出场地，实际上，它有着更丰富的含义。校园心理剧的舞台是指演员们进行排练和正式演出的场所。舞台是校园心理剧必不可少的要素之一。舞台的存在，可以帮助导演和演员深入了解角色，加深对角色的体验，增强校园心理剧的演出效果。

一、心理剧的舞台

心理剧的舞台往往是一个多面又极具弹性的空间。舞台是区别于现实世界的环境，台上的主角不会遭受现实世界带来的压力，因而可以充分表达自己。由此可见，舞台是主角和演员创造性地进行自我表达的空间场所。莫雷诺曾为心理剧设计了一个比普通戏剧舞台更容易进场的特殊形式的圆形三阶梯舞台，并明确规定：剧场长约 70 英尺①，宽约 25 英尺，高约 40 英尺，且有大半面积都划分为舞台。舞台是由三个同心圆的平台所组成，最大的圆直径约 16 英尺，第二个圆的直径则少 2 英尺，最上面的圆直径约 12 英尺。阳台约在舞台上方 9 英尺高，与剧场同宽，可以用来摆放理想的或看起来比真实人物更大的人像或道具。从墙壁往外延伸 3 英尺到达舞台的边缘，被舞台中间两根柱子支撑着，周围有围栏。其中，三层同心圆的舞台象征着个人向主角蜕变的程度：热身完毕时，主角会站到第一层上，而后随着准备工作的进行再上一层，最后在正式开始表演时走上最高的舞台。②

不过，大多数心理剧的演出都可以在不正式的环境里进行，比如，足够大的空旷的教室、会议室等，都可以是心理剧的舞台。

二、校园心理剧的舞台

校园心理剧的舞台通常可以是排练场，也可以是正式的舞台，当然也可以是教室等学校中足够大的空间。当学生们在排练校园心理剧时，舞台可能就是一间简单的团体辅导室，学生们围成一个圆圈，演员位于圆圈的中间，周围只有几个观众。虽然场所简单，但舞台为演员提供了一个排练的空间，演员与导演可以在一步步的心理交锋和心理合作中变得更加默契。借助于舞台，演员们可以进行反复练习，每一次的重复都有其意义和价值。随着次数的增加和时间的推移，演员们的配合会更加完美，最终演绎出真实性极高的剧目。有时，即使演员本身和角色有很大的差距，但在

① 1 英尺≈0.3048 米。

② Blatner A. 心理剧导论：历史、理论与实务. 张贵杰等译. 台北：心理出版社，2004.

一遍又一遍的排练过后，演员也越来越能走进角色的内心世界，教育的效果也就自然发生了。下面就是一个体现“排练场地即舞台”的例子：

> 心理剧《假如生活欺骗了你》的女主角小茜是一个右手先天残疾，却能用左手画出美丽图画的可爱女生。由于身体的残疾，她从小就遭受了许多异样的眼光，自卑而孤独，当她鼓起勇气去追求自己的爱情时，又一次遭到了残酷无情的打击，绝望的她甚至产生了轻生的想法。当我们从五楼的阳台上救下她时，她双手冰凉，我们知道此时此刻比这双手更冷的是她的心。
>
> ……选角时，我们主动让小茜自己来演，想要通过排演对其进行现场辅导，从而使她真正地成长。排演过程中，当小茜演到想要轻生那一幕时，旁白说道：“小茜想起了自己被生活欺骗的种种不幸，想起了被自己深爱的人一次次无情地拒绝，想起了往日一个人孤零零经历的那些累累伤痕……痛苦、迷茫像一双双魔掌紧紧攫住了她的喉咙。她觉得自己是世界上最不幸、最倒霉的人！她突然有种想跳下去的冲动，她想，也许只需纵身一跳，这一切的烦恼就都可以离她远去了……”这情景再现似的语言让小茜仿佛回到了当时，她泪如雨下。此时，一直在旁陪伴和关注小茜的心理健康教师马老师慢慢地、轻轻地走过去，把她紧紧地抱在怀里，轻声地安慰她。在老师的安抚下，小茜慢慢抬起了头，虽然脸上还有泪水，但她的眼神清澈、明净，燃起了希望。经过这次排演，小茜真正地开朗了起来。①

一般来说，学校进行校园心理剧的正式演出时，对舞台的要求相对规范一些。演出时的剧场不仅要有舞台，还要有观众席。舞台的布置非常重要，如灯光设置、背景音乐等细节都会影响演出的效果，进而影响校园心理剧教育功能的发挥。

（一）灯光设置

灯光作为一种情绪线索，可以诱发不同的情绪状态。例如，红色的灯光可以渲染紧张的气氛；蓝色的灯光可以表示死亡场景等忧郁低落的氛围；纯黑可以表示自我封闭、孤独感等闭锁状态；黯淡的灯光可以表现梦境或黑夜；明亮的灯光可以表示白天或希望。当光线缓缓变暗时，主角可

① 钟毓，马全芝，兰海等. 打造师生心灵成长的舞台——四川省成都市建筑职业中专校校园心理剧实践与探索. 中小学心理健康教育，2013（9）：41-43，2.

以更好进入自己的内心世界，起到自我保护的作用，例如，当主角正展现自己脆弱情绪时，如果让其暴露在亮光之下，其会感到尴尬、不自在。此时，应该切换为柔和的灯光，给主角提供安全感，使他能体会自己最真实的感受，并尽情地将其抒发出来。①

（二）背景音乐

运用背景音乐最重要的原则就是能恰当地配合主角的情绪，如果不能让主角满意，反而容易造成主角的不适，影响演出的效果。例如，当主角情绪高昂、重获新生时，可以播放一些明朗、激情的音乐；当主角心情低落时，可以配合一些缓慢、沉重的音乐；当主角正在自我思考和成长时，可以选择一些抒情、空灵的音乐。

此外，舞台和观众席的设置也会影响演员与观众的互动情况。一般的心理剧重视演员和观众的互动，观众人数不能过多，否则会影响辅导效果。但是在校园中，优质的校园心理剧很有可能在全校范围内进行公演，由此可以带来更大范围的影响。这时的观众不仅包括学生，还可能包括剧中所涉及的人物（如亲子关系中的父母等），这就对校园心理剧的舞台和环境有了更高的要求，尤其是空间要足够大。

三、舞台的作用

舞台是校园心理剧这种教育活动形式的聚焦点。它不仅是表演的场所，也是教育、治疗和自我发现的重要工具。通过舞台，校园心理剧能够更有效地传达其信息和目的。如何利用舞台构建出人们的生活空间？如果剧中所涉及的事件是在教室中进行的，这时就需要呈现出桌子、讲台、书本等，并且想象门窗以及其他东西的摆放位置，此外，还需要设定事件的时间（白天或晚上、周末或周内）、气氛（温暖的或冷淡的、亲近的或疏离的）、空间大小（宽阔的或狭窄的）以及人的位置（舞台中间或舞台边缘等），这些细节的完善有助于构建出完整的校园心理剧舞台。可以说，舞台是校园心理剧的创造性的空间，这个空间是开放而广阔的，但同时也拥有无限可能的私人性。若把舞台交给主角，导演就要充分相信主角有自我成长的能力，能把舞台塑造成自己生活的空间或冲突发生的场所，可以让导演和观众更直观地进入主角的内心世界，体会他当时的感受，这样就

---

① 邓旭阳，桑志芹，费俊峰等. 心理剧与情景剧理论与实践. 北京：化学工业出版社，2009.

算是单独的咨询，也能起到很好的作用。

总的来说，舞台能够突出演员意识，是校园心理剧发挥各种功能不可或缺的一个要素，其具体作用表现如下：①提供一个展示平台。舞台是心理剧表演的物理空间，为演员提供了一个表演和表达情感的平台。②创造沉浸式体验。舞台设计和布置可以营造出特定的氛围与环境，帮助观众更好地沉浸在剧情中，体验角色的情感和故事。③视觉和听觉的焦点。舞台是观众视觉和听觉的焦点，通过灯光、音乐、道具等元素的配合，增强表演的吸引力和感染力。④促进角色互动。舞台为角色之间的互动提供了空间，这些互动是剧情发展和情感表达的关键。⑤象征和隐喻。舞台可以被设计成具有象征意义的空间，通过布景、道具等元素传达更深层次的信息和主题。⑥增强教育效果。舞台表演可以更直观地展示心理问题及其解决方法，比单纯的讲座或讨论更具有教育效果。⑦提供实践机会。对于参与校园心理剧的学生来说，舞台是他们实践表演技巧、表达能力和团队合作能力的地方。⑧促进情感释放。舞台为演员提供了一个安全的环境，让他们可以自由地表达和释放情感，这对于情感健康非常重要。⑨增强观众的参与感。通过舞台表演，观众可以更直接地参与到剧情中，体验角色的情感，从而增强他们的参与感和共鸣。⑩促进心理健康意识。舞台表演可以吸引观众的注意力，使他们对心理健康问题有更深入的理解和认识。

第四章　校园心理剧的设计策略

虽然心理剧注重个体的自发性和创造性，强调行动的自然发生、情绪的自由宣泄、观点的自由表达，但校园心理剧是学校心理健康教育的一种重要且有效的团体辅导形式，具有明显的教育引导和价值澄清的功能。心理剧疗法是一种以演剧形式来帮助个体解决问题的方法，强调个体在情境中的体验和成长，以及通过演绎角色来揭示内心世界的情感和冲突。校园心理剧继承了心理剧疗法的核心理念，同时结合了学校教育的特点，为学生在校园环境中提供了一个身临其境的学习机会。

从对象上看，心理剧的对象是真实的来访者，而校园心理剧的对象是表演者，不一定具有真实性；从目的上看，心理剧以治疗性目标为主，而校园心理剧以发展性目标为主；从场所上看，心理剧的场所是辅导室，而校园心理剧的场所是舞台；从问题处理上看，心理剧解决的是个人问题，即针对个体在心理剧治疗过程中出现的心理问题和困扰进行干预与解决，而校园心理剧是处理整个团队的典型问题，即针对学生群体中普遍存在的心理问题和困扰进行探讨与解决；从表演上看，心理剧的表演是现场生成的，无固定形式，而校园心理剧的表演是预设的，有固定形式，需要事先准备剧本、培训演员、准备道具等。

一部好的校园心理剧往往具有以下特点：主题鲜明，积极向上；内容有代表性且情节吸引人；角色多样且形象生动；演员表现力强且感染力足；解决方法科学有效且技术应用合理生动；具有教育意义和启发思考的作用；等等。因此，要科学有效地开展校园心理剧，充分发挥其影响力和实效性，就需要精心设计，包括校园心理剧的功能定位、主题选择、创编排演以及分享环节等，均需要按照一定的原则，依据相应的策略来进行系统谋划与构思，这样校园心理剧才能达到预期效果并形成特色、系列，进而产生持续的影响力。

关键概念

设计原则：校园心理剧的设计原则是制定和执行校园心理剧创作与表演规范的基础，也是确保校园心理剧能够达到预期目标和效果的关键因素。从整体设计上而言，校园心理剧通常要遵循立足校园、问题解决、教育引导、全员参与、心理技术等原则，这些设计原则能够有效保证和提高校园心理剧的质量。

主题设计：校园心理剧的主题设计是指为校园心理剧选择和设计主题，以帮助学生解决在校园中遇到的心理问题，促进他们的健康成长。在进行主题设计时，可以采取主题性、系列化、特色化等策略，以确保所设计的主题符合学生的心理需求，能够解决实际问题，从而实现校园心理剧的目标。这些策略注重以学生的需求为中心，通过系统化和特色化的主题设计，实现校园心理剧的最大效益。

排练设计：校园心理剧的排练设计是指从招募演员、排练场地、排练时间、角色分配，到道具准备、完善剧本、排练反馈、彩排与调整，以及正式演出整个过程的设计和安排。在进行排练设计时，要遵循自主创造、团队互倚共享、艺术审美、良性互动、感受分享、积极榜样等策略，注重考虑学生的情感和心理健康，保护演员的权益和安全，确保他们在参与校园心理剧的过程中能够得到充分的支持和保障。同时，在排练过程中，需要注意舞台效果、演员的表演和观众的反应等方面，以确保演出的顺利进行和达到预期的效果。通过完善剧本、彩排与调整等环节，校园心理剧的质量和效果可以得到不断提高，从而为学生的健康成长贡献力量。

内容提要

校园心理剧的设计原则为校园心理剧的创作与表演提供了指导和规范，确保了剧本的质量和效果。同时，这些原则也强调了校园心理剧的教育功能和人文关怀，为学生的健康成长与发展提供了积极的支持和引导。在进行校园心理剧的设计时，应注重以下几个方面：①立足校园。校园心理剧的创作应紧密立足于校园环境和学生生活，关注学生在校园中遇到的心理问题和挑战，反映学生的真实情感和经历，通过展现真实的校园生活场景和人物形象，可以增强剧本的贴近性和共鸣性。②问题解决。校园心理剧应以解决学生的实际心理问题为出发点和落脚点，剧本应围绕某一突出的心理问题展开，通过艺术加工和创作，揭示问题的本质和发展过程，帮助学生认识和理解自己的心理问题，并促进问题的解决。③教育引导。校园心理剧应具有教育性和引导性，通过剧本的呈现和表演，应帮助学生了解和掌握相关的心理健康知识，提高他们的心理素质和应对能力，同时，也应引导学生反思自己的思想和行为，激发他们的自我成长和发展。④全员参与。校园心理剧应鼓励全员参与，不仅包括演员，还包括观众、导演、编剧、舞台设计等各方面的人员，通过全员的参与和合作，他们可以发挥各自的优势和创造力，共同完成一部高质量的校园心理剧。⑤心理技术。校园心理剧应运用相关的心理技术和方法，如心理剧中的角色扮演、情感表达、情景模拟等，以帮助学生更好地理解和表达自己的情感，促进他们的心理成长和发展。

主题设计是校园心理剧的核心环节之一，不仅关系到校园心理剧的针对性和现实性，还直接影响到学生的参与度和受益程度。因此，为校园心理剧选择和设计主题时，主题应符合学生的实际需求和兴趣，以及应具有教育性和启发性。首先，为了使主题突出以及找准学生的实际需求和问题，可以通过调查、观察等方式了解学生的需求和兴趣，也可以借鉴已有的实践案例和经验，以制定具有针对性和吸引力的主题，准确地表达剧本的核心思想和情感。其次，每个主题可以设计成一系列相关的子主题，形成系列化的表现形式，这些子主题可以帮助学生深入了解自己的情感和行为模式，解决自己在成长过程中遇到的问题，激发自我成长。最后，主题应具有特色和独特性，避免过于普遍化和缺乏新意，可以通过创新的表现形式和情节设计来突出主题的特色，使其更具吸引力、表现力、影响力。总之，校园心理剧的主题设计是校园心理剧成功的关键之一，需要结合学生的心理需求和问题，以及校园心理剧的目标进行科学的设计和规划。

排练设计是校园心理剧实施的关键环节之一。在进行排练设计时，要鼓励学生自主创造角色和情节，发挥他们的创造力和想象力，通过学生的自主创造，可以增强剧本的真实性和共鸣性，同时也能够提高学生的参与度和积极性；要鼓励学生之间互相合作、相互支持、共同成长，通过团队的合作和互倚，可以提高学生的团队协作能力，还能够增强学生对集体的认同感和荣誉感；要注重剧本的艺术表现力和审美价值，可以通过音乐、舞蹈、美术等艺术形式来增强舞台效果和表现力，提升观众的观赏体验；要鼓励学生与观众进行积极的互动和交流，可以通过提问、讨论等方式增强观众的参与感和互动性，同时这也能够提高演员的自信心和表现力；要鼓励学生分享自己的感受和体验，通过分享自己的感受和体验，可以提高学生的情感表达能力和自我认知能力，同时也可以帮助其他学生更好地了解自己的感受和体验，还应塑造积极向上的人物形象，传递积极心理正能量，营造积极健康向上的校园文化，使教育的发生潜移默化、润物无声。

第一节　校园心理剧的设计原则

校园心理剧是一种新颖且富有价值的心理健康教育形式，目前正处在探索阶段，它极大地丰富了学生心理健康教育的内容和载体。校园心理剧具有自创和自主性、参与和互动性、体验和感受性、直观和形象性、启发和回味性等特点[①]，这些特点使得它能够在学生中产生广泛的影响。在教育教学实践中，教育者要从积极挖掘典型素材、注重融入心理学的原理和方法、运用实用技术、加强正向激励和引导、进行分层分类指导、注重审视分享、注重学生的反馈和参与程度以及与学校教育目标的结合程度等多个方面入手，深入推进校园心理剧在学生心理健康教育中的研究和探索。通过深入研究和探索，我们可以不断完善它并充分发挥其在学生心理健康教育中的作用。让我们共同努力，为学生创设一个充满理解与包容、寓情于剧、寓理于剧、情理交融的情境，让学生在浸入式教育中深入学习心理健康知识，掌握有效的心理调适技巧和方法，亲身体验各种情绪、情感唤醒，感受思维启迪的过程，从而实现身心健康和全面发展。[②]

一、立足校园原则

在设计校园心理剧时，真实性和可信度是需要考虑的两个重要因素。从本质上看，校园心理剧是一种利用行为表达的方法与技术，通过舞台再现或创设学生在各种生活情境中的实际心理活动，使当事人和参与者能够在演绎的过程中认识到相应生活情境中的核心问题。校园心理剧可以为学生提供认知、情绪、行为三个层面的调整机会和平台，以推动当事人、参与者的认知领悟、情绪疏导和行为模式改变，并在此过程中实现对心理活动的干预。也就是说，为了提高校园心理剧的真实性和可信度，剧本的题材应该直接来源于学生在校园里的真实生活。校园心理剧通过将学生在日常生活中遇到的一些典型问题以真实的方式呈现在舞台上，能够凸显那些在日常生活中容易被忽视的细节，并为学生提供了一个展示和解决问题的平台，同时也为当事人和参与者提供了一个了解和思考问题的机会，有助于学生更好地认识自己、调整心态并积极面对生活中的各种挑战。从内容

① 韦志兆. 校园心理剧在大学生心理健康教育中的运用研究. 保定学院学报，2010，23（5）：120-122.

② 刘浩然心理情景剧在大学生心理健康教育实践中的问题检视与对策探析. 黑龙江生态工程职业学院学报，2019，32（6）：109-111.

上看，校园心理剧是一种独特的叙事表演形式，通过小品、戏剧、情景对话等方式，生动地展现学生在生活、学习和人际交往中遇到的种种心理冲突、烦恼和困惑，以及提出相应的认知和解决方式。校园心理剧的剧本所讲述的是学生生活中真实发生的故事、遇到的困惑与挑战，是一种真实的情感和行为表达。这些剧本都是建立在对学生的心理健康情况进行深度调查与研究的基础上，从他们的现实生活中提取出来的，与他们的现实生活相吻合，所展示的都是真实发生的事情，并非教育者的主观想象或对未来的设想，因此具有实然性的特点。①

同时，学生的成长和发展与“原生态”的校园环境紧密相连，他们的心理状况与校园中的人物、事件息息相关。因此，为了更好地重现学生的现实生活，校园心理剧的设计应遵循立足校园的原则。以校园生活为背景能够呈现真实的学生生活和身边发生的问题，从而增加剧情的真实性和可信度。由于校园环境是学生们普遍经历的场所，那些熟悉的环境、人物和问题能够增强观众的代入感，使他们更好地感受到剧中人物所面临的压力、困扰和挑战等多种情感与心理问题，更好地理解和体验角色的情感与心理变化。因此，围绕校园环境进行设计可以使校园心理剧更具有针对性和实效性，能够更好地吸引和引起学生的共鸣，从而使他们更愿意参与其中，有助于引发学生的思考和反思，促使他们更好地认识和应对自身的心理需求与情绪困扰，共同解决问题，共同成长。此外，值得注意的是，虽然校园心理剧的取材范围主要集中在校园生活中，但它并不局限于校园内部。有时候，出于叙事的需要，还可拓展到更广阔的生活空间，如家庭和社会等其他情境。但是，不管场景如何变化，校园心理剧的主题始终都是学生或教师所经历和发生的心理故事。

综上所述，为了提高校园心理剧的真实性和可信度，增强学生的参与感和共鸣，设计者需要深入了解学生的实际生活和心理状况，紧密围绕校园环境进行剧情设计。

二、问题解决原则

校园心理剧是一种探讨和解决问题的方式，但需要清楚地认识到它不反映社会、经济、道德等方面的问题，而只是探索如何解决心理问题。在校园心理剧中，问题通常是核心元素，剧本围绕问题展开，通过问题把人物的心理发展历程和对问题的看法展现出来，探寻事件对个体心理发展的

① 庄建东. 校园心理剧特征探析. 文教资料，2010（36）：112-114.

作用和影响，同时，还可以通过陈述、辨别和澄清某些心理问题，来帮助人们明确问题的性质和根源，从而为解决问题或调整心态提供方向。开展校园心理剧，必须坚持以学生身心发展规律和学校建设为导向，着眼于解决学生成长发展等问题以及服务于学校文化建设和特色建设的需要。

当前学生面临着来自学校、家庭、社会的多重压力，而其所存在的心理问题在一定程度上被忽视，这就容易导致学生已有的心理问题无法得到解决，从而使其进一步发展和加剧，最终可能酿成悲剧。为了以更加灵活多变且容易为学生所接受的方式处理其心理问题，校园心理剧应运而生。校园心理剧通过对学生的实际生活和人际交往进行情景模拟与情境再现，以直观的方式展现学生群体普遍存在的问题和矛盾，进而激发和引导他们去合理加以解决。在校园心理剧中，主题的设计关键就在于要着眼心理问题，将平时容易引起学生心理问题的事件融入剧中，以帮助学生更好地发掘内心的矛盾和深层想法，引起学生共鸣，进而引导学生正确面对和积极解决问题。这一着眼点在校园心理剧评价标准的制定中也是被着重考虑的，只有落脚于学生的心理问题，校园心理剧的发展才能步入良性轨道并发挥正向作用。具体而言，随着年龄的增长，学生主要面临的是发展性和适应性问题，而不是严重的、需要专门矫治的障碍性问题。当学生们遇到心理问题和困惑时，由于对心理咨询的误解，他们对自己的心理问题往往感到难以启齿。校园心理剧通过再现学生们熟悉的情景，使他们在一种非常轻松的氛围中宣泄自己的不良情绪，进而实现由情感经验到认知转变的教育目标。随着故事情节的推进，学生们的内心困惑一个接一个地展现出来，剧中人物的各种情绪，如喜怒哀惧等，也都会慢慢表现出来，而当这些情绪、情感被释放出来之后，观众也会感同身受。这些情绪、情感的自然流露，对主角与配角的心理压力起到了一定的舒缓作用，使学生意识到不只是他们自己存在一些心理问题，其他人同样也存在不同程度的心理问题。在情绪、情感得到宣泄后，还可以通过彼此分享以及心理辅导老师对心理问题的引导等方式，帮助学生找出解决心理问题的方法，这不仅能够让学生的优良品格得到发展，还可以让剧中人物的不合理认知方式和行为模式得到转变，有助于学生的自我认识和自我成长。①此外，以问题为线索来论述故事的过程可以分为四个阶段：提出问题、分析问题、解决问

① 池超群. 心理剧在大学生心理健康教育中的应用研究. 沈阳：沈阳航空航天大学，2016.

题、分享感受。[1]例如，在具体情节的处理上，专业人员应该反复权衡剧中所涉及的心理问题的体现程度，以及如何有效地将解决方法和应对技巧融入剧中，既能丰富心理剧的表达形式，也能充分体现校园心理剧对学生真实心理问题状况的极大尊重。

学校文化建设、特色培育是促进学校可持续发展和提升学校核心竞争力的必然选择。学校在发展过程中可能出现学生发展与学校特色不匹配、学生对学校文化理解不深入、学生对学校归属感弱等问题，校园心理剧可据此进行设计和实施。首先，校园心理剧可以作为学校文化建设的重要载体。学校文化是学校师生共同创造和传承的精神价值，对于学生的成长和发展具有深远的影响。校园心理剧通过戏剧、小品、情景对话等方式，将学生在生活、学习和社交活动中所遭遇的种种心理矛盾、困扰以及相应的认知和解决方式一一呈现出来。这种表现形式不仅能够呈现学生的真实生活和心理活动，还能够传递积极向上的价值观和思想观念，从而营造出健康、和谐、积极的校园文化氛围。其次，校园心理剧可以增强学校文化建设的互动性和参与性。传统的学校文化建设往往采用说教和灌输的方式，缺乏互动性和参与性，难以引起学生的共鸣和兴趣。而校园心理剧则强调学生的主动参与和互动，通过角色扮演、情景模拟、心理疏导等方式让学生亲身体验和感知心理问题，从而更好地认识自己、理解他人，提高沟通与合作能力。这种互动性和参与性的文化建设方式能够激发学生的积极性与创造性，促进学校文化建设的深入发展。最后，校园心理剧可以丰富学校文化建设的手段和形式。传统的学校文化建设手段单一、形式单调，难以满足学生多样化的需求。而校园心理剧则通过多元化的表现形式和手法，如舞台表演、音乐、绘画、舞蹈等，将心理健康教育与文化艺术教育相结合，从而丰富和完善了学校文化建设的手段和形式。同时，校园心理剧还可以通过演出比赛、展览展示、交流研讨等方式扩大影响力，吸引更多的学生参与其中，促进学校文化建设的普及和提升。综上所述，校园心理剧与学校文化建设之间存在密切的关系，通过深入挖掘校园心理剧的潜力，发挥其在学生心理健康教育中的作用，可以推动学校文化建设的进程；同时，借助学校文化建设的平台和资源，可以进一步拓展校园心理剧的影响力和覆盖面，为促进学生健康成长、全面发展提供更加良好的保障。

---

① 徐燕. 校园心理剧建设的实践与价值. 大众心理学，2022（9）：13-14.

最后，当学校中发生突发危机事件，如学生自杀自伤、严重的师生冲突、校园暴力事件等的时候，学校可根据特殊情境下师生的特定心理问题来开展校园心理剧。在这些危机事件中，学生的心理承受能力和应对能力受到极大挑战，因此需要一种有效的心理干预方式来帮助他们应对这些事件带来的情感冲击和心理压力。校园心理剧可以作为一种具有针对性的心理干预方式，根据不同的危机事件和相应师生的心理问题，制定特定的剧本和表演方案。例如，面对突发的学生自杀事件，学校将“危机”设定为心理剧的大主题，并从多个角度探讨导致危机的因素，这些因素可能包括亲子冲突、学业挫折、同伴关系等，因此可以将这些子主题作为设计一系列校园心理剧的核心内容。通过让学生参与到这些校园心理剧中，学校可以提供一个安全、支持和理解的环境，帮助他们表达自己的情绪和情感，理解并应对自己的情绪和情感问题，提高他们的心理韧性和应对能力。此外，校园心理剧还可以在普及心理健康知识、提高师生心理健康意识、增强学校凝聚力和向心力等方面发挥重要作用。因此，在面对突发危机事件时，学校可以灵活运用校园心理剧这一有效的心理干预方式，为师生的心理健康提供有力支持。

三、教育引导原则

校园心理剧与一般的戏剧、话剧或文艺演出都不一样。它不是单纯地为了演出而演出，也不是单纯地为了观赏而观赏，而是“用身边人反映身边事，用身边事教育身边人”。校园心理剧旨在通过艺术的形式让学生认识和了解更多的心理健康知识，传递正面积极的教育信息，提高学生的心理素质和应对能力，以及促进学生的情感表达和人际交往等，这些方面的落实有助于学生的全面发展和健康成长。具体而言，校园心理剧是一种通过剧情展示心理健康问题的艺术形式，真实的案例与情境能让学生更好地理解和关注心理健康问题，了解这些问题的表现、影响和解决方法，从而增强他们的心理健康意识，更好地掌握心理健康知识。校园心理剧不仅关注心理问题，也注重传递积极的教育信息，如剧中的人物形象和情节可以引导学生建立积极向上的人生态度，促进他们的成长和发展。校园心理剧中的角色经历和情感变化可以引导学生体验与理解不同的情绪和情感，提高自我认知和自我调节能力，还可以帮助学生学习如何应对挫折和困难，培养自信心、适应能力、应对能力和心理素质等积极品质。校园心理剧可以为学生提供情感表达和人际交往的机会，剧中的角色扮演和情感交流可以帮助学生表达自己的情感和思想，促进人际关系的和谐发展。值得注意的是，举办校园心理剧，不仅要让学生有一个锻炼能力、展示才华的舞台，更要让它的教学价值得以实现，不能只顾表面上的热闹，而忽视了它真正的意义①，所以在组织的过程当中一定要有老师的指导。因此，要想让教育效果由表层的情感层次上升到内部的理性思考，就必须要根据学生的心理发展程度来设计校园心理剧，要尽可能将所有的学生都囊括进去，把各个年龄段的学生都能感受到的典型的心理问题（非极端问题）、原因以及应对方式都表现出来，逐步提高学生的心理素质和调适能力。

从校园心理剧的发生机制来看，校园心理剧从认知、情绪、行为三个层面对个体产生影响。它以角色扮演为中心，以共鸣为桥梁，化灌输为启发式互动，用生动的舞台演出代替枯燥的理论说教，为学生创设一个远离指责和嘲笑、充满理解与包容的情境，从而对当事人、参与者、观众等都起到一定的教育作用。具体来说，在校园心理剧中，呈现当事人心理问题的学生未必就是当事人自己，也可能是由其他同学扮演的。通过表演校园心理剧，学生们能够看到自己或同学的影子出现在舞台上，学习到各种各样的心理问题产生和发展的根源，学会如何预防和处理不同的心理问题，还可以在校园心理剧营造的支持性氛围中勇敢地进行不同行为模式的实验，把所学到的亲密感、自主感和人际交往等方面的技能应用于实际生活中。在整个校园心理剧的演出过程中，参与者的主要任务就是协助当事人把他们的心理问题生动地呈现在舞台上，给人一种身临其境的感觉，以此来达到教育自己和他人的效果。参与者不仅可以从校园心理剧中学到处理心理问题的方法，还可以提高自身的协作能力以及非言语交流的技巧。从校园心理剧的开场到结尾，观众一直都保持着尊重和接纳的态度，持续地与演员进行心灵沟通。同时，观众也为演员营造出一种相互信赖和安全的表演氛围。校园心理剧对观众的教育功能主要表现在两个方面：一方面，提高了观众自身的心理调节能力；另一方面，有助于观众学习怎样营造一个安全、信赖、尊重、接纳的人际环境。校园心理剧通过帮助学生完成从认知到行动的转变从而产生教育作用，特别强调的是学生在实现这种转变过程中的自我教育和他人影响。无论是演员还是观众，都会经历与之相对应的情绪体验，而这一特定的情绪体验是任何说教都不能比拟的。甚至可以说，一场校园心理剧的落幕，只是另一场更为深刻的教育的开端。②

① 鲁丹. 校园心理剧对中职生心理健康教育的独特功用. 大众心理学，2015（8）：18-19.

② 陈秀娟. 校园心理剧教学研究. 武汉：武汉出版社，2010.

此外，要使校园心理剧在学生心理健康教育工作中更好地发挥其应有的功能，我们可以将校园心理剧与多种形式的心理健康教育方式相结合，以实现更全面、更深入的心理健康教育效果。首先，我们可以将校园心理剧与心理健康教育课相结合。以心理健康教育课为契机，将校园心理剧引入课堂是一种非常有效的方式。通过让学生参与到校园心理剧中，教师可以更好地引导他们理解和掌握心理健康知识，提高他们的心理素质和应对能力。同时，设定主题并在班级里举办校园心理剧比赛，也能有效提高学生对心理健康问题的关注度和参与度。这种比赛形式可以激发学生的学习热情和创造力，让他们在参与过程中更好地理解心理健康的重要性。其次，我们可以将校园心理剧与团体心理辅导相结合。在成长过程中，学生难免会出现一些普遍的具有共性的心理困扰，教师可对那些具有相似问题的学生进行团体心理辅导。把校园心理剧应用于团体心理辅导中，既能丰富辅导活动的形式，又能增强师生之间、生生之间的互动，提高学生的参与度，让学生在心理互助中学会自助，提高学生的心理调节能力。同时，通过校园心理剧的表现形式，学生可以在轻松愉快的氛围中表达自己的感受和困惑，有利于减轻他们的心理压力和减少不良情绪。最后，我们还可以将校园心理剧与各种主题教育活动结合起来。学校可在定期举行的各类主题教育活动中，根据设置的心理健康教育目标来引入适当的校园心理剧，以此来调动学生的情绪，加强体验，推动自我发展与完善。例如，在德育教育中可以穿插与德育相关的校园心理剧表演，让学生通过观看表演或参与表演等方式来体验和认识到良好品德与行为习惯的重要性。综上所述，将校园心理剧与各种心理健康教育途径有机结合，可以充分发挥其在学生教育过程中的重要作用，通过多种形式的结合，才能更好地实现心理健康教育的目标，才能更好地培养学生的心理品质，提高其应对能力，促进学生的全面发展。①

下面是我们为重庆市九龙坡职业教育中心设计系列化校园心理剧的感悟：

新时代职业教育的使命和职责，就是要为国家的繁荣昌盛培养更多的大国工匠，为民族的持续发展提供优秀的人力资源。这就要求我们以教育的“匠心”培养新时代职业人的“匠心”。匠心，就是初心，就是教育的诗与远方。三年前九龙坡职业教育中心选择了校园心

① 鲁丹. 校园心理剧对中职生心理健康教育的独特功用. 大众心理学，2015（8）：18-19.

理剧的方式实施学校心理健康教育，以三季“爱心”系列（《爱是亲情》《爱是友情》《爱是爱慕》）的成长故事开启了学校匠心（“爱心”“恒心”“信心”）文化的建设。校园心理剧，给同学们提供了一个表达自我的舞台，一个自主成长的舞台；为同学们提供了一场身体与心灵对话，一场自我反思的对话。看着同学们沉浸在编剧、排剧、演剧的过程中，我（指笔者）深深感受到校园心理剧是满足他们心灵成长的方式。这个舞台，培育了他们的自信、创新和面对未来的勇气，为他们的心灵注入了力量！3 年的时光让我们更加相信，匠心建设是一个过程，是一项系统工程，唯有坚持，唯有创新，成长就能看得见！①

四、全员参与原则

校园心理剧的设计要遵循全员参与原则，因为这样可以确保校园心理剧的广泛适用性和有效性。校园心理剧是以戏剧的形式将学生的心理问题表现出来的一种心理健康教育手段，全员参与原则是指在校园心理剧的设计和表演过程中，应尽可能地吸引和调动所有学生参与其中，让他们成为校园心理剧的创作者和表演者，而不是仅仅作为观众或旁观者。

全员参与原则对于校园心理剧的设计和表演具有重要作用。首先，全员参与能够增强学生的参与感和归属感。当每个学生都有机会参与到心理健康教育活动中时，他们能更加融入其中，这有助于激发学生的积极性和创造力，促进他们的自我认知和自我发展。其次，全员参与能够增加校园心理剧的多样性和针对性。每个学生都有自己独特的心理问题和困惑，因此通过全员参与，校园心理剧可以呈现出更加多样化的心理问题和情境，从而更具有针对性和实效性。这有助于学生们更好地理解和应对各种不同的心理问题，提高他们的应对能力和心理素质。再次，全员参与能够促进学生的互动和合作。在校园心理剧的设计和表演过程中，学生们需要相互协作、沟通交流，这有助于提高他们的团队合作能力和人际交往能力。同时，这种互动和合作也有助于营造积极向上、融洽和谐、温馨友好的校园氛围。最后，全员参与能够提升心理健康教育的效果。每个学生都可以从自己的角度出发，呈现不同的心理问题和解决方案，从而为其他学生提供借鉴和启示。这种互动式的学习方式可以加深学生对心理健康知识的理解，提高他们的心理素质和应对能力。总之，遵循全员参与原则是校园心

① 出自重庆市九龙坡职业教育中心的“爱心”系列校园心理剧剧本。

理剧设计的关键之一，有助于吸引和调动所有学生参与其中，增强学生的参与感和归属感，增加校园心理剧的多样性和针对性，促进学生的互动和合作，提升心理健康教育的效果。因此，在设计和组织校园心理剧时，应该充分考虑如何实现全员参与，为学生提供一个广泛适用、有效的心理健康教育平台。

在实施校园心理剧的过程中，我们不仅要强调全员参与，还要根据学生的不同心理发展水平和需求，以及他们所处的年级、性别和背景等因素，进行分层分类指导。由于学生面临的心理问题各有不同，我们需要采取多样化的指导方法和策略，以满足他们的个性化需求。首先，通过对不同年级、性别、背景的学生进行分层分类，我们可以针对不同类型学生的心理特点和问题，制定更加精准和有效的指导方案。这样的指导方式更具针对性，能够更好地帮助学生解决心理问题。其次，通过实施分层分类指导，我们可以避免采用单一的教育方式，更好地满足不同类型学生的需求。这将有助于提高教育效果，帮助学生更好地理解和掌握心理健康知识，提升他们的心理素质和应对能力。再次，通过分层分类指导，每个学生都能感受到自己被关注和被重视，从而增强他们的参与感和归属感。这将激发学生的积极性和创造力，促进他们的自我认知和自我发展。最后，分层分类指导还可以为学生提供一个互动和合作的机会。在同一类型的学生中，他们可以更好地理解和应对彼此的心理问题，互相学习和支持。这将有助于提高学生的团队合作能力和人际交往能力，促进积极向上、和谐友好的校园氛围的形成。综上所述，遵循分层分类指导原则的校园心理剧能够更好地满足不同类型学生的需求，提高教育效果，增强学生的参与感和归属感，促进学生的互动和合作。因此，在设计和组织校园心理剧时，我们应该充分考虑如何实现分层分类指导，为学生提供更加个性化、多元化、综合性、全面性的心理健康教育服务。

此外，如今校园心理剧注重全体学生心理素养的提升与心理问题的预防，仅依靠心理辅导老师是无法完成这一任务的，应该向家庭教育扩展，向社区、社会扩展，向教学扩展，向学科教师扩展，向更加丰富多彩的方式扩展，形成校园心理剧的全员参与模式。校园心理剧的设计要秉持以学校德育处、心理健康教育中心领导下的项目组为主体，全体教师和学生广泛参与，家庭、社区之间协作参与的全员参与原则。首先，学校应高度重视校园心理剧工作，成立以学校德育处和心理健康教育中心为核心的领导小组，并在人力、物力等方面积极创造条件，整合社区和学校育人资源，形成联动机制，以确保校园心理剧工作顺利开展。其次，在确定校园心理剧的主题后，由项目组来组织以学生为主导，以教师、家长和社区工作者为辅助的校园心理剧编写、表演、观看和讨论活动，这是一种集体创作、集体演出、集体观看、集体分享与交流的过程。一部好的校园心理剧，可通过在各个学校或社区进行巡演，互相沟通交流，便于宣传普及。总之，全员参与式校园心理剧的重心是要求教师、父母、学生和社区一起面对和处理问题，这种形式可促使各方的心理健康教育相互影响、相得益彰。

五、心理技术原则

校园心理剧的特点在于不仅还原了校园的真实生活，更重要的是它紧密围绕着“心理”主题展开。这种对“心理”内容的突出使得校园心理剧与其他情景剧有所区别，成为一种专业程度较高的艺术形式。它来源于生活，但又高于生活。校园心理剧是一种接近于体验式、感悟式的表达方式，有着不同于其他剧本的心理教育意义。校园心理剧是一种以心理学原理为基础的创新教育形式，必须充分、恰当运用多种心理技术来分析和揭示人物的心理冲突、发展变化轨迹以及展示易于操作的心理调适方法，体现专业性和艺术性。心理技术在校园心理剧中具有独特的地位，是心理学理论和实践的结合。在校园心理剧中，揭示心理现象和心理活动需要依赖于相应的心理技术。心理技术的恰当应用是实现校园心理剧功能的前提，如果没有运用心理技术或者运用不恰当，校园心理剧的功能就无法实现。

在设计校园心理剧的过程中，心理技术的运用对于实现其目的和效果至关重要。第一，心理技术的运用能够增强校园心理剧的心理学依据，使剧情更加贴近学生的真实心理状况。通过运用心理技术，编剧和演员可以更好地理解人物的心理动机、情感变化和行为特点，从而使剧情变得更加生动、真实、可信，更好地满足学生的心理需求。第二，心理技术的应用可以帮助学生更好地进行自我探索和成长。通过角色扮演、情感表达、内省等心理技术的运用，学生可以深入了解自己的内心世界，发现自己的问题和困惑，并寻找解决问题的方法和策略。在这个过程中，学生不仅能够增强自我认知，还能够提高自我调节能力，促进他们的心理健康和个人成长。第三，心理技术的运用可以提高校园心理剧的教育性和引导性。通过将心理健康知识、积极的教育信息等融入剧情中，心理技术可以帮助编剧和演员更好地传递积极向上的价值观和人生观，培养良好的社会道德品质。第四，心理技术的运用还可以引导学生树立正确的价值观、道德观和人生观，培养良好的社会品质。第五，心理技术的运用可以使得校园心理剧更加生动、有趣，具有观赏性和参与性。通过运用心理技术，编剧可以创造出更加丰富多彩的人物形象和情节，吸引更多的学生观看和参与。第六，心理技术的运用还可以促进校园文化的多样性和繁荣发展，增强学生的心理健康意识和提升其应对能力。总之，心理技术在校园心理剧中的应用具有重要的意义。我们应该注重恰当应用心理技术，并不断提高应用的合理性和有效性。通过心理技术的运用，我们可以更好地实现校园心理剧的目的和效果，促进学生的心理健康和个人成长，推动校园文化的繁荣发展。

校园心理剧的设计和创作要围绕剧本的核心冲突展开，运用独白、角色互换、替身、未来投射等心理技术对剧本中的各个环节进行设计，以主题为纽带，深浅自如地采取不同的技术，进而促进参与者的积极变化与发展。心理技术的运用可以使主角内心复杂、混沌的想法一一呈现出来，可以使主角的痛苦、创伤、压抑得到领悟、解构与释放，帮助主角认识到自己内在不同自我的感受以及面对问题的解决策略差异，促进角色的自我认识，提升角色应对问题的弹性和能力，同时也能让观众在感同身受的体验过程中获得情感共鸣和心灵成长。例如，为了阐明和澄清主角的内心活动，可以采用替身、独白、多重自我等技术；为了使主角洞察和认清自己的行为，可采用角色互换、背后技巧或团体合唱等技术；在通过对白方式展现了心理问题与冲突后，可以借助情绪交通灯技术帮助成员思考解决问题的积极有效方式。除了舞台表演的技术外，校园心理剧还包括暖身阶段和分享阶段中使用的其他技术，在实际操作中，指导者可根据实际情况采用一种技术，也可以融合运用多种技术，灵活调控。总之，校园心理剧不仅是学生自编、自导、自演的活动，更需要心理学专业教师进行指导、点拨。因此，指导教师要结合学生自身特点，展现某个年龄段的学生在成长中最有可能遇到的问题。只有抓住了学生的心理特点，校园心理剧才能更好地通过精细的加工、动人的情节和艺术的渲染，展现学生在校园生活中最真实的心理状况，让心理困扰的表达遵循个体的心理发展规律，让学生在看得见的表演中找到解决心理问题的方法。

第二节　校园心理剧的主题设计

校园心理剧的主题，也就是剧本要表达的观念与情感，包含了主题本身所表现出来的真实存在以及作者基于一定的立场而做出的选择、处理、描述与评价。在校园心理剧中，主题发挥着统领、整合与指引的功能，可以把各种元素有机地结合起来，使校园心理剧具有生命与意义。合适恰当的主题是校园心理剧成功的奠基石。在进行主题设计时，需要着重关注教育热点和聚焦典型困扰，选择那些能够引起学生共鸣、触动情感、具有普遍性和深度的话题。同时，好的校园心理剧通常都有一个兼具时代性和针对性的明确主题，能够紧密结合当前社会和校园的实际情况，反映学生的心声和需求。在进行主题设计时，还需要从长远的考虑和构思出发，将校园心理剧的主题与学校的教育理念和校园文化紧密结合，形成具有特色的系列剧目，这样可以更好地深化教育意义、增强品牌效应、促进系列化发展、发挥联动效应、推动创新与创意。通过持续地推出与学校特色相关的剧目，学校可以展示自己的办学特色和教育成果，提高知名度和影响力。同时，成系列的校园心理剧可以为学生提供更全面、系统的心理健康教育。每个剧目可以成为整个系列的一部分，从而形成一个连贯、系统的心理剧教育体系，这样可以更好地满足学生的需求，提供更加全面和个性化的支持。总之，在校园心理剧中，鲜明的主题是关键所在。注重关注教育热点和聚焦典型困扰，选择兼具时代性和针对性的主题，并结合学校特色形成系列剧目，可以更好地发挥校园心理剧对学生心理健康教育的作用，促进学生的全面发展和成长。

一、主题性策略

主题性策略是指在设计校园心理剧的过程中，根据学生成长发展和学校教育的需要确定一个明确、清晰的主题，并围绕这个主题开展编、排、练、演等活动。主题的确定能使人们更好地关注学生的心理困扰，引领校园心理剧的实施。另外，主题的确定也是一种很好的暖身方式，有助于减少认知阻抗。①

设计校园心理剧时，其主题来源可以从以下几个方面考虑。

（1）个体心理咨询或烦恼树洞

借助学校的个体心理咨询或烦恼树洞的信件，教师可以对学生们的很多困扰有比较深入的了解。虽然在个体心理咨询过程中遇到的学生问题是很独特的，但教师可以从中总结出学生们的普遍困扰。通过个体心理咨询，教师可以从来访学生的经历中获取素材，得到最贴合学生实际的主

① 刘嵋. 校园心理剧团体心理辅导与咨询. 北京：清华大学出版社，2016.

题。对来访学生遇到的问题进行高度概括之后，教师就能发现学生群体中最广泛存在的问题是什么，从而有针对性地确立主题。

通过个体心理咨询或烦恼树洞的信件来获取剧本素材、凝练剧本主题时必须要注意的是，要遵守心理咨询的伦理原则。因为校园心理剧中会将一些学生的部分个人经历和感受直接或间接地公之于众，所以需要征得来访者本人或信件作者的同意与许可。

（2）与学生的日常交流

心理辅导老师在设计课程、策划活动、进行心理疏导时，都需要做到“从学生中来，到学生中去”。在心理辅导课后或实践活动时间，有许多学生会与老师分享他们的快乐和烦恼。通过与学生交流，心理辅导老师可以了解到他们的喜怒哀惧来自何人何事，这有助于他们设计出最贴合学生真实感受的主题，引发学生共鸣。

（3）与班主任和家长的交流

班主任是学生在学校中交往最密切的老师，同时，班主任对每个学生的家庭情况和成长情况都有所了解。从班主任那里可以得知学生的日常状态，发现学生的典型困扰。家长是最了解孩子成长变化的人，孩子在入学之后，其行为表现和心理状态都有哪些转变，家长都会有所察觉。家长对孩子的成长变化，以及面临的各种冲突矛盾的看法和解释，也会与孩子本人有所区别。所以，了解班主任和家长的看法，可以为校园心理剧的主题设计和内容设计提供更多元的视角。心理辅导老师的工作一般都会涉及家校沟通，他们在就学生问题进行家校沟通时所获得的信息和体会都是校园心理剧主题设计的宝贵素材。

总的来说，主题是校园心理剧的关键所在。通过个体心理咨询或烦恼树洞等深入了解学生的心理困扰和需求，以及通过与学生的日常交流、与班主任和家长的交流，心理辅导老师可以更好地确定符合学生实际的主题。同时，遵守心理咨询的伦理原则也是至关重要的。

校园心理剧的主题具有多样化的特征，根据其反映的问题，大致可以分为以下几种类型。

1）自我意识。每个年龄段的心理特征和困惑都有其特点，个体在自我整合时期常思考与自我意识相关的问题。校园心理剧利用团体治疗方式呈现当事人心理问题，让当事人和参与者接受教育。角色扮演技术帮助参与者尝试扮演相应角色，获得直接体验和心理成长。常见的自我意识主题有自尊与自卑、自信心、自我价值观、自我实现、独立与依赖、自律、自我调控力等。

2）适应问题。个体在日常生活中常常遇到挫折和适应不良的难题，这与应对能力、经验、抱负水平及环境因素有关。现代社会竞争激烈，学生面临升学或就业压力，挫折经验不多。当学生遇到无法解决的问题时，他们可能会感到困惑、无助和不知所措，家长也可能因为缺乏经验和指导而感到无法给予有效的支持。在这种情况下，校园心理剧可以发挥重要的作用，可以将他人的挫折经历搬上舞台，让学生亲身体验挫折的过程，使学生学习到应对挫折的策略和技巧。这种体验式教育可以使学生积累挫折经验，其他学生也可以通过观摩学习的方式学会积极面对挫折，进而适应良好。常见的适应问题有入学适应、升学适应、生活适应、自我适应等。

3）学习问题。校园心理剧可以帮助学生应对学习问题，使他们学会如何克服与学习相关的心理问题。在剧中，学生真实展示学习情况并体验不适应带来的心理问题，如不良学习方法导致的厌学。通过演出，学生获得克服障碍的经验，观众也从中了解和感受到剧中人物的困惑，实现教育目的。常见的学习问题有厌学、学习压力、考试焦虑、缺乏学习动机、不良的学习习惯、不科学的学习方法、不实际的学习目标等。

4）人际关系。人际关系是指个体与个体或团体建立的关系。良好的人际关系对于个体的心理健康和身体健康都非常重要，可以减少社会焦虑，增强个体的社会支持和幸福感。然而，在学习过程中，个体常常会担心自己的人际交往失败或遭受挫折。个体在人际交往过程中学习到的人际交往知识、经验不同，交往主体关注的焦点也不同，如果能相互分享，那么彼此的人际交往经验就会更加丰富。校园心理剧作为一种团体治疗方式，为学生接受人际关系教育提供了重要途径和实践机会，可以帮助他们克服自卑心理，掌握交往技能，积累成功经验。[①]常见的人际关系主题有亲子关系冲突、师生关系不和、同学关系紧张、宿舍关系失调、异性交往不当、社交焦虑等。

此外，校园心理剧的主题还可以围绕网络问题、校园欺凌、情绪情感问题、积极心理品质的培养和健全人格的塑造等方面进行确定和设计。值得注意的是，虽然上述每个方面的内容都可以成为校园心理剧的教育主题，但确定主题需要以学生的实际心理需要、学校心理健康辅导的需要以及主题的典型性和普遍性为标准。同时要注意，在校园心理剧

---

① 王平. 试论校园心理剧的教育功能. 苏州市职业大学学报，2004，15（1）：86-88.

中，主题明确很重要，并且剧本的标题也应该和主题相关。在一个校园心理剧中，如果暴露的心理问题太多、太泛，就可能会影响其最终的教育效果。

二、系列化策略

系列化策略是指在明确主题的基础上，通过系列化的技术方法，有目的、有步骤地将校园心理剧设计成为目标明确、主题紧密联系、内容成组成套的主题活动，这样有利于发挥校园心理剧的教育功能，培养学生的积极心理品质。一方面，通过系列编排，将有价值的主题保留下来，并进行深入挖掘，形成系列校园心理剧后，针对每届学生的特点进行修改完善，并每年进行展演，有利于优化财力和物力等德育资源的分配。这样可以确保校园心理剧的质量和效果，并且能够使资源得到更加合理的利用。另一方面，系列化的校园心理剧能使学生对主题的理解向全面化、纵深化发展，使主题的教育功能得到最大限度的实现，保证剧目之间的逻辑性、层次性和发展性。通过系列化的编排，学生能对主题有更深入的理解，从而更好地实现主题的教育功能。综上所述，校园心理剧的系列化策略是一种非常有效的方法，可以提高学生的积极心理品质，发挥校园心理剧的教育功能。通过优化资源配置和深入挖掘主题，可以更好地实现德育目标，并为学生的成长提供更好的支持。

系列化主要有主题辐射式和主题深化式两种设计模式。

（1）系列化方向之主题辐射式

主题辐射式是校园心理剧系列化设计的第一大方向。这种设计模式以一个大主题为核心，从不同角度挖掘子主题，其最大的特点就是子主题之间相互独立和并列，但同时所有子主题都和大主题都保持紧密联系，从而全面展现一个主题。例如，针对青春期的学生，我们可以开展以“青春”为主题的校园心理剧，考虑到青春是青涩的，充满矛盾和冲突，同时也代表着蓬勃的希望和生机，我们可以将“青春的青涩”“青春的矛盾”“青春的希望”“青春的力量”等作为子主题进行一系列校园心理剧的编写和演出，帮助学生多角度认识青春，接纳自我，耐心成长。每个子主题都将以不同的角度和情节展示青春期的各个方面。例如，针对“青春的青涩”，可以描绘主人公在面对成长中的困惑和迷茫时的内心体验；针对“青春的矛盾”，可以呈现主人公在家庭、友情等方面所面临的冲突和抉择；针对“青春的希望”，可以展现主人公积极向上的态度和对未来的追求；针对

"青春的力量"，可以表达主人公在面对困难时勇敢坚持、逐渐成长的故事。在具体的实践中，我们可以将不同的子主题融入不同的剧情中，使每个剧情都具有特定的鲜明的主题特色，同时还可以将各个不同的相互独立的子主题并列起来，以保证剧情之间的逻辑性和连贯性。这种主题辐射式的设计模式不仅可以增强校园心理剧的教育效果，而且可以帮助学生更全面地理解和应对青春期的各种挑战。总之，主题辐射式的设计模式是一种有效的方式，能够全面展现一个主题，同时可以使相互独立的子主题并列起来，为校园心理剧提供更大的教育价值，帮助学生更全面地理解和应对所面临的各种挑战。

（2）系列化方向之主题深化式

主题深化式是校园心理剧系列化设计的第二大方向。这种模式通过在同一主题下设计由浅入深的子主题，逐级开展，将主题向纵深方向发展。这种设计模式有助于引导学生对主题进行深入的思考和分析，增强校园心理剧的教育效果。例如，以帮助学生"面向未来的变化"为主题，以"续写过往""蓄能当下""续航未来"为子主题，沿着时间线展开剧情，引导学生对过往的成果和经验进行总结，并思考如何面对未来人生的不确定性，让学生在接纳、转换与期待中，以顺应和调节的心态坦然面对生活中的变化，同时让学生学会活在当下，展望未来，不断积蓄能量和动力，为未来的发展做好准备。具体来说，首先，子主题"续写过往"，可以围绕学生个体或团体的历程展开。学生们可以回忆曾经的成就和挑战，从中汲取经验教训，并反思自己的成长过程。这样的情节安排有助于引导学生认识到过去的经历对他们的成长和未来发展的重要性。其次，子主题"蓄能当下"，可以从珍惜现在的机会和已有的资源展开。剧情可以呈现主人公如何把握当下的时机，充实自己的知识和技能，为未来做好准备。这样的情节安排鼓励学生积极参与各项活动，拓宽视野，培养综合素养，以应对未来的挑战。最后，子主题"续航未来"，可以从引导学生展望未来并制定明确的目标展开。剧情可以展示主人公面对未来的不确定性和变化时，如何保持坚定的信念和积极的心态，为未来的发展做出规划和努力。这样的情节安排有助于激发学生对未来的期待和动力，同时提醒他们在追求目标的过程中保持适应性和灵活性。通过主题深化式的设计模式，校园心理剧能够更加贴近学生的生活和需求，引导学生进行思考、总结和预测，使他们能够更好地应对现实生活中的各种挑战和变化。这种设计模式不仅能够提升校园心理剧的教育效果，还能够培养学生的思考能力、问题解决能力以及适应变化的能力，为他们未来的成长奠定良好的基础。

下面以我们在实践中的具体案例来说明其设计的主题性和系列性策略：

为了实施重庆市九龙坡职业教育中心学校德育-心理健康教育特色建设工程，培养新时代职业新人的“匠心”精神，我们围绕该校“匠心”学生文化主题建设，针对中职学生过往的成长经历和健康心灵发展的需要，构思与设计了“爱心”“信心”“恒心”三个系列的校园心理剧，以此来建设学生的职业匠心。其中，“爱心”系列主要着眼于情感与态度建设，“恒心”系列主要着眼于学业与职业技能发展，“信心”系列主要着眼于职业生活与未来人生目标培养。

在“爱心”系列的设计中，我们主要以学生爱的情感与能力建设为核心，围绕三个方面开展校园心理剧：①爱是什么，从关心、责任、尊重和理解四个要素来解读；②爱有哪些，从亲情爱、同伴爱、学校情三个方面的内容来构思；③如何去爱，按照缺失与渴望—感悟与体验—珍惜与行动的爱心建设心理逻辑进行，以培养学生爱的能力。最终，通过《爱是亲情》《爱是友情》《爱是爱慕》三季校园心理剧，向学生们传递什么是爱（认知）、感受爱的温暖（情感）、懂得如何去爱（行为）。下面对“爱心”系列的三季校园心理剧进行具体介绍。

第一季《爱是亲情》，集中反映了中职学生亲情之爱的众生相，揭示了家庭给他们的成长和发展带来的影响，最终引导他们理解亲情，珍惜亲情，学会表达亲情之爱。

剧本故事：以学校真实人物的故事为原型，构思了学生群体中比较典型的四种家庭类型，以表达亲情之爱的不同缺失状态及其对学生成长和发展造成的影响，并提供了有效心理辅导的应对策略。这四种家庭类型如下：①爷爷奶奶+甲，父母外出打工——隔代抚养，父母之爱缺失；②妈妈+乙，父母离异——父爱缺失；③农村父母+丙，丙自卑——误读父母之爱；④有钱父母（老板父母）+丁，丁不珍惜——“坑爹”之爱。

第二季《爱是友情》，集中反映了中职孩子们在人际交往中的众生相，表达了他们对同伴友谊的渴望，最终引导孩子们热爱同学、珍惜友谊。

剧本故事：成长的路上难免磕磕绊绊，友谊之花需要用心浇灌。本季校园心理剧以学校棒垒球队一路征战，荣获全国冠军殊荣这一真实故事为载体，围绕棒垒球队核心队员——投手林浩然[①]与其队员之间、其好同学李佳与自己同寝室同学方洁同学之间的同伴交往为线索，讲述了发生在青春期中职学生之间的同伴友谊故事。

林浩然，从小学习跆拳道，获奖无数，且学习成绩优秀。自从来到职业中学，因良好的身体素质加入学校棒垒球队后成为所向披靡的投手，内心逐渐飘然……由此导致在一场重大比赛中因个人失误，比赛失利，被队友指责、孤立。在好友李佳及教练的开导下，在队友的包容接纳中，他找到了本真的自我，真正意识到友谊的可贵和团队的力量，最终在全国比赛中和队友一起捧回了冠军的奖杯。

方洁，母亲离世早，父亲常年在外打工，由爷爷带大的她外表强大，内心却十分敏感脆弱。她将李佳的关心误认为是在揭她的伤疤，一时冲动动手打了李佳。通过班主任赵老师的引导和自我反思，方洁最终走出了内心的阴霾。

李佳，成熟懂事，热心同学事务。因呼吁同学们多关心方洁而引起对方误会，被护女心切的妈妈带离学校。在好友林浩然的帮助下，在同学们的呼唤中，在方洁的真诚道歉下，在班主任赵老师对其妈妈的开导中，李佳最终重回校园。

三朵同伴交往的友谊之花，在两条线上各自风雨、各自盛开，看似独立，实则共生。友谊的困惑与矛盾、友谊的成长与力量、友谊的喜怒哀乐……同学们正在经历、正在感受……

第三季《爱是爱慕》，则以中职学生的异性朦胧情感反应为线索（狭义的爱慕），集中凸显学生们对老师、对学校、对专业的热爱之情（广义的爱慕）。

剧本故事：本季校园心理剧《爱是爱慕》围绕“爱学习、爱专业、爱学校、爱青春”这一主题，运用校园心理剧这一团体心理辅导的技术与方法，展示学生们在学校学习、生活中的矛盾与困惑，引导学生纾解、释放负性情绪，真正明白中职学生表达爱慕的深层内涵即学习是责任，学校是归属，专业是追求，爱情是憧憬，同时启示老师、家长应关注孩子们的心灵需要，走进他们的内心世界，以“平等尊重、关心爱护、支持帮助”的态度和行为来对待他们，从而建构起促进其健康成长的良好的学校、社会心理服务体系和教育环境。本季校园心理剧以短剧的形式，通过“燃烧吧，少年！”“拥抱吧，少

① 本书案例中所提及的人名均为化名。

年！”“追梦吧，少年！”“青春吧，女孩！”四个不同的故事来诠释“爱是爱慕”这一主题，从而拓展、深化和升华学生对“爱”的内涵的理解，进而为建设“爱心”打下坚实基础。

“燃烧吧，少年！”剧情：在专业学习中发挥自己的一技之长，从而全身心投入到热爱的专业学习中是一件幸福的事情。本剧讲述了一个抱着混日子的想法来到职高学习的学生在老师和室友的影响下，发现、发挥自己的绘画专长于学习中，最终热爱上专业学习的故事。①

“拥抱吧，少年！”剧情：卓一凡父母关系不和，导致他性格孤僻高傲。成绩优异的他因中考期间父母离异，遭受打击，考试失利不得已来到职业高中，成为电商专业的一名学生。由于内心对职业学校并不认同，他非常不喜欢这所学校，不仅看不起学校的同学，还反感老师的教育。此外，自小孤僻、没有安全感的他几乎不怎么和学校的老师同学交流，他唯一关注的就是自己的手机。他用手机查阅学习资料，想通过优异的成绩来摆脱职校生的身份。但学校出台手机管理办法后，放学才能用手机的卓一凡对手机的依赖更为明显。在班主任韩老师的引导和同学的帮助下，经过一番心理冲突，他最终敞开心扉，重新认识到真正的优秀不只是学习成绩好，而是做一名能够健康生活的人，从而对职业学校产生了归属感。②

“追梦吧，少年！”剧情：来自农村的张晓龙，动手能力强，喜欢搞一些发明创造。在校期间，他积极参加各种科创项目，在实践中精进自己的专业技能，获得了多项荣誉和专利。可渐渐地，他发现自己的专业知识仍有欠缺，阻碍了自己在专业上的进一步发展。因此，他有了去更高的学府深造学习的愿望。可是，他的家庭经济贫困，持读书无用论的父母也不支持他，这让他陷入了困境之中……在学校和老师的帮助与支持下，他最终实现了继续读书深造的愿望。③

“青春吧，女孩！”剧情：该剧从一对“异性交往过密”的男女生因手机不在身边，错过对方信息而引发争吵开始，一步步为我们展现女主角程露的内心冲突。技能大赛在即，程露却贪于和朋友玩耍而懈怠训练。两人的争吵、老师的批评、梦想的希冀、青春感情的快乐，让程露心陷迷雾，在自我的反思挣扎中，在朋友、老师爱的开导中，

① 赵玉淋，胡婧，李巧玲等. 燃烧吧，少年. 中小学心理健康教育，2020（30）：75-79.
② 黄琼，韩文珠，谢云峰等. 拥抱吧，少年. 中小学心理健康教育，2020（3）：76-80.
③ 于芳，刘婧，陈池等. 追梦吧，少年. 中小学心理健康教育，2019（33）：76-80.

程露终于明确了青春的要义。青春是拿来奋斗的，不合时宜的感情应该放在心底。程露回到青春的正确轨道上，夺得市技能大赛导游讲解一等奖的荣誉。她更踌躇满志，向着梦想的明天展翅飞翔。这是一曲交织着迷茫、甜蜜、清醒、奋斗的青春之歌。①

综上所述，校园心理剧的主题形成系列化设计具有许多好处，包括深入探讨主题、强调主题重要性、增强连贯性和延续性、提供更多教育价值以及增强观众黏性和传播效应，从而提供更全面、深入的教育意义。尤其当校园心理剧的主题设计形成系列时，每个剧目可以成为整个系列的一部分，从而形成一个连贯、系统的校园心理剧教育体系，进而促进校园心理剧的持续发展和系列化。这有助于保持学生的参与兴趣，并为他们提供更多学习和成长的机会。

三、特色化策略

特色化策略是指要根据学校的办学理念和发展道路，从学校实际情况出发，在校园心理剧实践过程中努力挖掘、继承、发展并积极创造学校独树一帜、个性鲜明的校园心理剧风格和模式。如今，特色教育已成为衡量一所学校办学水平的重要体现之一。在倡导素质教育的背景下，打造具有学校特色的校园心理剧，是实现学生多元化发展、培养积极心理品质、促进校园文化建设的重要且有效的途径。通过实施特色化策略，学校可以突出自身的办学特点和发展优势，形成具有学校特色的校园心理剧。这不仅可以增强学生的参与感和归属感，还可以提高校园心理剧的教育效果和质量。同时，特色化的校园心理剧还可以成为学校对外宣传的重要窗口，展示学校的办学实力和特色，提升学校的知名度和美誉度。

学校自身的办学特点和学生群体的特点，是校园心理剧特色化赖以生长的沃土。特色的挖掘及其与剧本的融合，是一个长期的过程。在实践中，学校可以从以下几个方面入手，打造具有特色的校园心理剧。第一，深入挖掘学校的文化底蕴、历史传统和办学特点，从中汲取营养和灵感。学校通过深入了解自身的教育理念、教学方法、学科特长等特点，在校园心理剧中融入学校自身的文化元素和特色风格，可以更好地挖掘与学校理念相契合的校园心理剧主题和情节。第二，关注学生的实际需求和发展特点，结合时代背景和社会热点，选取具有代表性和针对性的题材。学校在

① 出自重庆市九龙坡职业教育中心的校园心理剧剧本集。

取材时，应该考虑到学生群体的特点和需求，选择与学生生活经验相关的主题，以更好地引起观众共鸣，同时，在角色设定和对白中也要体现出学生的特点和语言风格，使剧情更贴近学生的实际情况。因此，学校在制定校园心理剧的主题时，可以选择与学校理念和办学特色相关的且与学生息息相关的话题。例如，如果注重培养学生的创新精神，学校可以选择以创新为主题，探讨学生如何面对挑战并提出新的解决方案。通过这样的主题选择，学校可以将自身的理念融入剧情中。如果学校注重多元发展，可以设置一个主人公在学校中参与不同领域的活动，展示学校鼓励学生全面发展的特点。如果强调团队合作，学校可以设计一个剧情，让主人公与其他角色合作解决问题，展现团队合作的重要性。通过以上方法，将学校理念和办学特色融入校园心理剧中，可以使学生更加深入地理解与认同学校的价值观和办学理念。这样的校园心理剧不仅能够提供娱乐性，还能够起到教育性的引导作用，促进学生的全面发展和内心成长。

当校园心理剧融入学校文化元素后，就形成了有学校特色的校园心理剧；而当校园心理剧产生广泛影响时，校园心理剧也就成为学校发展的特色。由此可见，注重设计独具特色的校园心理剧主题不仅可以增强教育意义，还可以增强品牌效应、系列化发展、联动效应和创新创意。通过打造具有连贯性和系统性的特色校园心理剧教育体系，学校可以更好地满足学生的需求，促进他们的成长和发展。例如，通过持续地推出与学校教育理念或校园文化相关的剧目，学校可以展示自身的特色和教育成果，提高知名度和影响力。校园心理剧可以与心理健康课程、社团活动、心理辅导等相互配合，共同构建一个全面的心理健康教育体系，这样可以更好地满足学生的需求，提供更加全面和个性化的支持。校园心理剧的主题设计具有独特性，可以为创新和创意提供更多的可能性，每个剧目的创作可以借鉴和参考之前剧目的成功经验，同时也可以尝试新的表现方式和创意元素，这有助于推动校园心理剧的不断创新和发展。此外，为进一步将校园心理剧打造成学校心理健康教育工作的特色，学校可以邀请上级领导、示范学校负责人、心理学专家、学生监护者等观看与指导，他们的意见和建议可以帮助学校不断改进与提高剧本创作和演出质量。同时，学校还可以在各种心理健康教育的评选活动中积极推荐优秀作品，并注意对校园心理剧活动进行新闻报道，建立校园自媒体账号等，通过多元化的方式积极宣传具有本校特色的校园心理剧活动，打造心理健康教育特色品牌，力争最大限度地发挥社会影响力。①

总之，通过实施特色化策略，打造具有学校特色的校园心理剧，不仅可以提高学生的心理素质和综合能力，还可以促进学校的可持续发展和校园文化建设。因此，我们应该积极探索和实践特色化策略，为学生的成长和发展创造更加优质的教育环境。

下面是我们为成都市建筑职业中专校进行校园心理剧的系统化、特色化设计实施后的感悟：

> 当校园心理剧“人生”系列最后一季《幸福 ing》呈现出来的此刻，我难以抑制内心的激动：激动于建筑职中同学们不断激发潜能在校园心理剧领域创造出的这种奇迹；激动于这里的一群充满无限爱意又创意无限的老师对教育的奉献和智慧；激动于这里五年来一次次呈现出来的学校发展的精彩改变！校园心理剧，作为这里特有的一种学校文化活动，已成为一种经典的教育期待：期待参与，期待创作，期待演出，期待观看，更期待感动，期待成长，期待未来…在这些无限的期待中，在这些不断的参与中，在这些智慧的探索中，我们共同创造着教育的奇迹：同学们开始喜欢这所学校，乐于在这里成长，眼里放射着灵动的光芒，心里流淌着满满的爱意，新的人生在这里重新启航！
>
> 今天，当我再回顾当初为学校设计出的“心灵”系列之“抚慰心灵”“感恩心灵”“激荡心灵”三季，“人生”系列之“选择人生”“建设人生”“幸福人生”三季共两个系列六季校园心理剧的时候，我真没有想到这样一种着眼于发展同学们心理素质的教育活动会有如此魅力，这种魅力真的可以激荡你我的心灵、幸福你我的教育人生！我们没有理由不去相信建筑职中的美好明天，我们没有理由不期待接下来设计的“职业”系列和“发展”系列又六季的校园心理剧！
>
> 正是这一个个系列、一季季的校园心理剧，铸就着“建筑心灵”的教育品牌，这样的品牌将会让我们领略无限的风光，呈现无限的精彩！
>
> 正是这些风光、这些精彩让我们感受到了一种别样的幸福！②

---

① 乔洪波. 核心素养视野下校园心理剧校本活动的实践探索. 广东交通职业技术学院学报，2022，21（1）：112-115.

② 出自成都市建筑职业中专校的校园心理剧剧本集，其中的“我”指笔者。

第三节　校园心理剧的排练设计

校园心理剧的排练设计是一项极其重要的任务，排练前需要提前进行系统性的设计且要遵循一定的原则。这是因为校园心理剧的排练是一个涉及多个因素和环节的复杂过程，提前设计和遵循一定的原则可以帮助排练更加有序、有效地进行，从而达到预期的效果和目标。通过精心设计的排练过程，我们可以帮助学生更好地掌握校园心理剧的基本知识和技巧，提升他们的心理素质和自我认知能力，同时，也可以提高学生的沟通和合作能力，激发他们的创造力和想象力。这些经验和技能不仅对学生的个人发展有益，而且对他们在学校和社会中的表现也有积极的影响。因此，我们应该高度重视校园心理剧的排练设计工作，为学生提供更好的发展机会和平台。这不仅有助于提高校园心理剧的质量和效果，还可以帮助学生全面发展，培养他们的综合素质和社会适应能力。

一、自主创造策略

学生处于校园心理剧的中心地位。在排练演出过程中，学校应鼓励学生充分发挥自主性。校园心理剧的活动过程应当符合“能动学习”范式特征。这种学习方式以学生为主体，遵循以学生为本的教育原则，贯彻学生主导，即学生自编、自导、自演的运行逻辑。在校园心理剧的排练过程中，学校应让学生体验到主体意识，鼓励学生们自主参与、勇于创新，激发学生的主动性和创造性。

自动自发性是校园心理剧中一个非常重要的部分。人类的自动自发性是唤醒和表现创造力的动力。在校园心理剧中，学生作为受教育者，其改变既不表现在被动地接受新观念，也不表现在被动地改变自己的认知，而是表现在积极地去感受和体验，从而具有自发性。①校园心理剧的编剧、导剧、演剧和观剧等活动，既能满足学生的创作愿望，也能增强学生的参与意识，使他们更好地发挥积极性和热情，从而提高自信心。另外，这一过程也是学生自我探索、自我认识、自我成长的过程，他们通过这种方式可以获得更多的人生经验，更好地理解自己、他人以及人际关系，从而促进人格发展。②

① 刘嵋. 校园心理剧团体心理辅导与咨询. 北京：清华大学出版社，2016.

② 陈秀娟. 校园心理剧教学研究. 武汉：武汉出版社，2010.

在校园心理剧的开展过程中，学校应当采用各种方式充分发挥学生的主观能动性，激发他们的潜能，具体可参照以下做法：①教师应在课堂上引导每位学生都参与进来，甚至还可以通过QQ群、官方微信、官方公众号、官方微博等渠道发布公告进行宣传，鼓励更多学生参与体验并分享感受；②教师要为创作团队提供最大的自由空间，尽可能地不用自己的价值观和思想去影响、约束学生的创造性，而是扮演好引导者的角色，激发学生从多角度、多视野分析材料，发掘和重现学生的真实思想与心理感悟；③教师应充分激发学生的主观能动性和创造力，允许和鼓励他们对剧中的情节做出合理的、有创意的改变，以及用新颖的方式表现人物的内心世界[①]；④在表演的过程中，导演要把握校园心理剧的精髓，鼓励主角和配角将自己的情感表达出来，可以通过各种原理和技术的运用，以及舞台、场景、灯光等的辅助，配合角色自发的情感表达和真情演绎；⑤莫雷诺十分重视台上和台下的互动与即兴创作，希望通过这种非专业的表演引起台下观众产生共鸣。[②]

综上所述，在校园心理剧的排练过程中，我们必须明确学生的主体地位。教师和家长在这个过程中应更多地发挥辅助作用，激发学生的主动性和创造性。例如，对于那些在角色理解、角色动作和姿态、角色对话和台词以及舞台空间走位等方面存在困难的学生，教师应以平等的地位做好指导和引导工作。因此，在排练校园心理剧时，我们应该积极引导学生主动参与，善于充分调动广大学生的主观积极性。同时，我们还要高度重视分享环节，让学生参与分享、表达感悟，真正达到心理教育的意义。只有通过这样的方式，我们才能更好地帮助学生发展自我认知，提高心理素质和团队协作能力，培养他们的创造力和想象力。最终，我们才能为学生提供更好的发展机会和平台，促进他们的身心健康和全面发展。

二、团队互倚共享策略

校园心理剧是一种基于团体心理辅导形式的心理教育活动，是团体的、集体的活动，能有效凝聚团队、建设团队，使团体成员感受到充分的社会支持。团队要营造宽松、快乐、自由、平等、和谐的氛围，实现团体成员之间的相互协作、相互支持、共同表演、共同创造。校园心理剧的普

---

① 高思刚. 中小学校园心理剧. 福州：福建教育出版社，2008.

② 池超群. 心理剧在大学生心理健康教育中的应用研究. 沈阳：沈阳航空航天大学，2016.

及和推广，可以为学生创设心理互助的平台和环境，能够让他们在这样的环境下学到心理卫生方面的知识，学习如何调节自己的心理状态，缓解自己的心理压力，解决自己的心理问题，从而实现“润物细无声”的效果，对于推动学校的心理健康教育工作具有重要的意义。[①]

校园心理剧重视团队互助过程。一方面，一个校园心理剧要想获得理想的效果，就必须要让整个团队的每一位成员都充分地发挥自己的创造力、想象力以及团队协作能力，例如，剧本的修改、表演、舞台的设置，以及音乐、舞蹈、背景、服装、独白的选择等都需要个体及全体的努力。另一方面，良好的人际互动环境和同伴心理互助平台使学生能够把自己的想法表达出来，并且能够理解他人的心情，从而有很多机会从其他成员身上发现许多与自己类似的经历与挣扎，这些共同之处能促进成员之间彼此帮助、彼此支持、相互建议，更勇敢、更积极地面对和解决问题。在同伴心理互助过程中，学生对自己的了解越来越深，换位思考的共情能力也在逐步提升，从而进一步发展对自身情感和行为的自我调控能力，每一位学生都学会了从别人那里得到帮助，同时也学会了怎样去帮助别人。[②]校园心理剧的排练需遵循团队互倚共享策略，这有助于促进团体成员之间的交流和互动，有助于促进团队协作、共享知识和经验，有助于实现更高的排练效果和更好的演出呈现。

校园心理剧可以借鉴团体心理辅导技术来实现团队的互倚和共享。在团队建立之初，指导教师可以运用一些支持性的活动，如握手、拥抱等增加团体成员之间的身体接触，促成团体成员之间的初步互动，营造轻松和温暖的氛围，从而增进彼此的信任感。团体成员在指导教师的带领下共同制定明确且相互认同的团体规范，包括保密、尊重、参与等，旨在为团体成员建立一个安全、信任的互动环境。在此基础上，指导教师可以鼓励团体成员发表自己在某种情境下的感受，并且可以将此情境向团体开放，询问他们是否也曾有这样的经历和感受，从而使团体成员产生共鸣，帮助成员彼此接纳，产生凝聚力和团体角色认同，实现互倚和共享。此外，在排练过程中，指导教师可以定期进行团队评价和反馈，让每个成员了解自己在团队中的表现和不足之处，同时也能够了解其他成员的评价和反馈，从而更好地协调工作和完善自己的表演。综上，建立团队协作机制、促进知识共享、鼓励团队创新、注重团队评价与反馈以及加强团队情感建设等措

① 高思刚. 中小学校园心理剧. 福州：福建教育出版社，2008.

② 周国韬. 中小学校园心理剧探析. 现代教育科学，2007（8）：49-50.

施的运用，有助于促进团体成员之间的相互支持和合作，提高排练效果和演出质量，同时也有助于培养学生的合作精神和综合素质。

三、艺术审美策略

校园心理剧是心理学的艺术化展现，也可以看作一种舞台剧，其表达形式多样，富有艺术性。校园心理剧的排练设计遵循艺术审美策略，可以提升观众体验，增强教育效果，促进学生艺术素养发展，丰富校园文化生活。因此，需要运用多种多样的表达形式，融入丰富的美学艺术手法，让校园心理剧具备舞台效果和角色表演的艺术性，给学生带来具有美感的东西，达到寓教于乐的效果。

校园心理剧运用情景剧、话剧、小品、相声等多种表达形式，结合丰富的肢体语言表演艺术，把学生的内心矛盾和情感反应充分地表现在舞台上，给观众带来视觉、听觉、想象的感受，以及惊奇、喜悦、震撼和美的冲击，具有很强的吸引力和感染性，使表演者与观众都沉浸在这种氛围中，兴致盎然。校园心理剧运用音乐、舞蹈等艺术形式，使团体成员的情绪在剧情的起伏和人际互动中得以释放与融合，使他们对自己进行再整合，减少他们的内心矛盾，从而实现自我认识和自我升华。这种丰富的艺术表达方式不仅提升了学生的视觉空间和审美素质，具有强烈的审美意义，同时能促使学生的精神升华和人格完善，使校园心理剧具有教育性、艺术审美性和发展性，如春风化雨般对学生产生深刻的启迪。

在进行校园心理剧艺术创作时要注意以下几点：①要避免剧本情节的平铺直叙，注意体现激烈的矛盾冲突，包含性格冲突、内心冲突及人物和环境的冲突。使用一些艺术手法，如悬念、重复、渲染、对比等，让故事的发展跌宕起伏、合情合理、引人入胜，让观众产生共鸣和思考，将创作者的创作意图传达得淋漓尽致，达到教育和辅导的效果；②校园心理剧的排演要把握好人物参演的筛选，并对表演者舞台的空间感、表情动作的艺术感、语言表达的节奏感给予指导和排练，增强校园心理剧的艺术感染力和观赏性；③要注重戏剧性的表现效果，利用特定的服装、灯光、音响和音乐，将情境冲突凸显出来，以形象、生动、夸张、浓缩的方式，重点表现被拍摄对象所扮演的角色的心理感受、冲突和困惑，增强表演的感染力和趣味性，使观众置身其中，感动他们的心灵。[①]总之，校园心理剧的排练设计要遵循艺术审美策略，需要在剧本选择、角色塑造、舞台设计、音

① 刘嵋. 校园心理剧团体心理辅导与咨询. 北京：清华大学出版社，2016.

乐与舞蹈、服装与道具以及排练过程等多个方面入手，通过这些措施的实施，增强校园心理剧的艺术感染力，提高观众体验和教育效果，同时促进学生的艺术素养发展，丰富校园文化生活。

四、良性互动策略

校园心理剧的排练设计遵循良性互动策略可以促进团队协作，增强学生参与感，提高表演效果，培养积极心态。通过良性互动策略，团体成员能增强沟通和协作，形成良好合作关系，提高排练效率和质量。通过与团体成员的互动和交流，学生能更好地了解角色和任务，协调工作并完善表演。这也有助于增进演员对剧情和角色的理解，提高表演生动性，增强观众观赏体验。同时，互动和交流有助于培养学生的积极心态和合作精神，促进个人成长和发展。因此，在校园心理剧的排练过程中，应注重良性互动策略的运用，以更好地实现排练效果和教育目标。

校园是学生进行人际交往的重要地方，在这里，学生们共同度过了他们一生中最重要的时光，学校也是他们树立正确的世界观、人生观、价值观的重要场所，因此，对于每一位学生而言，都需要建立良好的人际关系。校园心理剧有助于学生们形成良性互动的关系，进而提高他们的适应能力。校园心理剧让学生们有机会尝试各种各样的角色，使他们在不同的角色转换和角色体验中学会从一个崭新的角度去思考，真正做到换位思考。通过这样的换位思考，学生可以提高自己的思想水平，改善已经变得僵硬甚至充满矛盾的人际关系，从内心深处去了解别人，从别人的角度来考虑问题，从而建立稳固、深厚的人际关系。

校园心理剧呈现的是一个模拟的社会，在这个模拟的社会中，学生之间会出现各种交互活动，由此表现出各种人际关系。参加或观看校园心理剧的表演，能够让学生们对人际关系的认知发生变化，将自己代入另一个人的角度去思考，从而了解和审视自己，将自己与他人进行融合，从而形成一种新的人际交往观念，运用新的人际交往方式，从而在未来的学习和生活中逐步构建良好的人际关系，更好地适应社会。①

最后，值得一提的是，尽管传统的校园心理剧可以将学生在成长过程中面临的问题形象地表现出来，但是对于寻找解决问题的方法并没有做进一步的探索，这就造成许多剧本仅成为呈现学生问题的载体，并没有激发

① 池超群. 心理剧在大学生心理健康教育中的应用研究. 沈阳：沈阳航空航天大学，2016.

出学生深层的情感和需求。为了充分发挥校园心理剧在心理健康教育方面的作用，我们可以尝试改变传统校园心理剧那种完全结构化和直线型的观演模式，创设一种新型的“半结构化交互式校园心理剧”，尤其是在排练过程中，应尽可能地减少对剧本的约束，增加参演学生和观众的互动程度，通过系统的自组织功能，强化其心理辅导功能。这种集体验性、游戏性、创造性和治愈性于一体的学校团体心理辅导形式，已日益引起学校心理教育工作者的重视，并受到了广大学生的普遍欢迎。通过这种形式，学生们能够更加深入地探讨和解决他们所面临的问题，辅导效果更显著。①

五、感受分享策略

校园心理剧的排练设计遵循感受分享策略可以增强参与感和共鸣，提高演员的表现力，促进团队沟通和合作，提升观众的观赏体验，促进校园心理剧教育效果的达成。具体而言，通过感受分享策略，演员能更好地理解角色的情感和内心世界，增强参与感和共鸣，观众也能更好地理解剧情和角色，产生强烈共鸣和体验。感受分享策略还能提高演员的表现力，促进团队沟通和合作，增强团队凝聚力和合作精神，同时也能提升观众的观赏体验。此外，感受分享策略还能促进校园心理剧教育效果的达成，帮助观众更好地认识和理解心理健康问题，提高心理素质和应对能力

为了能更好地做到感受分享，组织者应在校园心理剧的排练过程中注重培养参与者的共情能力，使他们能够设身处地地理解角色的情感和内心世界，从而更真实、生动地表现角色。在校园心理剧的排练过程中，演员们可以分享自己的感受和想法，互相交流和学习。这有助于演员们更好地理解角色和剧情，增强参与感和共鸣，同时也可以促进团体成员之间的沟通和合作。在校园心理剧的排练过程中，通过注重细节表现，演员们可以更准确地呈现角色的情感和内心世界。例如，通过细腻的面部表情、肢体语言和声音表现，可以更好地表达角色的情感状态和内心变化。在校园心理剧的排练过程中，创造一个安全、开放的氛围非常重要。演员们应该感到自由和舒适，能够自由表达自己的感受和想法。这有助于增强演员们的参与感和共鸣，提高表演效果。在校园心理剧的排练过程中，定期进行反馈和讨论可以帮助演员们了解自己的表现与不足之处，从而进行调整，提高表演技能，同时也可以促进团体成员之间的交流和合作，共同探讨

---

① 封文波，黄琦，苏颖等. 半结构化交互式校园心理剧在学校心理健康教育实践中的应用. 中小学心理健康教育，2022（18）：30-34.

如何更好地呈现剧情和主题。这些措施的实施有助于更好地落实感受分享策略。

分享，就是将主角带回团体、整合进入团体的阶段。分享阶段是校园心理剧中一个十分重要的环节，包括主角与配角之间、观众之间，以及主角、配角与观众之间的分享，这是一种非常重要的情感交流，但在实践中经常被忽略或流于形式。分享的重要功能是让团体冷静下来，是在演出过后，让成员可以重新进入其个人现实世界的方法。在校园心理剧表演结束后的分享阶段，成员会被邀请走上舞台，与舞台上等待认同与支持的主角以及舞台下的其他成员一起分享他们对于刚刚的表演中所体验到的感受、想法、启发和激励，包括演出是如何触动他的，是否让他想起自己曾经有过相似的经历，或者他现在仍旧被类似的体验所困扰。[①]主角在完成演出后，便进入自我总结与自我反思阶段，而且会接受来自配角以及观众所做出的一些反馈和分享，同时，由于发现了与主角的相似性，团体成员也得到了情感上的共鸣以及支持。[②]

需要注意的一点是，感受分享阶段要营造一种非批判性的氛围。例如，观众可以做的只是分享日常生活中发生在他们身上的与这场剧类似的事件，以及相关的体验，他们是不被允许评判、审视主角的。主角在表演的过程中，就像是在手术室中进行手术的“医生”；而在感受分享阶段，主角则像是在病房进行康复的“病人”一样，在这个时候，他们常常是很脆弱的，透过其他成员对其的认同，他们才能卸下角色面具，从表演的舞台回到真实的团体中去。因此，导演会要求成员在分享时不分析主角的剧情，不给主角提供建议，不批评主角在剧中的作为与决定，不问主角问题，而是要分享自己对这部剧的感受，这种分享可以是口头的，也可以是非语言的。有的时候，只是眼神的接触就能传递出很多东西，从而提升校园心理剧的治疗效果。分享可以使主角觉得自己与团体其他成员有联结，即感到跟这么多人在这么多地方相似，从而获得支持性的力量，因而具有治疗的效果。导演也可借此鼓励有类似感受的成员进行进一步探索，成为下一部剧的主角。

最后，在感受分享过程中，一定要照顾好学生的情绪和感受，避免二次伤害。校园心理剧多取材于学生实际生活，涉及亲情、友情、异性关系等冲突，有助于学生抒发情感，但需注意观察学生情绪变化，避免产生消

① 刘嵋. 校园心理剧团体心理辅导与咨询. 北京：清华大学出版社，2016.

② 池超群. 心理剧在大学生心理健康教育中的应用研究. 沈阳：沈阳航空航天大学，2016.

极情绪。若学生在排剧后陷入烦躁、郁闷情绪，心理辅导老师要及时进行个体心理辅导。在校园心理剧排演过程中，有时剧本原型的当事人会参与其中，他们需要重新经历当时的矛盾与纠结，因此心理辅导老师要特别关注其情绪变化，及时进行心理辅导，避免造成二次伤害。

六、积极榜样策略

校园心理剧表演既要引导学生学会应对消极问题，又要培养学生积极健康的人格。然而，目前的校园心理剧更多的是反映出学生的心理问题，从选材上来讲，缺乏对积极健康人格榜样的正面塑造。校园心理剧的排练设计遵循积极榜样策略，有利于塑造积极向上的人物形象，传递积极心理能量，增强教育效果，营造积极的校园文化氛围。因此，在校园心理剧的排练过程中，应注重积极榜样策略的运用，以更好地实现教育目标和社会效益。

模仿是生物演化过程中不可或缺的一部分，人的生存和社会化都离不开模仿。当前在西方心理学界方兴未艾的身心语言程序学心理疗法的核心内容之一就是模仿卓越者，通过模仿使模仿者改变原有心性，从而获得与优秀的人一样的身体和精神状态。主角如果想扮演好剧中的角色，真实地展现出主角遇到的心理问题或者困惑，首先最需要做的就是模仿，观看校园心理剧演出的学生们也会在日常生活中下意识地对他们所喜爱的角色进行模仿。如果多选择和编排一些以积极健康人格为题材的校园心理剧，那就有可能促使许多学生去模仿他们喜欢的角色，从身体和精神层面学习角色所表现出来的美好品质和健康人格，从而使他们的身体和精神都得到改善，使自己变得更加完美。因此，在校园心理剧的排练设计时，应注重从选取正面人物形象以传递积极的价值观和心理能量、强调积极心理品质的培养与展示、营造阳光的氛围和情感表达、提供可效仿的行为模式和解决问题的方法等方面入手，正面引导学生，给他们提供成长和发展的新视角、新思路。

因此，在校园心理剧的排演过程中，要在积极心理学的指导下，重视健康人格、积极人格的塑造，引导学生关注和培养自身的积极情绪、积极人格、积极动机、积极自我等积极品质。健康积极的人格是学生健康成长、全面发展的先决条件，是培养学生人格的基础，这就要求我们在今后校园心理剧的创作选题以及演出过程中既要注意学生暴露出来的消极问题，也要注意发掘学生的积极健康人格，通过校园心理剧表演，展现更多积极向上的品质，塑造更多积极健康人格的典型，使其为更多的学生所模仿和学习。[①]总之，积极榜样可以为观众提供可效仿的行为模式和解决问题的思路，帮助他们更好地理解和掌握心理健康知识，提高他们的心理素质和应对能力。同时，积极榜样还可以作为学生自我成长的参照，帮助他们树立正确的价值观和人生观。

① 池超群. 心理剧在大学生心理健康教育中的应用研究. 沈阳：沈阳航空航天大学，2016.

第五章　校园心理剧的具体技术

校园心理剧一般包括准备、暖身、演出、分享、审视五个环节。准备是构思与设计，是一个组织与统筹力量的过程；暖身是回忆与进入，是一个激发情绪、唤醒心灵的过程；演出是重现与展示，是一个认知探索、情绪表达与行为行动的过程；分享是整理与确认，是一个整合情感与认知、确认收获的过程；审视是反思与延展，是一个审视行动与创新行动的过程。一部好的校园心理剧不仅需要对每一个环节进行精心设计，更需要充分有效地运用相关的技术。可以说，技术是校园心理剧发挥其独特作用的关键，更是其专业属性的体现。鉴于校园心理剧的实际演出主要包括暖身、演出、分享、审视四个环节，具体技术也主要体现在这四个环节中，因此本章主要对这四个环节进行介绍。

关键概念

暖身：广义的暖身是指启动全体成员正式进入校园心理剧活动的一个持续过程，包括主题的研讨和确定、剧本的创作、演员角色的选拔以及剧本排练的整个过程。狭义的暖身活动是指校园心理剧在正式演出之前的热场活动，往往具有放松心情、调动情绪、进入状态的作用。

演出：演出就是校园心理剧的正式表演展示活动。它是全体演出成员甚至观众的一个情感体验、情绪释放、认知冲突的过程，是校园心理剧展开过程的重要环节和作用发生的关键阶段。只有通过舞台表演，当事人（主角）的情绪情感才能表现出来，而观众也只有通过观看表演才能感受到角色的情绪情感，并转化为自己的内心体验。

分享：分享是校园心理剧整理和调适的过程，是校园心理剧功能得以真正实现的重要组成部分。交流与讨论可以帮助参与者理清思路，找到问题的症结，解决学生存在的类似的心理困惑，进而促进参与者的自我觉察和自我成长。

审视：审视是指由导演及演员对已经表演结束的校园心理剧进行回顾、反思、评价和分析，这个阶段是帮助团体成员成长和提高的过程。

独白：独白是指主角与观众面对面地交谈，把自己内心深处的情感和想法表达出来。在校园心理剧的表演中，主角应按照导演的要求表达自己此时此地的感受。独白为主角提供了把自己所想、所经历的情感表达出来的机会。在扮演完自己后，主角还可以通过自我对话来总结自己的思想和表达自己的情感。

替身：替身的本意是指在校园心理剧的表演过程中，某个成员尝试以主角的身形、立场等述说主角的内心想法和感觉，这个成员就是替身，即主角的替身。替身化身于主角，隐身于主角。在校园心理剧的演出过程中，通常是一个配角站在主角身后，与主角一起上台表演，替主角说话。替身就是辅助主角，同时也是导演和主角联系的桥梁，具有整合、强化主角和配角互动的作用。通常，当主角觉得自己很难表达自己的想法和感受或者觉得自己需要别人的帮助才能进入场景时，导演会让主角选择一个人作为他的替身。

角色互换：角色互换是指让主角扮演与他相关的其他角色，同时被替代的角色则扮演主角的角色。该技术包含两种类型：相互的角色互换和具象的角色互换。前者指的是主角与其他人之间的角色互换，而后者指的是主角与自己的另一个“自我”或客体的角色转换，通常以象征的方式呈现。该技术是校园心理剧中最基本、最核心的技术之一。

镜像：镜像技术又称照镜子，就是指让一个配角扮演镜子，模仿主角的全部，包括主角的动作、行为、语言等，让主角在模仿者的模仿中看到自己，如同照镜子一样。镜像技术的使用可以使主角能够在“演员”和“观众”之间相互切换，从而使“配角”成为“主角”，使原来的“主角”可以在台下观看自己的表演，就好像是一段视频的回放一样，像是在看别人的故事。在这样的观看下，主角可以看到自己不愿意面对的一面，从一个新的角度阐释自己的问题。

空椅：空椅技术是指利用两张空着的椅子，让主角坐在其中一把椅子上扮演冲突的一方，接着又坐在另一张椅子上扮演冲突的另一方，让主角扮演的双方不断地对话，从而逐渐地释放压抑的情绪和内心的冲突，最终实现自我的接纳和整合。①从本质上说，空椅技术是一种角色互换技术。

---

① 常友善. 校园心理剧在大学生挫折教育中的运用. 广东青年职业学院学报，2016，30（2）：21-24.

内容提要

艺术源于生活，又高于生活。取材于青少年学校生活的校园心理剧，要经历主题选择与确定、人员与场地确定等准备阶段，剧本创作、排练、暖身、演出、分享与审视的实施阶段等，每一个阶段都有其独特的作用，它们彼此独立又相互联系。

准备是一部校园心理剧的开始，包括人员准备和技术准备。人员准备即选择主角、配角和工作人员等；技术准备即把握各种演出技术、排练的准备。准备就好像万事的开头，有了前期充分的准备，后期才能更好、更顺利地进行下去。

暖身是一个持续的过程，团体会通过暖身寻找到主角，然后主角会继续参加暖身活动，从而接触到隐藏在内心深处的力量。暖身的作用是催化每个人的创造性和潜能，让团体成员更快地融入自己的角色中，融入团体氛围里，而不是游离在自我内心，也不是作为一个旁观者存在，而是深刻地体验自己、洞察自己。

演出是指校园心理剧的正式演出，其中，导演掌控全场，主角成为核心，观众欣赏感悟。为了使当事人（主角）更好地认识自己，导演在演出过程中要根据需要，有针对性地使用各种心理剧技术。此外，导演还需重视激发参与者的自发性、积极性和创新性，确保所有成员都能全身心投入活动。同时，导演还应注意营造一个真诚、互信、支持性的氛围，以防止不良行为的发生，最终达成活动目标。

分享是一个可以让团体成员一起宣泄情绪并且整合自我的机会。当演出结束后，所有的成员聚在一起，相互交流，相互学习。在分享过程中，成员可以采用口语或者非口语的形式表达自己对刚才表演的感想以及对自我的启发。同时，在这个阶段，主角也进入了沉思阶段，而且主角也会从其他演员那里得到一些反馈，并与其他成员共同分享他们在此过程中的触动和感想。①通过校园心理剧，学生们能够学习从多个视角来审视自己，加深对自己情绪和行为的认知，同时也为调节情绪、改变行为提供了可能。

审视是校园心理剧结构中的理性部分，这个阶段的最大目的是在导演的帮助下，帮助团体成员，包括主角在内，全面了解每一个场景、每个参

① 邓旭阳，桑志芹，费俊峰等. 心理剧与情景剧理论与实践. 北京：化学工业出版社，2009.

与要素以及其中的情况。导演在审视阶段还需要考虑诸如演出时长、团队协作能力、自我开放程度以及团队的目标等因素，以及思考如何让演员和观众将在校园心理剧的表演或观看中所获得的经验、反思与体会应用到实际生活中。

第一节　校园心理剧的暖身及其技术

暖身是校园心理剧的重要组成部分和进入阶段。其主要目标是营造出一种安全、和谐、有助于发挥创造性的环境，便于更有效地促进团体成员之间的相互交流，激发参与成员的自发性和创造性，同时，暖身的目的是让成员把注意力放在自己的内心世界，从而实现自发演出。这个阶段的设计旨在为参与者提供一个安全的环境和氛围，只有当参与者感觉到绝对安全的时候，他们才会逐渐地相信彼此。

一、暖身及其作用

暖身是一个准备过程，更是一种心理剧技巧，能够调动成员的自发性与创造性，使团体和个人都做好充足准备，从而增加团体和成员间的互动，让他们把注意力集中在自己的内心世界，为问题的解决做好准备，这样才能让自发性演出完成得更好。①暖身是一个持续的过程，团队会先通过暖身活动来确定主角，然后主角会深入进行暖身，从而触碰到隐藏在内心深处的矛盾与冲突、困惑与希望，进而在导演的引导和解构下由内而外地深入发掘当事人的认知阻碍和情绪困扰，最终通过认知感悟和情绪调控来解决问题。暖身具有三大功能：让参与活动的每个人都能充分发挥自己的创造性和自发性；加强交流，增强归属感；帮助成员明确将要解决的问题。

暖身的作用是促进每一个人创造力和潜力的发挥，让团体成员更快地进入状态，这意味着每个人都能走进自己的内心，融入团体氛围里，而不是游离于自己的心灵，也不是以一个旁观者的身份存在，而是真正地成为一名参与者，深入自我的内心，深入地体会自己、洞察自己。当整个团体像是被一双温暖的臂膀所环绕时，团体成员便有可能完成一些他们以前认为自己不可能做到的事情，并表达出那些看起来像是无法用语言表达的东

① 韩菁. 校园心理剧的创作及其在高校心理健康教育中的作用探讨. 开封大学学报，2010，24（3）：59-61.

西。因此，暖身就像我们通过有意义的活动把紧绷的神经舒展开来，让思绪有一个可以自由联想的空间，激发出无穷的创意，提升人与环境交互作用下的问题解决能力。①

暖身是校园心理剧中帮助主角全身心投入演出的一种手段。在校园心理剧的全过程中，导演要持续开展多种形式的暖身活动。在进入团体前，导演也需要先让自己暖身，这样才能更好地发挥自己的主动性。导演通过暖身活动，可以让团体成员感受到爱心和真诚，从而使他们的自我开放性、自发性与幽默感得到极大提升。这样，团体成员之间就可以更好地减小彼此之间的距离感，增强团队的凝聚力。

二、暖身对象

根据需要，在校园心理剧的实施过程中，导演要持续开展多种形式的暖身活动，暖身的对象主要有导演、主角和配角。

（一）导演的暖身

导演在整个校园心理剧的创作与成型中起着组织、引领和指导的作用。导演自身与团体的融合情况会影响整个团体的向心力，因此，导演在进入团体前的暖身是必不可少的。只有导演先进行暖身，让自己的身心与团体相契合，才能让团体中的其他成员得到催化，让他们敢于在活动中开放自己、表达自己。为了达到这个目的，导演要做到五个方面的暖身：人、事、时、地、物。“人”是指导演需要对自己所扮演的角色有心理准备，即自己是整个校园心理剧的专业指导风向标；“事”是指导演需要时刻注意和关注团体中发生的事情，有及时解决问题的能力和魄力；“时”是指导演在团体开始前有一段自处和静心的时间，导演在整个过程中会遇到各种问题，因此，给自己留下足够的时间清除内心的烦恼是必需的；“地”是指导演需要对校园心理剧排练和演出的场地非常熟悉，能够合理安排场地；“物”是指导演对校园心理剧中需要用到的道具、物件等应做到心中有数，知道这些道具、物件等所要发挥的作用。通过这五个方面的暖身，导演可以较高水平地自主开展工作。

（二）主角的暖身

主角是一部校园心理剧中的核心人物，主角的问题也就是校园心理剧要集中解决的问题：主角在演出中意识到自己的问题，内心受到了启发，

① 曲慧娟. 心理剧暖身技巧初探. 咨商与辅导，2008（273）：2-6.

校园心理剧的目的也就实现了一大半。校园心理剧中主角的暖身环节则是用来帮助主角充分投入演出的手段。因为主角自身可能会存在一些影响演出的不利因素，如主角可能对团体缺乏信任以至于不愿意敞开自己的内心，或者主角并没有经历过与剧中人物相似的事件，以至于不能真正体验到剧中人物的内心情感，使得表演过于僵硬、不自然，所以，主角的暖身是非常必要的。

一般而言，主角的暖身可从以下几个方面进行。第一，创造沟通和交流机会。导演应增加主角与团体成员沟通和交流的机会，减少主角的不信任感，并通过多次沟通和交流逐渐打破主角心中的樊篱。第二，增加对舞台的熟悉感。导演让主角尽量多接触舞台，让他对舞台产生熟悉感，以减少内心的恐惧感。第三，反复研读剧本。对于不能完全理解剧中人内心情感的主角，主角可以反复多次研读剧本，并积极与导演等人交流意见。第四，想象角色情境。导演可以让主角想象自己在遭遇剧中人物的情景时的所思所想所为，加深主角的内心体验。

（三）配角的暖身

配角在校园心理剧中起着推动剧情发展的重要作用，因此配角的暖身对整个团体都有重要意义。在一个团体中，除了导演、主角之外，配角也占了相当大的比例。配角的暖身要达到以下作用：帮助配角卸下角色面具，自由地表露真我；协助配角接触自己，观察自己；协助配角暖化肢体，以表现出非言语动作。①配角暖身的好坏与团体的凝聚力是紧密联系在一起的。

一般而言，配角的暖身可从以下几个方面进行。第一，加强团体之间的沟通和交流。导演应通过加强团体之间的沟通和交流，帮助配角放下彼此的防备面具，增强团体的凝聚力。第二，理解所扮演角色的心理。导演给配角讲明各自的角色人物形象，以及剧中角色与主角之间的关系，使他们尽量去理解剧中角色的行为和思想情感。第三，表演上进行暖化。一些配角可能之前并没有表演的经历，在表演过程中可能存在经验不足和技巧欠佳的状况，因此，导演需对这类配角进行技术上的指导。第四，关注配角的情绪。导演也要随时关注配角的情绪情感，避免因为剧中角色的情感给配角带来的消极影响。

---

① 邓旭阳，桑志芹，费俊峰等. 心理剧与情景剧理论与实践. 北京：化学工业出版社，2009.

三、暖身的常用技巧

暖身属于一种心理活动，通过一系列的身心活动，帮助个体降低内在焦虑，从而产生安全感和信任感。在这种状态下，个体能够自由发挥，调动个体的自发性，并产生无法预想的创造力。暖身过程中会用到各种各样的技巧，具体选择哪一种技巧要根据当时的对象和情景来决定。下面简单介绍几种常用的暖身技巧。

（一）活动暖身

由于活动暖身操作性强、简单易行，并且能够最大限度地调动成员的兴趣，活动暖身是暖身阶段中最常用的技巧之一。这里介绍两种代表性的活动暖身技巧。

1. 光谱图

光谱图属于社会计量法的一种形式，通常用于团体领导者对团体成员进行初步评估。它通过视觉化的方式展现了团体成员的相互关系和个体在团体中的位置感。光谱图的优势在于，根据团体成员的选择，它既可以促进成员间友好关系的建立，又可以开启团体互动的简短对话。光谱图技术可以有效地降低个体的心理防御水平，同时有助于活跃课堂气氛，帮助教师对团体状态、课堂效果等进行评估，并推进学生团体的发展。光谱图的具体操作步骤如下。第一，设计问题：设计一个或一系列问题，这些问题能够引导团体成员对心理问题进行探索和表达。第二，绘制光谱图：使用不同颜色的物体（如抱枕）分别代表数轴的两端，如A和B两点，这两端代表两个极端的维度。在A和B两点中间连接一条直线，该直线由无数个点组成，这些点代表了不同的程度或状态。第三，提出问题：导演提出某个具体的问题，让团体成员根据自身的实际情况选择自己处于直线上的哪个点。例如，可以询问团体成员“从0到10，你认为哪个点更能描述你当前的快乐指数，请你站到相应的点上”。第四，团体成员选择位置：团体成员根据导演提出的问题，选择直线上最能代表自己当前状态的点，并站到该点上。第五，分享与讨论：团体成员分享自己选择该位置的原因，其他成员可以对其进行观察和反思。[①]通过分享，团体成员可以了解彼此的感受和想法，增进理解和信任。

2. 圆圈式的社会计量

圆圈式的社会计量是运用社会计量法对团体成员间的人际关系进行定

① 阮莉雯. 社会计量法在心理课中的运用. 中小学心理健康教育，2018（29）：32-34.

量测量的一种技术。这种方式可以帮助成员找到与自己有相似经验的人，增强成员在团体中的融入感。具体做法是：导演邀请全体成员围成圆圈，试着问一些问题。当成员们有相似经验时，就向圈内迈进一步，这样就可以在同一时间内知道哪些参与成员之间有相似经验。①这个过程可以迅速帮助成员在团体中找到与其他成员的相似之处，快速缓解团体中的僵硬气氛，可以对促进团体的发展起到很好的暖身作用。

（二）音乐暖身

音乐是人类情感的结晶，同时也是人类表达情感的最佳工具。不同的音乐反映出不同的情感。聆听《命运交响曲》，会让人觉得心潮澎湃，内心充满力量，而《致爱丽丝》则会让人感受到宁静、平和。背景音乐可以有效催化团体互动。因此，音乐暖身可以最快地触及成员的内心情感。具体做法是，导演提前准备与剧情相匹配的音乐，并在活动开始前说明活动方式。在音乐播放期间，成员闭眼聆听音乐，禁止交谈。音乐播放完毕后，成员填写情感感受记录单，并相互分享感受。这种方式可以加深成员对音乐情感的感受，进而增加对校园心理剧中情感的敏锐度。此外，成员间的情感分享可以让他们意识到，即使是针对同一件事情，不同的人也会有不同的感受，这种认知将有利于他们之后的表演。

（三）绘画暖身

绘画也是校园心理剧暖身阶段常用的技巧之一，是一种富有创意的准备活动。当整个团体成员的性格都很活泼、团体气氛很热烈时，可以选择采取较为安静的暖身方式，如绘画。校园心理剧离不开团体成员的自发性和创造性，因此，绘画暖身可以让团体成员充分发挥自己的想象力和创造力。此外，在完成绘画后，成员间的分享和交流又可进一步增强团体凝聚力。②在绘画暖身环节，学生们可以自由地选择颜色和画笔，将内心的情感和想法转化为视觉图像。这个过程不仅能够促进学生之间的情感交流，还能够帮助他们更好地理解和表达自己的感受。随着画笔在纸上舞动，学生们的紧张情绪逐渐消散，取而代之的是对即将到来的校园心理剧表演的期待和兴奋。

---

① 周圆，崔丽莹，吴燕霞. 团体辅导理论设计与实例. 上海：上海教育出版社，2013.

② 武婷婷，郭成. 暖身技术在中小学校园心理剧中的实际操作与应用. 中小学心理健康教育，2019（1）：75-77.

（四）舞蹈暖身

身体与心理相互影响，身体动作是人格与心理状态的外部呈现，有些情感可能难以用言语来表达，但却可以通过动作反映出来，而动作也可以反映个人特质，是一个人内在特质的表现。因此，从身体的动作表现上，我们能够看出一个人的内心状态。舞蹈可以将我们的重心从大脑转移到身体，我们可以通过身体的活动来感受和抒发内心的情感，以达到暖身的效果。舞蹈的方式可以让团体成员暂时放下大脑中的想法，身体的摆动可以帮助团体成员揭示自己内心深处的真实情感。在校园心理剧中，舞蹈暖身不仅是身体准备的过程，也是心理调适的重要环节。通过一系列轻松的舞蹈动作和节奏感强的音乐，学生们的身体逐渐被唤醒，肌肉得到舒展，关节变得更加灵活。同时，这种暖身活动也有助于学生们放松心情，减少紧张感，为即将开始的校园心理剧表演营造出一种积极、开放的氛围。在这种氛围中，学生们能够更好地进入角色，表达情感，同时也为观众提供了一种愉悦的观赏体验。舞蹈暖身在校园心理剧中起到了桥梁的作用，连接着学生的内心世界和即将展现的舞台表现。

四、暖身技巧的应用

以上暖身活动有助于在团体内营造相互信任、相互关心、相互支持和安全的氛围，帮助团体成员更好地挖掘自己，让每一个人都乐于表达自己的观点，乐于接纳来自各方的不同意见，理解和学习解决不同问题的方式，减少自己的盲区。但是，当主角在暖身的过程中出现了阻抗现象，并且焦虑症状越来越明显时，导演应该改变原定的演出计划，采用一些不会让主角产生太大情绪波动的方法，如想象式的减敏感法、放松疗法等来缓解主角的不良情绪[①]，然后再采用一些暖身技巧，如布袋法、熄灯法、转背法、梦境演出以及催眠等来安抚主角的情绪[②]。此外，在导演组织团体成员进行暖身活动时，让成员了解到保密性的伦理规范也具有重要意义。这种方式会让团体成员感受到很大的安全感和信任感，愿意在团体内部分享自己生命中非常私人的经验和创伤经历。因此，在这一个阶段，导演可以与参加校园心理剧的学生开展互动、对话等，为学生营造真诚、支持的氛围。在这种氛围中，学生可以感受到被理解、支持和接纳，避免受到指

① 石红. 心理剧与心理情景剧实务手册. 北京：北京师范大学出版社，2006.

② 喻桃义，熊淑萍. 拨动年轻的心扉：校园心理情景剧之探索. 南昌：江西人民出版社，2013.

责和批评，从而减少他们的担忧和降低心理的阻碍。与此同时，他们也很少会有害怕他人嘲笑或批评的恐惧，敢于表达自己的真实想法和进行深入的自我探索，从而对后续阶段的顺利开展产生积极影响。此外，这种良好的氛围还能为当事人和其他成员提供心理治疗所需要的温暖、接纳和同情等条件，这对于心理辅导取得良好效果至关重要。在这个阶段，一些轻度心理障碍，如情感淡漠和人际交往障碍等也能得到一定程度的缓解。

第二节　校园心理剧的演出及其技术

演出是校园心理剧展开过程中的重要环节。当事人的思想观点和情绪情感只有通过舞台表演才能表现出来，参与者与观众也只有通过观看表演才能感受到角色的情绪情感，并将其转化为自己的内心体验。因此，表演者要运用表演技巧，创造性地将剧情展现出来，导演在这个阶段需要密切关注演出的进程，并对剧情的发展进行适当的引导。

一、演出的要求

（一）对导演的要求

演出阶段对导演的第一个要求是：要具有洞察力，因为导演要根据现场的具体情况，灵活运用不同的技术。例如，在当事人无法判断自己的行为的正误时，可以运用镜像技术，让当事人通过观察表演者的表演来进一步了解自己[①]；对导演的第二个要求是，要注意调动参与者的自觉性、主动性和创造性，使全体成员的积极性都能得到发挥，同时还要注意营造并维持一种真诚、信任、支持的氛围，防止某些不良行为的产生，从而实现活动的目的。此外，观众在这个过程中既是“观众”，也是“表演者”。他们在活动中可能也会走上舞台，充当表演者，以理解和洞察自己与他人的关系。

（二）对演出者的要求

在演出阶段，当事人（主角）及其他成员通过表演和观看可以达到宣泄情绪、认知领悟及习得良好行为等治疗目的。校园心理剧通过让当事人把自己的内心世界表现出来，帮助当事人释放不良情绪，从而达到缓解或消除心理压力、放松心情的目的，防止出现精神崩溃等不良结果。对于青

① 颜农秋. 朋辈心理辅导理论与技巧. 广州：中山大学出版社，2007.

少年而言，这样可以避免因自己的不良情绪得不到宣泄进而导致逆反、自卑、攻击，甚至犯罪等违法行为的出现。当事人还能在表演和观看的过程中，重新审视自己的内心想法，发现自己之前没有发现的想法，达到一定程度的领悟，以此来缓解自己的心理问题的严重程度，提高战胜自身心理问题的信心和意识，为达到辅导目标打下坚实的思想和认知基础。有些心理问题可以在宣泄和领悟过程就快速得以解决，而有些问题则需要导演的帮助，例如，导演可以通过设计特定场景，让当事人实践和体验自己克服了心理障碍或心理问题后的行为或者是应采取的正确的行为，并给予其积极支持和鼓舞，让当事人的行为转变更加顺利，从而达到最终的辅导或治疗目的。

二、演出中常用的心理技术

在校园心理剧的演出过程中，主角通过运用表演的基本技术，能够最大限度地体验自己的内心情感，感悟自己的心灵，悦纳自我。同时，观众在观看表演的过程中，也能诱发与剧中人物相似的经历和情感体验，并随着剧情的发展完成一次心灵的洗礼。

随着心理剧的发展，心理剧演出技术已经多达数百种。亚当·布拉特纳（Adam Blatner）曾列举了10余种使用频率较高的技术，包括角色互换、替身、重演、旁白、雕塑、镜像、空椅、独白、角色训练、未来投射和附加现实等。①每种技术都有其自身的优势，导演需要根据剧情的需要进行合理选择。心理剧演出技术在校园心理剧中得到了充分运用，以下是校园心理剧中常用的几类心理技术。

（一）对白、旁白与独白

1. 对白

对白是一种重要的演出技术，在校园心理剧中起到重要作用。它不仅是剧情发展和人物关系展现的媒介，也是情感表达和心理探索的重要工具。阿·尼柯尔（Allardyce Nicoll）在《西欧戏剧理论》一书中指出，戏剧是一种以对话的方式讲述故事的艺术。②在校园心理剧中，对白是最传统、最直接、最简单也是最常用的一种演出手段。导演充分利用语言手段，仅通过对话就能生动地展现主角内心的复杂活动和人际关系。在校园

① 亚当·布拉特纳. 心理剧导论——理论、历史与实务. 张贵杰，孙丕琳，李文心等译. 台北：心理出版社，2004.

② 阿·尼柯尔. 西欧戏剧理论. 徐士瑚译. 北京：中国戏剧出版社，1985.

心理剧中，角色间的对白贯穿了整个表演过程。对白的方式有助于角色表达自己的内心感受，并达到表演的目的。此外，通过角色间的对话，观众可以紧跟剧情的发展，了解当事人心理问题产生的根源，感知当事人不被外人所知的思想，凸显当事人内心的矛盾、冲突。校园心理剧中的对白形式多样，常见的形式主要有以下几种：①直接对话，即角色之间面对面的直接交流，是最常见的对白形式；②争吵，即角色之间因意见不合或情绪激动而发生的激烈对话；③辩论，即角色之间就某个问题或观点进行有理有据的讨论；④幽默对话，即通过幽默和诙谐的语言来缓解紧张情绪或展示角色的个性；⑤讽刺对话，即角色之间的对话含有讽刺意味，用以揭示角色的虚伪或社会的不合理现象；⑥电话对话，即角色通过电话进行的对话，可以增加剧情的紧张感或展示角色的隔离感；⑦信件对话，即角色通过信件或电子邮件的形式进行的交流，可以展现角色之间的距离感或时间跨度；⑧梦境对话，即在梦境或幻想场景中的对话，用于展现角色的潜意识或愿望。导演可以根据剧情的需要灵活运用这些对白形式，以增强校园心理剧的表现力和观众的参与感。同时，在使用对白时，应注重其与学生生活的贴近性、真实性以及与教育目的的一致性，以确保校园心理剧能够有效地实现其教育和心理辅导的目标。

2. *旁白*

在校园心理剧中，旁白是一种独特的叙事手法。它通过一个角色或声音来直接向观众传达剧情背景、人物内心活动或故事发展的关键信息。旁白通常由舞台上的一个角色来朗诵，或者由舞台外的一个声音来完成，能够为观众提供一个更广阔的视角，让他们更深入地理解剧情和角色。

旁白作为一种画外音，旁白者可以不直接出现在舞台上，但要对故事情节和人物心理等相关因素进行简要叙述、抒情或议论，从而帮助演员迅速进入角色，也能帮助观众快速地抓住剧情，了解舞台上的表演内容。[①]旁白出现在剧中的位置不同，发挥的作用也不同。一般而言，校园心理剧在人物上场之前都会有一段旁白，主要是介绍故事发生的时间、地点、人物和背景，目的是让观众对故事有一个大致的了解。剧中的旁白有三个作用：首先，用于对省略事件进行说明，使剧情更加连贯；其次，用来反映主角的内心活动，让观众更好地体验主角的内心情感；最后，出现在剧尾的旁白还常被用于对剧情进行总结，并运用抒情的手法引发人们的深思，

---

① 武婷婷，阳希，刘衍玲等. 校园心理剧的常用技术及应用. 中小学心理健康教育，2018（18）：29-31.

加深观众的情感体验。

在校园心理剧中，旁白的形式主要包括以下几种：①直接旁白，即角色直接对观众说话，分享他们的想法、感受或对即将发生事件的预感；②间接旁白，即角色在舞台上自言自语，好像在思考或反思，而观众无意中听到了这些内心独白；③叙述性旁白，即一个角色或专门的叙述者概述剧情的进展，提供背景信息或解释复杂的情感和动机；④角色互换旁白，即在角色互换的过程中，一个角色扮演另一个角色，通过旁白来表达对另一个角色的理解和感受；⑤音乐和歌唱旁白，即通过歌曲或音乐的形式来表达旁白，增加情感的表达力和艺术性；⑥多媒体旁白，即结合视频、幻灯片或其他多媒体元素，使旁白变得更加生动和直观。当然，导演可以根据剧情需要和自身创意灵活变化旁白的形式，以增强校园心理剧的表现力和观众的沉浸感。

3. 独白

独白是指主角想象自己单独处于一个空旷的房间内，通过口头语言进行自我对话，从而向观众展现内心情感和感受。在校园心理剧中，导演可以让主角采用独白的方式与观众分享自己的内心世界，进而深层次地探索自己的情感。此外，主角也可以采用独白的方式总结、概括自己的思想并审视自己的情感。独白有以下几种技巧。

1）与自己谈话。在面对困境时，主角可通过与自己谈话的方式向自己提建议，思考解决问题的方法，为自己加油鼓劲。

2）自言自语。在某一情节发生以后，主角可以通过自言自语的方式反思自己刚刚的行为和态度，并将其表达出来。

3）对宠物讲话。主角选择自己亲近的宠物作为讲话对象，在这个过程中，主角没有沉重的心理负担，这为讲话创造了一种轻松的环境，有利于主角讲出自己的心里话，抒发自己内心的情感。

4）未来自我投射。当主角在当前情况下不能解决问题时，导演可以让主角想象自己在以后或长大后面对这种情况时应该如何做，然后以未来的“我”的身份去解决问题。这种未来自我投射技术可以帮助团体成员表达自我，阐释其对将来的看法，包括未来的希望和愿望、对未来的恐惧或是未来生活的方向等。

在校园心理剧中，要注意独白和旁白是两种不同的叙事手法，它们各自有不同的特点和用途。独白是指在某一场戏剧中，在没有其他角色在场或不期待其他角色回应的情况下，一个角色直接向观众表达自己的思想和感受的说话形式。其主要功能是用来揭示角色的内心世界，包括揭示他们的秘密、恐惧、愿望、动机等，可以帮助观众更深入地理解角色的心理状态。独白是角色与观众之间的直接沟通，创造了一种私密的、个人化的交流氛围。旁白是指在某一场戏剧中，在其他角色在场的情况下，一个角色直接向观众发表评论或透露自己的想法和感受，而不让其他角色听到的说话形式。其功能是提供额外的信息，如角色对其他角色的看法、对当前情境的评论，或者对未来事件的预测。它创造了一种角色与观众之间的交流，而其他角色则被排除在外。因此，独白通常发生在没有其他角色在场的情况下，更多被用于揭示角色的内心世界；而旁白则是在其他角色在场时发生的，但其他角色听不到旁白的内容，它更多被用于提供额外的情境信息或角色的私下评论。

（二）替身技术与角色互换

1. 替身技术

替身技术也称人工替身、代理人等，是指在心理剧中，通过配角扮演主角内在自我的特别角色，帮助主角完整地描述心理经验，澄清和表达更深层的情绪及想法。替身代表主角内在的自我，表达的是主角行为背后的深层情绪及想法。替身是主角的代言人，可以替主角处理事务和此时此地的问题。典型的替身角色为主角一个辅助的自我，是一面反映主角内在感受的镜子。[①]替身通过模仿主角内心的想法和感受，并以第一人称的方式表达出主角内心的潜意识内容，从而帮助主角觉察自己内心的活动过程，引导主角表达出内在的感受和体验。

替身的主要功能在于将主角的内心思想和情感体验通过表演呈现出来，这有助于主角更清晰地认识到自己内心深处的心理动态。同时，替身还能激发和引导主角的思想和行为，促使他们更自由地表达自己。具体来说，替身的作用主要包括以下几个方面：①表达内在感受，替身技术主要被用于表达主角的内在感受，帮助主角宣泄所有被经验到的情绪，如担忧、愤怒、爱等；②模仿主角，替身要模仿主角的语气与躯体姿态，惟妙惟肖地将主角的内在自我演绎出来；③助人自助，替身是一个助人自助者，通过替身的对话和表现，主角可以更深入地了解自己的内心世界；④情绪释放与认知领悟，替身技术可以帮助主角释放情绪、达到认知领

① 武婷婷，阳希，刘衍玲等. 校园心理剧的常用技术及应用. 中小学心理健康教育，2018（18）：29-31.

悟，进而促进其心理成长。

当身处配角之位时，导演要向其讲明如何使用替身技术：首先，替身需要完全放空自己，将自己视为主角，全身心地模仿主角，并注意感受自己内心涌现的感觉；其次，替身需要仔细地体验内心的感觉，用肢体和情绪反映主角的情感状态，使主角能够完全地沉浸其中。

假如替身与主角间的共情联系足够强烈，那么替身就能为主角提供最符合其情况的建议或诠释，包括质疑、反驳和防御意识等。此外，在某些情况下，导演会根据主角的需要，选择多个替身来共同演出，以展现主角的多面性或者生活中的各种角色。例如，在反映主角内心冲突时，导演通常会让两个配角分别扮演“天使”和“魔鬼”，透过“天使”和“魔鬼”的对话，观众可以更直接地感觉到主角当时的内心世界。

尽管替身在校园心理剧中扮演着重要角色，然而，如果替身反客为主，不仅不能帮助主角，反而可能会对主角造成伤害。一个试图以自己的想法指导、影响主角，或试图以某种方式强迫团体的替身，可能会因为给主角留下不恰当的感受而带来潜在性的危害。因此，替身要能够对主角产生同理心，愿意进入主角的世界，站在主角的立场，表达主角的观点、感受，竭力避免因为个人的表演欲而忽视主角的感受。

在校园心理剧中使用替身技术时，需要注意以下几点：①真实性，替身需要真实地反映主角的内心世界，避免过于戏剧化或夸张，以保持剧目的真实性；②艺术辅助，可以使用音乐等艺术手段辅助替身，增强校园心理剧的表现力和观赏性；③角色定位，替身应该清晰地将自己定位为主角的内在自我，而不是主角的对立面或其他角色；④技术运用，在使用替身技术时需要考虑到剧情的连贯性和整体效果，避免“为技术而技术”。

总之，替身技术在校园心理剧中是一种重要的技术，能够帮助主角探索和表达内在的情感和想法，促进校园心理剧的教育和治疗目标的实现。通过替身技术的使用，校园心理剧可以更生动、形象地在舞台上展现剧情，深入挖掘角色的内心世界，加深观众对校园心理剧的认知和感受。

2. 角色互换

角色互换是校园心理剧中最基本、最核心的技术之一，是一种角色扮演的变形。该技术包含两种类型：相互的角色互换和具象的角色互换。前者指的是主角与其他人之间的角色互换，而后者指的是主角与自己或客体的角色转换，通常以象征的方式呈现。简单来说，角色互换是让主角扮演与他相关的其他角色，同时被替代的角色则扮演主角的角色。这样的设计旨在让主角从他人的视角看问题，培养主角对他人的理解能力。当主角与生活中某个重要人物存在冲突时，导演通常会选择使用这一技术。

在校园心理剧中使用角色互换技术时主要包括以下几个步骤。第一，角色扮演的准备：在剧目创编过程中，主角和其他角色（配角）根据故事原型中的重要场景、台词、动作、剧情发展等进行排练。第二，角色互换的引入：在剧情中，当需要主角理解与自己有冲突的他人的感受时，导演可以引导主角与配角进行角色互换。第三，体验他人角色：主角通过扮演与自己有冲突的他人角色，体验他人的感受和观察自己的问题，从而加深对他人情感的敏感和理解程度。第四，情感共鸣和同理心：角色互换技术使主角能够更深入地理解他人的内心体验、动机和挣扎，从而培养同理心。第五，行为矫正和角色整合：通过角色互换，主角可以重新整合、消化和超越束缚他们的情境，有助于行为矫正和角色发展。第六，反馈和讨论：在角色互换后，主角可以获得团体其他成员的反馈，这有助于主角澄清自我观念和与他人沟通间的差异。第七，冲突解决：在问题解决环节，角色互换技术可以帮助主角从他人的角度看问题，寻找解决冲突的方法。第八，角色互换的结束：在主角获得足够的体验和洞察后，导演可以引导主角和配角回到原来的角色，或者进一步探索其他角色互换的可能性。

以上步骤展示了角色互换技术在校园心理剧中的具体操作流程，旨在帮助主角通过体验他人的角色来增进自我理解和解决心理冲突。

（三）空椅技术与镜像技术

1. 空椅技术

空椅技术是心理咨询和治疗领域常用的一种技术，源自格式塔疗法，由弗里茨·皮尔斯（Fritz Perls）发展而来，其理论基础主要来源于精神分析学派和人本主义心理学。它强调通过角色扮演和对话来探索个体与环境之间的关系，以及个体内在的冲突和欲望。这种技术通过让来访者在两张椅子之间转换角色，来表达和探索内心的冲突和情感。其主要作用是帮助来访者更好地理解自己的情感问题，处理人际关系问题，以及解决内心的矛盾和冲突。在校园心理剧中，导演为了处理主角个人内或个人间的冲突，也常常采用这一技术，即运用不同的椅子（或垫子）代表主角个人内或个人间不同的冲突力量，并且使之对话。[①]从本质上讲，空椅技术也属于角色扮演，是让主角去扮演冲突的所有部分。通过这种“面对面”的方

---

① 代欣然，刘衍玲，刘帮国等. 校园心理剧助力中职生心理健康发展. 现代中小学教育，2019，35（5）：54-58.

式，空椅技术可以促进主角的成长：首先，空椅技术可以让冲突双方直接接触，主角可以直接表达自己的想法与观念，宣泄那些被压抑在心底的情绪，从而抒发不良情绪；其次，空椅技术还可以让主角与过去的事件和人物发生联系，解决主角过去生活中的遗留问题，使其处理这些未完成的事件。

根据解决的问题不同，空椅技术的操作手段也不一样。具体来说，空椅技术可分为对话式空椅法和倾诉宣泄式空椅法。

对话式空椅法主要用于解决主角个人内部及主角与外界的冲突，包括自我对话式和他人对话式。自我对话式，即来访者分别坐在两张椅子上，分别扮演自己内心冲突的两个部分，通过对话来实现内心的整合。这可以帮助来访者处理内疚感、负罪感和自责心理，或者在面临选择时澄清自己的价值观和分析各种选择的利弊。他人对话式，即模拟与他人的对话，来访者在两张椅子之间转换角色，一张椅子代表自己，另一张椅子代表他人。这有助于来访者站在他人的角度考虑问题，从而理解他人，提升人际交往能力。

倾诉宣泄式空椅法主要用于情绪的疏解，具体做法是：在主角前面放一把椅子，让主角假想椅子上坐的人就是自己想与之交流的对象，然后主角对着椅子说出自己想说却没有机会或没有勇气说出的话，将内心压抑的想法或情感倾诉出来，从而减轻心理负担。

空椅技术的适用范围主要有三个方面。

1）内心存在两个势均力敌、相互冲突的成分，这种冲突在主角心中存在已久，是主角个人难以解决的问题，属于个人内的冲突。例如，由于某些原因，主角做了违背自己道德准则的事情，虽然自己不是故意的，但事情还是发生了。其结果就是主角整日处在一种内疚、自责和后悔的情绪中，内心非常痛苦。

2）与主角相冲突的一方是外部因素，这属于个人间的冲突。例如，主角和父母由于某件事情引发的冲突，主角同朋友间产生的矛盾，或者主角在人际交往方面的退缩等都属于这一类。

3）未完成的事件，即主角在现实生活中无法控制的事情，这时空椅技术会被用于哀伤辅导。例如，主角的某个重要他人由于意外突然离世，主角完全没有心理准备，这给他的心理造成了巨大创伤。

2. 镜像技术

镜像技术就是指让一个配角扮演镜子，模仿主角的全部，包括主角的动作、行为、语言等，让主角在模仿者的模仿中看到自己，如同照镜子一样。克莱门特 • 格林伯格（Clement Greenberg）曾说过：“很多人无法看清自己的问题，这是非常正常的。因为他们离自己的问题太近，是直接的参与者。”[①]这与中国古话“当局者迷，旁观者清”表达的意思是一致的。主角有时会深陷于一个事件或一段恶劣的关系中而不知如何是好，严重者甚至会钻牛角尖，此时就需要有一个契机出现，能够让主角以旁观者的身份看待问题。校园心理剧的镜像技术正好为这一需求提供了解决之道。

对于主角来说，通过配角的模仿以旁观者的身份看到自己，可以促进心理治疗的进行。尤其是当主角深陷于情境之中，不敢或不愿面对自己的内心情感，对情景处于一种抗拒状态时，导演使用镜像技术可能会获得出人意料的效果。亚当 • 布拉特纳（Adam Blatner）认为，“镜像技术是强有力的面质技术”[②]。当主角处于一种退缩或抗拒状态时，镜像技术可以将面质冲突双方的关系转移到三角关系中，避免了主角直接面对冲突，从而在一定程度上缓解了主角在面对冲突情景时产生的消极情绪。当站在第三者的角度看待二人关系时，主角可以重新思考双方的关系，用系统、客观的视角看待双方的冲突，并发现一些隐藏在自己心里的想法和信念。这些都有利于激发主角重新诠释双方的矛盾、冲突，检视自己和他人的行为，增强对内心世界的自省。

在校园心理剧的实践中，我们可以通过以下案例来具体展示镜像技术的操作流程：

剧情背景：一位初三学生因手机使用与父亲发生严重争执，导致父子关系紧张。

剧目编排：在剧目的编排阶段，教师（即导演）、主角（即事件的亲身经历者）和配角共同工作，重现故事中的关键场景、对话、动作和情节发展。主角提供事件的第一手资料，而配角则依据主角的描述和自己的直觉来模拟事件。在排练中，如果发现有不符合实际情况的地方，教师会暂停排练，引导主角利用镜像技术，从角色中抽离出来，以旁观者的身份观看配角的表演，并提出修改建议，以确保配角能够更准确地再现事件。

冲突解决：当剧情进展到解决问题的阶段，教师引入镜像技术，

① 克莱门特 • 格林伯格. 艺术与文化. 沈语冰译. 上海：上海三联书店，2022.

② 亚当 • 布拉特纳. 心理剧导论——理论、历史与实务. 张贵杰，孙丕琳，李文心等译. 台北：心理出版社，2004.

创造一个“跨越时空的回顾”场景。在这个场景中，主角通过一个虚构的观察工具（如魔镜、梦境或神秘窗口）回顾冲突发生前后的情景。例如，主角可能会看到父亲在争执前的焦虑和担忧，以及争执后父亲的内疚和懊悔，这有助于主角更深入地理解父亲的行为和情感。

通过这个案例，我们可以看到，在校园心理剧中，镜像技术的运用能够使主角以第三人称的视角来观察和理解自己与他人的行为及情感，促进情感释放和心理洞察。这种技术不仅增进了主角对自己情绪和行为的理解，还促进了对他人情感的共鸣和理解，最终实现心理治疗和情绪调节的目标。

总之，镜像技术为主角提供了重新思考的框架，打破了主角思维上的僵局。但需要注意的是，主角在观看配角的模仿时，可能会产生强烈的情绪体验，导演需要进行适当的疏解。此外，配角模仿的就是主角的角色，因此他需要真实地呈现主角的行为方式。如果配角只是为了表演而表演，这不仅会影响校园心理剧的治疗效果，还可能会对主角产生负面影响。

（四）神奇商店、雕塑技巧与附加现实

1. 神奇商店

神奇商店也被称为魔术店，采用了类似于商店买卖的模式。神秘商店的存在只是虚构的，里面展示的商品实际上代表了人们拥有的各种无形品质，这些品质无法真正用金钱购买。这些品质就像是可以实现的魔法愿望，但是主角必须用自己所具备的品质来进行交换。比如，一个辅助角色扮演店主的角色，店里出售各种东西，如梦想、健康、成功、权力、财富等，主角则扮演买家，表达自己想要购买的物品及其原因。随后，店主会询问主角是否愿意用自己拥有的什么东西来进行交换。主角必须拿出等值的东西才能交换自己想要的东西。在交换过程中，店主还可以和主角进行讨价还价，让主角思考自己的交换行为是否值得。

2. 雕塑技巧

雕塑技巧来自社会测量技术，通常要求主角通过雕塑的方法表达自己和家庭成员的关系。例如，主角把自己放在父母中间，然后哥哥排在他的后面甚至背对父母，他们之间的距离也是不一样的，可能哥哥与家庭其他成员的距离最远。此外，每个成员的姿势都是由主角来决定的。当完成雕塑后，主角来讲述整座雕塑的含义，并和每一位家庭成员进行交流。

通过这个活动，观众可以了解主角的主要困惑和内心情感，而主角通过这个过程也可以认识到自己的价值观念，明确自己想要的是什么，以及拥有什么，从而引发学生对自己价值观的重新审视和思考。

随着时间的推演，校园心理剧出现了许多不同的技术，其中有许多技术富有创造性和想象力。这些技术的效果取决于导演的机智和恰当运用。在应用这些技术时，还应考虑所在地区的文化背景，并做出适当的改良，以更好地促进学生的身心发展。

3. 附加现实

附加现实是校园心理剧中常用的一种技术，允许参与者将内心的想法、感受、幻想、期望或记忆中的事件，甚至是不可能发生的情况，通过角色扮演的方式在现实舞台上表现出来。这种技术特别适用于探索和处理那些难以用言语表达的复杂情感与心理状态。例如，处理学生与父母之间的冲突，通过角色互换来理解对方的立场；探索学生对未来职业选择的焦虑，通过预演不同的职业场景来减少不确定性；帮助学生处理失去亲人的悲痛，通过与逝去亲人的“对话”来表达未尽的情感。

附加现实技术的作用主要包括如下方面。第一，审视与重要他人的关系。通过附加现实技术，主角可以与自己的一位重要他人一起审视和讨论一段关系。这种技术可以帮助主角探索和解决与他人的关系问题。第二，与圣贤、宗教人物的对话。主角可以和某位圣贤对话，这种技术可以帮助主角探索精神层面的问题和寻求心灵的慰藉。第三，补偿经历。附加现实技术可以让一个过去未受充分关心、滋养与保护的人在设定场景中获得相反（被关爱、保护与良好对待）的经验。第四，去除或改变有罪恶感的场景。这种技术可以让个人得以去除或者改变某些让他觉得有罪恶感的场景，有助于主角处理内疚和自我宽恕。第五，死后生命体验。这种技术可以让个人想象自己死后进入天堂或在下一世中得以遇见某位重要他人，从而重新审视自己的生命。第六，扮演有权力的角色。这种技术可以让个体扮演某个有权力的广为人知的角色，或做出某些远超过现实所能达成的事，有助于主角探索和审视与权力和能力相关的问题。第七，超越人类限制的能力体验。这种技术可以帮助主角体会飞翔或超越人类限制的能力，使其体验到自由和解放的感觉。

总之，附加现实技术通过对想象与扮演的延伸与聚焦，为校园心理剧提供了一种探索和处理主角的内心世界与心理问题的强有力的工具，可以使主角在一个安全的环境中体验和表达他们的感受，从而促进自我理解和心理成长。

三、演出中的注意事项

校园心理剧的演出阶段还要注意以下事项。

（一）对主角的保护

在校园心理剧的演出中，主角可能会遭遇团体成员对其肢体动作和即兴表演的质疑或批评。当主角从表演状态回到现实情境时，他们需要了解团体成员在观看其表演过程中的理解和接受程度。如果团体成员能够做出支持性回应，那么主角就不会产生不愉快的情绪，也不会觉得自己和别人不一样。然而，当主角处于脆弱状态时，给予他一些理性的分析和建议可能会对主角造成伤害，这是导演在校园心理剧过程中需要特别关注的事项，也是导演的重要使命——保护主角不受伤害。

（二）各种设备的调试

导演在带领队伍熟悉场地时，不但要对演出进行细致调整，还要对灯光和音响等各种设备进行全面调试。处于青少年阶段的学生年龄相对较小，他们的生活和社会经验也比较少，活动组织能力还不足，所以导演要把控好每个细节，以确保他们能够成功演出。

（三）对观众的安排

此外，观众的安排也是非常重要的一部分。在演出前，导演要根据观众的特点（包括年龄和社会角色等）来确定观众的位置。一般来说，观众主要包括学生、老师、父母以及社会人士等。在位置距离的设置上，通常是首先安排学生位置，让学生观众的座位离舞台相对近一些，其次是安排老师、父母和社会人士的位置，他们的座位离舞台相对较远。此外，观众与舞台之间需要保持适当的距离，既不宜过远，也不宜过近。若观众距离舞台过远，可能会降低校园心理剧的感染力；而若观众距离过近，则会给表演团体带来压迫感和紧张感，可能对他们的表现产生影响。

第三节　校园心理剧的分享及其技术

表演是校园心理剧的一种情绪释放、情感体验、认知冲突的过程，而分享则是对校园心理剧进行整理和调适的过程，是校园心理剧作用得以真正发挥出来的不可或缺的环节。[①]若要使每一场校园心理剧演出都能引发演员和观众强烈的认知冲突与深层情感体验，分享是必不可少的环节，它可以帮助学生理清自己的认知、宣泄自己的情绪，并形成恰当的应对策略与方式。更关键的是，这种互动交流提供了一种真实的检测，在互动交流过程中，学生可以理清自己的思路，发现问题的关键所在，帮助学生解决类似的心理困惑，从而促进每一位学生的自我觉察和自我成长。

一、分享的目的

为了提升校园心理剧的影响力并促进学生的情感共鸣，重要的是打破观众与表演之间的界限，让学生真正融入校园心理剧的剧情中。一种有效的方法就是分享，即鼓励学生之间的交流和反思，让他们深刻体验并思考校园心理剧所带来的感悟，将剧中情境与个人实际生活相联系，并将个人情感融入剧情中。校园心理剧中的分享旨在促进学生的情感表达和自我反思，增强同理心和团体凝聚力，提供社会支持，以及鼓励学生积极参与和促进其学习与成长。通过分享，学生能更好地理解他人感受，探索问题解决策略，并在心理健康教育中获得深刻体验。

在分享环节，重点不在于学生讨论的质量，而是鼓励他们表达真实感受。分享的真正价值在于激励学生的参与热情，只有当台上台下的学生能够真诚交流时，他们才能产生心灵上的共鸣，从而实现校园心理剧的辅导功能。

在分享阶段，导演也要让参与表演的学生谈谈自己的感受和体会，主角可以把自己在表演过程中的情绪变化、内心的矛盾等和大家分享，配角也可以把自己在表演过程中的情感体验和对主角表现的感受说出来，还可以让观众把自己的观察与感受以建设性和支持性的方式不带批判地说出来。通过交流与分享，学生可以获得更多的经验，同时，导演要因势利导，适时地点评，引导学生对校园心理剧中所反映的是非进行讨论，以加深学生的理解，从而使他们获得更多的启发。

通过校园心理剧，学生学会从不同的视角看待自己，并在校园心理剧结束后有现实检验的机会，从而增进他们对自己情感和行为的理解，为调整自己的情绪和改变自己的行为提供可能性。此外，如果学生所遇到的问题与校园心理剧表演者所遇到的问题有共通之处，那么学生更能从校园心

---

① 李玉荣. 对校园心理剧实践操作中若干问题的思考与实践. 中小学教师培训，2012（12）：54-56.

理剧中获得启发。

二、分享的技术

在校园心理剧中，演出和分享阶段常常交错进行。也就是说，在校园心理剧的演出过程中，演员们可以随时进行分享和讨论，甚至可以根据台下观众的意见对演出进行临时修改。这就对参与表演的学生提出了较高的要求。他们不仅需要具备出色的表演技巧，还需要具备灵活的串演和应对各种情况的能力。这种能力可以通过培养和训练来获得，学生们完全有能力掌握这些技巧。

随着校园心理剧的落幕，导演应引领主演们重返舞台，几位配角也应一同上台，随后导演将向参与此次演出的全体成员阐释“分享”的重要性，例如，“在刚刚的表演中，主角已经把他自己的人生经历和大家进行了分享，现在请各位团体成员思考一下主角的每次表演给你带来了什么？在他表演的情境中，你体验到了什么？在这个过程中，请大家不要使用‘分析’和‘判断’的方式，而是以支持、关心和真诚的态度将内心感受分享给其他人”。此时，通常会有几个成员主动表达他们在过去或现在的生活中遇到的问题和冲突，并与大家分享自己的感受。导演也会请配角将自己所扮演的角色的感受以及对现实生活的感触与大家分享。

在校园心理剧中，与人分享是非常重要的一环。它是一个集体宣泄并且整合的阶段。当主角表演完毕后，全体成员都聚集在一起，围绕表演内容分享自己的感受和体验。不管是采用何种方式，全体成员都要与观众分享他们在刚才的表演过程中所体验到的感受、想法和对自我的启发。当表演完毕后，主角会进行自我反思，并从饰演的人物和观众那里获得反馈。在分享活动之初，导演常常会提醒团体成员要遵守三条原则，即不要分析、不要提出建议、不要发问，也就是不对主角提出进一步的问题。①

王友权在《在校园排演心理剧的实践与思考》一文中提到，“心理剧演完后，我们经常会组织各班学生与表演者一起现场进行讨论，谈谈各自的想法，拓展心理剧的演出效果。在学生们热烈讨论的同时，教师及时地做一些点评，深化学生们对剧情的理解。另外，我们还进行了‘观后感’评比，这些举措让学生们分享心理剧情的同时，也分享了各自的收

① 刘嵋. 校园心理剧团体心理辅导与咨询. 北京：清华大学出版社，2016.

获”[①]。这说明分享不仅可以是一种现场互动，也可以是一种感悟或心得体会。

此外，分享方式除了言语形式，还有非言语形式，如表情、动作等。表情是指将自己的感受和体验通过一个表情传达出来，如微笑、疑惑、喜悦、悲伤等；动作是指将自己的感受和所体验用一个简单的动作表达出来，如跳跃、拥抱、握手、敬礼等。尽管分享的方法多种多样，但是在分享的过程中也存在很多问题。

三、分享中的问题及解决方法

（一）可能出现的问题

在团体中，坚持己见的情况是非常常见的，团体成员经常会使用“我认为”或“我觉得”这种判断式的表述作为开头以表达自己的意见和评论。此时，导演必须马上阻止该成员继续表达自己的观点，可以对发言的成员说：“现在不是讨论这个问题的时间，先说说在刚刚的表演中你被主角感动的地方吧。”一旦有成员出于习惯性的自我防御心理，仍然坚持表达“你觉得……”或“你要……”时，导演应该要提醒对方：“你的意思是‘我觉得’是吗？”

（二）问题的原因

如果在团体中没有人愿意分享，则可能有以下原因：①团体暖化不够；②团体凝聚力不足，使得团体成员不愿意打开自己的内心世界；③团体成员不能理解主角所表达的情境；④主角与团体成员之间在价值观上存在差异。

（三）如何解决

一旦团体成员出现抵抗分享的情绪时，导演需要不断地重述：“主角已经和大家分享过自己的故事了，大家如果不能给主角一些积极的回应，是不是有一些不公平呢？”此外，导演也可以让主角说出，从他自己的角度看，团体中的谁最有可能被他的表演所感动。[②]

大多数时候，分享会顺利进行，适当的分享是一种创造。有时候，一个成员的分享，往往可以触发下一个校园心理剧的演出。比如，某个团体成员可能表示“真想把这段关系重新拉回来，在那个时候做一个更

---

① 王友权. 在校园排演心理剧的实践与思考. 中小学心理健康教育，2006（6）：54-55.

② 熊淑萍. 让幸福来敲门：高校心理健康辅导与矫治. 南昌：江西人民出版社，2015.

好的决定”，那么，这个团体成员就可以在导演的指导下成为下一个校园心理剧的主角。实际上，一个长时间的演出，可以包含几个连续的校园心理剧，因为一个校园心理剧可能会引发另一个校园心理剧的演出，我们称之为“剧中剧”。所以，团体成员和主要人物彼此之间的分享是相当重要的。

第四节　校园心理剧中的审视及其方法

在审视阶段，导演及演员需要对已经完成的校园心理剧进行反思、回顾、评价和分析，这一阶段主要是校园心理剧团体的自我成长与提高过程。

一、审视对象

在审视阶段，审视工作需要在导演的指导下，在主角以及团体成员的共同参与下进行，主要是探讨演出过程、演出目标、演员分享以及演出技巧。

审视工作主要是指分析已经完成的表演过程，对角色扮演的情况进行分析，具体从以下方面进行：首先，让学生就表演时间的长短、团队凝聚力、演员和导演的开放程度等进行讨论交流，并发表自己的看法；其次，对校园心理剧的教育效果进行评估，根据其是否达到或是否超过预期目标对剧本进行再次修改；再次，探讨演员们的演出表现，加深演员们对剧本的体验，并对表现好的演员加以肯定，对表现不足的演员则提出相应的改进意见以帮助其进步，或者在讨论结束后让学生按要求重演，强化行为的塑造，以此来培养和提高学生的表演能力与临场应变能力，进一步达到角色扮演的目的与功能；最后，结合分享阶段观众分享的内容进一步完善校园心理剧，使校园心理剧更具感染力和表现力，对内容进行完善后，还可以对校园心理剧中使用到的技术做一个总体回顾，关注校园心理剧中各剧情的衔接和转场是否合理、恰当，校园心理剧中使用的技巧是否符合当时的情境，是否达到预期目标，是否能帮助主角解决问题，是否还有更好的方法可以使用等。

二、审视的方法

在审视阶段，导演还需考虑如何使演员和观众能将他们在校园心理剧的表演或观看过程中所体验到的感悟、反思和所学到的经验应用于现实生活中。因为在相对封闭和包容的环境下，学生会感到安全，能够自然地表达自己的情感，并通过观察和模仿学习到一些行为。然而，在实际生活中，这些技能的应用可能面临一些挑战。这也是导演需要考虑的一个问题，需要导演在审视阶段进行反思。

对导演来说，审视是整个校园心理剧完成后一个非常重要的环节，在这个环节，导演可以探讨校园心理剧中理论的假设是否合理，技术运用是否恰当等。这是校园心理剧中结构理性的部分，主要目标是导演通过分析包括主角在内所有团体成员的行为，来了解校园心理剧中每一幕、每一个介入点是否恰当等。①

三、审视的要素

在审视阶段，导演还要考虑以下几个要素。

第一，如何把在校园心理剧中感悟到的经验用于实际生活中。在相对安全的环境中，团体成员能够自然地分享自己的感受，并通过角色训练学习一些行为。但是，现实生活中的环境复杂，团体成员能否把校园心理剧运用到现实中是导演需要考虑的重要事项。

第二，记录。在一个目标导向的团体中，每个人的参与是非常有限的，所以，导演必须对校园心理剧包括计划、讨论等在内的整个过程进行有序记录。

第三，计划下一次的演出。校园心理剧作为一种连续性的团体辅导活动，当某一次校园心理剧表演结束后，团队成员便可共同探讨下一场校园心理剧的计划。若团队成员中有人自告奋勇希望担任下一次校园心理剧的主角，那么下一次的校园心理剧就可以围绕他的愿望来选定主题。

第四，支持。如果主角因群体冒险性的演出变得非常脆弱时，导演需要预留一部分时间给他提供支持，通过团体成员的信任、支持和关心来帮助他。

演出结束后，导演可以根据团体的性质自行引导团体成员选择结束活动，可以让大家手牵手围成圆圈，或者选择以某一个点为中心，让团体成员自己选择距离中心点的位置，通过这种方式可以进一步了解某个团体成员在整个校园心理剧中的动力倾向。这个环节结束后，团体成员一起唱大家熟悉的歌曲。最后，处理收尾时的情绪，因为团体成员在活动中进行了情感的表露和交流，彼此之间产生了一种亲近感，这会让团体成员在分开

---

① 邓旭阳，桑志芹，费俊峰等. 心理剧与情景剧理论与实践. 北京：化学工业出版社，2009.

时有极其不舍的情绪，导演可以让团体成员将难舍之情表达出来，如可以让成员之间互相赠送临别寄语，或让大家紧紧地拥抱在一起，互相合影留念，一起相互珍重道别等。

经过上述阶段，一场完整的校园心理剧就结束了，导演可以计划下一场校园心理剧的演出了。

第六章　校园心理剧的准备工作

心理剧起源于戏剧艺术，以其独特的表现形式、针对性强和显著的治疗效果，已成为团体心理治疗中备受瞩目的一种形式。它不仅具有治疗和辅导的功能，还兼具教育意义，已在欧洲的中小学教育中得到广泛应用，成为许多国家师范教育课程的一部分。特别地，校园心理剧作为心理剧中一种更为细致的分支，因其对学校、学生、家长以及教师的广泛吸引力，已成为一种流行的心理健康教育方式。

校园心理剧主要面向学生群体，基于特定的教育或辅导主题，在各种场所（如舞台、操场、教室或空地）通过戏剧化的形式，展现学生在成长过程中可能遇到的心理问题，并进行深入探讨。这种活动不仅具有教育意义，还能提供辅导功能，同时兼具审美和治疗效果，有助于学生在创作和表演过程中发掘自身的心理潜力，促进自我成长。然而，由于校园心理剧是一项需要众多参与者参与的团体活动，特别是当学校组织大型主题性校园心理剧时，其所涉及的部门和动员的学生数量都相当多，构成了一项复杂的系统工程。为了确保其效果，从主题的确定到最终的演出，相关人员都需要进行周密的准备和精心的策划。

关键概念

校园心理剧的准备：在校园心理剧活动开展和实施之前所进行的筹划和安排，分为主题准备、组织准备和实施准备三个过程。这三个过程是校园心理剧得以有效实施的前提，影响着校园心理剧活动的效果。

主题准备：主题准备是指确定校园心理剧要解决的主要问题。校园心理剧属于团体心理辅导活动，解决的问题一般不针对个别学生，而是学生发展过程中带有普遍性和典型性的问题，包括学业发展、人际交往、自我成长（青春期心理）、情绪情感（恋爱心理）、社会适应与生涯发展（职业选择）等。

校园心理剧的结构：校园心理剧由三部分构成：明确心理问题、解决心理问题和分享讨论。[①]明确心理问题是指识别并理解学生典型的心理问

① 周国韬. 中小学校园心理剧探析. 现代教育科学，2007（8）：49-50.

题和产生这一问题的原因。解决心理问题是利用各种策略方法与心理剧技术来解析和应对问题。分享讨论是指演员和观众在导演的引导下分享自己的感悟与经验，强调结合自身实际谈感受，而非评判剧情及演出。

自我同一性：自我同一性是埃里克·埃里克森（Erik Erikson）心理社会发展理论中的一个重要概念，属于个体自我意识的范畴，指个体对自己的本质、信念和重要特征的前后一致及连续完整的意识，即个体能够正确认识不同的自我，将不同层面的自我统一起来，其反面是自我角色混乱。确立自我同一性是青春期发展的核心任务。

内容提要

校园心理剧是进行心理健康教育的崭新途径，广受中小学师生的欢迎。学生通过自创、自编、自导、自演校园心理剧来探索解决自身心理困惑的方法，亲身体验表演过程中的心理变化，进而感悟现实成长中蕴含的道理。这种综合性的实践活动需要我们从一开始就认真计划和精心筹备。筹备工作是由上至下进行的，确定领导小组和各级组织机构有助于更好地开展下一步活动。主题选择和剧本创作的准备是筹备工作的重中之重。剧本主题确定之后，素材的收集主要从校园日常生活入手，首先开展学生心理问题的背景分析，其次选取典型问题，将现实问题写入剧本，运用心理技术深入解构这个问题，在剧中展示心理困惑的各种解决策略。整个过程需要学校领导的大力支持、心理辅导老师的专业指导，以及同学们的积极参与，最终才能成就一台完美的校园心理剧。

第一节　校园心理剧的主题准备

人的成长离不开其所身处的环境。随着年龄的增长，青少年的生活空间不断拓展，逐渐走出家庭的保护区，接触到学校和社会的各个方面，身边的环境更加复杂多变，带给个体自身的影响也更为深刻。尤其是青春期，个体发展的主要任务就是自我同一性的良好发展，形成一个完整、统一的自我概念至关重要。事实上，个体出现心理问题或者心理不健康，其根源就是“自我”出现了问题，即没有一个完整、整合的自我概念，出现了自我的角色混乱，或者“自我”与“现实”发生了冲突，出现理想的我和现实的我、应该的我和实际的我之间的尖锐矛盾。如果这时个体又缺乏足够的社会支持，其心理发展就会出现危机，容易产生各种心理健康问题。因此，要维护学生的心理健康，首先需要探明心理问题，确立心理素质发展主题，这是校园心理剧的首要准备工作，即主题的准备。

一、基于自我发展的问题

心理学家埃里克森认为，自我意识的发展是持续一生的过程，进而将人一生的心理发展分为八个阶段，每一阶段有着不同的人生主题和需要完成的任务：①婴儿期，从出生到2岁，满足生理上的需要，发展信任感，克服不信任感，体验着希望的实现；②儿童早期，2—4岁，获得自主感而克服羞怯或疑虑，体验着意志的实现；③学前期或游戏期，4—7岁，获得主动感和克服内疚感，体验着目的的实现；④学龄期，7—12岁，获得勤奋感而克服自卑感，体验着能力的实现；⑤青年期，12—18岁，建立同一感和防止同一感混乱，体验着忠诚的实现；⑥成年早期，18—25岁，获得亲密感以避免孤独感，体验着爱情的实现；⑦成年中期，25—50岁，主要为获得繁殖感而避免停滞感，体验着关怀的实现；⑧老年期（成年晚期），50岁直至死亡，主要为获得完善感和避免失望和厌倦感，体验着智慧的实现。[①]如果某一阶段的任务没有得到完成，将有可能影响个体一生的发展。

埃里克森的心理社会发展阶段理论指出，青春期的孩子面临角色混乱和自我同一性的冲突，核心任务是完成自我同一性，全面认识自我，为进入成年期做准备。生命成长的深层内涵包括自我同一性的发展、自主性的发展、亲密性的发展、学业成就的发展等。[②]此阶段的学生开始思考这样一个重要的问题："我是谁？"只有成功回答了这个问题，了解自己是一个怎样的人，接纳自己的不足同时欣赏自己的长处，个体才能建立起良好的自我认同感，反之则会出现角色混乱。然而，这并不是一件容易的事情，青少年所面临的社会要求和社会冲突往往会阻碍其成功回答这一问题。

要回答"我是谁"的问题，首先需要进行自我剖析。个体的理想自我

---

① 陈彪. 埃里克森宗教心理学思想及其贡献. 世界宗教研究，2003（4）：93-102.

② 孙建欣. 校园心理情景剧在学生异性交往方面的运用. 中小学心理健康教育，2016（2）：32-35.

和现实自我并不是完全一致的，对于很多中学生来说，也许理想中自己是一个成绩优异的学生，但现实中自己的成绩却处于下游；也许在理想中自己受到父母的重视和宠爱，但现实中的亲子关系淡薄。理想自我和现实自我的差距是青春期各种心理问题产生的重要原因，若是难以接受现实，难以自我悦纳，个体会产生更为严重的自我意识问题。基于中职学生的心理健康调查结果显示，他们大多普遍存在以下问题。

第一，情绪管理能力较低，自我控制能力较弱。生理上的发育速度高于认知能力的发展速度，造成处于青春期的学生出现易冲动、难自控的特点，表现为忧郁、沉默、顶撞、暴怒等现象，女生表现为容易哭泣、歇斯底里，男生表现为故意损毁东西、为小事打架斗殴等行为。

第二，对事态度冷淡，对人怀有敌意。处于青春期的学生对与自身相关的集体活动等显示出置身事外、冷眼旁观的态度，“别烦我”“关我什么事”成为这些学生的口头禅。

第三，偏执。过分在意自己的表现，虚荣心强。对别人的优势和成功表现出嫉妒，无端认为自己是被嘲笑蔑视的对象，有的进一步表现为违法乱纪却没有后悔之意。

第四，难以拥有奋发进取的心态，缺乏年轻人积极追求理想的特质，表现为精神上萎靡不振，学习上不思进取，生活上懒散拖拉，对未来迷茫，极端情况下甚至出现自杀倾向。

第五，依赖心理。遇到生活、学习上的问题，依赖老师和家长予以解决；面对未来的择业、就业问题，也寄希望于学校和家长解决。

第六，缺乏合理的自我意识，存在自我评价不恰当的现象。有的学生既自高自傲又自轻自卑。有的学生品行不端但自我感觉良好。有的学生专注于自己的缺点而忽视了自己的长处和优势。①

自我的发展与成熟问题是青春期学生比较典型和突出的问题之一。青春期是人一生中的“暴风骤雨”时期。青春期的生理发育带来的身体变化、心理发展产生的思维方式的变化以及竞争压力的增大等，使这一时期的学生在学习、生活、人际交往等方面都会面临各种挑战，从而容易出现心理危机。如果不能及时、有效地处理这些心理危机，将会对学生的心理健康造成不良影响，严重时甚至会导致行为问题或人格缺陷。

---

① 陈小梅. 关于开展校园心理剧活动的思考. 福建商业高等专科学校学报，2006（6）：17-20.

二、基于人际关系的问题

（一）家庭人际关系的矛盾

家庭教育是青少年早期成长的决定因素，错误的家庭教育容易导致青少年的问题行为。对于学生的成长，学校和教师的教育仅会产生部分影响，家庭和监护人的行为才会产生决定性影响。教育孩子不仅是学校和老师的使命，更是家长的责任和义务。父母是孩子的第一任老师，孩子美好品德、良好习惯的养成，更多依靠的是父母的言传身教。家庭教育和学校教育应相辅相成，家长和老师应相互配合，共同营造良好的家庭环境和校园环境。

部分中小学生的原生家庭并不完整，或为单亲家庭，或为重组家庭，或是隔代抚养。复杂的家庭结构给学生带来了诸多问题，如父母离婚是把我抛弃了吗？如何面对继父继母？如何与无血缘关系的兄弟姐妹相处？祖辈老人身体不好，我该怎么办？这些家庭的学生往往存在着各种问题，却得不到解决。他们有可能被忽视和排斥，不知道如何解决和家庭成员的人际关系问题，从而产生敏感、多疑、自卑、孤僻、焦虑、忧郁、敌对或者自我放纵等消极心理。

案例一：在运动会上，同学们在操场上大声地给班上运动员加油助威，先天残疾的女生黎某却一个人孤独忧伤地坐在草地上。班主任听说该女生与异性发生了不愉快的事，很担心她的状况，特来寻求心理辅导老师的帮助。心理辅导老师邀请黎某来到咨询室，和她聊天时假装猜出她有一个很帅的异性朋友，她很惊讶又有点崇拜老师。在取得她的信任后，老师深入了解了她的家庭情况：她有一个优秀、漂亮的双胞胎妹妹，亲人们都更喜欢妹妹，因为她从一出生就有先天残疾。她怨恨上天不公平，于是自我放弃，离家出走，导致家人更加失望。为和责骂她的妈妈赌气，她动不动就割腕自残。有一次，她和一个社会上的男生交往，男朋友一句话让她想不通，她就买来一把锋利的刀割腕，割了自己两刀，最后缝了 10 针，血淋淋的场面吓坏了大家。她说：自己就是控制不住自己的情绪，很容易冲动，但事情过后又会后悔。为了不让其他同学和老师发现自己做过蠢事，她便故作积极地参加了秋季运动会的跳高比赛，但其实她在跳高时伤口还在流血。[①]

① 本章中的案例均出自成都市建筑职业中专校的校园心理剧剧本集。

自卑并不是先天残疾的必然结果，案例中的黎某由于得不到家人平等的关注而变得自卑，又因为潜意识中想要获得关心而变得冲动易怒，但结果适得其反，甚至产生了连妈妈都不关心她、厌恶她、嫌弃她的想法。家庭原本是最安全、最舒适的庇护所，但却成为黎某憎恶的地方。亲人之间的冷落埋下了人际交往障碍的种子，让黎某产生了不信任感和不安全感，进一步发展为和同学、老师的交往出现问题。这是典型的家庭问题、自我问题和人际关系问题，是具有教育意义的、值得被讨论的剧本素材。

案例二：汪某，男生，17 岁，家庭关系紧张。该男生身材高大，帅气，头脑灵活，性格外向，喜欢打抱不平，在班上属于活跃分子，在学生中的人气很高。有一天，该学生找到心理辅导老师，低下头说自己不知道怎么和只大自己几岁的后妈相处，每天回到家除了吃饭就只能窝在自己的房间，家对他来说很压抑，简直就是噩梦。

学生自诉：父亲是搞工程的，平时很忙，家里经济情况不错，父母在我 10 岁时就离异了，都重组了家庭，自己和父亲生活。新妈妈的年龄比自己大不了几岁，随着年龄的增长，自己越发不知道怎么与新妈妈相处。父亲常不在家，和新妈妈又没话说，一回家就进入自己房间，很孤独，也很压抑。我很想自己的妈妈，可离开妈妈这八年只见过她两次面，而且见面时妈妈都不准他叫妈妈，因为妈妈跟那位叔叔说自己没结过婚，就不认我这儿子。每当这时我真的很想哭，自己的妈妈明明在眼前却不能叫声妈妈，只能叫阿姨。八年了，我真的好想我的妈妈，可我找过很多次都没找到她，但我不会放弃的。人家都盼周末，可我怕周末，我宁愿在学校也不想回到那冰冷的家。

这个案例提醒各位教师，学生在学校中表现优秀不一定代表着学生没有烦恼，每一位学生都需要教师的关心。该案例反映出重组家庭中的人际矛盾问题。首先，在父母离婚过程中，汪某看到的是亲人间相互攻击、相互仇视的消极关系，父母各自重组家庭后都忽视了对他的关注，让他对亲密关系、亲子关系产生了恐惧。其次，母亲恶意的忽视给汪某造成了心灵创伤。最后，青春期对异性的关注增加，但汪某不知如何处理与继母的亲子关系，无人指导他如何将对广义上异性的关注升华至亲子之爱，因此感到焦虑、烦躁，缺乏安全感。

案例三：伍某，男生，17 岁。生活学习习惯良好，举止有修养，但少言寡语，性格内向。他的堂哥成绩优异，考上了重点大学，还读了博士。家长是某大学的员工，对他期望非常高，要求他以堂哥为榜样，也考上重点大学。伍某初中就读于重点中学，但之后成绩逐渐下降，因此非常自卑、压抑，动辄和班主任顶撞，和家长赌气，最后故意放弃学习，以对抗家长。初中毕业时，他连升学考试都没参加就直接到了成都市建筑职业中专校就读。

脑科学和神经科学的研究成果告诉我们，每个人的智力因子都是独特的，有的人擅长学习，有的人擅长运动，有的人擅长音乐，有的人擅长绘画，并不是所有人都要通过读博来找到未来的出路。案例中的父母有着典型的望子成龙的攀比心态，一味地拿别人家孩子的长处与自家孩子的不足进行对比，提出超出孩子能力的、不切合实际的要求，无视孩子的感受。伍某也未能正确处理与父母之间的矛盾，以消极的方式抵抗父母的管教，最终造成学业焦虑、内向、自卑等心理问题。

家庭教育在儿童成长中的作用非常关键，甚至可以说决定了孩子一生的命运。目前的家庭教育还存在着许多问题。几乎所有家长都期望自己的孩子健康快乐地成长，但家长的一些实际行为却常常与期望相违背。在“不打不成器”“棍棒底下出孝子”“父梦子承”等不良教育理念的影响下，家长的教养行为只会令孩子厌烦和反抗。这样的教养方式并不能让孩子真正健康快乐地成长，还可能导致孩子出现很多心理困扰。

案例四：成都市建筑职业中专校的校园心理剧《在路上》的片段展示出家长简单粗暴地对待孩子的情景。

旁白：程石站在班主任老师的面前，一副视死如归的样子。

老师：说吧，今天是怎么回事。

程石：我就是不想记笔记！

老师：你是不是有情绪？

程石：我没情绪，我就是不想记笔记。

（父亲在门外听到这句话冲进来便狠狠地打了程石一巴掌）

父亲：（使劲捏着程石的耳朵）你这个混账，我花钱让你来读书，你就是这样回报我的！啊？！干脆你就别读了！

剧中程石的家长信奉的是“棍棒出孝子”的观念。这样的家长听到孩子犯错时就会控制不住自己的情绪，甚至当着他人的面打骂孩子。这种行为会刺伤孩子的自尊心，让孩子觉得自己在外人面前丢了面子，不仅不能达到教育目的，还会让孩子产生逆反心理。

（二）师生人际关系的矛盾

在学校教育过程中，最重要的关系莫过于师生关系。作为学校教育的动力系统，师生关系制约着教育的进度，影响着教育的成效。和谐的师生关系是所有老师和学生的美好期盼。大多数中学生的心理发展还不成熟，自我约束的能力相对较弱，是非对错的判断能力较差，和老师有疏离感，拒绝老师的权威，对老师的批评很反感，容易出现不愿服从、顶撞、将建议当耳旁风、不往心里去等现象。

案例五：成都市建筑职业中专校的校园心理剧《在路上》的片段取材于课堂上一场真实的师生冲突。

这时，老师注意到程石的笔记本上空白一片，大家都在认真地记笔记，为什么平时成绩优异的他却坐在那里动都不动？

老师：（提醒程石）程石，干吗呢，怎么不记笔记？

（程石看看老师，扭过头一副完全没心情搭理的样子）

老师：问你呢，怎么不记笔记？

程石：我就是没记！我穷，没笔！

老师：（面对程石的无名火起，有些惊讶与疑惑）怎么会没笔呢，没笔向同学借呀！

程石：不想借！我就是不想借（他抱着胸，一副完全不妥协的样子。旁边的张茂递给程石一支笔，可是程石完全不接受同学的好意）

老师：你到底想干吗？

张茂：（再次拿笔给他。）

程石：（想到课前张茂的调侃，直接打掉张茂手中的笔）不记不记，我就是不记！我不想干吗！

（笔落在地上，笔帽被撞击后飞出去老远）

音效：下课铃声

老师：程石，下课到我办公室来。通知家长！

旁白：老师十分生气地离开了。谁都知道事情严重了。

……

上述校园心理剧《在路上》不仅呈现了一个具体的师生冲突场景，而且深入探讨了教育情境中的师生关系（理解与沟通）、自我成长（贫困与自卑）、情绪管理等多个重要主题，旨在增进学生、教师和家长对这些关键问题的认识，并促进更健康的教育环境的建立。

（三）同学人际关系的矛盾

青少年时期是与异性交往的敏感期，也是与异性交往的频繁期。但是青少年的心理承受能力较弱，老师、家长如果不在这个时期加以正确引导，不恰当的异性交往会给他们带来困扰，甚至可能会伤害到自己和他人。

> 案例六：张某，男生，18 岁。两年前在某中学成绩优异，由于和一个女孩交往，放弃了考取重点高中的机会。他和女孩进入同一所学校，后来女孩和他断交，和班上另一位男同学交往。张某现在每到夜晚就睡不着。
>
> 张某自述：我太难受了，我已经有一个月没睡觉了。我怕黑，怕静悄悄的夜晚，太恐怖了。我在学校睡不着，回家也是。我好困好困，可就是没法入睡，都要崩溃了，你救救我吧！（说完这番话已是泪流满面）一个月前，对我很重要的女同学和我们班的一个男生交往了。我和她是初中同学，我当时成绩很好，考上重点高中肯定没问题，她的成绩比较差。我们的关系很好，可能就是你们老师、家长眼中的早恋吧。我们无话不谈，眼看中考越来越近了，大家都很焦虑。她说：假如你考上重点高中后，我怎么办？就因为这一句话，我认为她怕失去我，作为男子汉，我应该考虑到她的感受。于是，中考时我就胡乱做题，最后连一般的高中都没考上，她就更不用说了，考得更差。我的家人很失望，因为我家条件不好，爸爸对此很生气，不让我再上学了。在我的家人为我能不能再上学而整天吵架时，我听到一个消息，因为她的家庭条件很好，她的家人花了一万多元钱自费让她读了重点高中。我觉得被愚弄了，很痛苦。
>
> 妈妈不忍心，把我带到了成都亲戚家，送我来到成都市建筑职业中专校，不顾爸爸的反对供我继续上学。我知道这次机会来之不易，第一学期我很努力，加上我的基础好，很快便成为全年级前几名，这让我很开心，逐渐适应了这里的学习与生活。就在这时，我收到了她的信，信中说她过得不快乐，成绩跟不上，想和我一起学习，希望我去找她的家长，让她到我们学校学习。我是一个心很软的人，我又拿

出了男人的担当，为“解救”她，使她开心，我在寒假时到她家劝说她的家长。在第二学期，她来到了我们学校，而且和我同班，她落下的功课我也帮她补上了。

就在她来到我们学校的同时，我们班也转来了一名男生，比我高大（讲到这里时，他低着头，拿纸杯的手抖动得厉害）。前两天她做出一个决定，说找男朋友就要找比自己高的。那个男生和我住同一个寝室，在班上的表现一点也不好。他们两个现在整天都在我眼前晃，我真的太难受了（当事人第二次有背叛感、欺骗感）。现在只要一安静，我就会很空虚、很难受，晚上很难入睡，有一点响动就会被惊醒。

在这个案例中，张某不成熟的恋情是导致其产生心理问题的直接原因，而交往过程中出现的矛盾得不到解决更是加深了他的焦虑、恐惧、被抛弃感、孤独感和无助感，在行为上表现为怕黑、怕安静的夜晚、失眠、做噩梦、不相信周围的人等。若这些问题得不到妥善解决，且张某得不到正确引导，那么“早恋”带来的背叛就会成为他的心病，甚至可能日后他也难以再度发展新的亲密关系。

三、问题的素材转化

以上种种案例涉及青少年生活中的各个方面，包括家庭、学校、人际交往、学业成绩、情绪问题和行为问题等，众多因素相互影响，使心理问题变得更加复杂。针对中职学生的特殊性，成都市建筑职业中专校的教师开展了大量心理辅导工作：调查每一届新生的心理适应情况、为学生做心理测评、全周开放心理咨询室、不间断开展咨询工作、举办贴近学生学习生活的大型心理健康讲座、举办大型的现场咨询活动、开展学生干部心理培训、引入朋辈辅导等。[①]这些面向全体学生开展的心理健康教育工作和活动都取得了较好的效果，帮助学生明确了自我认识，提高了自我调控能力、心理韧性及适应环境的能力，培养了学生良好的个性心理品质和健全的人格。针对少数有严重心理困扰或心理问题的学生，心理辅导老师给予了科学有效的心理咨询和辅导，帮助他们尽快摆脱困扰，提高心理素质。

心理辅导老师还可以利用课外时间，采用多种形式的心理健康教育活动教导学生心理健康知识，以丰富学生的校园生活。但这些活动仍有不足之处，如讲座是单方面传授，无法得知学生接受了多少知识；现场咨询环

① 马全芝. 校园心理剧的实践探索. 当代职业教育，2012（9）：84-87，80.

境嘈杂且时间短暂，无法有效解决学生的心理困惑。因此，我们仍然需要一种影响力更广、受众学生更为全面的心理健康教育方式，开展校园心理剧就是一个非常好的选择。校园心理剧的内容往往是学生真实经验的再现，场景、任务、对话、动作和内心活动都来源于他们生活中的真实事件，这样的表演能引发学生真切的体验，激发学生的自我觉察与反思。

每一所学校、每一个班级都存在具有典型问题的学生，他们遇到的困境可以被转换为校园心理剧的素材，因此，校园心理剧对不同的人群展现出了较大优势。首先，它将现实问题转化为剧本素材，显得真实可信，平易近人。其次，它将敏感棘手的话题搬上舞台这个行为本身就是一种正向引导，向学生们无意中传递一个信息：这个话题不是禁区，不是不可触碰的，而是可以被拿来讨论和交流的，是每一个人在成长历程中都会经历的事件。让其他人知道自己与父母、老师、同学存在矛盾，并不代表自己是个恶人，出现心理问题和行为问题也不代表自己未来没有希望。校园心理剧中蕴含着独特的心理活动过程，体现了心理距离、审美、模仿等心理现象。剧中的心理活动普遍且典型，能引起学生的共鸣，且“演绎他人故事”可以拉开心理距离，调动参与者全神贯注地投入其中，使其在打开心扉的同时能愉快地进行创作，在创作过程中交流感悟和成长。

对于普通科任教师来说，校园心理剧是一种全新的尝试。青春期是自我意识迅速发展的时期，但自我意识的发展并不是没有阻碍的，这个过程存在着很多矛盾和挫折。青春期学生的自尊心强，很在意自己在别人心目中的形象和别人对自己的看法，在意家人、同学、老师对自己的评价，一旦心中的理想形象与现实形象出现落差，个体就会产生危机感，开始自卑、抱怨、叛逆甚至产生攻击行为。部分老师专注于教学，忽视学生的心理特点，过分强调教师的权威与尊严，当学生出现不服从时，冲突也就不可避免。开展校园心理剧是一个与学生共同合作的过程，可以提高教师的教育水平，使他们思考如何更好地处理师生关系。校园心理剧还可以与主题教育活动相结合，班主任可以将这一新颖的形式引入主题班会、集体活动、品德教育活动中。绝大部分的主题班会都以教师说教为主，形式较为枯燥，容易引起学生的逆反心理。教师以包容、开放、民主的心态与学生一起开展活动，能够倾听到学生内心真实的想法和真正的声音。[①]根据活动主题联系相应的教育目标，将班级近期出现的行为问题和不良现象转变

① 郑阳春. 指导学生编排校园心理剧有感. 广西教育，2013（2）：38-39.

为剧本素材，引入校园心理剧的表演中，可以激发学生兴趣，加深他们的情感体验，使他们对自身进行反思，促进他们的心理自我发展与思想品德的完善。

对于心理辅导老师来说，校园心理剧可以和个体咨询、团体辅导等形式结合起来的，使得咨询效果事半功倍。心理辅导老师的咨询手记中充满了学生典型心理问题的记录，是校园心理剧最好的素材来源。学生遇到的心理困惑在个体咨询或团体辅导中得到解答，也可以在校园心理剧的演出中得到巩固。其他学生在观看演出后也可以反思和调整自己的言行，无形中为有困惑的学生营造了良好的班级环境、校园环境，也巩固了咨询效果。除此之外，把校园心理剧用于团体心理辅导不仅可以丰富辅导活动的形式，还可以加强心理辅导老师与学生之间、学生与学生之间的互动，提高学生的参与程度，使学生在心理互助的过程中学会自助，从而提高自我心理调节能力。[①]当心理辅导老师鼓励学生体会自己的感情，启发学生关注自身的感受时，学生便有信心更加客观、准确地认识自我、评价自我。

对于家长来说，校园心理剧像一面镜子，照出了自己和孩子之间存在的问题。学生的行为问题和心理困惑多多少少都与家庭有关，被父母忽视、得不到关注、教养方式过于严厉等原因都会导致中学生产生心理问题。有些话题仅采用谈话的方式是难以引起家长重视的，老师对家长提出的教育建议更多仅停留在口头和表面，不易达到家校合作的目的。老师可以邀请家长观看校园心理剧，这种生动形象的形式可以最为直观地反映出亲子关系中的常见问题，通过剧中的矛盾冲突，展现学生内心世界的斗争，剧中学生所扮演角色的独白、哭泣、呐喊等行为，可强烈震撼家长，打动家长的心灵，促使他们关注孩子的心理发展，调整自己的教育观念和行为。在将现实问题转化为剧本情节的同时，校园心理剧也会利用心理学的分析方法给予解决之道，这样日后现实生活中再出现类似情境时，家长也有可借鉴的处理亲子关系的方式。同时，校园心理剧为得不到父母关注的学生们提供了一个发现自我和展现自我的舞台，学生们出色的表演展示在家长面前，可以让家长看到他们崭新的一面。因此，校园心理剧有助于促进家校合作，可为孩子的心理健康发展护航。

对于编写剧本的学生来说，若是改编自己的故事，那么这个重温的过程能让学生站在旁观者的角度审视自己的心路历程，尽量客观全面地看待

---

① 鲁丹. 校园心理剧对中职生心理健康教育的独特功用. 大众心理学，2015（8）：18-19.

自己的问题，在撰写台词、设计动作的过程中仔细斟酌心理活动，这样创作出的剧本台词更能贴合他们的内心需要，更能反映其内心深处的心声，对他们更有启发作用；若是参考他人的故事，学生在此过程中也会思考"如果是我遇到这样的问题会怎么办"，意识到解决心理困惑的重要性，同时在对话描写和情节推进的过程中甄别合理的反应策略和不合理的反应策略，由此学生开阔了思路，学会了各类心理问题的应对方式。

对于扮演角色的学生来说，虽然其表演经验可能不足，在舞台的空间感、台词的语速和语气、动作表情的起伏节奏等方面都需要得到老师的指导，但是校园心理剧创造了无限接近真实生活的具体情境，更易激发表演者的情绪体验和行为反应，使学生通过角色扮演的方式，通过语言、动作、造型等与主人公产生心灵上的共鸣。校园心理剧的表演能削弱个体的防御机制，挖掘出演员的深层情感。[①]伴随着剧情的发展、心理问题的呈现，无论是否在演出自己的故事，演员们都会尽可能地表现出各种情绪，倾倒出心灵毒素，这一过程也有利于他们调节自己的情绪和心态，起到良好的心理疏导效果。这一过程对于表演者来说也是一次心理素质锻炼和综合能力完善的过程。当学生通过艰苦排练获得满意的演出效果后，他们就会收获成就感和荣誉感。对于某些成绩不好的学生而言，这是他们在平时学习与生活中不太容易体验到的积极情绪，也是素质教育所强调的体验。

对于观看表演的学生来说，随着剧情的推进，不仅是表演者，就连观众的心理压力也能获得一定程度的缓解。观众在观看校园心理剧的过程中也会联想到自身情况，体验剧情带来的冲击和震撼，同时重新审视自己的行为模式，建构全新的认知系统。虽然观看表演的学生不能直接参与表演，但他们也是剧情的参与者，也在不知不觉中成为受辅导者。[②]在这个过程中，观众们在不断进行思考，体验剧中人物的感受，并融入剧情中，与演员同忧同乐，这样在今后遇到相似的挫折、困惑、冲突和矛盾时，他们也都习得了一种新的更合理的处理方式。

第二节　校园心理剧的组织准备

为了更好地发挥校园心理剧的效用，在校园心理剧开展前，需要做好

---

① 孟婷婷，王慧，陈晓倩. 校园心理剧在高校心理健康教育中的应用. 新西部（下半月），2009（9）：189-190.

② 秦娟. 校园心理剧. 中国职业技术教育，2005（23）：29-31.

充足的准备工作。下面以成都市建筑职业中专校为例，来介绍校园心理剧的准备工作。

一、组织机构

高效率的领导组织是校园心理剧开展的必备条件之一。学校可以组织相关人员成立工作小组，每周召开一次例会，具体的组织机构可以包括如下方面。

（一）学校心理健康成长中心或心理辅导室

学校心理健康成长中心或心理辅导室主要负责开展基于学生心理健康的团体辅导和个体咨询工作，包括学校主题性的心理健康宣传月活动。

（二）心理协会

学校依据学生兴趣、自愿参与的原则组建心理协会，由德育处负责，并由心理辅导教师负责指导，针对学生开展各种形式的心理科学与健康的宣传普及活动。例如，成都市建筑职业中专校成立的心理协会始终坚持“赞美自己、赞美他人、赞美生活”的服务宗旨，积极宣扬“真、善、美”的成长理念，广泛宣传和科普心理健康知识，以增强广大在校学生的心理健康意识，提高其心理素质，为构建和谐校园、促进学生成长成才搭建一个优秀的平台。该校心理协会处理了多例学生个案，为学校日常的教育教学活动以及“平安校园”“和谐校园”“健康校园”的创建工作提供了良好的支持。①

（三）校园心理剧工作室

为了有组织、有计划地开展好校园心理剧活动，学校可成立校园心理剧工作室，专门负责校园心理剧的建设工作。比如，成都市建筑职业中专校为了把校园心理剧这一特色工作做好做实，专门成立了校园心理剧工作室，采取周会的形式，主要指导学生的剧本创作和修改，以及处理学生在排练过程中遇到的各种问题，具体包括选择剧本、探讨剧情、指导剧本修改、将心理冲突细节化和外化、进行人物塑造等，最终完成剧本的定稿、演员的挑选、校园心理剧的排练等工作，并以此为核心吸引学校青年教师与学生参与其中，开展大型的团体心理辅导，推动学校心理健康教育工作

① 钟毓，马全芝，兰海等. 打造师生心灵成长的舞台——四川省成都市建筑职业中专校校园心理剧实践与探索. 中小学心理健康教育，2013（9）：41-43，2.

的深入开展。①

以上这些机构的设置，为校园心理剧的有效开展提供了坚实的组织保障和专业支持。

二、专业准备

（一）教师知识储备

校园心理剧是一种寓教于乐的心理健康教育方式。它通过创作、排练及演出的过程，让学生在参与中学习如何面对和解决心理问题。这一过程可以分为三个紧密相连的环节。

1. 明确心理问题

在这一环节，首先要描绘学生在日常生活中普遍会遇到的典型问题，这些问题应该是具有代表性的，但同时要避免极端情况，以确保剧情的普遍性和可识别性。其次要探索这些问题背后的成因，帮助学生理解问题产生的根源，从而更好地面对和处理这些问题。

2. 解决心理问题

在这一环节，校园心理剧剧情将展示学生如何根据他们的心理发展规律来应对挑战。这些应对方式可以是合理的，也可以是不合理的，但都是学生在成长过程中可能采取的策略。校园心理剧通过语言和非语言的形式，如对话、肢体语言和表情等来展现这些应对方式，使剧情更加生动和真实。

3. 分享讨论

这是校园心理剧最为关键的环节，参与者在这一过程中分享自己的感悟，并与同伴相互交流经验。讨论过程应遵循“三不原则”：不分析、不建议、不提问。这意味着成员不应对剧情或角色进行深入分析或评价，而是应该结合个人经历，分享自己的真实感受。这种非评判性的分享环境鼓励学生开放心扉，倾听他人的故事，从而在同伴间建立起共鸣和支持。

通过以上环节，校园心理剧不仅提供了一个让学生探索和表达自己情感的安全空间，还加深了他们对心理健康问题的认识和理解。这种互动和体验式的学习方式，有助于学生在现实生活中更有效地应对心理挑战。

由上可知，校园心理剧并不是普通的戏剧，需要由具有心理学经验的心理辅导老师来指导学生完成整个校园心理剧的演出。心理辅导老师的心理学知识必须丰富实用，能熟练运用各种心理咨询技术解决心理问题，并

① 钟毓，马全芝，兰海等. 打造师生心灵成长的舞台——四川省成都市建筑职业中专校校园心理剧实践与探索. 中小学心理健康教育，2013（9）：41-43，2.

细化应对策略。在校园心理剧的分享讨论阶段，心理辅导老师也需要对学生进行引导，使学生意识到解决心理问题的重要性，并学会对自己的认知、情感和行为进行调节。

可见，开展校园心理剧对教师的心理学知识储备有较高要求，需要教师认真学习，努力钻研。以成都市建筑职业中专校为例，首先，该校的教师尽最大努力查阅资料，广泛收集校园心理剧的文本资料和视频资料。其次，工作领导小组定期组织集体学习，开设专家讲座，进行文献阅读，采用多种形式开展校园心理剧理论、操作程序、技术等方面的培训。参与的教师们对学习抱有极大的热情，相互交流分享、积极探讨，并虚心向心理咨询师和专家学习，努力提升自身的心理健康教育能力。

（二）收集心理剧剧本素材

具体而言，校园心理剧的操作步骤主要包括创作、导演、演出、分享和审视五个部分。其中，创作过程包括搜集素材、确立主题、设置时空框架、安排剧情和完成人物剧本五个环节。[①]有了专业知识的储备，接下来就是收集第一手资料来创作剧本。收集资料的途径和方式是多种多样的：在心理课课堂上，教师可以在教学的同时收集学生发展性心理问题的案例；在主题班会上，班主任也可以向学生们征集剧本素材；在家长会上，教师有针对性地和家长们进行交流，收集挑选学生的典型问题。对于这些素材，心理辅导老师要进行仔细的分析和归类，结合校园内外的种种现象，明确学生的心理动态，把素材综合提炼成符合学生接受能力的故事。

以成都市建筑职业中专校为例，学校心理协会每周组织两次会议，月底将汇总这一个月以来收集的案例，并进行归纳整理。[②]同时，心理辅导老师也要深入学生群体中进行采风，多与学生们进行深入交谈，留意日常咨询过程中比较典型的案例，将其整理成文字材料，作为校园心理剧素材的备选。

（三）学生自编剧本

成都市建筑职业中专校校园心理剧的特色是所有剧本均源于学生自己的创作。活动开始之初，不同学生的态度不一，有的持抵触心理，有的对

---

① 金成玉，田海君．心理剧技术在少数民族学生团体心理辅导中的运用．赤子（上中旬），2016（17）：258-260.

② 马全芝．成都市建筑职业中专校校园心理剧的实践探索．中小学心理健康教育，2017（34）：41-45.

此感到好奇，有的不愿参与活动，还有的想要借此成名。为了让所有学生摆正态度，了解校园心理剧、喜欢校园心理剧、创作校园心理剧，老师们把校园心理剧的相关视频资料在各个班进行播放，通过细致的演示和耐心的讲解告诉学生什么是校园心理剧，怎么创作校园心理剧，以减少学生的顾虑和疑惑，使他们端正心态，积极大胆地参与到这项活动中来。

在这样的宣传下，学生们深受鼓舞和启发，兴致勃勃地记录下自己的生活事件和体会到的感受，并进行认真分析，创作了很多情节丰富、人物鲜活的剧本。在征集了一定数量的学生创作的剧本后，老师们开始仔细筛选剧本，力求选出具有代表性的、能体现学生心声的剧本，并指导学生进行进一步的修改和完善。

与具有专业知识的心理辅导老师、具有文学功底的语文老师相比，学生最初写出来的剧本可能显得生硬、青涩，达不到演出的要求。但是正是在写作、讨论、修改的过程中，学生们将成长过程中的困惑反复咀嚼，在文字的运用中体会心理的变化，并寻求解决问题的有效方法，真正实现了学生自省、自助的自我教育。

（四）心理辅导老师的辅导和引领

校园心理剧中的“导演”等同于设计师、计划者的角色，通常由心理辅导老师担任，主要任务包括如下方面：①确定角色，包括角色的数量和不同角色的性格特征等；②设计情节，将现实事件和戏剧元素融合起来；③指导排练，监督和掌控剧情的发展，最终使演出达到剧本所期待的效果。

在整个校园心理剧的活动过程中，心理辅导老师起着至关重要的作用。心理辅导老师恰到好处的辅导和引导往往能激发学生创作的欲望和灵感，同时也能为学生的参与和表演营造一个安全、信任的环境。特别是在剧本排练时，心理辅导老师的作用更加凸显出来：和学生一起分析角色，把握人物，体会、揣摩人物的内心世界，陪同演员们共同进步。[①]同时，心理辅导老师还要把握全局，综合、恰当地运用各种心理技术，如镜像、定格、内心独白、梦境、替身等。心理辅导老师不能像一般的班主任老师那样表现出过分的支配性与“自我中心”，也不能因一味强调学生的自主而放任自流，需要运用丰富的知识、经验引导学生对心理问题进行分析，找到产生心理问题的深层原因，帮助学生了解问题的真相和实质，使他们

① 马全芝. 校园心理剧的实践探索. 当代职业教育，2012（9）：84-87，80.

产生更好的体验和领悟，达到良好的辅导效果。①

（五）其他准备工作

确定好剧本后，舞台准备、道具准备、服装准备等工作随之而来，此时需要校园心理剧工作组的老师们通力合作，按每人的优势和特长分配工作，一起完成整个校园心理剧演出的准备工作。与此同时，老师们也要把握家长会等机会，与家长们相互交流，以争取家长们的支持。

三、主题选择

有关校园心理剧的主题确立、选择，本书第四章第二节中已经做了详细阐述，在此对一些具体的操作做必要的补充。

第一，选择具有普遍性的主题。主题应针对某一年龄段学生普遍面临且感到困惑的心理问题，而非仅个别学生所特有的困扰。

第二，确保主题具有可执行性。校园心理剧的剧本需要能够借助舞台表演向观众展示有效的问题解决策略，以实现教育和辅导的目标。

第三，深入挖掘主题内涵。在确定主题前，需要进行反复讨论，避免采用过于吸引眼球但可能不恰当的表达方式，确保主题的表达既恰当又深刻。

第四，聚焦于单一主题。剧本应围绕一个核心主题展开，避免主题过于分散，以确保教育和辅导效果的深入、有效。

第五，基于收集的已有素材。主题的确定应建立在广泛收集相关素材的基础上，同时也应借鉴其他学校分享的经验。

第六，创新与实践结合。例如，成都市建筑职业中专校通过专家的引导和实践，确立以“心灵成长”为核心的系列活动主题，如“抚慰心灵”“感恩心灵”“激荡心灵”，这些活动不仅丰富了学生的内心世界，也促进了心理健康教育的普及。

通过关注以上方面，校园心理剧能够帮助学生认识和解决成长过程中遇到的心理问题，能够促进他们的全面发展，成为对学生进行心理健康教育的有效、重要工具。

第三节 校园心理剧的实施准备

俗语说：“成功属于那些有准备的人。”提前做好准备工作可以做到有

① 黄充良. 校长应回归教学一线. 广西教育，2013（2）：36，39.

的放矢，从而达到事半功倍的效果。正如罗马不是一天建成的，任何戏剧在正式演出之前，都要经历一个漫长的准备阶段，校园心理剧也不例外。从制作校园心理剧想法的萌芽到正式登上舞台的这段时间，参与者们都做了大量的准备工作。具体而言，主要包括演出人员准备、演出技术准备、演出场景准备和演出排练准备。

一、演出人员准备

心理剧灵感来源于戏剧，其哲学基础源于生活本身就是极具戏剧性的，戏剧这一艺术形式的使用可以让人产生很多触动内心的情感。为了帮助人们更好地应对生活各个方面的问题，把现代方法应用到治疗中，戏剧中就有了类似角色扮演、模仿、表演和即兴演出等技术的使用。①校园心理剧虽然区别于一般的戏剧，但它具有戏剧的一些要素，其典型特点就是人员的参与和演出技术的融合。任何戏剧都是人力与物力的结合。演出团队和戏剧的关系就好比是弓和箭的关系，一部优秀的戏剧是绝对离不开一个优秀的演出团队的。演出团队的实力从本质上决定了一部戏剧的成功与否。校园心理剧是团体心理辅导的一种活动方式，其主要目的是缓解学生内部的心理冲突，让学生消极的情绪情感得到宣泄，从而使他们培养积极、健康、乐观的心态。因此，校园心理剧的成功，更多的还是同其教育意义和治疗功能的发挥紧密结合在一起的。这也就决定了校园心理剧要想发挥它的功效，需要在演出团队上下大功夫，力求打造一个最优秀的演出团队。

校园心理剧中的演出人员不仅包括参与演出的学生，还包括参与校园心理剧的工作人员。在排演校园心理剧之前，导演要做好演出人员的准备工作。具体来说，应包括主角的选择、配角的选择和工作人员的选择。

首先，主角的选择。主角是一部校园心理剧的核心人物。在主角的选取上，导演应主要根据剧本进行选择，尽量挑选与剧本主角有相似经历的学生，以使选择的主角能够和剧本中的主角产生共鸣，从而发挥剧本的优势作用。

其次，配角的选择。配角是校园心理剧中除主角以外的演出人员，在剧中起着衬托主角和推动剧情发展的作用。导演在选择配角时应该本着学生自愿参与的原则，尽量选择那些与剧本角色性格类似的学生。

最后，工作人员的选择。一部成功的校园心理剧，除了参演人员的精湛演出外，也离不开背后工作人员的默默付出。在选择工作人员时，导演

① 熊莉. 心理剧与戏剧疗法之比较. 黑龙江教育学院学报，2007（3）：61-63.

可以适当考虑班级中那些平时较为退缩或调皮的学生，但仍需谨记学生自愿参与的原则，切不可强迫他人。

二、演出技术准备

在选择好演出人员后，紧接着就是对演出人员进行技术上的培训了。参与校园心理剧，对于大多数学生来说都是较为陌生的，应该怎么做、做什么，都是萦绕在他们脑海中的问题。因此，导演应该对演出人员进行演前技术培训工作，具体包括以下方面。

第一，对校园心理剧的讲解。导演应该对校园心理剧的基本知识进行讲解，让学生知道它的起源、性质、如何操作以及功用，从而对校园心理剧有一个清晰的认识。

第二，指导学生学会在演出阶段中使用各种具体技术。校园心理剧的演出过程中也会使用一些具体的心理技术，如角色互换、对白、空椅技术等。参演人员只有对这些技术了如指掌，才能在表演过程中得心应手地使用这些技术。

第三，幕后工作准备。大部分学生可能之前并没有机会接触演出的幕后工作，面对繁杂的幕后工作容易手足无措。因此，导演应该向幕后工作人员讲明他们工作的范围和职责，如指导灯光师如何控制灯光等，让他们各司其职。只有这样，参演人员才能全身心地投入到表演中，而无后顾之忧。

三、演出场景准备

校园心理剧是一门将导演、演员、观众、音乐、舞台等戏剧要素与心理问题的治疗技术相结合的戏剧。校园心理剧既然被称为“剧”，也就必然需要架设场景，它还兼有戏剧、小品的特点，比一般的心理剧有更强的表演性。①而架设场景就为主角提供了一个心理空间，让主角能够更自主和更具创造性地进行表达。架设场景技术主要是指对舞台的选定和布置。

（一）舞台选定

舞台是指进行演出的场所，是校园心理剧表演的载体。心理剧治疗要设舞台的目的是需要一个容纳演员和观众的场所，构建一个“真实”的空间，使得在场的所有人都有一种身临其境的感觉。导演和参与人员必须在演出前选择合适的舞台，供演员演练各种人生角色，尝试不同的演绎方式，为校园心理剧的顺利演出提供保障。所以，舞台的选择最好同剧情紧

① 秦娟. 校园心理剧. 中国职业技术教育，2005（23）：29-31.

密联系，导演应根据主角的描述严谨、周密地选择舞台，使角色从“彼时彼地”带入“此时此地”而快速入戏。这就需要校园心理剧的参与人员在详细地研究了剧本之后，发挥自身的想象力，就主角想要的舞台形象达成共识。在确定主角想要的舞台形象的过程中，需要注意的是，如果主角在叙述过程中的情绪波动较大，导演应带领主角仔细架设场景，选定舞台，让主角在情绪稳定的情况下走进剧情。

（二）舞台布置

校园心理剧以行动方式进行治疗的过程中，导演可以根据主角的叙述灵活地把场景展现出来。校园心理剧中的每一个场景是和事件发展的时间相联系的，主角总是找某一个特定的时间来表述自己的问题，需要通过此刻的认知来面对过去和未来发生的事件。这种场景分为过去景和未来景，它们分别具有不同的功能和意义。

1. 过去景

过去景是指属于主角过去的一个时空，曾经有过的经验会在主角脑海里留下深刻的回忆。在校园心理剧中，导演通过主角的描述，架设一个过去景，将主角和观众带到过去的时空，去触碰主角过去的经历。架设过去景不仅有助于了解主角现在不适宜的行为习惯和不合理观念的来源，还能在过去景中让主角以现在认为合理的方式去处理未了的事件，疏散其被堵塞的情绪。

2. 未来景

未来景是指主角对未来憧憬的一个时空。导演需要根据主角自身的实际情况架设一个未来可能发生的一个情景，未来景中可以使主角预见行为的后果，让其明白若不改变现有的不合时宜的行为模式可能会产生何种后果。除此之外，未来景还能满足主角的某些渴望，让其在此时此刻未能得到满足的渴望在未来得到满足。

四、演出排练准备

在演出人员和演出技术都准备妥当后，校园心理剧也就进入了排练阶段。排练是对戏剧正式登台前的演出准备。只有通过排练，演出人员才能逐步熟悉剧本，并最终完全了熟于心，在演出时做到胸有成竹，导演也才能在此过程中发现问题并及时解决。排练的次数和质量直接与校园心理剧最后呈现出的效果相联系，因此，导演应做好排练工作，尽量组织多次排练，及时解决排练中出现的问题，从而保证校园心理剧的最终质量。

第四节　校园心理剧准备工作中应注意的问题

校园心理剧的实施过程就是将心理健康教育活动化的过程，是一个创造性地解决问题、助人成长的教育过程。在这个过程中，心理辅导老师扮演着至关重要的引导角色。以下是心理辅导老师在引导学生创作和实施校园心理剧时应注意的一些问题。

1）剧本创作指导：心理辅导老师应指导学生创作真实、简洁、准确的台词，同时鼓励台词风格大胆新颖，但要避免过度浮夸或过度使用网络语言。

2）人物塑造：剧本中的人物性格应多样化，言行要符合其个性特征，避免人物形象单一化。

3）冲突与矛盾解决：提醒学生在剧本中注意不同冲突与矛盾的解决方案应不同，并注意解决冲突与矛盾所花的时间对整个剧目节奏的影响。

4）个人隐私保护：在剧本创作和演出中，要特别注意保护个人隐私，避免涉及敏感或侵犯个人隐私的内容。

5）剧本素材选择：心理辅导老师应选择具有代表性的、能够引起大多数学生共鸣的剧本素材，避免使用受众面小、不能或难以引起学生强烈反响的剧本素材。

6）具体心理问题的界定：心理辅导老师应和学生共同讨论与定义剧本中的具体心理问题，而非由心理辅导老师单方面决定。

7）多角度探讨问题：从教师、学生、父母、邻居等多个视角出发，创造更加真实的冲突情境。

8）情节标准制定：依据一定的标准讨论和分析情节，最好是根据本校的实际情况制定情节标准，避免情节含糊不清或产生歧义。

9）演员选拔：在选拔演员前，心理辅导老师需要了解每个学生的特点，组建异质性较高的团队，同时遵循自愿原则，鼓励需要锻炼表现力的学生担任主角。

10）团队建设：在整个校园心理剧团队中开展暖身活动，可以促进团体成员相互了解，营造一种宽松、安全的团队氛围。

通过这些细致的指导和准备，校园心理剧能够成为促进学生心理健康和个人成长的有力工具，同时也能够提高学生的艺术表现力和团队协作能力。

第七章　校园心理剧的剧本创作

校园心理剧的剧本创作是一个深入挖掘学生生活、反映学生内心世界的过程。一个好的剧本，不仅要紧密联系学生的实际生活，选取学生普遍关心或经历的问题为题材，还要能为学生提供一个安全的环境，让他们能够自由地表达自己的情感和思想，能引导学生在表演过程中加深对自己的认识和了解，发现自身的优势和潜能，鼓励他们在表演中发挥自发性和创造性，通过行动来领悟和解决问题。同时，剧本还应该注重集体启发与带动，不仅能够帮助个别学生，也能够启发和带动整个集体，促进团体成员之间的相互理解和支持，展示如何建立和维护良好的人际关系，帮助他们学习社交技能，激发他们的参与热情，促使他们全身心投入到表演和解决问题的过程中。更重要的是，要注重专业指导与心理技术的应用，确保剧本的科学性和实用性，最终使得创作的剧本能够更好地服务于学生的心理健康成长，同时也能够提升学生的综合素质和团队协作能力。

关键概念

主题思想：主题思想是一个把作者的主观和题材的客观相统一的概念。主题思想是校园心理剧剧本的灵魂，在剧本创作中主要起两个方面的作用：一是凝聚、集中、统一的作用，生活是丰富多彩的，而作品是对生活的集中体现，是对思想的凝练与聚集；二是启发的作用，主题思想使得人们能够从一般的故事情节或普通的动作中获得新的解释与启示。

人物语言：人物语言包括有声的对话语言和无声的心灵语言，包括剧本中的对话、独白、旁白、内白、潜台词等。人物语言是剧本的主要组成部分，其作用包括展开情节、提示人物性格、表现主题思想等。

舞台指示：舞台指示在校园心理剧剧本中是指人物活动的地点和事件发生、发展的空间，是在剧本中以剧作者的口吻来写的叙述性的文字说明，包括对剧情发生的时间、地点的交代，对剧中人物的形象特征、形体动作及内心活动的描述，对场景、气氛的说明，以及对布景、灯光、音响效果等方面的要求。

矛盾冲突：校园心理剧剧本的故事内容一定要有矛盾冲突，矛盾冲突的质量决定着校园心理剧剧本的质量，包括内在（内心冲突）和外在（人与人、人与环境）的冲突，通过具体的舞台形象再现角色内心的斗争，激起观众强烈的情感反应，达到社会教育的目的。

头脑风暴法：头脑风暴法主要指无限制的自由联想和讨论，其目的在于产生新观念和激发创新设想。在校园心理剧剧本的创作过程中，头脑风暴法是一个完善剧本的很有效的方法。每一个新想法的提出，都能引发他人的联想，产生连锁反应，形成新观念堆，从而为创造性地解决问题提供更多的可能性。采用这种方法讨论剧本时，人人都能自由发言、相互影响、相互感染，突破固有观念的束缚，最大限度地发挥个体的创造性思维能力。

内容提要

校园心理剧集戏剧、小品、心理问题于一体，通常通过角色扮演唤起参与者相应的情感。它作为一种心理教育手段，生动形象，参与性、互动性强，集知识性、趣味性于一体，为观众提供了一种发现、思考及解决问题的思维方式，成为一种有效的教育手段。剧本是校园心理剧的核心，是决定演出质量的关键。剧本是排演的蓝本，是学生表演的依据。

校园心理剧剧本的构成要素主要包括人物语言、舞台指示和矛盾冲突三个方面，剧本结构包括提出问题、分析问题、解决问题三个部分，通常是以教师为指导，以学生为主体进行编写。

在校园心理剧剧本的创作过程中，需要以主体性、教育性、发展性和专业性为创作原则，采用悬念、重复、渲染和对比等创作手法进行编写。校园心理剧剧本的创作跟传统的戏剧剧本创作相似，需要时间、地点、人物和事件几个不可或缺的部分，但两者又有所不同，校园心理剧注重心理冲突，展现人物关系矛盾，强调事件发生在校园。

编写校园心理剧剧本有两种方式：一是改编剧本，即把现有的故事或其他艺术形式作品拿来进行改编，改编时要凸显“心理性”，融入心理学的知识原理和技巧，要让学生能深刻体验剧中人物的心理冲突，以解决现实中的心理问题。二是原创剧本，即通过了解学生存在的心理问题，经过筛选、提炼，运用戏剧和心理学的知识原理与技巧来创作剧本。在学校实践中，我们推荐采用更具针对性和适用性的原创剧本，这样能够引发学生更多的思考和感悟。

第一节　校园心理剧的剧本构成

校园心理剧是一种可以使当事人的情感得以发泄从而达到治疗效果的情景剧。演员通过扮演某一角色，深刻体会角色的内心冲突和情绪情感，从而对自己的心理问题有所助益，观众也会在观看的过程中沉浸式体验角色的经历和情感，从而产生感悟，获得成长。创作出一个好的剧本，是排演出一幕好剧的前提与基础。校园心理剧的表演会受到场地、道具、排练时间等因素的制约，相比之下，校园心理剧的剧本创作更为灵活，并不拘泥于剧本的固定模式，允许在排演的过程中随着剧情的发展逐渐完善、丰富和创新。虽然校园心理剧的剧本创作相对灵活，但仍应具备戏剧的基本要素，需要有人物、环境和内容，并对这些构成要素有独特的要求。

一、校园心理剧剧本的构成要素

剧本是一种文学形式，是戏剧艺术创作的文本基础。剧本主要由剧中人物的对话、独白、旁白和舞台指示组成。校园心理剧通过演绎校园生活中的人和事来达到减缓心理压力、解决心理问题的目的。从内容方面来看，校园心理剧剧本的构成要素主要包括事件和人物关系，而本节将从另一方面来讲解剧本的要素，包括人物语言、舞台指示和矛盾冲突。

（一）人物语言

校园心理剧研究、探讨和解决的主要问题是人的心理矛盾与冲突，目的是使人达到更加和谐、健康的心理状态，因此校园心理剧的主题、结构、情节等也要围绕人物来进行，主要通过人物语言来描绘人物的性格特征、行为特征、心理状态等。

1. 人物

校园心理剧剧本中的人物主要包括主角（当事人）和配角（参与者）。主角是指在校园心理剧的矛盾冲突中处于主体地位的人，大多是指遭受心理困惑并急需解决困惑的学生。配角是校园心理剧剧本中做辅助工作的人，通常是当事人生活中的重要角色，如父母、姐妹、兄弟、同学、老师等。配角是十分重要的角色，没有配角，主角就只能唱独角戏。

通常情况下，当事人会与心理辅导老师沟通和描述自己遇到的问题或困惑，在心理辅导老师的鼓励和指导下演绎这些问题（有时，当事人不担任主角，会指派专人来演绎自己的心理问题），并且当事人要选择相应的参与者来扮演配角，并将这些人物的行为特征、情感态度等传达给参与者。在和参与者演出时的交往互动中，当事人能够领悟到自己的心理问题是如何产生和发展的，从而找到解决这些问题的途径和方法。

2. 人物语言

人物语言包括有声的对话语言和无声的心灵语言，即剧本中的对话、独白、旁白、潜台词（即言中有言，意中有意，弦外有音）等。剧本主要是通过台词推动情节发展、表现人物性格的，人物语言是剧本的主要组成部分，其作用包括展开情节、提示人物性格、表现主题思想等。

（二）舞台指示

在校园心理剧剧本中，舞台指示是指对人物活动与事件发生、发展的时间和空间等的阐述，一般是以剧本作者的语气来写的相关的叙述性文字说明，包括事件发生的时间、地点，剧中人物的外貌形象、姿态动作、个性特点，主要角色的内部语言，以及与之相适应的布景、灯光、音响效果等方面的要求。①舞台指示一般出现在每一幕（场）的开端，如果出现在结尾和对话中间，一般会在括号内进行说明。

（三）矛盾冲突

世间的一切事物都是充满矛盾的，人在矛盾的发生、发展和升华中逐渐获得成长。心理问题更是充满矛盾冲突的，校园心理剧就是要通过对心理问题的矛盾性和冲突性的刻画，探寻消极事件对学生心理健康产生的影响，最终达到解决心理问题、获得心灵成长的目的。

校园心理剧的剧本在内容上一定要有矛盾冲突，矛盾冲突的质量决定着校园心理剧剧本的质量，包括内在冲突（内心冲突）和外在冲突（人与人、人与环境之间的冲突）。校园心理剧通过具体的舞台形象再现角色内心的斗争，激起演员和观众强烈的情感反应，起到社会教育的作用。

1. 内心冲突

内心冲突是指发生在人物内心世界里的矛盾和斗争。弗洛伊德认为，自我、本我和超我之间不平衡的状态，会使个体产生强烈的内心冲突，进而影响其认知、情感和意志。②学生处于身心快速发展的关键时期，他们

① 蹇河沿. 编剧的艺术. 昆明：云南大学出版社，2010.

② 弗洛伊德. 弗洛伊德的智慧：弗洛伊德心理哲学解读. 刘烨编译. 北京：中国电影出版社，2005.

会不断尝试新鲜事物，面临很多重要选择，难免会遇到困难和挫折，内心冲突常常伴随而来。例如，考试成绩下滑时，部分学生会陷入认为自己智商不行的自我否定中，不断印证“我不行”的内部语言，但内心却也渴望得到老师和家长的认可、夸赞。

2. 人与人之间的冲突

社会性是人的基本属性，人是无法脱离社会而存在的。在社会生活中，人们建构着自己独特的人际交往网络，形成了复杂多样的人物关系。每个人都是独立的个体，有着各自的个性、身份、地位、文化修养等，对社会的认识和采取的态度是不同的，因此在人际互动中难免会产生矛盾冲突。①例如，学生进入青春期后，独立性和自主性的需求逐渐增加，对于自己的生活渴望拥有更多的掌控权，父母若还像对待小孩子那样过多干涉他们的生活，那么亲子之间很有可能会出现强烈的争吵。

3. 人与环境之间的冲突

人总是生活在一定环境中，如家庭环境、校园环境、社区环境、社会环境等。校园心理剧主要聚焦于与学生息息相关的家庭环境、班级环境和校园环境。学生在刚进入一个新环境时，往往会产生人与环境之间的冲突，这就需要一个适应的过程，如果适应不良，很有可能出现学业发展受阻、心理健康受损等问题。例如，学生在转学之后，需要认识新的老师和同学，还要熟悉新的校园环境，有可能一时之间出现适应不良问题，产生较多的心理压力和消极情绪，进而导致学习成绩下降。

二、校园心理剧剧本的结构

世间的一切事物总是充满了矛盾冲突的，其发展总有一个从量变到质变的过程。心理问题的形成也是一个不断“繁殖”的过程，个体不断积累负性刺激和负性认知，直至形成影响个体正常生活状态的内外化问题，同样，心理问题的解决也是一个“冰块”逐渐被消融的过程。在校园心理剧的剧本创作中，要详细刻画出当事人心理状态的动态变化，生动展现出心理问题从形成、发展到领悟、解决的过程。校园心理剧以探讨和解决学生的心理问题为目的，以学生的心理问题为主线展开剧情，形象刻画出事件的开端、发展、结局，这就是校园心理剧剧本的结构，包括提出问题、分

① 杨睿聪. 社区矫正实施过程中的学校思想政治教育研究：以未成年服刑人员为例. 曲阜：曲阜师范大学，2014.

析问题、解决问题三部分。[①]

（一）提出问题——开端

校园心理剧剧本的开端部分以创设相应的问题情境为主要内容，应生动描绘当事人的所处环境，引出其遇到的心理问题，起到问题提出的作用。

1. 开端的任务

校园心理剧剧本的开端部分主要承担以下任务：①介绍客观条件，开端部分需要自然、生动地交代故事发生的时间、地点、背景等，可以通过演员的语言和动作、演出现场的布置等体现出来；②交代人物关系，开端部分也需要明确阐述各个角色之间的关系，可以通过旁白、称呼等形式交代人物关系；③引出主要矛盾，开端部分还需要在生活化的场景中自然引出全剧的主要矛盾，即当事人的心理问题，激发观众的好奇心，从而形成悬念。

2. 开端的形式

校园心理剧主要以学生生活为主要场景，故事的开端部分自然也要以学生的校园生活为出发点，其艺术表达形式多样，主要包括以下几种：①旁白阐述，可以邀请心理辅导老师或同学扮演旁白的角色，介绍校园心理剧的主要背景、事情的起因或人物的简要介绍；②演员演绎，演员可以做出与故事发生的时间、背景相一致的语言和动作，来反映出故事场景；③舞台布置，可以通过设计相关的背景图、音效、灯光等来布置舞台，以直观形象地介绍问题发生的情景。例如，背景呈现一张正在淅淅沥沥下着雨的操场图片，搭配着下雨的音效和灰暗的灯光，营造出一个雨夜操场的环境。

（二）分析问题——发展

分析问题部分也是故事的发展部分，是校园心理剧的重点内容，需要通过大量篇幅来展开阐述。顾名思义，分析问题部分的主要任务是分析心理问题对当事人产生的影响及其程度，并探讨当事人心理问题产生的原因。演员们通过生动演绎人物间的关系、矛盾冲突等将心理问题层层“剥”开，展现在当事人和观众面前，引发学生们的思考。作为戏剧的一种表现形式，校园心理剧剧本的发展情节部分必须跌宕起伏，使故事发展更具戏剧性和冲突性，这样才能持续抓住观众的注意力，增强观众的代入感，使他们产生共鸣。

---

① 黄辛隐，戴克明，陶新华. 校园心理剧研究. 苏州：苏州大学出版社，2003.

在分析问题部分，演员要通过姿态动作、手势表情、语言语调等形式，也可辅助以旁白或独白等，生动演绎出人物对某一具体事件的心理感受和内心体验，塑造出真实且具体的冲突情景，从而使当事人有所领悟和感受，这也有助于观众在带入自身角色的过程中有所感悟。

（三）解决问题——结局

解决问题部分就是校园心理剧剧本的结局。当事人和参与者经历了前期对心理问题的深刻分析，已经产生了大量感悟，解决问题部分就需要当事人和参与者不断整合角色扮演过程中的感悟，探寻心理问题的原因和解决方法，最终获得成长。此外，分析问题和解决问题不能截然分开，在分析问题的过程中，当事人会有所领悟；解决问题时也必然要先分析问题，并在此基础上整合问题，二者是相互交叉、相互联系的。①

校园心理剧的结局不能太生硬、空洞，应该具有启发性和思考性，展现出当事人从充满冲突的心理状态到更加包容接纳、和谐健康的心理状态的转变，可以通过一定的留白引起观众的回味和思考，帮助观众审视自己的思想和行为，检查自己是否存在相似的问题，如果存在就可以采取一定的方法进行修正。

结局一般采用旁白或独白的形式，也可以通过心理辅导老师的解释来完成。例如，校园心理剧《保护少年的你》的结局如下：

独白：当我打开内心去交朋友的时候，我发现，原来胖胖的女生也可以很漂亮，原来不是只有漂亮的人才可以交朋友。②

第二节　校园心理剧的剧本创作过程

校园心理剧的剧本是校园心理剧的灵魂，它的质量高低直接决定了校园心理剧辅导和教育的作用大小。校园心理剧既要完整展现出学生的心理问题，又要能够解决问题。因此在创作剧本时，必须以学生心理发展的一般规律为基础，以学生的实际生活为依托，揭示出学生的心理矛盾、心理冲突，如学习适应、人际交往、情绪情感等，引导学生在真实的情感体验中探索自己、探索世界，在表演、观看和讨论中实现自我成长，从而自觉

① 王成杰."问题教学法"在《生活与哲学》教学中的应用研究. 青岛：青岛大学，2017.

② 本章中的案例，除特别标注外，其余均出自成都市建筑职业中专校的校园心理剧剧本集。

调整自己的心理状态。校园心理剧就是学生在整理自己的人生剧本，展现自己的内心冲突，燃烧自己的感动，纾解自己的情绪，在人生的舞台展示自己真实的心灵，冷暖欢愉，学会品尝与分享。

一、创作原则

校园心理剧的剧本是决定演出质量的关键，剧本是演员排演的方向标、观众感悟的催化剂。在创作校园心理剧的过程中，学生会不断回忆曾经经历过的事情，并进行艺术加工，以更好地展现出心理问题产生和发展的背景，感悟和成长也会随之产生。①在创作校园心理剧的剧本时，要遵循以下几个原则。

（一）主体性原则

教育的基本功能就是促进人的全面发展，培养学生的主体性。校园心理剧的主体性原则主要体现在三个方面：自主性、能动性和创造性。首先，自主性是指学生自主参与校园心理剧的剧本设计、安排组织等活动，这有利于学生的自我认识和自我实现。其次，能动性是指学生对现实世界的积极反应，校园心理剧的剧本创作一方面满足了学生的写作欲望，增强了其在活动中的参与感，培养了学生的主人公精神；另一方面激发了学生在创作过程中尝试解决问题的欲望，在一定程度上提升了学生的问题解决能力。最后，创造性是指对现实世界的超越，作为一种新的艺术探索形式，校园心理剧的剧本来源于学生的现实生活，也超越了学生的现实生活，学生创作剧本的过程就是一个创造、体验的过程，是学生自我探索、自我认识、自我成长的过程。

（二）教育性原则

“生活即教育”是陶行知教育思想的重要内容，教育必须和生活结合才能产生作用，心理健康教育更是如此。校园心理剧结合了学生成长发展中遇到的典型心理问题，学生在校园心理剧的剧本创作中会深入思考、深刻分析这些问题，努力寻求问题的解决方案，这个过程既是教育自己的过程，也是教育他人的过程。通过贴近学生生活的校园心理剧表演，学生体验到心理困惑和认知冲突，学会积极思考遇到的问题和探索解决问题的办法，实现从思想到行动的转变，校园心理剧由此产生教育作用。②校园心

① 钱丽琴. 中小学校园心理剧的剧本写作探索. 金华：浙江师范大学，2009.

② 程国超. 校园心理剧在心理课堂中的运用. 中小学心理健康教育，2019（29）：20-22.

理剧的教育作用是潜移默化的，校园心理剧的谢幕，往往是更深刻的教育的开始。①

（三）发展性原则

校园心理剧的目的是帮助学生解决心理问题，获得心灵成长，因此校园心理剧的创作过程要符合该年龄阶段学生的心理发展特点，来源于学生的真实生活，刻画学生的真实感受，只有这样才能够发挥校园心理剧的治疗和教育作用，从感知觉层面深入理性思考层面。基于发展性原则，校园心理剧的剧本创作要因地制宜、循序渐进，从不同地区的实际情况和不同年龄阶段学生的身心发展特点出发，创作出更具针对性、适用性的剧本。②

很多校园心理剧受欢迎的原因在于，校园心理剧的剧本展示出了与观众相似的心理困惑，学生在表演或观看校园心理剧时，很容易带入自身经历和感受，从而产生情感共鸣，有了更多的感悟和启发，对心理问题有了更深刻的认识，也学习到了有效的应对方法。学生在参与表演或观看校园心理剧的过程中，一方面逐渐加深了自我认识，形成了健全人格，自尊和自信水平逐渐提升，有助于学生的学业发展和心理健康；另一方面建构了更加和谐的人际关系，人际交往技能得到了提升，学会了在理解、尊重、合作的氛围中友好相处。

（四）专业性原则

校园心理剧剧本的创作跟传统的戏剧剧本相似，需要时间、地点、人物和事件几个不可或缺的部分，但又有所不同，校园心理剧注重心理冲突，展现人物关系矛盾，强调事件发生在校园。基于校园心理剧的这些特点，创作的校园心理剧剧本必须具有心理学的专业性，利用恰当的心理剧技术，生动表达人物的心理活动，展现角色的内心冲突，并且要在剧本的创作与编写中植入积极的心理健康观念，通过校园心理剧导演（一般为心理辅导老师）的解释性、辅导性话语，引导剧中角色或者观众认识自己的内心，积极寻求解决内心困惑的办法。

---

① 高思刚. 中小学校园心理剧. 福州：福建教育出版社，2008.

② 刘桂芬. 高校在运用校园心理剧引导学生心理健康过程中应注意的几个问题. 校园心理，2010，8（5）：327-329.

二、创作流程

（一）明确辅导目标

辅导目标在校园心理剧的所有工作中处于指导地位，剧本创作的工作更要围绕辅导目标来展开，明确的辅导目标有助于后续工作的有序进行，也有助于确保校园心理剧社会意义的实现。[①]例如，在以“自卑”为主题的校园心理剧中，可以将“帮助学生更深刻地认识自己、最大限度地接纳自己”作为辅导目标。

（二）确定主题

更具针对性和适用性的主题是校园心理剧成功的奠基石。校园心理剧是学校心理健康教育的重要途径之一，其题材取自学生的真实生活，主要反映不同成长阶段的学生在生活、学习等方面所产生的烦恼困惑、内心冲突。主题内容主要包括以下几方面：①入学适应问题，如遭受校园欺凌、环境适应不良、生活自理能力差、自我认知失调等；②学业问题，如注意力集中障碍、考试焦虑、厌学情绪、缺乏学习动机、学习方法不当、考试成绩不理想等；③人际交往问题，如亲子关系紧张、同学关系或师生关系不和、宿舍关系失调、异性交往不当、社交恐惧等；④情绪问题，如情绪低落或暴躁、消极情绪体验过多、情绪调节能力差等；⑤性格问题，如攻击性强、过于内向封闭、人格障碍等；⑥其他心理问题，如盲目追星、网络成瘾、神经症性障碍、自杀预防等。

在确定校园心理剧的主题时，要以是否符合学生的实际心理需要、是否符合学校心理健康辅导的需要、是否具有典型性和普遍性为标准。[②]同时要注意，在校园心理剧中，主题是否明确很重要，在一个校园心理剧中，如果暴露的心理问题太多、太泛，就可能会影响校园心理剧的最终效果。

（三）剧本的编写

确定好校园心理剧的辅导目标和主题之后，需要进行剧本的编写，具体步骤如下。

1. 成立剧本创作小组

剧本创作小组一般包括心理辅导老师和存在相关心理问题的当事人。首先，以自愿为前提，心理辅导老师可以在心理健康课和个案辅导中寻找

① 宋金枝. 心理辅导新看点：中学校园心理剧. 思想理论教育，2007（22）：81-84.

② 高思刚. 中小学校园心理剧. 福州：福建教育出版社，2008.

有相关心理问题的部分学生作为主要创作人员。学生将大部分时间和精力都放在学习上，编写剧本的时间有限，加之生活经验不足，心理体验相对比较表面，分析问题较为片面，因此在编写剧本时需要心理辅导老师的帮助和指导。①

剧本创作一般采取集体创作的原则，这样可以集众家之所长，克服学生片面看待问题和老师无法切身体会等弊端。成立剧本创作小组可以使学生在编写剧本的过程中互相帮助，共同成长。

2. 收集素材

确定主题后，还要有相应的创作素材，一般会选择学生最为熟悉、了解最透彻、体验最深刻的素材。巧妇难为无米之炊。素材是剧本的基础，素材选取应本着三个原则：①有利于主题的表达；②有利于角色的塑造；③有利于情节的编织。

剧本创作小组的成员在这一阶段的任务是收集相关素材，把自己或者身边同学遇到的相关事情、当时的内心活动详细记录下来，同时分别对不同班级、不同年级的同学进行调查，了解当他们遇到相同或类似的事情时是怎么想的，又是如何做的，有怎样的心理冲突和心理体验，并向其他人（如父母、老师等）收集他们的想法、做法，以及为什么这样做等相关资料。②

3. 完成初稿

在完成初稿的过程中，创作小组的同学和老师之间相互分享自己的经验与感受，以及自己收集的素材，互相给予情感支持与鼓励，共同协商矛盾冲突的解决方法，达到心灵共同成长的目的。③创作初稿的一般步骤如下：①分类整理，并初步筛选所收集的素材；②分析心理问题的前因后果，确定故事发展的梗概；③聚焦心理问题，运用一定的技术手法来生动刻画心理冲突，常见的心理问题呈现方法包括旁白、独白、对白、舞台布置、情节引出等；④实现问题解决，中小学生心理问题常见的解决途径包括但不限于心理辅导老师的辅导、冲突过后的冷静对话，以及对人、事、物持更加包容和接纳的态度等。

---

① 王立. 校园心理剧剧本创作在中职心理辅导工作中的运用. 职业，2015（32）：121-122.

② 高思刚. 中小学校园心理剧. 福州：福建教育出版社，2008.

③ 王立. 校园心理剧剧本创作在中职心理辅导工作中的运用. 职业，2015（32）：121-122.

4. 实践检验

初稿完成后要经过实践检验，在排演中反复修改后才能定稿。

5. 规范定稿

格式规范的剧本有利于创作小组、导演和演员整体把握剧情及剧中人物的关系，与校园心理剧的演出效果有着直接关系。因此，剧本编制切忌格式混乱，一般来讲，剧本中应包含编剧、辅导目标、剧情简介、主要人物、道具、剧本正文等内容。①

三、创作手法

在校园心理剧剧本的创作过程中，需要采用一些艺术手法，使故事情节发展在符合常理的同时也能够跌宕起伏，从而吸引观众的注意力，激发观众的好奇心，进而引起观众的共鸣和反思，精准表达主题思想，达到校园心理剧的辅导目标。校园心理剧常用的一些创作手法包括悬念、重复、渲染、对比等。

（一）悬念

悬念是戏剧中的重要艺术手法，悬念的有效运用直接关系着校园心理剧的演出效果。悬念能够在剧情发展中激发观众的好奇和期待，使他们迫不及待地想要继续看下去，以了解其情况、探究其原因。②在校园心理剧的剧本创作中运用悬念时，需要注意以下几点。

1. 矛盾冲突的提出和解决之间要拉开距离

采用悬念技巧时，之所以要把矛盾冲突的提出和解决之间拉开距离，一方面是因为悬念的不断强化和矛盾冲突的发展之间是相互促进的，舞台上一旦呈现出矛盾冲突，就会“抓”住观众的注意力，矛盾的发展变化时刻牵动着观众的内心，观众会密切关注矛盾的发展状况和最终结局；另一方面是因为真实生活的状态就是已出现的矛盾不会在短时间内立刻被解决，矛盾从发生、发展到解决的整个过程是迂回曲折的。

2. 切忌绝对保密

在使用悬念时不能对观众绝对保密。完全对观众保密只会使观众产生惊讶，并不利于推动故事情节的发展。给予观众一些悬念相关的线索，则可以引起观众持续的注意和期待。在校园心理剧的情节发展过程中，应该

---

① 宋金枝. 心理辅导新看点：中学校园心理剧. 思想理论教育，2007（22）：81-84.

② 黄辛隐，戴克明，陶新华. 校园心理剧研究. 苏州：苏州大学出版社，2003.

给予观众一些暗示故事发展方向的线索，让观众发现其中的预兆，预先知道冲突的关键所在，这样可以使他们更容易理解人物的内心世界、行为动机，最后产生情节发展都在“意料之中”的感觉。

3. 整体悬念和小悬念结合

整体悬念是指在刚开场就呈现出的当事人所面临的最大心理问题，支撑着整个校园心理剧的框架。校园心理剧结束之时就是问题得到解决、整体悬念落幕之时。整体悬念的提出有利于观众对校园心理剧主题的把握。但是如果只有整体悬念，观众很难全程保持高度集中的注意力，兴趣会逐渐减退，因此需要增加丰富多样的小悬念，展现当事人内心世界一次次的纠结拧巴、矛盾冲突。整体悬念和小悬念的结合可以使故事情节更具趣味性、紧凑性，更引人入胜。

（二）重复、渲染

在艺术作品的整个故事发展脉络中，要抓住主要人物、主要情节，并对此做浓墨重彩的描绘，进而揭示主题。[①]重复和渲染是校园心理剧中突出主要矛盾的重要艺术手法。

1. 重复

重复是指在故事发展中反复出现的关键场景、动作、语言、道具乃至音效，以表达当事人内心冲突的发展变化和内心想法的转变。重复手法的使用可以有效刻画出人物的成长发展，引发观众的思考，增强校园心理剧的教育作用。需要注意的是，重复并非机械地多次复刻，而是需要体现出发展性，自然描绘出人物自身层层递进的变化和成长、人物之间逐渐紧张或缓和的关系等。

2. 渲染

渲染是对重点场次、情节等加以淋漓尽致的描述，利用人物的表演或者舞台的效果增强作品的戏剧性，突出人物的内心冲突。[②]渲染手法通过对视觉、听觉、情感等方面的处理，运用色彩、光影、氛围和语言等元素创造出特定的氛围和意境，以帮助观众更好地融入作品中，“沉浸式体验”校园心理剧所传递出的情绪和意义。

（三）对比

世间的一切特点都是在相互对比中才存在的，如高低、美丑、善恶

① 罗文德. 谈引导学生判断文学作品的主要人物. 广西教育，2000（11）：27.
② 郑希付，罗品超. 学校心理健康教育. 北京：中国人民大学出版社，2016.

等。在校园心理剧剧本的创作过程中，对比也是常用的一种艺术手法，这种高度艺术化和典型化了的对比描写，能够凸显出学生的心理问题，引起观众更多的思考和领悟。在校园心理剧中，对比手法的具体运用主要包括人物之间的对比、情节发展的对比、性格前后的对比、心理状态的对比，以及语言、节奏等方面的对比。①

四、注意事项

（一）在教师的指导下，以学生创作小组为主体

在实践操作过程中，校园心理剧的创作应该是在教师指导下，学生为创作主体，师生共同完成的。②指导教师主要扮演引导者和启发者的角色，引导剧本清晰呈现问题的发展脉络，启发创作者分析素材的合理性、适用性，挖掘和再现学生真实的想法与心理体验，必要时指导教师也要随时给学生提供剧本编写的知识、技巧等。此外，学生应该有其创作自由，指导教师不应该把自己的价值观强加在学生身上，应该让学生们充分发挥其主观能动性，激发他们的潜能，鼓励他们写出学生最真实的心理状态。

目前，剧本创作的主体性问题中，有两种倾向都不可取。第一是完全由学生编写。校园心理剧不同于其他艺术形式，呈现和解决学生心理问题的最终目的是实现学校教育。如果校园心理剧的剧本仅仅依靠学生来编写，缺乏教师的指导，往往会出现主题挖掘不深、事件选取不典型、心理冲突和心理问题的展现不够充分等问题。第二是完全由教师编写。校园心理剧来源于学生生活，其素材、语言、行为表现方式越贴近学生实际，越能激发学生的真实体验与感悟。但是，指导教师的学生时代和学生所处的时代往往间隔多年，学生的心理发展必然会受某些时代特征的影响，因此教师创作的剧本往往脱离学生实际，学生们很难带入自身，很难有更为深刻的思考和感悟，由此会阻碍校园心理剧产生广泛的教育影响。

（二）充分利用各种资源

虽然剧本的创作应以创作小组为主体，但并不局限于创作小组。由于受生活经验、心理发展水平的限制，有些相关事件和情节是学生成员们难以体会的，如教师、家长等成人角色的心理体验。③这时可以邀请相关的

① 刘嵋. 校园心理剧团体心理辅导与咨询. 北京：清华大学出版社，2016.

② 李玉荣. 对校园心理剧实践操作中若干问题的思考与实践. 中小学教师培训，2012（12）：54-56.

③ 高思刚. 中小学校园心理剧. 福州：福建教育出版社，2008.

教师、家长和学生一起参与创作，这有利于强化剧本的真实性。同时，在共同创作剧本的过程中，学生与教师、孩子与家长、教师与家长之间的沟通也得到了强化。

（三）强调立意上的正向引导

校园心理剧通常以心理问题和心理冲突的产生、发展、解决为整体故事脉络，在整个剧本的创作中要注意对学生导以正向价值观。在校园心理剧的结尾部分要避免出现自伤式、逃避式的结局，剧本内容要刻画出消极应对方式的消极后果，以及积极应对方式的可取性，要让学生意识到只有积极应对才能从根本上解决问题，从而在学生心中种下正确看待问题、积极应对问题的种子，致力于挖掘学生内心深处的生命能量和自我成长的渴望，着眼于开发学生潜能，塑造其健全人格。

第三节　校园心理剧的剧本创作案例分析

下面，我们以成都市建筑职业中专校校园心理剧剧本创作过程为例，说明校园心理剧剧本的具体创作流程。

一、组建创作小组

学校成立了“心理剧筹备小组工作室”，负责校园心理剧的组织筹划、剧本创作、排练表演、分享总结等工作。

在心理剧筹备小组工作室的带领下，学校心理协会每周组织两次会议：周一布置任务，要求会员关注身边同学的情绪情感变化并做好记录；周五开总结会，总结大家收集到的案例。每月月底，在心理辅导老师的指导下汇总该月案例，对典型的、贴近大部分学生实际生活的案例进行归纳整理。此外，心理辅导老师需要将平时咨询中遇到的典型案例整理成文字材料。①

在以上工作的基础上，心理剧筹备小组工作室集合优秀教师，以周会的形式指导学生创作校园心理剧，完成剧本的定稿、演员的遴选、心理剧的排练等工作。所有校园心理剧的剧本均源自学生真实生活中的故事，由学生自编、自导、自演，还原学生本色。

① 马全芝. 校园心理剧的实践探索. 当代职业教育，2012（9）：84-87，80.

二、收集材料

校园心理剧的剧本以学生为主要创作团体，以学生遇到的心理困惑和心理问题为主要内容，以学生“自编、自导、自演”为主要原则，为了最大限度地发挥校园心理剧的教育作用，剧本必须取材于本校学生的真实生活，贴合本校学生的心理发展特点。因此，校园心理剧的剧本需要原创，这不同于普通的舞台剧。

在校园心理剧还没有被普遍接受时，剧本收集工作是很难进行的，因此首先要开展相关的普及宣传工作。心理辅导老师可以先在班级内普及校园心理剧的基本常识，激发学生对校园心理剧的好奇和兴趣，这有助于增加学生们对校园心理剧的创作、演绎等工作的参与度。除此之外，每学期伊始，学校都会开展“构建和谐校园，塑造阳光心灵”系列主题征文活动，倡议学生围绕身边的事、说心里的话。因此，心理辅导老师还可以从师生的征文中挖掘有意义的故事，并加以归纳整合。

经过大力宣传，校园内形成一种更加开放、接纳的氛围，学校和老师鼓励每个学生勇敢表达自己、表现自己，学生们纷纷开始记录自己的心理活动和情绪体验，产生了很多原创剧本。

和“折翼天使”的聊天

在学校时，这位女生表现优异，是学校文艺部的核心成员，现在从事工程预算工作。作为中专生，她告别校园太早，还没有享受光华，就已踏上职业之路。我一连询问了几个问题：“公司发展前景怎样？和其他同事能和谐相处吗？工作能胜任吗？”女孩风趣地回答：“老师，你是在怀疑我还是在怀疑你自己，你来瞧瞧我这段时间被阳光轻吻的脸，就知道就算我搞不赢工程预算工作，也可以提个扁担去锦里卖张飞牛肉，而且还不用化妆呢！”

她说她很想她妈妈，去年在成都买了一个小房子，母女俩过上了滋润的生活。我这才知道她是单亲家庭，爸爸妈妈很早就离婚了，女孩一直不愿面对父母的离异。在父亲离开时，她便充当了爸爸的角色，时时刻刻保护着妈妈，变得敏感、坚强。我告诉女孩：“爸爸妈妈应该有他们自己的人生，你不必为谁承担，你是你自己，也许有一天他们会因为亲情而再一次产生联结，这一切都是因爱而分，也因爱而合，因缘而合，你只是女儿，你有你自己的人生。”女孩沉默，发来了一句话：“也许该顺其自然！”

生活中，不是所有人都是幸福快乐的，大多数人都有自己的悲伤与无奈。部分学生有着复杂的家庭结构，或单亲家庭，或重组家庭，或隔代抚养；部分学生可能被忽视、被排斥、被暴力对待，因而变得敏感多疑、自卑孤僻、焦虑忧郁、敌对甚至自我放纵等。①校园心理剧的剧本创作，应鼓励学生把心中累积的情感能量释放出来，用最真实的感受来书写与表达，创作剧本的过程就是一个自我审视成长之痛、自我寻求心灵成长的过程。同时，通过这样的方式，老师不仅能了解学生的心灵故事，给予学生鼓励和支持，而且能让很多与当事人有相同心理困惑的人寻找到解决问题的办法，还他们一颗明媚的心。

三、剧本创作的过程

（一）归类分析，找出典型代表

在广泛征集剧本的基础上，创作小组对上百份学生剧本进行归类整理，选出其中最具代表性、最能反映学生普遍存在心理困扰的内容，然后将这些剧本的作者们集中在一起，让他们加入剧本创作小组。

在创作“感恩心灵”中的《最后一班地铁》之前，校方恰好接到了毕业生李小霞的电话，电话中她哭诉初入职场的遭遇，说同事都针对她，故意在背后说她坏话，尤其是一起分到目前工作的这家公司的贾云。而后她离开了这家公司，不久以后贾云也离开了公司。

这两位同学曾经在学校都是品学兼优的同学，出演过第一季校园心理剧，是什么导致了他们难以适应职场？我们团队发现之前的校园心理剧或是心理辅导都关注在校学生，注重学生的家庭问题，但对即将步入社会的准职业人没有相应的辅导，造成学生初入社会的不自信与茫然、不善沟通、缺乏解决问题的能力等问题。

我们征求了两位同学所在公司领导的意见，他们普遍反映问题如下。

对李小霞的评价：做事认真、能吃苦，但对新的事物表现得不够积极，不擅于面对自己的错误，不懂得如何处理和同事、领导之间的关系，最后导致其放弃工作。

对贾云的评价：性格乐观、开朗，和同事、领导也能融洽相处，

① 马全芝. 成都市建筑职业中专校校园心理剧的实践探索. 中小学心理健康教育，2017（34）：41-45.

但自我效能感不高，对超出能力的事情选择逃避或放弃。

因此，我们的校园心理剧团队几经调研，决定创作一部以“职场”为话题的校园心理剧《最后一班地铁》，以职业人的身份反思过去、反思校园生活、反思人生，最终得到自我成长，学校里最后一班地铁即是人生的第一班地铁。

（二）确定剧本梗概及标题

剧本梗概是整个故事发展脉络的概括，有助于创作小组和演员们把握主要矛盾和主要问题。在已经完成了确定剧本主题、收集剧本素材的工作后，创作小组就该开始编写剧本的故事梗概了。

首先，确定主要人物和主要冲突，简要描述主要人物的性格和需求，以及简要概括矛盾的冲突性，描述要简练且具体，但不可过于抽象；其次，着重描绘故事的走向，体现剧本的总体构思；再次，对于某些重要情节要重点描绘，如矛盾冲突的爆发和解决；最后，一般人物可省略，对于重要的对白，可用描述的方式把意思表达出来。

以《最后一班地铁》为例，最初剧本结构的创意来自一个日本短剧，该短剧内容是：一个职场失败的人在回家的电车上，遇到了以前自己曾伤害过的前妻和女儿、自己伤害过的同事及曾经救过的女孩，主人公在和他们简短的谈话中对曾经的不解和仇恨感到释然，并反思过往，尤其是被主人公挽救的小女孩的茁壮成长，更是给男主角带来了继续生活的勇气。

我们召集了部分学生一同分析该剧，觉得该剧值得借鉴，但是该剧中的主角人已步入中年，而我们的主角是初入职场的中职毕业生，且该剧中出现的人物也脱离了我们的创作现实。因而我们初步商议运用该故事结构来构架我们的剧本，但是对剧中的情节做一些修改：将原剧中遇见的前妻和女儿变成在孤儿院中一同长大的妹妹，男主角为了能被人收养而丢下了自己的亲妹妹。在男主角丢了工作、落魄时遇见了自己的妹妹，妹妹过得很好，且对过去的事情全然释怀。男主角遇见以前的同事的故事加以保留。第三个救小女孩的故事改为遇见时尚青年送花给男主角以鼓励他。

剧本的标题往往需要和主题密切相关，使之更具有冲击力和想象空间。例如，我们校园心理剧第二季的主题是“感恩心灵”，因此我们将《我们想握着你的手》改成《掌心里的温暖》，将《地铁救赎》改成《最后一班地铁》，将《想你》改成《来不及说爱你》。

（三）对剧本内容进行修改

在确定故事梗概后，创作小组、心理辅导老师和心理协会的同学一起对剧本内容进行修改。校园心理剧的剧本不能单纯地为讲故事而讲故事，为解决冲突而解决冲突，而是在演出结束后，给创作者、演出者和观众解开一个心结，放下担负已久的精神包袱。因此，修改剧本时有两个侧重点：其一是注重剧本中典型事件的选择，要根据辅导目标和故事主题，一起讨论并决定剧本的典型事件；其二是注重描绘人物的内心冲突和情感变化，并通过多种心理技术将人物内心的冲突、挣扎、矛盾等在舞台上再现出来，力求使台下观众产生共鸣。

《最后一班地铁》初步的故事结构采取流线式，但这样剧本故事情节平淡，创意不足（具体内容如上文所示）。

西南大学心理健康教育研究中心的郭成教授和刘衍玲副教授[①]来我们学校指导校园心理剧时，对《最后一班地铁》的剧本创作进行了讨论。刘教授提出在结构上应有所创新，故事情节必须要体现从绝望中找到希望；此外，故事情节要合理，如遇见在孤儿院长大的妹妹过于戏剧化，不真实。最后，讨论出最终的修改方案，以“失败—绝望—希望”为主线，故事情节变为遇见悭吝同事、遇见不良青年（体现祸不单行）、地铁上遇见曾经的同事——一个阳光女孩，并在此中回忆起往昔值得拥有的日子，本趟地铁是头一天最后一班地铁，会跨越零点。最后，时尚青年踏上地铁并点出本剧点睛之笔——“时间过了零点，原来最后一班地铁亦是新一天的第一班地铁啊！”男主角醍醐灌顶，并收到了朋友打来的通知他应聘通过的电话。此剧告诉我们人应该充满自信与希望。

我们的学生也在这个剧中反思自己，畅想未来：如果我遇到了这样的事情，我该怎么办？其实台上台下都是剧，职场本没有那么复杂，全在一颗善良、自信、有爱的心。

① 刘衍玲于 2019 年升为教授。

（四）在排练中完善剧本

我们在校园心理剧排练过程中逐步完善剧本，每一句台词、每一个动作、每一个表情、每一个布景等都是在排练中逐步完善的，对于每一个成员提出的建议、看法，剧组全体人员都会进行讨论，那些能够更精准表达人物需求、更生动描绘内心冲突的想法会得到肯定并被投入实践，如此反复修改，让剧组的每一个成员都有一种责任感、成就感、价值感、被尊重感，学生们参与的积极性很高。在不断修改和完善中，学生们在团队的鼓励和包容中回味问题、思考问题、解决问题，使得修改后的剧本更贴近真实生活，能产生更好的教育效果。

四、剧本创作中的头脑风暴

校园心理剧作为一种新的艺术探索，本身就是一种激发创新思维的途径，而在剧本的创作中也离不开创造性思维。[①]激发想象力和创造力的方法有很多，如头脑风暴法、原型启发法、联想扩充法等，在剧本的创作中可以应用诸如此类的方法来完善剧本、丰富剧本。以下案例便是采用头脑风暴法对剧本进行讨论和完善。

《在路上》是以一名优秀中职毕业生为原型，学生自编、自导、自演的一出校园心理剧，以一间寝室中几位同学在学习、生活、交往过程中产生的矛盾、冲突以及最终的成长为主线，充分展示了当代中职学生丰富多彩的心灵世界和成长历程。其剧情跌宕起伏、环环相扣，剧中学生们敞开心灵对话，关注自我成长，提高了他们的心理调适能力和自我疏导能力。

2012 年 2 月 14 日　　启幕

今天校园心理剧“心灵成长”系列第三季“激荡心灵”心理团队教研会拉开序幕。本次会议主要讨论本季校园心理剧的主题和素材收集的相关问题。

马老师：我们第三季的主题是“激荡心灵”，在前两季“抚慰心灵”“感恩心灵”的基础上继续心灵成长之路。今天我们大家先来讨论一下“激荡心灵”这个主题吧。

徐老师：悲剧最能震撼人的心灵。

李老师：我觉得在第一季、第二季里已经呈现过一些伤悲的东西，这季既然是“激荡心灵”，应该给学生们一个阳光的指导。

① 刘玉新. 校园心理剧模式的创新性实践研究. 现代教育科学，2011（5）：60-61.

朱主任：我同意李老师的看法。我觉得我们这一季主要是让学生看到希望，奋发向上。

马老师：我认为“激荡心灵”应该是给心灵一个刺激、给灵魂一个震动，让学生能在心灵受到触动的同时反思自我，并从中有所收获。

李老师：嗯，既然是要让学生从中获得心灵的成长，那么首先就一定要“扣人心弦”。

徐老师：那么怎样才能触动学生的内心呢？

兰老师：从艺术的角度来说，首先故事要精彩，矛盾冲突明显，人物要鲜明，包袱要够。

马老师：但是一定要与常规的舞台剧区分开来，要充分体现校园心理剧的特点。

钟老师：要触动学生的心灵，就得像前两季，剧本故事来源于生活，到学生中去收集素材。让学生写出那些曾触动他们内心的细节，细节才是真正的动人之处。

马老师：那就先由学校心理协会的同学们去收集素材，抓细节，下周我们再来一起讨论。

2012年2月21日　　定调

本次会议中，各位老师经过细致讨论，确定第三季校园心理剧的故事基调为“自强不息”。老师们一致认为，在前两届校园心理剧成功举办的基础上，本届校园心理剧应该把更多的目光锁定在学生们奋发图强、勤奋刻苦的精神特质上。同时，会议讨论了收集素材的方式方法，决定借助传媒和网络，利用微博、论坛等形式收集素材。

刘校长：既然是“激荡心灵”，那我们应该给学生树立一个榜样，给予他们正能量。我校作为中职学校，职场是检验学生能力的战场。我们选择一个优秀毕业生作为主角的原型。

朱主任：程磊，就很合适。参加了对口高考，成绩优异，到了四川农业大学后，担任了学生会主席。现在在职场也发展得很好。

李老师：会不会太优秀了？学生们可能会觉得可望而不可即。

徐老师：我同意朱主任的意见。我觉得他越是优秀，就越能给学生们信心，让他们看到职高生的风采。

钟老师：我们可以以程磊为原型，但这个形象太完美了，我们可以再加上其他故事。

朱主任：他本来就很有故事呀！他是初中后辍学去打工，一年后舅舅资助他重返校园的。

刘校长：那就决定用程磊做原型，但是还需要再创作，要让学生们在这部剧中找到自己的影子，才能让他们反观内心，起到促进心灵成长的作用。

兰老师：我有个建议，可以将其他几个角色写成有中职特色的学生类型。

马老师：那我们大家下来搜集几种具有代表性的中职学生类型。

2012年3月13日　　选角

本次会议，对剧中主要角色进行分析和探讨。会上，老师与参演的学生们就程磊这个人物交换了意见，也确定了寝室其他几个人物的原型。

朱主任：主角程磊是一个矛盾的人物。他有积极上进、懂事可爱的一面，也有纠结无奈的一面。我们一定要把握住他内心强大这一点，当他进行选择后，坚定的内心就像一朵向日葵始终朝着太阳的方向。

李老师：我觉得应该加一个“铁哥们”的角色在程磊身边。当年那个陪着程磊去参加高考的孙科就是这样的角色——习惯不好、易冲动、讲义气。

马老师：那我们现在就来把寝室其他几个人物的类型讨论一下。

罗老师：我觉得应该有个“活动狂”，多才多艺，这样才能用上“寝室文化节”这个点子。我们班何其峰就是这样，多才多艺，擅长音乐，充满活力。

赵老师：那有个爱好文艺的，也就可以有个爱好体育的。我校男生居多，并且好多男生都爱运动。我们设计个“肌肉男”的角色吧，就像我们学校的刘卫一样，精力充沛，脾气火爆。

徐老师：有一个性子急的，就要有个性子慢的，这样才好看。

兰老师：对，每个人物的个性要鲜明些，这样鲜明的个性在舞台上呈现出来才好看。

徐老师：性子慢的，我觉得学生会的谭露同学就合适，他真是“慢”得很有“个性”。

胥老师：那再加一个“机灵鬼”这样的人物，一个寝室有个这样的人物才“好耍”。张帆就是这个样子，可以让他本色出演，一定十分精彩。

马老师：6个人，6种性格，我们到时可以用心理学上的色彩来表示。

兰老师：干脆在这些人物登场亮相之前编排个“色彩舞”来做引子，每一种色彩代表一种性格。

朱主任：嗯，寝室人物的性格就这样定了。但全是男生，这个代表性是不是太单一了？

钟老师：可以加个女孩在戏里，和程磊“同病相怜”，让二人“惺惺相惜”的角色。我们可以将这个女孩塑造成虽遭遇不幸，但内心坚韧，像一抹灿烂的阳光出现在程磊的生活里，在他低落的时候给予他力量。我们班就有一个这样的女孩，我们可以以她为原型。

马老师：有一点要注意，程磊和这个女孩之间的友谊要和早恋区分开来。

朱主任：角色的类型定了，就让学生创作小组先创作出来一个初稿，下周再讨论。

2012 年 3 月 27 日　　理线

剧本名称确定为《在路上》。本次会议主要围绕剧本中环节之间的衔接和心理线索展开讨论，在团队老师的指导下进行修改和完善。

马老师：学生创作小组把初稿写出来了。大体不错，但要加内容，现在只是搭了个“骨架”，还要加“血肉”。

朱主任：我们可以用“寝室文化节”做引子，设计一个环节：寝室的人想参加文化节获得加分，但程磊怕耽误学习并且因自己“五音不全”而不想参加，于是产生了矛盾。

钟老师：因为在寝室发生了矛盾，所以心里有气，于是在课堂上和老师发生矛盾。

马老师：可以在中间加点回忆，比如因家庭贫穷无奈辍学等，这样才能解释他为什么如此珍惜这次读书的机会。

徐老师：可以把他打工那段加上。由此，他更想通过读书来改变自己的命运。

兰老师：那在舞台上如何展现呢？不停地换场景吗？（众人陷入了沉思）

朱主任：用灯光的明暗变化来解决。需要早点去彩排，让学生熟悉舞台。

2012 年 4 月 3 日　　引导

剧本初稿诞生了。

马老师：我认为这只是一部舞台剧，离校园心理剧还有些差距。

朱主任：我看过西南大学的校园心理剧《成长风暴》，我们的剧本还需要修改，来凸显校园心理剧的专业化特点。

马老师：对，就是要加“引导者”（导演）。矛盾冲突最激烈的地方出现一个人，对主角的情绪、心理矛盾进行引导。

在教师团队的共同努力下，将“引导者”这一角色加入剧本中并且初步梳理出引导者的话语，让剧本在专业化水平上得到提高。

2012 年 4 月 12 日　　专家指导

郭成教授和刘衍玲副教授在认真观看了剧本的排演后，对教师团队和同学们的表现由衷地赞叹，同时他们就剧本提出了一些看法。

刘教授：作为中职学校，学生考大学不是常态，剧本中塑造的程磊已经步入职场，那么这个校园心理剧的演出对于在校学生而言，有什么意义呢？

朱主任：这一季校园心理剧的出发点是，让学生在面对巨大的就业和生活压力时，能够看到人生的希望。

钟老师：最使人颓废的往往不是前途坎坷，而是自信丧失；最使人痛苦的往往不是生活不幸，而是希望破灭，要让我们的学生看到生活的希望。

李老师：其实每个学生都很有能力，都有自己的目标。只不过他们认为自己是一无是处的人，学长的榜样就是希望。

赵老师：我们的学生依然有梦想，有追求，肯上进。

马老师：以他为主线，同时也展示了不同类型、不同追求的学生，几乎可以代表大多数学生。

徐老师：每一个学生从中都可以找到自己的影子，获得激励。

郭教授：主要是让在校生把握毕业生的发展状态和精神面貌，以此激励他们调整好今天的自己，从而达到励志的作用。

刘教授：如何解决场景多、舞台背景转换、寝室与教室的衔接问题呢？

朱主任：我们打算把舞台分为三部分，分别布置成教室、家、宿舍。把耳幕、大屏幕充分利用起来转换场景。

校园心理剧在排练、演出、剧本等方面都得到了专家教授的帮助指导，使整个剧在情绪感染力、完整性、专业化上有很大突破。

2012年4月24日　戏剧冲突

本次会议对剧本的某些矛盾冲突进行了再次充实和完善。

兰老师：在排演的时候发现一个问题，程磊为什么会和老师冲突？

钟老师：我校学生比较情绪化，有时会因为一点小事而大发脾气。比如，今天有个学生不做笔记，我要求他做笔记，他直接说：我穷，买不起。如果老师和他计较，就会冲突起来。

朱主任：程磊在寝室里和室友起冲突受到排挤，心里有气，到教室里爆发了。

兰老师：对，可以这样处理——课间张茂玩篮球的时候，故意砸到了程磊，矛盾就更加激化了。

马老师：既然程磊读书的机会如此难得，为什么会不读书了呢？

徐老师：因为老师请家长，家长打了他一巴掌，说干脆他不要读了，他才负气走的。

罗老师：他放弃读书并不是发自内心，剧本中要为他回来读书找到理由。

赵老师：回来的理由就是他知道翻墙的同学因为他要受到处分，还有就是萧朦对他的劝导，让他下定决心回学校。

李老师：为什么加了英语课一幕呢？

朱主任：程磊的原型告诉我们，当他刚到本校时，大家很看不起他，他就拼命地学。有一次他回答了一个很难的问题，获得了全班同学的掌声，这令他很感慨，觉得努力没有白费，付出就有收获。

李老师：那就再加上该校同学的嘲讽、老师的感叹，来加重戏份。

经过大家的讨论，解决了剧本冲突的问题。

2012年6月6日　细节讨论

本次会议对于剧票、剧本册制作、舞台设计、服装道具、音乐音效、场景制作等进行商议，形成终稿。会上，团队老师们对于每一处细节、每一个动作都精雕细琢。

2012年6月13日　感悟

本次会议对将近4个月的素材收集、剧本创作、排练工作进行了总结和反思。会上，大家畅所欲言，积极回顾这充实而奔波的几个月。老师、导演、演员，每一次默契的配合都饱含着参与者辛勤的汗水和付出。经过专家教授的现场指导，学校领导的大力支持，众位老师的无限关爱，学生的辛苦付出以及无数个奋战的夜晚，参与者终于看到现在的成果，尝到了成功的喜悦。

该剧本的时间和空间跨度较大，是一个基于自我力量不断成长的故事，是一个注入了专业引领和心理剧技术的剧本。学生们在舞台上通过丰富的肢体展示、冲击心灵的表达，激荡着观众的内心。这种心理辅导形式，将孩子们在成长、生活、学习和交往中的各种问题艺术化地展现了出来，使演员和观众都能感受到、认识到心理困扰的严重性，并学习到解决心理问题的方法，最终实现“促进认知领悟、学习情绪表达、改变行为模式”的目的。校园心理剧就是一出心灵交流之剧，是一种奇妙的心灵交流艺术！

五、创作成效

（一）抚慰心灵

健康从心灵开始，育人从活动入手。校园心理剧是学校心理健康教育工作的一种重要形式，也是学生自我表达和自我教育的一种重要途径。它通过戏剧表演的艺术形式，将中小学生成长、生活、学习和交往中的各种问题艺术化地表达和展现出来，使演员和观众都能感受、认识其心理困扰和问题，促进认知领悟、学习情绪表达、改变行为模式。校园心理剧创作和表演的都是发生在同学们身边的、熟悉的事情，反映的是他们成长中的问题与困扰，因此，校园心理剧更容易被学生喜欢、接受和影响。

成都市建筑职业中专校在成华区教育局德育科和进修校的领导下，举办以“抚慰心灵”为主题的校园心理剧，大力营造良好的校园德育氛围，探索学校心理健康教育的新模式、新路径，努力创设和谐、积极、乐观的校园环境，为校园心理辅导搭建一个更高、更有效的平台。

校园心理剧《苹果的味道》《温暖》《假如生活欺骗了你》《我想有个家》，从选剧、排练到展演历时 3 个月，从青春期情感疑惑、原生家庭系统中爱的失衡、人际交往沟通等方面反映了中职学生普遍存在的心理困惑、心理发展状态，充分展示了当代中职学生丰富多彩的心灵世界和成长情境，借此帮助学生敞开心灵的对话，关注自我的成长，进一步增强学生心理韧性，提高心理调适能力和自我疏导能力。

（二）感恩心灵

学会感恩，为自己已有的而感恩，为自己所经历的而感恩。校园心理剧给予了学生很多机会，如成长的机会、感动的机会、表达的机会以及感恩的机会等。

校园心理剧将学生学习、生活中的困惑和问题以艺术的形式表现出来，在这个过程中，学生讲述成长中的心结并一一化解，让当事人、旁观者在表演或观看校园心理剧的过程中理解生活中必要的丧失，明白那些为了成长必须要放弃的东西，让学生明白这是生活的赠予，学会接受生活的丧失，并感谢它们。因为这些丧失是生活的一部分，它们必不可少，因为失去、离别、放弃会使我们成熟，没有丧失便没有未来①。同时，学生也学会感受自身的社会支持系统，感谢身边给予生命的亲人、给予知识的老师、给予力量的朋友……

成都市建筑职业中专校于 2011 年 12 月 7 日与成都市成华区教师进修学校、西南大学心理健康教育研究中心联合主办了心灵成长系列第二季——“感恩心灵”为主题的校园心理剧活动。成华区教育局、进修学校相关领导、心理健康教育专家、教师、家长和学生们观看了演出。《掌心里的温暖》《最后一班地铁》《来不及说爱你》《因为爱》等四个剧目均由学生自编自导自演，获得所有来宾的热烈喝彩。

西南大学博士生导师郭成说：“亲爱的同学们，校园心理剧是一项充满心灵感动、净化和提升的表达性艺术实践活动，你们是这项心灵艺术表达活动的有效实践者！和你们在一起的这些时间，我总是被感动着……你们用自己丰富的情感和富于创造的智慧，通过心理剧多样化的艺术表达，展示出了你们对生命、对友情、对社会、对生活的无限感激和感恩！正是基于你们在感恩心灵中的精彩表现，让我在这个寒冷的冬季依然如此温暖！我知道，在你们成长的道路上，你们深深地感受着《掌心里的温暖》《因为爱》的精彩和留恋，你们如此珍惜在建筑职中生活的美好时光，感叹青春岁月的稍纵即逝，甚至《来不及说爱你》，就会踏上学校生活的《最后一班地铁》，去奔向明天的晨曦。你们不仅在建设着自己丰富多彩的人生，更是在建筑着属于你

① 朱迪思·维奥斯特. 必要的丧失. 吕家铭，韩淑珍译. 上海：上海三联书店，2007.

们自己无限美好的未来世界！”

（三）激荡心灵

观校园心理剧，解心灵困惑局。校园心理剧用一种新的形式启迪学生的思想，洗涤学生的心灵。它有别于一般的戏剧，应用了空椅技术、镜像技术等专业的心理技术，不同于传统的说教，强调行为的改变与自我的感受，且受众面广。它作为一种心理健康教育的手段，为观众提供了一种发现、思考及解决问题的思维方式，成为一种新型的、有效的教育手段，助人自助，激荡心灵。①

主题为“激荡心灵”的成都市2012年中学校园心理剧案例观摩及研讨活动于2012年6月在四川艺术职业学院川剧校区大剧院举行。校园心理剧《在路上》在此次研讨会进行展演。校园心理剧观摩后，郭成教授，刘衍玲副教授，四川省教科所曾宁波副所长等做了精彩点评，并结合校园心理剧的形式、功能、心理技术的运用等内容展开了现场培训和互动研讨。

成都市教育局宣教处处长刘科在交流中表示，学生本色出演、排练的过程对于学生来说本身就是一次良好的心理辅导、一次心灵的涤荡和成长，这是校园心理剧的魅力所在，并希望今后成都市能有更多的中小学校积极实践这一模式，使全市的心理健康教育工作更加生动活泼、积极向上，真正达成让心理教育感染人、影响人、帮助人、引领人成长的目的。

① 包陶迅. 校园心理卫生活动设计与组织. 哈尔滨：哈尔滨工业大学出版社，2009.

第八章　校园心理剧的排练与演出

校园心理剧的排练与演出，是一场心灵的对话和情感的交融。在排练的舞台上，演员们深入角色，体验每一次情感的起伏与每一次心灵的碰撞。他们通过不断练习，将剧本中的文字转化为生动的表演，为观众呈现一场场触动心灵的戏剧盛宴。一场精彩的演出，背后是无数次的排练和精心的准备。虽然教师和学生并非专业演员，但通过充分的准备，他们能够呈现出结构完整、高质量的表演，触动学生的心灵，引发他们的思考。演出时，灯光、音乐与舞台设计共同营造出沉浸式的观剧体验，让观众与角色同呼吸、共命运。在校园心理剧的世界里，每一次排练都是对角色的深刻理解，每一次演出都是对情感的真挚表达。让我们走进校园心理剧的排练与演出，感受角色的生命力，体验故事的情感力量，共同探索心灵的奥秘。本章，我们将通过成都市建筑职业中专校的校园心理剧排演实例，展现从准备到演出的全过程，探索如何让校园心理剧成为触动心灵的艺术。

关键概念

排练："排"强调的是教师指导，"练"则强调学生练习，排练是教师指导学生进行练习的过程。对于角色表演组的学生，教师要指导他们揣摩人物角色；对于舞蹈表演组的学生，教师要指导他们记住动作、跟上节拍；对于管理道具组的学生，教师要指导他们制作道具，并以最快的速度进行换场。校园心理剧的顺利演出需要各组老师和学生的共同努力，而排练可以使大家的努力更加有序。

个别排练：个别排练是表演人员进行单独排练的过程，如角色表演组的学生要记住台词，舞蹈组的学生要记住动作等。

情景排练：情景排练是道具组准备好剧中的场景，这个场景中的所有角色都要参与，他们一起把在这个场景中发生的故事排练一遍。在这个过程中，教师要对每个角色进行指导。

段落排练：段落排练是将几个情景连起来进行呈现。这个排练过程比情景排练更加注重演员之间的配合以及歌曲或舞蹈插入时机的合适性，同时也更加考验道具组及时摆放道具、更换道具的能力。

串通排练：串通排练是段落排练的集合，就是把校园心理剧完完整整地表演一遍。在这个过程中，学校会请校园心理剧的指导专家来观看表演，并请他们对校园心理剧的整体节奏、心理剧技术的呈现效果等进行指导。

角色与角色之间的互动：在校园心理剧的演出过程中，演员要把自己所扮演的角色的情感准确地传递给其他演员，以达到角色与角色之间的互动。

角色与观众之间的互动：在校园心理剧的演出过程中，演员要用饱含情感的语言、传神的动作等，让观众认为台上所表现的人物就是现实生活中的人物，这样就达到了角色与观众之间的互动。

校园心理剧的团辅功能监控：校园心理剧的目的在于进行心理健康教育，所以在演出时要对剧的团辅功能进行监控，以观察该剧是否能够触动观众。

内容提要

校园心理剧的整个过程主要分为三步：第一步是演员的选择，首先要发布公告、公开招募，然后对演员进行面试、确定演员，最后对演员进行培训、准备排练。第二步是排练过程，包括四个方面：个别排练、情景排练、段落排练、串通排练。第三步是演出过程，包括演出前的准备与布置、演出中的互动与监控以及演出后的分享与讨论、总结与反思。其中演出中的互动与监控又包括角色与角色之间的互动、角色与观众之间的互动，以及校园心理剧的团辅功能监控。同时，每一步进行过程中都有相应的注意事项，旨在保护演员的发展，并确保校园心理剧的演出能够顺利进行。

第一节　演员的选择

在校园心理剧的世界里，演员是舞台的核心，他们不仅是角色的化身，更是情感的传递者，他们的表现决定了整个剧的呈现效果。因此，选择适合的演员，是构建剧本生命力的关键一步。演员需要能够深刻理解角色的内心世界，将文字转化为生动的表演，触动观众的情感共鸣。校园心理剧的演员不仅要有出色的演技，更要有敏锐的洞察力和丰富的情感表达能力。让我们在角色与演员之间架起桥梁，共同探索校园心理剧的无限可能。

一、演员的挑选

（一）发布公告，公开招募

在成都市建筑职业中专校校园心理剧的筹备工作中，工作组老师首先会在校内发布公告，详细说明剧中涉及的角色及其性格特点，以便学生充分了解角色。同时，工作组会发出“招募令”，鼓励和支持所有有兴趣的同学来试演。

（二）演员面试，确定演员

工作组在统计好试演学生名单后，会确定一个具体的面试时间。面试之前，指导教师会给所有愿意参与的同学讲述剧情，以便学生在熟悉剧情的基础上选择角色。随后，学生可以自由选择角色，指导教师也会综合学生特点和剧情需要帮助进行合理分配，以形成最初的角色阵容。在初步分配好角色后，指导教师会和学生一起分析角色，帮助学生更好地理解和把握角色。同时，老师也会为后续的试镜做好准备。

试镜前，指导教师会给学生一定的时间揣摩角色。试镜时，指导教师会指定剧本中该角色的一段表演内容，让学生进行演绎。指导教师会对面试者的形象气质、语言表达、对角色的理解以及对角色的表现力等多个方面进行综合考察。试镜结束后，工作组经过讨论，选出适合角色的学生，选择的标准包括：演员的形象气质符合角色本身，对于角色有一定的理解，最重要的是其表演要有感染力，能够演绎出角色内心的冲突与纠结。演员的阵容会在这一阶段最终确定下来。

（三）演员培训，准备排练

在确定好演员之后，工作组需要对演员进行培训。培训包括两方面：一方面是专业培训，让演员明确什么是校园心理剧、校园心理剧的流程和功能等，以确保每个人都对校园心理剧有清晰的认识；另一方面则是心态上的培训，通过一系列团体辅导、心理游戏，增进剧组人员之间的相互了解和彼此关爱。

二、演员选择实例

校园心理剧剧本创作完成后，学校心理协会会发布招募各种角色的告示，向全校公开征集演员。报名时间截止后，工作组会召集所有报名的学生。

首先，指导教师会向所有学生分析剧情。例如，成都市建筑职业中专校校园心理剧“人生”系列第二季《筑梦》包括两条主线：一条主线是现实，主要展现主角言林怎样战胜自己，最后成功地取得理想成绩；另一条主线是梦境，成都市建筑职业中专校幻化为梦幻岛，学校里面的老师变成了神通广大的魔法师和可爱的精灵，几个主要角色的内心冲突也会在这条主线中展现。剧中共有七个性格鲜明的主要角色：a 是经历过沧桑的成熟男，b 是做事喜欢抱怨的自私男，c 是没有毅力但最终学会坚持的上进男，d 是喜欢参加所有学校活动的开朗男，e 是不会学习、不懂如何为人处世的专注男，f 是心地善良的女主角，g 是每个人身边都会有的大大咧咧的女汉子。

分析完剧情后，学生可以自由选择想要尝试的角色。然而，有时会出现某些角色被多个学生同时选择，而有的角色却无人问津的情况。此时，指导教师要根据学生的性格特点和剧情的需要帮助分配角色，或者在保证每个角色都有学生担任的基础上，让选择同一角色的学生分别进行试演，并根据表演效果来选定合适的演员。演员角色分配大致完成后，指导教师会和每个学生分析其所担任的角色，并结合具体场景讨论该角色的语言、肢体表现方式等。

试演前，所有学生都会有一天的准备时间。在这段时间里，学生需要自己揣摩角色，做好充足的准备。第二天试镜时，指导组教师会综合考虑学生的能力、剧情的需要以及学生的意见，逐步确定各个角色的饰演者。对于试角失败的同学，指导组教师会鼓励其尝试其他角色，并给予安慰。最终，指导组教师经过商讨确定整个剧的演员名单。

由于学生们来自不同的班级、不同的专业，所以消除剧组人员之间的陌生感成为确定选角后最重要的事情。为此，指导组教师会开展一系列的团体辅导活动，如“蜘蛛小球”，其具体操作过程如下。

“蜘蛛小球”团辅活动①

目标：帮助剧组同学了解彼此，增加交流，使其能够尽快适应环境，增强他们在剧组中的安全感，增强剧组的凝聚力。

时间：40—45 分钟（根据小组人数而定）。

材料：分组卡片（卡片共有 4 种颜色，每种 11 张，共 44 张；辅导

① 本章中的各类活动和案例等，除特别标注外，其余均出自成都市建筑职业中专校的校园心理剧剧本集。

老师可以用自己方式决定分组形式）；不同尺寸和材料的小球（12 个）。

过程：

1）开始语：祝贺在座的各位同学加入校园心理剧抚慰心灵第三季《在路上》剧组，非常欢迎你们的到来！

2）全体活动：学生相互认识。

活动规则：

1）采用不同颜色的卡片把学生分成 4 个组。（2 分钟）

2）每组分得一个小球，组员之间开始传球，在把小球扔给其他组员时，抛球人要先大声地喊出自己的名字（按 1—2—3—4—5—6—7—8—9—10—11—12 的顺序抛球），吐词清楚，声音洪亮，让所有组员都能听见。（10 分钟）

3）第二轮活动时加入第二个球，小组成员用两个球同时进行扔球，扔球时喊出接球者的名字（吐词清楚，声音洪亮）。（10 分钟）

4）第三轮活动时再加入一个球，小组成员用三个球同时进行扔球，并在扔球时喊出接球者的名字（吐词清楚，声音洪亮）。（15 分钟）

5）检查和挑战（由辅导老师来做：各位同学，通过刚才的活动，谁已经记住了剧组中所有人的名字了呢？）（5 分钟）

通过一系列的团体辅导活动，剧组人员彼此之间会渐渐变得熟悉且亲近，能够做到相互尊重、彼此关爱，能够一起将剧组打造成一个给人安全感的、温暖的场所，让每个学生都可以大胆地进行发挥。

三、选择演员的注意事项

（一）消除学生焦虑

校园心理剧需要展示的东西往往是很多学生深藏在内心的情感，这些感受和想法在平时状态下并不会被表现出来，因为他们害怕其他同学会因此而鄙视或嘲笑自己，害怕会再次受到伤害。学生需要鼓足勇气，才能毫无保留地释放这些内容，并主动地进行表演。为了消除学生们对于表演和展示自己内心的顾虑，学校和教师可从以下几方面入手：首先，学校可以加强对校园心理剧的宣传，并适时组织学生观看相关视频，加深学生们对校园心理剧的了解。其次，学校的心理咨询师可以邀请学生前来咨询，协助他们解开内心的困扰。最后，教师也可以告诉学生“如果你成为校园心理剧的演员，你可以通过扮演别人，发泄自己的情绪，这样能使你在剧中和真实生活中都变得更加强大！”这些措施都旨在增加学生演员们的心理安全感，使他们能够在排练演出时放开自己。

（二）面向试角失败学生的团体辅导

考虑到舞台效果，教师会选择表现力更好的学生来担任角色，因此，部分学生会面临试角失败的情况，这可能会对他们造成打击。教师要真诚地与未能入选角色的学生进行沟通，及时安慰、鼓励他们。在成都市建筑职业中专校，学校的心理咨询师会把这些学生集合在一起进行心理辅导。下面是一个针对试角失败学生的团体辅导方案。

主题：我不是不行。

活动目标：让同学认识到很多时候并不是自己不行，而是因为缺乏自信。

暖身活动："口香糖"。

活动内容：向学生呈现"身上绑着大链子的大象（图）"，引出心理学家关于大象成长的实验——一只大象从小就被一根不太粗的链子锁住，经过无数次的努力都不能挣脱链子的束缚站起来。长大以后，大象的力量足以挣脱链子了，但由于先前的多次失败，它已经不愿再尝试了。

提问：这是为什么？（引发学生讨论）

请同学们写下他们生活中的难事，并与大家一起讨论，例如，失败意味着什么？自己真的不行吗？

认知矫正：采取"苏格拉底"式的辩论，引导同学发现自己的问题。让同学们认识到，在大多数情况下，自己并不是真的没有能力，只是缺乏自信和尝试的勇气。引导同学们在面对问题时，以积极的自我暗示取代消极的想法，进而给予自己力量和勇气。

第二节　排　练

校园心理剧作为心理健康教育的一个有效途径，要想达到预期的目的，使更多的学生从中获益，就必须重点关注剧本的排练工作。[①]排练对演员和导演都是有要求的——演员要吃透剧本、理解人物思想、揣摩人物形象，从面部表情、语言声调、身体姿态等细节上深入刻画角色；导演也

① 叶远帆，杨惠琳. 校园心理情景剧——民办高校心理健康教育方式的创新思考. 课程教育研究（新教师教学），2014（14）：42-43.

要指导演员，告诉他们如何表现才会取得更好的效果，并带领全体人员进行排练，掌控排练的节奏。

一、排练过程

校园心理剧的排练过程分为四个步骤：个别排练、情景排练、段落排练、串通排练。

（一）个别排练

在排练的初期，演员必须先熟悉剧本。首先，学生要通读剧本，把握大致的剧情，以及自己所扮演角色的故事，了解这个角色的性格、家庭和过往经历。其次，学生要在熟悉这个角色的基础上记住台词。背诵台词的过程可能很枯燥，但是台词的上下句之间都是有逻辑的。教师可以陪伴学生，并指导其按照剧情的发展来背诵台词。最后，教师还需检验每个学生的背诵效果，确保其不会在台词上出现差错。

在个别排练的过程中，演员的主要任务就是熟悉剧本、记住台词。这是演员内化角色的过程，也是演员理解角色内心的过程。通过排练，演员对于该以什么样的语气、动作和姿态在舞台上诠释这个角色等也会逐渐形成自己的理解。与此同时，舞美道具组、伴唱组、伴奏组、音效组也要各司其职，按照进度来进行排练。

在成都市建筑职业中专校，学校心理协会的负责人会安排剧组同学进行个别排练，排练的时间一般是中午或下午放学后。在第一季校园心理剧中，由于30多个学生演员来自不同的班级，如何通知他们排练时间成了一个大问题。在刚开始排练时，总会有或多或少的学生迟到，原因是没有接到排练时间的通知。后期，工作组人员为解决该问题，开始使用各种方式通知学生，比如，在确定排练的时间和地点后，利用学校的广播进行通知，并让每一幕的负责人通知组员来排练。

个别排练中可能遇到的另一个问题是：演员的台词功力不到位。排练的首要任务是背台词，这是一个很重要的前期准备工作，其效果直接影响到排练的效率。例如，校园心理剧“抚慰心灵”第一季《假如生活欺骗了你》中的女主角一直无法背熟台词，且在说台词时带有一些口音，别人常感觉听不懂她说的话。但校园心理剧中的故事是她的真实经历，她愿意把故事分享出来，也希望自己能够战胜自己。中途，她有几次失去了信心、想放弃，但学校心理协会负责人及剧组同学都鼓励她，给她机会，大家一起放慢排练进度，让她一字一句地慢慢念，并让她在现场边排练边记台词。她也很努力，逐渐能做到脱稿，慢慢地，她的台词背得越来越熟，口音也没有那么明显了。在最终公演时，她的台词一句都没有错，与大家一起顺利地完成了表演。

（二）情景排练

校园心理剧的故事一般是在一个个单一的或者复合的场景中发生的，所以可以按照时间顺序把剧本分割成一幕幕的情景来进行排练。在情景排练过程中，首先，道具组会把与这个情景相关的临时道具准备好；其次，指导教师向演员介绍舞台，安排每个演员的舞台走位；最后，演员就可以按照剧本进行表演。在这一过程中，教师可以随时打断，对演员们的语言、神态和动作表现等进行指导——这个角色在生活中是什么样子，他/她应该以什么样的语气去说这句话，或以什么样的动作去表达内心的情绪。教师可以指导学生在生活中寻找与这个角色类似的人，仔细观察他们的言行举止，努力把这个角色演得真实且有血有肉。同时，教师也需要兼顾整体，综合考虑每个演员的特点及其表现张力，以达到更好的舞台效果。

比如，在校园心理剧《幸福 ing》中，饰演“小磊子”这一角色的演员是一个普通话比较差的学生，所以导演允许其在舞台上说川普。而且有一幕剧情是，主角在走进寝室时，看到小磊子正穿着长褂走秀，这一场景在之前的剧本中是没有的，但是在排练过程中，教师发现这位演员在舞台上特别能放开自己，于是联系导演为其临时加了戏。因此，在最后公演时，观众才得以看到“飚着一口川普的小磊子穿着长褂走秀”这一爆笑场景。

情景排练是这个情境下的所有演员与指导教师面对面进行探讨的过程。所以，不仅仅是教师可以为学生提出表演建议，学生也可以提出自己的见解，双方共同探讨，才能一起打磨出一部出色的校园心理剧。

（三）段落排练

个别排练和场景排练基本上都属于“各自为战”，到第三部分的段落排练，就开始要大段大段地串联剧情了。在熟悉台词，并积累了一定的表演技巧后，演员们开始进入段落排练。段落排练其实就是几个场景连起来呈现，一般一个段落会集中呈现一个主角的故事，冲突也会围绕着这个主角展开。段落排练比情景排练更加注重演员之间的配合，以及插入歌曲或舞蹈的适时性，以达到更好地抒发情绪的效果；同时，这也更加考验道具组及时摆放道具、更换道具的能力。

在段落排练的过程中，这一段落内的所有角色都应该在场，表演时也应加入配乐、舞蹈等元素，以完整地展现这一段落的内容。这是继续熟悉剧情和不断完善细节的过程，指导教师要在旁观看并给予演员相应的指导，以进一步完善剧本剧情和演员表现。

（四）串通排练

串通排练是段落排练的集合，就是把校园心理剧完完整整地表演一遍。在这个过程中，学校会请校园心理剧的指导专家来观看表演，请专家对校园心理剧的整体节奏、心理剧技术的呈现效果等进行指导。剧组人员会在专家的指导下修改相关内容，并再次进行联排。到此，整个排练过程已接近尾声，反复排练的剧作终于要在舞台上呈现了！

二、排练注意事项

（一）注意学生排练时的倦怠情绪

排练过程是艰辛而枯燥的。每一句台词、每一个细微的眼神、每一个简单的动作都要经过反复地琢磨和排练，力求能够真实反映人物当时的心理状态。但如此反复地进行排练，学生可能会产生倦怠情绪。此时，指导教师可以告诉学生“排练校园心理剧是一次挑战，你们的每一次重复都比上一次更好！再坚持一下，相信你们会做得更好！”同时，心理咨询师也可对学生进行放松训练或团体辅导，让学生可以把烦躁情绪宣泄出来，以更加平和的心态去排练。

（二）排练分工要明确

在校园心理剧的排练前期，应明确每个组的责任与分工。成都市建筑职业中专校校园心理剧的团队包括导演创作组、道具组、演员组、伴舞组、音乐组，每组都有擅长相关任务的同学作为主要负责人，指导教师的任务则是指导协调各组的任务，控制全局。

以音乐组举例，该团队是由老师和学生组成的，他们会根据不同剧情植入不同的音乐、音效，或者改编歌词等。比如，在成都市建筑职业中专校的校园心理剧《向左走向右走》中，同学 A 在意识到自己的错误之后，采用对歌的方式来与 B 同学和解。音乐改编自歌曲《对不起，我爱你》，旋律不变，歌词如下：

B：这炎热的天气，带给你不好的心情
清晨那次你们相遇，是缘分注定的累积
那伤人的言语，请不要放在心里
只要你愿意
A：只是还没告诉你，我想说对不起
只是当时我的情绪，我不能真正控制我自己
只是我还没有鼓足勇气
还没告诉你，其实我不愿意
希望有一天我可以做自己
摘下这埋怨的面具

（三）教师要充分尊重和信任学生

学生才是校园心理剧中的主体，教师应当尊重学生的感受。在排练过程当中，教师的主要任务只是引导和帮助，而不是对学生的创作和表演进行过多的干涉和指指点点。教师应创造条件，让学生自己体会，自己成长。教师可以在排练中帮助学生不断地改进剧本和剧情发展，鼓励学生做出自己的艺术决定，充分调动学生自主学习的积极性，引导学生做出最后的最适宜的决策。[①]教师应让学生意识到，他们仅仅是有较多的校园心理剧经验，只是为了提供相关的经验和必要的帮助而参与排练。教师的尊重和信任能使学生在这一过程中体验到成就感、价值感和被尊重感，并产生演好角色的责任感。

（四）照顾学生情绪，避免产生伤害

校园心理剧一般都取材于学生的实际生活，所展现的冲突多涉及青春期学生的亲情关系、友情关系和异性关系，许多学生可能会在剧作中看到自己似曾相识的过往。当冲突展现时，学生不免会联想到自己所经历的事情，这对情感的抒发是有好处的，但是指导教师也要注意观察，学生能否正确处理在这一过程中产生的消极情绪。若学生在排剧之后陷入烦躁、郁闷的情绪状态，心理辅导老师有必要及时对其进行个体心理辅导，引导他/她更好地应对消极情绪。而且在校园心理剧的排演中，故事的原型有时也

① 刘秀芝. 中小学推广校园音乐剧的初步探索. 长沙：湖南师范大学，2009.

会出演，这意味着他/她要重新经历一遍当时的矛盾与纠结，重新感受一遍当时的痛苦，这对于他/她来说是很不容易的。心理辅导老师要尤其关注这位演员，观察他/她的情绪变化，以便及时对其进行心理辅导，而不是“揭开他/她的伤疤却置之不理”，使校园心理剧的排演对其造成二次伤害。

第三节　演　出

一、演出前的准备与布置

在剧本创作初期，演出的各项工作准备就已经开始，包括事先计划演出地点、演出时间、舞台设计、演出所面向的观众等，剧组也会在后续的排练过程中不断地对这些内容加以确定和完善。

在正式演出的前几天，剧组会进行一次完整的彩排，这次彩排要求所有剧组人员必须到场，并各司其职：导演需要监控全局；舞台搭建人员要及时更改舞台设置的不合理之处；专业人员试音，调节音响、话筒；负责视频、背景、灯光、道具的各部门老师与同学要按照事先的排练，及时而正确地执行任务。彩排会在所有环节准备就绪后正式开始。正式演出之前的彩排主要有两个目的：一是让演员熟悉在舞台上的感觉，消除他们的紧张感；二是使演出更加完美。所以，一旦在彩排中发现问题，就应立即纠正。在不断纠正问题的过程中，演员们的表现也会逐渐变得更加成熟。

除此之外，为了扩大剧作的影响力，吸引更多的人前来观看，学校要充分利用各种资源宣传即将演出的校园心理剧，比如，利用校园展板、宣传栏、学校的微博、微信平台等。

当演出前的准备和布置完成后，接下来就是重磅戏——演出！

二、演出中的互动与监控

静静等待的演员、灯光绚丽的舞台、翘首以盼的观众，好戏就要上演了！但在演出之前，还要进行必不可少的监控工作，工作组要逐一确认各部门是否已经就位，音响、话筒、耳麦、灯光、背景、道具等是否都已经准备好。工作组应仔细检查所有的必需环节，确保没有遗漏。导演需要求各组负责人必须认真、负责，避免手忙脚乱，同时也要鼓励即将上场的演员，让他们能够以最好的状态出演。在演出过程当中，演员要注意自己与其他角色以及与观众之间的互动。除此之外，剧组在演出过程当中，还要增加对于校园心理剧团辅功能的监控。

（一）角色与角色间的互动

角色与角色之间的互动就是演员之间的相互交流，这并不是指两个角色毫无感情地对台词，而是需要演员密切关注对手演员的眼神、表情、动作等，从对方的表演中找到真情实感，并适当调整自己的表演。这种互动和交流模式有助于增进演员之间的了解，配合默契，达到更好的表演效果。①为了加强舞台的表现效果，演员不仅要记清楚自己的台词，将情感融入其中，还要将自己所扮演的角色的情感准确地传递给其他演员，这样才能更好地实现角色之间的互动。

在校园心理剧的表演中，角色与角色之间的互动是通过双方的对白、眼神、动作等来实现的。因此，演员在舞台上的每一句对白、每一个眼神和动作都应该让观众感受到这是一幕连续的故事，而不是一个个割裂的场景。

（二）角色与观众的互动

校园心理剧的表演旨在让在场的老师、家长、学生产生认同感和情感上的共鸣，因此，在表演过程中，角色与观众之间的互动是非常重要的。首先，为了创作好的校园心理剧剧本，编剧会尽量在现实生活中取材，人物形象的设计、冲突的产生与变化也会尽量与现实生活相结合，这样更有助于观众在观看时产生似曾相识的感觉，进而产生认同感。其次，演员会通过饱含情感的语言、传神的动作等，将角色刻画得更加深入人心，这其实也是一种角色与观众之间的互动。通过演员的表演，观众得以走近这个人物，了解这个人物，感受这个人物的喜怒哀乐，当观众认为该人物就是现实中这类人的同类人时，这个角色就已经成功地走入观众的内心。

（三）增加校园心理剧的团辅功能监控

1. 适当地使用心理剧技术

为了能够更好地展现角色的心理冲突和心理历程，同时让观众感受到角色心理冲突的解决过程，校园心理剧中常常会使用多种心理剧技术。下面将介绍几种常用技术的实例。

（1）旁白、独白、对白技术

旁白：11 月 12 日，日记里都会大写的日子，还是那家蛋糕店，黑色的、灿烂的、美味的巧克力蛋糕，还安静地躺在橱窗里，之前的一个星期，每次放学回家，总会有意地望上那么一眼，而今日果果站

① 张桂香. 浅论话剧表演艺术的互动性. 戏剧之家，2016（5）：47.

在它面前，愣愣地望了许久，才缓缓地从兜里掏出一大把的碎零钱，不起眼的、单薄的、孤独的钱币，握在手心里，无论感觉有多珍贵，还是无法平衡标签上那冷漠的、遥远的标价，最终她向店员指了指橱柜最右下角落里的迷你蛋糕。

【地点：果果家】

（果果掏出钥匙开门）

独白：“哐咚”，16 年都未变过的声音，也是回家时唯一对我热情的声音。

旁白：墙壁上不断闪烁着电视机被反复调按时所打过来的光亮。隔两秒又打过去，隔两秒又打过去，果果知道母亲又在不耐烦着什么了。不断换台只是浮躁的表现。果果没理她，径直往房间走去，想着要把蛋糕拿出来藏好。

母亲：“站住!”

旁白：终于，她不再抑制自己的烦躁，朝果果怒喝一声。

（果果站在原地，还没等她转过身去，妈妈便走来给了她一巴掌，果果的脸上是持久的、火辣辣的痛。）

母亲：“说！你今天是不是跟你爸通电话啦？”

果果：“没有。”（似潜意识，又似故意。）

母亲：（啪！母亲又往她脸上甩了一巴掌。）“再问你一次，是不是跟你爸通电话了？！”

果果：“没有。”

母亲：（啪！又是一巴掌。）“你还不说实话！刚你爸来电话了，说今天是你的生日，叫我好好照顾你，说我平时对你的关心太少，还让我改掉我的坏脾气，好好对你。对啊，我是对你不好，我从没给你想要的，你爸有钱、有想法，你叫他给你去啊！你整天还赖着我干什么啊？我这辈子欠你的吗？！”

（说着便抓着果果的衣服，一阵无休止地捶打。）

母亲：“说话啊你，你哑巴了吗？啊？你怎么不去死呢？我白养你啦……!”

旁白：果果什么都没说，只是哭，只是哭……母亲打累了，坐在地上待了一会儿，便拿起大衣摔门而去。稀落的头发散落在脸上、肩上，果果坐在地上，抹了抹眼泪后，赶紧把放在书包里的蛋糕取了出来，蛋糕还是被压坏了，奶油都露了出来，她使劲揉了揉湿润的双眼，拿下上方的塑料盖。蛋糕的有些地方已经塌落，可还好，没有全部被压坏。她又从包里拿出蜡烛，小心翼翼地插在蛋糕上，绿色的蜡烛被刻成了精致的17岁，她又取出打火机，把光亮打在1和7的顶端，当火光微弱地亮起来时，她重新理了理乱乱的头发，又使劲擦了擦脸上的泪痕，最后虔诚地双手合十。

独白：脆弱的锦瑟年华，苦涩的成长是长满刺的藤，疯狂纠缠，盘绕着挣扎的灵魂。

以上是成都市建筑职业中专校心理剧《薄如蝉翼的青春》中展现亲子关系的一幕，这一幕中结合了旁白、独白和对白技术：旁白介绍了故事的时间、地点、人物、背景，营造了冲突的氛围；独白则说出了主角心中的声音，通常需要饱含情感，以抒发情绪，让观众更加了解主角的心理状态；对白则是通过角色间的语言交流，更加直观地展现冲突，让观众更好地把握剧情发展，并深入理解主角的内心矛盾。

（2）空椅技术

在舞台上放置两把椅子，主人公坐在其中一把椅子上，在其45°方向上再放一把椅子，主人公会把空椅子想象成让自己困惑、矛盾的对象并与其交流。此时，主人公可以把自己平时不敢说、不能说的话都讲出来。讲完后，主人公换到空椅子上，把自己想象成对方，去体会听到这些话的感受，体验对方的处境，思考对方会说的话，并说出来给另一张空椅子上的自己听。然后，主人公再次回到自己最初的椅子上。通过这样的方式，主人公能领悟一些道理，进而改变自己。

在成都市建筑职业中专校的长剧《向左走向右走》中，因当事人所在班级的卫生不干净，学生会干部要按规定扣分，当事人因此与学生会干部发生了冲突。在经过其他人的劝解之后，当事人陷入了沉思。此处运用空椅技术，当事人把空椅子想象成那个学生会干部，对其进行控诉“我看你就是找碴，我明明已经把纸捡了起来，你还要扣分！”之后，当事人换到另一把椅子上，把自己想象成学生会干部，对刚才自己所说的话做出回应。“我还想发火呢，这不是学生会干部的问题，这是学生会的规定，当然要执行！”再换回第一把椅子时，当事人已有所感悟：“他也是新生，也是在按照学校的规章办事。如果换作是我，可能我也会这么做的！”

（3）具象化与替身技术

在成都市建筑职业中专校的短剧《苹果的味道》中，女主角春妮来自偏远的山村，她的性格内向，而且非常自卑。春妮到校后，和性格开朗、漂亮、时尚的城市孩子徐欢成为室友，徐欢在生活和学习上都很照顾春妮，两人因此成为非常好的朋友。但是，春妮一直非常自卑，她看着徐欢处处都比自己好，心里非常不是滋味。尤其是当成绩好、人缘好的徐欢当选学生会主席，甚至春妮心仪的男生也向徐欢表白时，春妮的情绪从失望转为绝望。此时，为了外化内心情绪，该剧作采用了具象化（即定格）技术，让当事人把内心的负性情绪充分地表现和发泄出来。

当春妮的内心冲突达到最高点，纠结是否要陷害徐欢，该不该写诽谤信时（因为徐欢很照顾春妮，是春妮的好朋友，可徐欢太优秀，春妮自己却什么都差，她感到非常嫉妒），为了展现其内心想法，剧作采用了“天使魔鬼”技术（替身技术的一种）。“天使”和“魔鬼”均由配角扮演，分别代表善良的春妮和邪恶的春妮：“天使”告诉春妮不要写诽谤信，徐欢是自己的好朋友，又很照顾自己，对好朋友绝不能做这样的事；而“魔鬼”则会告诉春妮“写诽谤信吧！这样大家就不会喜欢徐欢了！”舞台上“天使”和“魔鬼”的演绎更加生动地呈现了主角内心的冲突、矛盾与纠结，让观众能够更加直观地看到主角的内心活动。

（4）镜像技术

在成都市建筑职业中专校的短剧《最后一班地铁》中，主角由于遭遇了一系列不幸事件，包括被下属陷害而失业、被女朋友抛弃、被不良青年打等，感到心情低落、郁郁寡欢。此时，指导教师让主角抽离自身，尝试以一个旁观者的角度去看自己，也就是让主角在“镜像”中重新审视自己，发现自己其实并非一无是处，进而重拾生活的信心。

2. 引导者的作用

校园心理剧演出中的引导者是专业的指导教师，他会在剧中随时出现，根据场景与观众或演员对话，并把握和控制校园心理剧的进程，同时点拨关键内容，以引起观众的共鸣。在演出阶段，引导者要描述问题、维持演出过程和解释情节；在分享阶段，引导者要提出问题，组织大家分享体验和感受，并在此过程中关注观众的情绪、情感变化，突出观众作为主角的倾诉对象和支持者的作用。此外，引导者还要重视观众的观察者作用，收集观众从多角度提供的反馈和建议。因此，引导者承担着引发观众思考、增加校园心理剧团辅功能的角色。

成都市建筑职业中专校“成长”系列校园心理剧第三季《在路上》中的主角程石因不被室友理解，而陷入痛苦。此时，引导者出现，向观众提出问题，并引导主角呈现出他的矛盾和纠结。

引导者："大家好，我是建筑职中的一名教师，我叫兰海。很荣幸能与大家一起在这所学校当中，共同梦想着、成长着、坚持着、幸福着。我知道青春年少的你们内心有丰富的情感，你们敏感、封闭、焦虑，甚至叛逆，你们渴望得到力量，你们追求特立独行，你们更需要信任、理解和支持。像程石这样不被寝室同伴理解的情况，你们有遇到过吗？面对这样的情况，你心里是什么感受呢？"（采访现场学生）采访学生结束后，引导者："接下来我们来看看程石身上还会上演什么样的故事吧！"

程石被父亲打时，引导者及时提问，引起现场家长思考："家长朋友们，在你们的生活中，有没有遇到过类似的情况呢？当时，你们是怎样想的呢？"（采访家长）在家长表达结束后，引导者："在孩子们成长的过程中，家长们难免会与孩子们发生矛盾和冲突。这些矛盾和冲突也许会给我们带来伤害。但同时，它也表达了孩子们的成长力量，为他们的成长提供了契机。良好的亲子关系需要亲子双方真诚沟通、相互理解、相互尊重。接下来，我们一起来看故事的发展。"

程石好友为了他不顾学校校规，翻墙出校门时，引导者及时提问，引起场下观众的思考："同学们，乔明扬用这样的方式处理问题，你觉得妥当吗？如果你是乔明扬，你会如何处理这件事情？"（采访学生）采访学生结束后，引导者："如果我们处理问题的方式不恰当，即使出发点是好的，也会给我们带来委屈、愤怒，甚至伤害……因此，凡事要三思而后行。"

三、演出后的总结与反思

（一）演出后的分享与讨论

表演校园心理剧是实施校园心理剧辅导的过程，而演出后的分享与讨论则采用传统的心理辅导模式，这一阶段的目的主要在于检验校园心理剧的辅导效果。同时，分享也有助于学生重新认识自我，实现自我治疗。因此，在演出结束时，导演要组织演员和观众进行分享与讨论。首先是观众分享自己观剧之后的感受，这既是演员和观众进行交流的途径之一，也是观察该剧辅导效果的一种方法。

2015 年 10 月 31 日，中国社会心理学会理事长、南京大学社会学院院长周晓虹教授在观看完成都市建筑职业中专校《幸福 ing》这一校园心理剧后进行点评："成都市建筑职业中专校校园心理剧《幸福 ing》完美地呈现在了观众面前，给我留下了深刻的印象。第一，本季校园心理剧真实反映了社会大变迁时代，年轻一代在亲情、友情、家庭、高考及就业等多重压力下所爆发出来的真实情感。第二，本季校园心理剧以完美的艺术表达形式，从语言、形体、动作、舞美等方面给观众带来了一个美好的夜晚。第三，参与本季校园心理剧表演的同学、老师以及主持人都演出精湛，对台上台下幕后的工作人员的尊重，使我们感受到了尊重的力量，尊重也是心理学及社会心理学秉承的原则。对此次表演的评价，我认为是 99%的完美，还有 1%的遗憾在于对价值的尊重。现在国家特别重视职业教育，希望以后的校园心理剧演出一定要摒弃"职中学生是被社会遗忘的群体"这一观念倾向。尊重人人都有选择自己未来的权利，升学并不是实现人生价值的途径，只要无愧于时代与生命，终能实现自己的人生价值，而我们的师者，也应该无愧于自己的执教生涯。"

一位观剧的同学这样说："我们哭了，我们似乎感同身受。以前的我们是懦弱不堪的，也对自己失去了信心，一遇到挫折就只会用眼泪面对，用眼泪发泄，而没有勇气去应对、去战胜，甚至对身边的每一件事都感到那么不如意，对生活充满了抱怨。是这部剧让我们醒悟，让我们懂得了许多，也让我们感受到爱真的很美好。通过这部剧，我们学会了坚强，能在心里默默地告诫自己'以后我们不会再哭泣，而是勇敢地去面对，哪怕还是失败，我们也不放弃'。也希望那些与我们一样感同身受的同学，能够对自己、对生活充满信心，相信困难总会被击倒。是啊，跨过去，前面就是海阔天空！"

其次是参与表演的演员进行分享。表演结束时的感受是真实、具体且深刻的。通过自我察觉和交流分享，演员们能够积极整合自己的演出、学习经验和生活感受，这将对他们今后的生活和学习产生深远影响。①

ZX 饰演了《来不及说爱你》中的主角，同时还兼任了导演和编剧。这对他来说是一次很大的挑战和挖掘潜能的机会。以前的他从没想到自己还有如此大的潜能，他说自己最大的感受就是"用心去做一件事，事情就会容易很多"。而且，他还学会了换位思考、相互理解，

① 邓旭阳，桑志芹，费俊峰等. 心理剧与情景剧理论与实践. 北京：化学工业出版社，2009.

他意识到，不管遇到了什么事情，都要站到对方的角度想一想。

主演《掌心里的温暖》中的NY表示，自己参加校园心理剧表演的最大体会和感受就是体会到父母真的太不容易了，但自己以前总爱和父母顶嘴，不理解父母，真是太自我了。

YP在《来不及说爱你》中饰演冷峻，他的最大感受就是要珍惜身边每一个人，不要因为一点小事情就几年不说话，这样肯定会留下很多遗憾！

（二）演出后的总结与反思

在演出结束后，学校应当组织所有校园心理剧的工作团队进行总结与反思，思考在整个工作过程当中值得表扬的地方，以及可以做得更好的地方。这样的集体总结与反思，会让大家意识到自己的优点与不足，并在以后的工作和学习中扬长避短。这一阶段也预示着本次校园心理剧的制作已经到达了尾声，大家要带着自己的收获去经历自己的生活了！

成都市建筑职业中专校校园心理剧演出结束后，会有专门人员负责整理所有校园心理剧的资料和剧本，并将其汇编成精美的剧本册，为剧组人员留下美好的回忆。同时，老师们也会对整个过程进行反思，进而从中发现一些问题，例如，在剧本编写、排练和表演时，服装、道具等细节还需进一步完善；要多注重剧组之间的相互观摩、学习和交流，培养团队意识；对演员在表演结束后的继续跟踪和更深入的心理辅导也还需加强。

时光荏苒，不知不觉间，我们（指成都市建筑职业中专校）的心灵成长系列校园心理剧已经走到了第二季。学生们如一棵棵青翠的小树，渐渐成熟了起来，慢慢地在生活中扬起了头，挺起了胸，以更加自信和甜美的笑容迎接着雨后的第一道彩虹。

我们不敢说，心理剧是万能的钥匙，但是，心理剧确确实实是打开孩子幽闭心灵，通向孩子隐秘之境的有效途径。是心理剧，让我们洞悉了学生们脆弱的内心；是心理剧，为学生们构筑了一个释放自我的舞台；是心理剧，改变着我们以及改变着学生们的生活。在心理剧中，我们和学生们一起成长，一起欢笑，一起搭建着我们梦想的小屋。愿每一个学生都能拥有自己的天空，在心理剧中学会面对生活，面对自我。①

---

① 马全芝. 校园心理剧的实践探索. 当代职业教育，2012（9）：84-87，80.

第九章　校园心理剧的效果评价

校园心理剧作为学校心理健康教育的一种创新形式，其实效性依赖于对其效果的评价。同时，效果评价还直接关系到校园心理剧的呈现效果、吸引力和影响力。本章阐述了校园心理剧效果评价的意义和评价应遵循的原则，初步构建了校园心理剧的评价标准，提出了评价过程中应注意的相关问题。

关键概念

评价标准：又称评判标准，是指人们在评价活动中应用于评价对象的价值尺度和界限。评价结果的客观性是评价标准具有科学性的重要依据。评价标准是确定评价准则所规定方面优良程度的要求，是事物质变过程中量的规定性。评价标准是评价活动方案的核心部分，是人们价值认识的反映，表明人们重视什么、忽视什么，具有引导被评价者的作用。校园心理剧的评价标准目前在国内还处于探索阶段，迫切需要有相关标准的指导。

量化评价：量化评价是指利用各项指标进行科学取舍及合理量化，克服诸多模糊的或人为因素的影响，使评价的结果客观、公正、数量化，更能凸显校园心理剧在评价过程中的客观性。

质性评价：质性评价就是力图通过自然的观察、调查、访谈，全面充分地揭示和描述评价对象的各种特质，以彰显其背后的意义，促进理解。校园心理剧重在全过程的行为参与，促进的是学生心灵的成长，因此质性评价显得尤为重要。

内容提要

随着心理健康教育的深入发展，其形式越来越丰富多样，校园心理剧已成为一种特色化、经典型的学校心理健康教育活动，并得到广泛开展和推广。但由于基层学校处于不同地区，不同学校对校园心理剧的理解和认识水平参差不齐以及组织者自身素质的差异，校园心理剧的活动效果良莠不齐，甚至影响着校园心理剧的作用发挥。因此，解析校园心理剧的评价内容，制定校园心理剧的评价标准，探讨校园心理剧的评价方法，从而建立一套较为科学的评价体系，对于校园心理剧的实施与深入开展具有重要意义。本章基于近年来校园心理剧的教育实践，探讨了中小学校园心理剧的评价标准与实施。该标准主要从校园心理剧评价标准制定的意义和原则、量化评价标准、质性评价标准，以及评价过程中需注意的问题四个方面来对校园心理剧的效果进行评价，力求能够给心理健康教育一线工作者提供一个清晰明了的框架，使他们能够结合自身学校特色开展校园心理剧的活动评价，以期能够对更多区域、更多学校深入开展校园心理剧起到借鉴和启发作用，从而更充分地发挥校园心理剧在有效促进学生的心理健康和全面发展方面的独特作用。

第一节　校园心理剧评价标准的意义和原则

校园心理剧作为一种富有创意的教育手段，正逐渐成为促进学生心理健康发展的重要途径。然而，为了确保校园心理剧能够发挥其最大的教育效果，对其实施效果进行评价显得尤为重要。确立科学的评价标准对于校园心理剧的创作、实施和改进具有重要意义。它不仅能为校园心理剧的创作和实施提供明确的方向与目标，帮助组织者和参与者了解如何更有效地进行校园心理剧活动，而且通过评价可以发现校园心理剧的优势和不足，为进一步的改进提供依据，从而提升校园心理剧的教育效果。

一、制定评价标准的意义

面对日益激烈的竞争压力，社会对人才的心理素质水平要求越来越高，这就需要教育工作者能够开展多元化的心理健康教育模式以提高学生的心理素质。校园心理剧作为一种新型的心理健康教育形式应运而生。由于各个基层学校处于不同地区，不同学校对校园心理剧的理解和认识水平又参差不齐，并且基层校园心理剧的组织者自身素质存在差异，校园心理剧活动的开展与呈现效果良莠不齐，难以真正发挥校园心理剧的作用。因此，探索一套科学的评价标准体系能够更好地指导和促进校园心理剧的开展。

（一）提高校园心理剧呈现效果，增强吸引力的需要

学校的任务是培养德、智、体、美、劳全面发展的建设者和接班人。通过校园心理剧的开展，在排演过程中，教师与学生反复不断地进行创作

和修改，最终展现在大家面前的是一场震撼人心的、极具吸引力的演出。因此，提高校园心理剧的质量对于提高其呈现效果具有重要的意义。校园心理剧的评价标准应包括对校园心理剧剧本的主题、剧本创作、舞台设置、演出过程、导演-引导者素质进行量化评价和质性评价的标准，可以使教师进一步明确地判断整个排演过程的质量状况，从而不断改进教育工作，提高技术应用水平，自觉地朝着校园心理剧的标准不断优化进步。

（二）促进学校心理健康教育活动发展的需要

校园心理剧是由学生、教师及有关人员把学生在成长过程中所感受到的各种心理问题及其解决方式在一定的场所和群体中进行表演与讨论的教育活动①，是众多心理健康教育活动中的一种，是能够在相对较短时间内对全体学生进行的一种全方位的心理健康教育活动，具有高效性、可观赏性、教育性和技术性等特点。通过制定校园心理剧的评价标准，心理健康教育工作者在开展该活动时能更加有规可循，也更能关注到学生的全貌，使每一位学生都能够在这个活动中获得心灵的成长。目前在国内还没有形成一套成熟的体系，所以探讨评价标准对于促进校园心理剧的不断进步、有效开展学校心理健康教育具有重大意义。

（三）提高校园心理剧活动质量管理的需要

制定相关的量化和质性评价标准，有助于对校园心理剧进行统一的科学管理，让每一个学校既能结合自身学校文化及特色，又能根据统一化的可比较、可参考的标准，对自己学校的校园心理剧的质量进行科学管理，使其在全国范围内得到较为广泛的推广和施行。促进校园心理剧的科学化和规范化，切实提高管理水平和教学质量，引导教育目标的实现，逐步建立和完善科学管理体系，开展对校园心理剧的评价，是加强对心理健康教育的宏观管理与指导，探索建立有中国特色的心理健康教育质量评估体系的需要。

二、校园心理剧评价标准的制定原则

校园心理剧来源于心理剧，是心理剧应用于学校教育而发展起来的一种发展性团体心理辅导活动。②作为一种团体心理辅导，它对于解决学生

① 周国韬. 中小学校园心理剧活动再析. 现代教育科学，2009（6）：60-61.

② 李玉荣. 对校园心理剧实践操作中若干问题的思考与实践. 中小学教师培训，2012（12）：54-56.

在成长过程中的心理问题，促进学生心理健康成长和全面发展具有重要影响。因此，完善校园心理剧的评价规则，制定统一、客观、公正、完整的校园心理剧评价标准就显得尤为重要。那么，怎样的评价标准才能评选出优质的校园心理剧呢？这就与校园心理剧的活动目标密切相关。校园心理剧因其关注学生的发展性心理问题，在表演的过程中更加注重学生的互助与情感交流，使学生对存在的心理问题进行反思、体验，以促进学生心理的发展。因此，构建校园心理剧评价标准需要遵循如下几个原则。

（一）目标指向心理成长

伴随着学生年龄的增长，学生的生理功能和智力都会随之发展，但面对错综复杂的人际关系、学习压力、家庭矛盾等，部分学生仍难以用积极的、健康的方式和心态去面对以及处理这些问题，究其原因就在于其心理成长可能滞后于生理发展。学生心理成长的重要性在于，只有提高了心理水平，学生才能更好地面对学习和生活中的各种困难，才能始终以积极乐观的心态去面对未知的挑战，才能在遭受挫折后继续向着目标前进。而作为现代心理健康教育的重要组成部分，校园心理剧对学生的心理发展具有良性促进作用。因此，校园心理剧评价标准体系制定的首要原则应该是目标指向心理成长。

这一原则的含义，一方面包括校园心理剧评价标准的制定应有利于学生的心理成长，要在标准的制定过程中融入对学生心理成长具有良性促进作用的元素，要让编制的标准对学生心理有积极、健康的导向作用，特别是要通过校园心理剧帮助学生自我教育，实现学生的个性和心理发展；另一方面，校园心理剧评价标准的制定也应关注家长及教师的心灵成长，让家长和教师在观看过程中理解学生，深刻体会学生的感受，最终达到与学生有效沟通与交流，帮助学生获得心理成长。

（二）主题着眼心理问题

当前学生面临着来自学校、家庭、社会的多重压力，而在现有的教育过程中又往往忽视了对学生心理问题的关注，这就容易导致学生已有的心理问题无法得到解决，并进一步发展和加剧，最终可能酿成悲剧。为了以更加灵活多变且容易为学生所接受的方式处理其心理问题，校园心理剧应运而生。校园心理剧通过对学生的实际生活和人际交往进行情景模拟和情境再现，以直观的方式展现出学生身上普遍存在的问题和矛盾，进而激发和引导他们加以合理解决。在校园心理剧中，主题设计的关键就在于要着眼心理问题，将平时容易引起学生心理问题的事件融入剧中，以帮助学生更好地发掘内心的矛盾和深层想法，并引起学生的共鸣，进而引导学生正确地面对问题和积极地解决问题。这一着眼点在校园心理剧评价标准的制定中应该是被着重考虑的，只有校园心理剧落脚于学生的心理问题，才能让校园心理剧的发展步入良性轨道并发挥正向引导作用。

（三）对象关注学生群体

校园心理剧，顾名思义是以校园环境为基础、以心理健康教育为目的而编排的校园情景剧。那么，校园心理剧的评价标准就应该将关注点放在学生群体身上，以学生为中心进行评价和指导，具体来说包含三层内容：首先，校园心理剧的构思和情景设计的材料应来源于学生；其次，校园心理剧的表演主体应该是学生，也就是说，校园心理剧的整个编排过程应该是学生全程积极参与，学生作为参与者应该融入校园心理剧的设计、编排、表演、分享、反思的全过程；最后，校园心理剧是心理健康教育的重要方式，其帮助对象也应该是学生。总的来说，校园心理剧的题材来自学生，其最终目的也应落脚于帮助学生解决心理问题并促进其自身发展。因此，校园心理剧的评价标准应该关注学生，应将是否积极发动学生，以及学生是否全面参与作为标准制定的一个重要原则。

（四）过程强调同伴互助

校园心理剧的全过程就是学生主动、积极参与的过程，这一过程中融入了学生的智慧和汗水。在校园心理剧的设计和表演过程中，应该强调学生之间的互帮、互助、互动。校园心理剧的表演过程要体现同伴间的心理交流，要能通过校园心理剧的设计和编排表达出剧中主人公希望表达的真实情感与内心体验，要在互动的过程中达到相互帮助的目的。校园心理剧评价标准的制定也应该充分支持和肯定校园心理剧中的互帮互助以及助人自助的理念，鼓励学生在校园心理剧的创作过程中的相互帮助和相互支持。

第二节　校园心理剧量化评价标准体系的构建

校园心理剧作为一种生动、直观的教育方式，正受到越来越多研究者的关注和应用。然而，要确保校园心理剧能够达到预期的教育效果，对其进行量化评价是不可或缺的。量化评价不仅能够提供客观的数据支持，还能帮助我们更精确地了解校园心理剧的实际影响，从而为进一步改进和优化校园心理剧提供依据。只有依据科学性、系统性和可操作性建构明确的评价指标体系，选用合适的量化工具和方法，才能确保评价过程的科学性和有效性，从而为校园心理剧的实践和发展提供有力的支持。

一、量化评价的指标体系

校园心理剧评价标准体系是评价其心理健康教育活动效果的客观依据。为了高品质地进行校园心理剧这一心理健康教育活动，需要一个具体、可行、数量化的评价标准体系。基于多年的实践探索和校园心理剧自身的特殊性，我们认为校园心理剧的评价应考虑以下五个要素：剧本主题、剧本创作、舞台设置、演出过程、导演-引导者素质。具体评价标准见表 9-1。

表 9-1　校园心理剧评价表

评价维度（分值）	评分标准（分值）	关注点	得分
剧本主题（10 分）	共通性（5 分）（是否反映学生实际生活中共有的心理需要、冲突和困扰）	普遍存在	
		引起广泛共鸣	
		具有现实意义	
	针对性（5 分）（是否能准确、清晰、有针对性地关注某一心理问题）	准确性	
		清晰性	
		问题化	
剧本创作（15 分）	目标（3 分）（是否具体、准确地反映主题，主题揭示的深刻性和可操作性程度）	准确、具体	
		可深刻性	
		操作性	
	素材选择（3 分）（剧本是否以学生在生活、学习、交往中真实遇到的各种心理冲突、烦恼、困扰为素材）	真实性	
		生活性	
		新颖性	
		心理意义（表达出心理冲突、心理烦恼和内在心理愿望）	
	剧本结构与内容（6 分）（剧本各个环节是否衔接，内容安排是否完整，能否触动心灵，是否体现情绪情感的表达和行为外化）	流畅性	
		逻辑性	
		完整性	
		自主性（学生自主创作，基于事实的心理分析）	
		层次感（体现情感和行为的转折与起伏变化）	
		疗愈性（能借助语言文字表达和梳理情绪情感，引导学生认知改变）	

续表

评价维度（分值）	评分标准（分值）	关注点	得分
剧本创作（15分）	语言表达（3分）（语言表达是否能吸引观众，是否有效运用心理剧语言技术推动剧情发展）	感染力	
		趣味性	
		恰当性（恰当运用“独白”“画外音”等技术）	
舞台设置（15分）	场景设置（5分）（是否真实反映人物生活）	真实性	
		生活性	
	道具使用（5分）（道具运用是否得当，可以烘托演出效果，推动情节发展）	恰当性	
		生动性（可阐明、增强和强化情感及行动）	
	整体效果（5分）	生动逼真	
		设计巧妙	
		具有艺术感染力和美感	
演出过程（40分）	表演（8分）（是否真实感人，是否能很好地诠释主题和人物的内在心理活动）	情绪情感表达到位，真实感人	
		言语和肢体表达顺畅自然，有感染力	
	心理剧方法运用（12分）（为达到促进学生心灵成长的目的，在演出过程中是否采用各种心理剧技术和方法）	恰当性（结合内容恰当选择了相应的心理剧技术）	
		有效性（熟练运用了所选的心理剧技术手段，达到了干预或引导效果）	
	心理剧过程评价（12分）（整个演出过程，包含暖身、演出、分享等是否层层递进）	完整性（完整体现了剧情从暖身到分享的整个过程）	
		递进性（从暖身、演出到分享层层递进，展示了从凸显核心问题到最终达到心灵整合的全过程）	
		流畅性（各个环节衔接顺畅）	
		干预引导性（逐步推动了参与者知、情、意、行的改变）	
	现场情景（8分）（现场所有参与者的心理状况，包括是否主动参与、情绪情感和认知变化等）	主动参与性	
		自由宽松度	
		情绪情感丰富、有转折	
		参与者认知行为的改变和发展	
导演-引导者素质（20分）	形象（5分）（是否可以很好传递自己的语言信息和非言语信息）	亲切	
		自然	
		大方	

续表

评价维度（分值）	评分标准（分值）	关注点	得分
导演-引导者素质（20分）	共情（5分）（对演员和观众情感的体验与理解能力）	理解、同理心、共情表达	
	关注（5分）（对参与者感受及体验的关注，对参与者反应的反馈以及积极正性的关注与评价）	关注度（关注现场演员和观众的情绪感受及变化）	
		反馈力（能够运用心理学专业知识给予参与者和观众及时反馈）	
		积极性（对演员和观众身上的正能量给予积极关注）	
	掌控能力（5分）（能否掌握校园心理剧每个阶段的发展，对全场有掌控能力）	概括力（能够将问题具体化，并聚焦于核心问题）	
		理论功底（有扎实的心理学专业功底，可以引导大家分享问题，对问题进行深入心理分析，最后进行整合）	
		机智性（能够处理现场出现的突发事件，将问题引回主题上）	
总分			
整体感受的描述			

二、量化评价标准体系的解读

（一）对校园心理剧中剧本主题的评价

剧本主题是校园心理剧的核心内容，对剧本主题的评价可以从主题的共通性和针对性两个方面进行考察。

1. 共通性

共通性是指校园心理剧的剧本主题是否反映学生实际生活中共有的心理需要、冲突和困扰。评价校园心理剧的剧本主题时，应该关注主题是否在学生中普遍存在、是否能够使学生产生共鸣，以及是否具有现实意义，而不能选择对学生的成长和生活毫无意义的主题。其观测的指标包括：剧本主题是否是大多数学生存在的问题；剧本主题能否在思想或感情上感染学生和观众，使他们产生共鸣；剧本主题能否很好地帮助学生解决现有的心理问题。

2. 针对性

针对性是指剧本主题是否能准确、清晰、有针对性地关注某一心理问题。在现代社会中，学生的心理问题日益突出。校园心理剧作为一种团体咨询方式、一种心理健康教育活动，在实施的过程中，只能针对某一心理问题进行探究，并寻找相应的解决方法，把“一剧一主题”这一理念作为校园心理剧的编制要求。所以，对剧本主题针对性的考察应着重于主题表达是否准确、清晰，并且是否能直接将主题想要表达的心理问题凸显出来。其观测指标包括：剧本主题是否依据学生在校园生活中遇到的某一心理问题进行编制；剧本主题是否将心理问题细化、具体化；校园心理剧是否以一系列精心设计的剧情逐步、准确地表达出了剧本主题。

（二）对校园心理剧的剧本创作评价

校园心理剧的剧本创作是建立在对学生心理健康状况的调查与研究基础上的一种艺术加工和艺术概括。校园心理剧通过剧本创作，把心理健康教育引到学生切身生活中去，体现出“生活即教育”的思想。对剧本创作的评价主要从目标、素材选择、剧本结构与内容以及语言表达等四个方面进行考察。

1. 目标

校园心理剧剧本的目标应能够具体、准确、深刻地反映剧本的主题，并且将剧本主题中的心理问题表达出来。剧本创作作为整个校园心理剧的准备阶段，是校园心理剧排演的蓝本，是学生舞台表演的依据。如果没有一个准确、具体的目标，剧本后续的创作便很难完成。因此，对剧本目标的考察应着重于其要具体、准确地反映主题，能够深刻地揭示出剧本主题，以及具有对主题的可操作性。其观测指标包括：剧本创作是否依据剧本主题来制定，能够准确、清晰地表达剧本主题；在剧本创作过程中，是否在执行既定目标的基础上，关注生成性目标；是否能根据剧本目标，切实可行地揭示主题。

2. 素材选择

校园心理剧的剧本应以学生在生活、学习、交往中真实遇到的各种心理冲突、烦恼、困扰为素材。校园心理剧的特点决定了校园心理剧的素材来源于校园，来源于学生，来源于学生中共同存在的心理问题。所以，对剧本素材选择的考察应着重于剧本创作素材的真实性、生活性、新颖性及其所要表达的心理意义。其观测指标包括：剧本素材是否为学生曾经遇到的问题；剧本素材是否来源于学生生活中遇到的问题；剧本素材是否以特别的视角解读学生遇到的问题或是否选取学生生活中发生的特别事件；剧本素材是否表达出学生的心理冲突、心理烦恼以及内在的心理愿望。

3. 剧本结构与内容

剧本结构与内容方面要求剧本各个环节的衔接要完整流畅，内容安排要触动心灵，并且有助于情绪情感的表达和行为外化。校园心理剧总是围绕某一心理问题而展开，因此，剧本的结构和内容包含以下三个方面：明确心理问题，解决心理问题，分享心理问题。对校园心理剧剧本结构与内容的考察主要关注剧本结构与内容的流畅性、逻辑性、完整性、自主性、层次感和疗愈性。其观测指标包括：剧本结构与内容的各个环节是否衔接顺畅；剧本结构与内容是否前后紧密相关，如表现出因果、递进、转折等关系；剧本结构与内容方面是否包括提出心理问题、解决心理问题，最后将心理问题进行分享的整个过程；整个剧本结构与内容应由学生自主创作，根据学生自己的身心特点进行心理分析；剧本结构与内容能够体现出主角情感和行为的转折与起伏变化；剧本结构与内容能够通过语言文字，表达出剧本中主角的情绪情感，使主角和观众意识到心理问题，并引导学生的认知发生改变。

4. 语言表达

语言表达作为校园心理剧的主要表现方式之一，要能够准确表达校园心理剧的主题，吸引观众，并且有效地运用心理剧语言技术推动剧情的发展。语言表达不仅仅包括人们之间的话语交流，同时包括一些肢体语言，如眼神交流、面部表情等都是很重要的语言表达，这种肢体语言表达的效果有时候还要胜过话语的表达效果。对剧本创作的语言表达着重于语言表达的感染力、趣味性以及恰当性这三个方面。其观测指标包括：语言表达是否使观看者具有同样的情感体会，使观众不由自主地投入到剧情中去；语言表达是否诙谐，能够给观看者带来快乐；是否在不同情境中运用不同的语言表达技术，如当无法通过肢体表演表达出某些剧情时，是否加入了“独白”“画外音”等语言表达技术，以推动剧情的发展。

（三）对校园心理剧的舞台设置评价

校园心理剧作为一种心理表演剧，需要模拟真实场景，对舞台进行布置。舞台的装饰、布置对校园心理剧的演出效果具有重要影响，如果没有舞台布置、装饰，那么就无法完整地呈现校园心理剧。对舞台设置的评价主要从场景设置、道具使用和整体效果这三个方面进行考察。

1. 场景设置

场景设置是指将舞台设置成学生非常熟悉和有特定意义的真实生活环境，以便于唤起学生的联想。比如，可选择设置成辅导员办公室、寝室、教室、食堂、考场、运动场等特定环境。对舞台场景设置的评价主要是关注舞台场景的真实性和生活性。其观测指标包括：舞台是否模拟真实的场景进行布置；舞台是否按照学生生活中的场景进行布置，如布置成教室、操场等。

2. 道具使用

在校园心理剧的舞台设置中，道具作为一种舞台设置的辅助工具，在整个舞台布置中是必不可少的。合理运用道具，可以烘托演出效果，推动整个剧情的发展。在整个舞台的设置中，如果完全不使用道具，便很难布置出预想的舞台场景，进而影响舞台效果。但也不能滥用道具，而应该恰当地使用道具，让道具给舞台带来生动的气氛。其观测指标包括：是否根据不同的场景配置不同的道具，如在校园的场景配置一些树木，在教室中配置适当的桌椅，等等；道具的使用是否阐明、增强和强化了表演者的情感及行动。

3. 整体效果

整体效果是对舞台设置提出的最高要求，是从各个方面考察舞台设置是否完善。作为校园心理剧的表演背景，若整体效果良好，那么舞台设置的意图就能够很好地表现出来，从而更全面、深刻地表达出剧本主题。因此，对舞台设置整体效果的考察着重于整体效果的生动逼真、设计巧妙、具有艺术感染力和美感。其观测指标包括：舞台效果是否让观看者感觉自己身处于真实的环境；舞台设置是否有闪光点，能够引起观众的注意；舞台效果是否能感染观看者，给观看者带来享受的感觉。

（四）对校园心理剧的演出过程评价

校园心理剧的演出过程就是对学生进行心理健康教育的实践过程，是在学生群体中普及心理健康知识，使学生产生共鸣，改善学生心理健康的良好途径。同时，演出过程也是校园心理剧最重要的一部分。通过表演，能让表演者得到最大的支持鼓励和精神安慰，获得自我疗愈的效果。因此，对于演出过程的评价主要从表演、心理剧方法运用、心理剧过程评价以及现场情景这四个方面进行考察。

1. 表演

表演是学生在剧本角色上进行的艺术创作和灵感发挥，既融入了学生对角色的领悟把握，又赋予了角色学生自身的个性特点。校园心理剧要求学生表演真实感人，能很好地诠释剧本主题和人物内在的心理活动。对校园心理剧表演的评价主要关注学生情绪情感表达是否到位，表演是否真实感人，言语和肢体表达是否顺畅自然，有感染力。其观测指标包括：表演是否是从学生心灵深处所释放出来的真实情感，并影响观众的情感，使观众产生共鸣；言语是否自然大方，富有感情，肢体是否动作自然流畅，能恰到好处地表达情感。

2. 心理剧方法运用

心理剧方法运用是指在校园心理剧表演的过程中，为了实现学生心灵的成长、解决学生心理问题而采用的各种心理剧技术和方法，主要包括空椅技术、镜像技术、角色互换、未来投射法和神奇商店等。在校园心理剧中，不同的方法有不同的作用，会产生不同的表达效果。因此，在心理剧方法运用上，要着重于方法运用的恰当性与有效性。其观测指标包括：心理剧中运用的方法是否结合了剧本内容，恰当选择了角色扮演、替身等心理剧技术；是否熟练运用了所选的心理剧技术手段，达到了干预或引导效果。

3. 心理剧过程评价

校园心理剧的整个流程主要包含暖身、演出、分享三个阶段，这三个阶段层层递进。在校园心理剧展演活动中，暖身安排必不可少，暖身的对象包括演员和观众，暖身有助于在心理剧场中营造安全的气氛，从而减少学生的紧张与压力，尽快进入演出状态；在演出阶段，学生按照剧本框架进行表演，整个表演内容主要包括提出心理问题、分析心理问题和解决心理问题三部分，以诠释剧本主题；在分享阶段，演员和观众相互交流感受和启发，共同探讨问题的原因和解决办法，最终促使每一位学生在认知上得以澄清、情感上得以释放、行为上得以改变。对心理剧过程的评价主要关注整个过程的完整性、递进性、流畅性、干预引导性。其观测指标包括：演出过程是否完整体现了剧情从暖身到分享的整个过程；校园心理剧过程是否从暖身—演出—分享层层递进，展示从凸显核心问题到最终达到心灵整合的全过程；校园心理剧过程的各个环节是否衔接顺畅；校园心理剧进行的过程是否逐步推动了参与者认知、情感、意志、行为的改变。

4. 现场情景

现场情景是指现场所有参与者的心理状况，包括是否主动参与、情绪情感和认知变化等。校园心理剧的目标不仅是促进演员的心灵成长，同时也要促进观众的心灵成长。对于校园心理剧来说，观众与演员都是校园心理剧的一部分，如果没有观众，那么就无法使观众产生情感情绪体验，校园心理剧也就变得不完整，达不到预期的效果。所以，对演出过程中现场情景的考察着重于观众的主动参与性、自由宽松度、情绪情感是否丰富和是否有转折，以及参与者认知行为是否发生改变和发展。其观测指标包括：学生积极、热情表演，观众积极观看表演并主动参与暖身和分享讨论环节；学生在表演中大方、不拘谨，而且能融入剧情中去，观众能舒服、放松地观看表演；学生表演细腻，剧情设计婉转，同时使观众能清晰、深刻地体会到学生想要表达的情感；现场情景能否使参与者发现校园心理剧的主题即某一心理问题，并能够理解这一心理问题的原因，最后达到释怀的效果。

（五）对校园心理剧的导演-引导者素质评价

导演是校园心理剧重要的人物要素，是校园心理剧的指导者（或者说是活体治疗师）。校园心理剧不是简单地排演一部剧，而是一种团体心理辅导形式，因此，他的导演应是由具有一定心理学素养，从事心理辅导或者咨询工作的教师来承担。对导演-引导者素质的评价考察主要从形象、共情、关注和掌控能力四方面进行。

1. 形象

形象是指导演在校园心理剧中，能很好地传递自己的语言信息和非语言信息。导演的形象决定了参与者（观众）对整个校园心理剧的印象。因此，校园心理剧评价需要关注导演语言是否真正做到了亲切、自然、大方。其观测指标包括：言语自然大方，有亲和力；表情自然、亲切、不生硬；肢体动作自然大方，能恰到好处地对学生的表演进行指导。

2. 共情

共情是指导演设身处地地站在演员和观众的角度，对演员和观众情感的体验与理解能力。共情作为一项基本的心理咨询技术，被广泛用于各种心理健康活动中。校园心理剧的导演必须具备共情能力，才能很好地理解参与者的情感，才能真正导好一部剧。对导演共情能力的考察要看导演能否尽快走进参与者的内心世界，能否体验到参与者的情感，能否成为一位

"知心导演"。其观测指标包括：耐心倾听参与者的意见，观察参与者的行为；站在参与者的角度，感受参与者的内心，与参与者同喜同乐融为一体；做好一个指导者、解释者，在理解参与者内心后，能恰当地与参与者交流，给予参与者一定的建议，并进行恰当的自我暴露，促进自己与参与者关系的发展。

3. 关注

关注是指在校园心理剧的展演过程中，导演对参与者感受及体验的关注、对参与者反应的反馈以及积极正性的关注与评价。积极关注能使参与者感到自己被接纳，受到尊重和支持，感受到被理解，这样就能使参与者更真实地释放自己的情感。同时，积极关注也是对导演能力的要求，导演对参与者的积极关注能促进问题的解决。对导演关注能力的考察着重于导演对参与者的关注度，导演对参与者反应的反馈，导演是否积极关注参与者。其观测指标包括：导演能否关注现场演员和观众的情绪感受及变化；导演能否运用心理学专业知识给予参与者和观众及时反馈；导演是否对演员和观众身上的正能量给予积极关注。

4. 掌控能力

掌控能力是指导演能够掌握校园心理剧每个阶段的发展，对全场有掌控能力，这是对导演的最高要求。一个好的校园心理剧导演，不仅要准确把握剧本内容，导出具有真情实感的剧目，还要具备一定的应变能力，面对突发事件时能够掌控全场。对导演掌控能力的考察着重于导演的概括力、理论功底和机智性。其观测指标包括：导演是否能够将问题具体化，并且聚焦于核心问题；导演是否有扎实的心理学专业功底，可以引导大家分享问题，对问题进行深入心理分析，最后进行整合；导演是否能够处理现场出现的突发事件，将问题引回主题上。

第三节　校园心理剧质性评价标准体系的构建

在对量化评价所存在的缺陷的批评与反思中，质性评价方法逐步兴起并被广泛地运用于教育评价的各个领域。质性评价转变了量化评价重视对评价对象的行为反应进行技术性的数量分析，追求逻辑性、精确性和标准化的科学结果倾向，将评价的重点转向行为背后的意义，确立了研究者价值参与的合理性，尊重研究对象的个别性与独立性。校园心理剧因其高度关注学生的心理感受、心理活动和心理成长，其作用效果的表现具有极大的主观感悟色彩，在实际的校园心理剧演出过程中，我们经常会发现观众跟随剧情和人物的情绪起伏，感动不已；我们也常常会在分享、反思的环节，听到演员和观众滔滔不绝地谈起校园心理剧活动给自己带来的感动、启发和感悟，包括来自家长、老师和同学们的一段段感悟、一篇篇感想，无不让我们深深地认识到校园心理剧的教育影响力。这些或许是无法通过几个冰冷的数字来量化评估的，其成长效果、影响力充分地表达在这些炙热流淌的文字里，这让我们深刻意识到质性评价对校园心理剧的价值。

一、关注排演过程中的所思、所感、所悟

教学领域的质性评价将评价对象作为存在于教学系统中不断发展变化的连续体来认识，各个评价对象不是孤立存在的，而是相互联系、相互作用的。比如，校园心理剧的排演中存在着教师和学生、学生和学生、师生和教学媒体、师生和校园剧情等各种各样的相互沟通与作用，特别是教师和学生是教学中具有生命力的评价对象，质性评价注重的是描述教师和学生在教学交往过程中的行为、情感和精神等各方面的变化。

> 在剧中饰演“言林”角色的2012届建筑工程施工1班的一名学生写道：这是我第二次参加校园心理剧演出，相比以前的自己也越来越成熟。参加校园心理剧的演出让我懂得了许多：付出就会有收获，坚持就是胜利。从一次次的选择中找到一条适合自己的路，坚持不懈，放飞自己去寻找梦想，成功就在前方。①

二、重视学生整体性与多样性的发展

质性评价将评价的范围扩展到评价对象身心发展的各个方面，包括知识与技能、过程与方法、情感态度价值观等维度，将评价对象的各种表现都看作有评价意义的内容。校园心理剧中导演独特的风格、学生个性化的认知方式和表达方法等都是重要的真实性评价信息，同时评价者应当尊重与关注这些“独特性”与“个性”，帮助教师和学生更清晰地认识到这些个性化表现，合理地发展个性。

> 在剧中饰演“超人”的2013届建筑工程施工6班的一名学生写道：在本次校园心理剧排演中，我参加了台前幕后的工作。我发现，

① 本章中的案例，除特别标注外，均出自成都市建筑职业中专校的校园心理剧剧本集。

心理剧实际上是一种行动技术，通过角色扮演来探索一种自发的人际互动的可能性，因为心理剧体系相信只有自发的人际互动才能带来真正健康的关系。在日常生活中，我们常常会隐藏自己对他人的真实感受，尤其是负面的，以为这会对双方的关系更有利，其实长期下去，我们会与自己的真实感受疏离，行动也会变得机械化，关系也就变成一种负担。

三、重视校园心理剧的文化多元性和情境适用性

质性评价是一种自然主义的评价方法。自然主义认为只有深入到评价对象的日常活动中，置身于被评价者生活的情境（课内、课外、生活场景等）或环境（学校、家庭、社会等）中，与被评价者共同体验，了解他们生活的社会环境和文化背景，才能获得与评价对象有关的多方面资料，对评价对象做出客观真实的评价。

在剧中饰演“晋磊”的2013届建筑工程施工3班的一名学生写道：在这次校园心理剧排练中，我懂得了怎样去做人、做事，我变得更加成熟了；我明白了人必须要有明确的人生目标，而且要有切实的行动。在无数次角色扮演中，我更加懂得了对现实生活要有很好的态度；对挫折、困难要有相当的承受和抵抗能力，不管在思想、感情、行动、经济上都得有较强的独立性。其实一切困难都是不能阻挡我的！

四、重视教师与学生的相互作用

质性评价倡导多元主体的评价模式，可以消解评价者和被评价者之间的对立状态。质性评价认为，在教学评价中，作为评价对象的教师和学生同时也是评价主体。质性评价实际上是评价者与被评价者，即教师与学生共同建构意义的过程。教师和学生是作为真实的人共同参与校园心理剧的，因此在师生排演的相互作用过程中可能会生发出许多问题，甚至产生冲突，这些问题和冲突都是有价值的评价信息，评价者要敏锐地把握这些信息，分析解释存在的问题及其原因，将评价结果与评价对象一起交流、分享，同时对评价对象的观点和意见做出回应，使评价对象能够接纳评价结果，获得行为改善的建议，以利于他们的进步。

在剧中饰演“绿巨人”的2013届建筑工程施工5班的一名学生写道：这次的校园心理剧我们师生一起联手排练了两个多月，过程中我收获了太多太多，大家一起努力，共同去完成一个目标，虽然过程中难免有种种磨难，但一路一起走过，留下的是欢笑和泪水。从每个人身上我看到了很多，学到了很多，感悟到了很多。

下面是一位参演校园心理剧后得以改变的学生的心路历程分享。

我的成长剧，我的人生路

我，来自人杰地灵的都江堰，我是成都市建筑职业中专校2012级建筑工程施工专业的毕业生。今天，我作为一名大学生站在大学的舞台分享我的故事。我想，这是人生一次宝贵的经历，我将终生难以忘怀。

时光倒流。假如时光倒流，我愿回到三年前，那时的我是少年不知愁滋味，两耳不闻读书声。中考失利后的9月，我背上行囊和吉他被父亲连逼带押地挟制到成都市建筑职业中专校，其实到这里并不是我的选择，我也不知道为什么父母要把我送到离家这么远的学校，报的还是我曾经从没有想到过的建筑施工专业。从那天起，曾经那背着吉他“梦想仗剑走天涯，看看世界的繁华”的宏伟蓝图被无情扼杀。我更没有想到的是，未来在建中的三年将会发生那么多让我刻骨铭心的事情。

新环境的迷茫。对于许多人来说，新的环境会带来新的开始，而我却依然感到迷茫，其实中考的失利并非偶然，人付出多少就会收获多少。9月的成都暑气未退，天气依然炎热，可是心中的温度似乎不能和当下匹配。当吉他变成了测量仪，当丈量世界的宏大梦想变成了眼前脚下的导线测量，建筑专业的学习实在是枯燥乏味，我像行尸走肉一样的活着，这么说一点也不过分！

心！失去了方向。虽然第一学期我幸运地入选了国旗班、礼仪队，也荣幸地参与了儒雅男子学堂开幕式舞蹈《南飞》的排演，同时还在老师的帮助下成立了吉他社，认识了许多赏识我的学长、学姐和老师，但是心依然是迷失的，因为失去了前进的方向，我始终不知道自己要干什么，而就在大家的赞扬声和批评声中，我的高一上学期就浑浑噩噩地结束了。

接触校园心理剧。校园心理剧是学校的德育特色教育，每年6月都会向社会展演校园心理剧，而我有幸在学校德育处兰老师的推荐和赏识下，参加了学校校园心理剧的编排演工作。兰老师告诉我，他认为我是一个特别有灵性的学生，在表演上有一定的潜力，在文艺方面也有特长和发展的空间，同时他还鼓励我，校园心理剧就是演自己身边的事，演自己的故事，通过参演校园心理剧可以树立积极阳光的心态，端正学习态度，对我的心灵成长、职业生涯规划都有积极的促进作用。

第一次尝到成功的滋味。也许是因为好奇和新鲜感，我加入了校园心理剧“人生”系列之选择人生《向左向右》的编排演团队，在创编的过程中，我积极发表自己的想法，展开思维风暴，并将自己的故事和小伙伴们分享。我有幸被选定为男主角，饰演“言林”一角，在我的人生经历中，这是一次新的尝试。之后演出获得了极大的成功，站在舞台上，我觉得紧闭的心似乎松开了，因为这次我知道我不是一个人在战斗，我并不孤独。

台上台下。可是，舞台上的言林是闪亮而阳光的，但舞台之下，只有我自己知道，我的基础不好，在学业上我没有多少长进，我既不闪亮，也不阳光，我知道要走的路还很长，要修炼的还有很多。很快，到了高二，我也要面对职高学生的第一次大考——“双证”。刚开始，我也曾豪情万丈，全力以赴，想的是一定要把“双证”考过，但是几千道题我是真的背不下来！而且就算背了，我就真的能考过吗？我怕自己的努力换不来任何回报，所以我退缩了。但是“双证”考试对于我们建筑专业的学生来说又实在是太重要了。

煎熬的“双证”。第一次成都市抽考测量，我们班 19 个人不合格，班主任老师看在眼里，急在心里，他没有和我们讲太多的道理，只是每天晚上全情陪伴，尽心辅导，不抛弃、不放弃，有的时候竟然到了深夜也没察觉。所以，坚持是一种人生态度，态度决定人生的高度，坚持就是胜利。是呀，坚持就是胜利，我也不能辜负我自己，我更要证明我自己。在老师的鼓励下，在同学的影响下，我终于又重拾书本，开始了备考之路，夜晚的教室、寝室渐渐有了微光，是呀，只要心亮了，世界也就亮了。2014 年的 5 月 10 日，我和同伴们走进了“双证”考场，考场外的班主任热情地拥抱了我们每一个同学，结果似乎已不再重要，重要的是我懂得了坚持的意义。

加入升学班。“双证”考试过后，我选择了就读学校的升学班，升学是我人生的又一大考，我来到了新的班级，又有了一个新的开始。通过一年系统的学习，我将参加2015年4月的四川高职单招考试，因为我从小就有一个大学梦。我不想给人生留下遗憾，我应该牢牢地把握这一机会，毕竟，这也是我自己通过努力争取而来的。

努力学习，刻苦钻研。升学班的日子平淡、紧张，因为基础不好，专业知识不过硬，也有过放弃的念头，也有过内心的争斗纠结。毕竟，一个职高生要考上大学，这个决定就意味着你必须比普高生付出更多。每当夜深人静的时候，我和同伴们仍在努力学习、刻苦钻研，每一句翻译、每一道题都绝不放弃。我相信勤能补拙，相信梦想离我只有一步之遥。而我们的老师也是全程陪伴至深夜，全程的鼓励，在我们内心植入一股力量，他们的相伴与指引，强大了我们的内心，建设了我们的人生。

考上大学，拉开新的帷幕。如愿，我考上了成都农业科技职业学院建筑工程技术专业，拿到录取通知书的那天，我感慨万千，因为我不负过去三年的时光，不负父母的期待，不负老师的谆谆教诲，而我未来的人生之剧也在此刻拉开了新的帷幕。

观演专家点评：

中国社会心理学会候任理事长、北京师范大学心理学院许燕教授点评道：成都市建筑职业中专校校园心理剧《幸福ing》完美谢幕，教育实效性特别强，心理学理论及技术运用的高水平及学校老师、学生精湛投入的表演，值得赞赏。在职高层面，心理健康教育有很大的特色及借鉴。本季校园心理剧充满了心理学元素，其中包括精神分析、人本主义、行为心理学及完形心理学等。本剧以艺术表达的手法融合心理学理论及技术，更能让心理健康教育真正融入各阶段、各层面的教育，选择这一种形式，孩子们更能接受，同时艺术烘托的高雅氛围也更能表现孩子和老师的纯净心灵。本剧运用积极心理学，对人的发展均有激励作用。希望建筑职中校园心理剧能走出四川，走向全国，对高校、中学、小学等各阶段教育均有辐射影响。点亮更多人的人生之路，并让他们重拾自信心，我们的教师也能在教育的过程中寻找到职业幸福感。

重庆市社会心理学会理事长、西南大学心理学部张大均教授点评道：成都市建筑职业中专校的《幸福ing》完美谢幕，在此表示祝贺！用八个字概括："生活、艺术、精彩、震撼。"全剧贴近生活，故事真实，能走进学生心灵，师生表演精湛；能使全场观众情绪震动、情感共鸣，更是对现场观众的洗礼；对学生未来人生规划具有指导意义，有效助力他们成功实现人生跨越！

中国社会心理学会副会长、西南大学心理学部郭成教授点评道：一年一度，成都市建筑职业中专校的校园心理剧已经成了我教育生活的期待，成了建中同学们快乐学校生活的期待，成了我们所有关心职业教育人的期待！相对于同学们今天在校园心理剧《建中日记》中的精彩表现，我现在讲什么都是逊色的。观看了同学们的精彩演出，我的内心充满了感动和震撼，感动于近250人的演出团队历时两个多月创意排练的种种历练和你们的精彩成长，震撼于在这场两个多小时的浩大演出工程中你们的准确无误、井然有序、充满心灵艺术感染力的完美演绎！这充分展示了你们无尽的潜能和良好的素养！《建中日记》，我们以一种独特的心灵表达方式开启了建中同学们职业成长教育的新系列。今天，你们用自己的身体、姿势、语言，借助于超炫的舞台、灯光、音乐、道具，以及舞蹈、歌唱、专业的心理剧技术来讲故事，讲自己心灵成长的故事、专业技能学习的故事、职业生活态度的故事、积极人生期待的故事，传递出了你们积极的职业信念——职业无贵贱，劳动最光荣；认真工作，生活美好。你们今天的演出正是这种积极职业信念和雕梁画栋学校精神的唯美体现，也是我们建中人铸就匠心精神的最好实践！

感谢你们用自己的劳动创造了美丽和精彩的校园心理剧，《建中日记》再次演绎了完美、续写了辉煌！期待明年的新一季！

中国社会心理学会副会长、西南大学心理学部郭成教授在观看了重庆市九龙坡职业教育中心的校园心理剧后点评道：5月31日晚，在细雨中看完这一出校园心理剧，其间我几度泪目……尽管从“爱心”系列的构思与设计开始，我就参与其中，从《爱是Loving·亲情》这一季的创作开始，我就和老师们、同学们一起构思故事、讨论人物、修改剧本、观看排练，可以说我已经非常熟悉剧情了，但同学们今晚的精彩演出依然让我惊喜和感动，惊喜的是同学们在短短两个多月的时间里从剧本创作到演出，依然能准确地以自己的身体姿态生动而形象地演绎着自己的心灵，表达出对亲情之爱的理解与渴望，向我们展示了爱和成长的力量！感动的是近200名师生在正式演出时所表现出来的爆发力使整个表演精彩纷呈，九龙坡职业教育中心的学校运动场上包括学生、家长和各界来宾6000余人，在近两个小时的演出中，即使天空中飘着细雨依然静静观看，感动得唏嘘不已……这一刻，我的思绪中想到的就是只要我们给同学们搭建一个舞台，他们就一定会还我们一个精彩。今晚，九龙坡职业教育中心的师生们为我们呈现的这一台《爱是 Loving • 亲情》精彩的校园心理剧就是证明！我相信，精彩由此开始并将不断延续……期待明年“爱是 Loving • 友情”的新一季！

第四节　校园心理剧评价中注意的问题

校园心理剧评价的实施在一定程度上为各个学校提供了一个检验活动开展效果的参考，有助于推动校园心理剧的效果评价和实效检验的进程，有助于促进校园心理剧的有效性，使其能更有效地帮助学生心理成长。不过，在评价过程中需要注意以下问题。

一、评价客体的全面性

一方面，评价客体的全面性是指评价对象要全面。尽管校园心理剧的直接目标在于解决学生成长过程中的各种心理问题，促进其心理成长，但最终目标是要促进所有参与者的心理成长，发展其心理素质，维护其心理健康。因此，在实施评价的过程中，评价的客体早已不仅仅是学生群体，同时还包括校园心理剧的导演、相关教师以及观众。在校园心理剧展演过程中，所有的参与者在不同环节都会有所获益。所以，少了对导演、学生演员或是观众三者中任何一部分的评价，校园心理剧都是不完整的，不能达到校园心理剧的最终目标。另一方面，评价客体的全面性是指要评价个体各方面的发展和变化，包括与校园心理剧活动主题相关的育人目标的实现，比如，要对某一个系列的关于中学生青春主题的校园心理剧进行评价，评价时既要包括对学生在珍惜青春时光、不再蹉跎青春方面的行为和态度的评价，更要涉及对学生的学业动力、学习行为、努力程度等的评价，还要包括对学生的人际关系状况等的评价。总之，评价应该考虑到参与活动所有对象，考虑学生全面发展的各方面，因为校园心理剧是一项综合性的教育实践活动，它的效应表现也是多方面的。

二、评价主体与方法的多元性

评价主体的多元性是指在实施评价的过程中，我们既要考虑教育者，更要考虑学生自己，甚至还要考虑到家长。尤其是在质性评价的过程中，参与教师可以通过观察记录表来评估学生的改变，也可以通过让学生对自己在参加校园心理剧过程中的各种改变进行叙事描述，还可以访谈学生的家长，了解学生在参与校园心理剧活动后其对家长的态度、在家的行为表现等。当然，客观性是所有评价标准的基本原则，在制定评价标准时应尽量避免主观偏差。但是，任何一种评价方法都会产生误差，任何评价主体都有自己的世界观、价值观，有自己的主观判断。因此，在实施评价的过程中，应结合多种评价方法，质性评价与量化评价相结合，过程评价与结果评价相统一，尤其要注意发展性评价和增值性评价，从而让学生的成长看得见。

三、评价信息收集的规则性和灵活性

评价信息收集是否完整、客观对评价结果具有重要的影响。在评价信息收集的过程中，根据评价信息收集的需要，信息收集要具备规则性和灵活性。规则性和灵活性永远是一对矛盾，但没有绝对的对立，只有将两者统一起来才能达到和谐状态。评价信息收集的规则性是指在信息收集的过程中，必须遵照一定的规则，不按照规则收集的信息是无用的。比如，可以按时间序列收集学生参与校园心理剧的时间、次数，可以按投入程度收集学生参与校园心理剧的认真态度、积极行为等。评价信息收集的灵活性是指虽然要按照一定的规则收集信息，但根据评价需要，可以对规则进行调整，灵活收集信息，实现全方位收集学生成长的多样化信息，这样可以使评价结果更加准确。

四、评价过程的全程性

校园心理剧是一项涉及主题选择、剧本创作、角色选择、排练演出、分享反思的系统工程，评价必须关注师生在整个活动过程中的各种变化，注重过程的全程评价，即评价师生在每一个阶段的经常性行为和典型表现。因为学生在校园心理剧活动不同阶段的收获、成长可能都不一样，有的学生积极参与剧本创作，有的学生更热衷于演员角色选择，有的学生更愿意在排练过程中认真钻研角色，还有的学生可能更愿意为台前幕后尽心服务，所有这些都体现着实践育人、团体育人、过程育人。因此，校园心理剧的效果评价必须要注重全程，而不仅仅是注重演出环节，或者注重演出后的反思环节，应从一开始就制定好考察指标、观察行为点等，同时要有专人负责记录，每一个阶段完成后，就要反馈评价结果，指出学生的成长所在和以后需要注意的地方，由此实现成长看得见、评价指方向、评价促成长的全程发展评价。另外，作为评价的指标，评价标准不仅仅具有考察功能，同时也具有指导功能。考察功能是指评价者在校园心理剧活动过程中，根据评价标准，对校园心理剧进行观察、评价。指导功能则是指导演与学生根据评价标准来实施校园心理剧活动。在运用校园心理剧评价标准时，人们常常只运用了评价标准的考察功能，而忽视了其指导功能。校园心理剧的评价标准不仅要用于校园心理剧的考察，更要对校园心理剧的整个过程进行指导。

第十章 校园心理剧的效应分析

校园心理剧以其独特的形式和作用对学生的心理素质发展与心理健康维护产生着积极影响。为了检验校园心理剧的实践育人效果，我们运用教育实验的方法，在学校开展校园心理剧的教育干预活动，通过实证的方法来验证其效应。本章基于校园心理剧对中职学生心理韧性、感戴水平和自我同一性三个积极心理品质的影响和对大学生心理健康的影响，揭示了校园心理剧的心理发展效应。

关键概念

校园心理剧：校园心理剧是一种通过戏剧表演的方式，让参与同学扮演角色，探索自己和他人的人格、人际关系、心理冲突与情绪问题，进而实现认知领悟、情感体验和行为改变的团体心理辅导或治疗的方式。它在促进青少年心理健康和成长方面具有重要作用。

心理韧性：心理韧性是个人面对生活逆境、创伤、悲剧、威胁或其他生活重大压力时的良好适应。它意味着个体面对生活压力和挫折的“反弹能力”。

感戴：感戴是一种积极的人际情感，建立在认知他人无私奉献的基础上。它激励着人们展开报偿行为，维系着人与人、人与社会、人与自然之间的和谐关系。

自我同一性：自我同一性是指青少年的需要、情感、能力、目标、价值观等特质整合为统一的人格框架，即具有自我一致的情感与态度，自我贯通的需要和能力，自我恒定的目标和信仰。

心理健康：心理健康是指个体在一定社会环境下能够适应发展，并具有良好的心理功能和良好的自我调节能力。它涉及个体的情感、认知、行为等方面，是一个综合性的概念，包括心理健康水平、心理适应能力、心理发展等方面。

内容提要

随着近年来儿童和青少年心理健康问题的凸显，如何在学校生活中有效预防、干预学生的心理健康问题已经成为时代话题。心理剧是一种通过实践的检验和理论剖析的成熟心理治疗方法，利用戏剧的形式来表达和探索个人的情感、思想、梦境和人际关系。鉴于其自发性、创造性和教育性等特点，越来越多的老师和学校将学校心理健康教育实践和心理剧相结合，其结果就是“校园心理剧”这一备受老师和学生喜爱的心理辅导方法应运而生。在校园心理剧中，学生可以通过戏剧的方式来表达自己在生活和学习中遇到的隐藏于内心的冲突与矛盾，从而将其释放出来，并在此过程中体验心理的变化过程，从自身表演实践中领悟道理，激发自身创造性和合作意识。

校园心理剧不仅以其独特且有益的功能帮助学生认识、体验、正确处理心理问题，还可以促进学生积极心理品质的健康发展。具体而言，教育实践中可以通过开展以特定心理品质为主题的校园心理剧，帮助学生在这个过程中感受积极心理品质的重要性和必要性。

本章在教育实验的基础上，结合中职学生的实际心理发展情况，开展了反映不同心理品质的校园心理剧，并通过对比“实际参与心理剧”和“观看心理剧”两种学生群体的心理品质的结果差异，分析校园心理剧在校园心理健康教育实践中的效应和作用。总的来说，本章通过实验方法和数据科学的分析方法证明了校园心理剧是一种有效的团体治疗方式，其能在校园环境中提高学生的各项心理品质，如心理韧性、感戴水平、自我同一性和心理健康水平。校园心理剧的积极效果是显而易见的，其不仅为学生的积极心理品质发展提供了有效渠道，也为学校心理健康实践提供了有效的开展思路。

第一节　校园心理剧对中职学生心理韧性的影响

中职学生处于身心急剧发展、情绪波动大的青春期阶段，同时，与普通高中生相比，他们还要面对择业和就业的压力，是心理问题易发的高危群体。然而，也有研究发现，在面对挫折、压力时，并非所有的中职学生都会出现心理行为问题，还有相当大一部分中职学生能良好适应，保持心理健康。一些研究者开始从积极心理学的角度关注中职学生在经历挫折、逆境等生活压力时能适应良好或健康成长的动态过程，即心理韧性。

校园心理剧作为心理健康教育的一种有效途径，帮助学生在编、排、导、演、看的过程中以互动、启发和体验的方式了解自我和他人，明晰问题所在，学习解决问题的方法，从而使学生合理宣泄不良情绪，改变不合理认知，增强自信心，提升人际交往能力。因此，本研究基于心理韧性的因素-过程整合模型，制定并开展以“克服困难，坚持梦想”为主题的校园心理剧，探究校园心理剧对中职学生心理韧性的影响。研究发现，以“克服困难，坚持梦想”为主题的校园心理剧有助于促进参与演出的中职学生心理韧性的发展，而对观看校园心理剧的中职学生心理韧性的提高作用不显著。

一、研究背景

（一）校园心理剧的内涵

1. 心理剧的概念

心理剧是一种心理治疗方法，利用戏剧的形式来表达和探索个人的情感、思想、梦境与人际关系。心理剧的创始人是精神病理学家莫雷诺，他于 1921 年在维也纳开始实践这种方法，并于 1925 年移居美国后将其推广到世界各地。他认为心理剧的最大作用就是重新激发出个人原有的创造和自我教育的天然倾向，并且认为“心理剧拥有几乎无限的治疗潜能”①。

心理剧的作用是帮助参与者通过行动来体验和解决自己的心理问题，增强自发性和创造力，改善人际沟通和社会适应。心理剧的组成要素包括导演、主角、替身、配角、舞台和观众。导演是心理剧的协调者和引导者，主角是心理剧的中心人物，替身是主角的内在自我的代表，配角是主角生活中的其他重要人物的代表，舞台是心理剧发生的空间，观众是心理剧的见证者和支持者。心理剧的过程一般分为三个阶段：暖身、演出和分享。暖身是为了让参与者准备好进入心理剧的状态，演出是主角在舞台上展现自己的心理剧情，分享是参与者在演出结束后交流自己的感受和收获。

总之，心理剧是以帮助个体为目标的一种心理治疗方法，个体通过戏剧化的方式来表达自己的心理事件，并在戏剧表演的过程中体验过去、现在和将来的事情，重新思考和认识这些事件，使个体自身和观察者能够发现当事人内在的感受，从而重新塑造自身想法和认识，并在这个过程中获得创造性地解决问题的方式，观察者等其他个体也能在这个过程中得到成长。

---

① Moreno Z T. The significance of doubling and role reversal for cosmic man. Group Psychother and Psychodrama，1975，28：55-59.

2. 校园心理剧概念

校园心理剧是一种深受学生、老师推崇和喜爱的心理辅导与治疗的方法。它通过戏剧表演的方式，让参与同学扮演角色，探索自己和他人的人格、人际关系、心理冲突和情绪问题，让自己发泄精神能量，消除生活中的压力和自卑感，并在这个过程中提升学生适应环境和克服危机的能力。①王卫平从心理剧和校园心理剧的关系出发，提出了校园心理剧是集戏剧、小品、心理问题于一体的一种团体治疗方法，是心理剧在校园中的实践运用和拓展。学生是校园心理剧的主体，在这个过程中扮演当事人，并在学校老师和学校环境的帮助下，借助舞台来呈现心理问题，学会如何应对和正确处理心理问题，使自己受到教育启发。②

校园心理剧是校园心理健康教育的重要途径③，是根据学生的真实问题编排的，一切取材于学生的现实生活。因此在编排和观看的过程中，学生会获得更真切的感受，有助于学生自我教育、自我启发，从而形成良好品质，防止心理健康问题的出现。在校园心理剧的编排和演出过程中，自发性和创造性是校园心理剧的核心，学生之间的心理安慰和鼓励能够促使学生培养同伴互助的精神，也能够激发学生的创造性。

综上所述，校园心理剧是一种用于解决学生心理问题、促进学生心理健康的团体心理辅导方式。通过小品表演、情景对话等戏剧形式，学生能够表达自己、释放内心隐藏的矛盾和冲突，从而达到心理平衡和减轻压力的效果。同时，剧中融入了心理学的知识和教育技巧，可以帮助学生更好地理解自己的心理变化过程，领悟其中的道理，从而增强自身的创造性和合作意识以及创造力。这种方式对于提高学生的心理素质和心理健康水平具有积极的作用。

3. 校园心理剧研究现状

国内学术界自20世纪80年代了解了心理剧以来，虽然许多高校以及中小学、职业中专等学校都开始了对校园心理剧的尝试，但是学术界对校园心理剧理论和实践的研究还不是很多，主要包括两方面的研究。

一方面是对校园心理剧的理论研究，包括研究校园心理剧的含义、构成要素、实施过程、发展阶段、功能、效果评估以及实施注意事项等。例

① 秦娟. 校园心理剧. 中国职业技术教育，2005（23）：29-31.

② 王卫平. 校园心理剧——高校心理健康教育的有效途径. 山西高等学校社会科学学报，2009，21（5）：105-107，115.

③ 郭小艳. 校园心理剧的功能和作用. 长春教育学院学报，2012，28（11）：39，41.

如，陈小梅在其《关于开展校园心理剧活动的思考》的研究中阐述了校园心理剧的功能①；李建中在其《试论“校园心理剧”在大学生心理健康教育中的作用》一文中介绍了校园心理剧的构成要素、实施过程以及实践效果②；韩菁在其《校园心理剧——大学生心理健康教育的有益探索》《校园心理剧的创作及其在高校心理健康教育中的作用探讨》的研究中分别探讨了校园心理剧效果评估的方法，包括心理测量、自编问卷以及访谈评估三种方法③；高东在其《校园心理剧提高大学生心理健康水平》的研究中鲜有地采用了问卷法探究校园心理剧对参与者心理健康水平的影响④。

另一方面是校园心理剧对学生心理健康水平的干预类研究。例如，梁梦婷对初中生的校园欺凌行为进行了为期 9 周的校园心理剧干预，结果表明，初中生的校园欺凌水平得到了有效干预⑤；邱晨也发现，校园心理剧活动有效降低了学生面对压力事件时不成熟防御方式的使用倾向，提高了学生应对压力事件的能力和自我接纳水平⑥；陈浠和李静对大学生进行了校园心理剧的干预实验，结果发现，通过参演校园心理剧，大学生的心理健康水平得到了显著提高，这为高校的心理健康建设提供了新的实践模式⑦。

综上所述，我国对于校园心理剧的研究整体上还比较少，研究对象主要集中在大学生群体，对中小学生群体，特别是职业类学生的关注较少。

（二）心理韧性

1. 心理韧性的概念

“resilience”一词来源于物理学概念，可译为韧性、弹力、弹性等，是指物体受外力作用时，变形却不易折断的特性。20 世纪 70 年代，Block 等将“韧性”引入心理学领域，从而提出了“心理韧性”这一概

① 陈小梅. 关于开展校园心理剧活动的思考. 福建商业高等专科学校学报，2006（6）：17-20.

② 李建中. 试论“校园心理剧”在大学生心理健康教育中的作用. 西南交通大学学报（社会科学版），2000（2）：102-105.

③ 韩菁. 校园心理剧——大学生心理健康教育的有益探索. 南阳师范学院学报，2010，9（10）：95-97；韩菁. 校园心理剧的创作及其在高校心理健康教育中的作用探讨. 开封大学学报，2010，24（3）：59-61.

④ 高东. 校园心理剧提高大学生心理健康水平. 华夏医学，2013，26（6）：1103-1106.

⑤ 梁梦婷. 同伴关系、嫉妒对初中生校园欺凌行为的影响及心理剧干预研究. 合肥：合肥师范学院，2022.

⑥ 邱晨. 校园心理剧对中学生心理防御方式影响的研究. 南京：南京师范大学，2015.

⑦ 陈浠，李静. 校园心理剧对大学生心理健康的影响. 吕梁学院学报，2023，13（3）：89-92.

念。[①]随着研究的深入，也有学者将“resilience”译为心理弹性、心理复原力等。对于心理韧性的概念，学术界至今还没有形成统一的认识，对心理韧性的关注点不同，对心理韧性也会有不同的理解。

在国内的研究中，胡月琴和甘怡群将心理韧性定义为个人面对生活逆境、创伤、悲剧、威胁或其他生活重大压力时的良好适应，它意味着个体面对生活压力和挫折的“反弹能力”。[②]张海鸥和姜兆萍将研究对象聚焦于青少年群体，认为青少年应对压力、挫折或创伤等消极事件的能力就被称为心理韧性。[③]

国外学者也对心理韧性做了大量的研究，根据其关注对象不同，我们大致可将心理韧性的定义分为三类。

第一，能力性定义，强调关注人们在面对强大压力和严重逆境时的个体差异，认为心理韧性是一种能力。Block 等认为，心理韧性是一种相对稳定的人格特质，以克服和战胜逆境并恢复常态的能力为特征。[④]Lazarus 认为，心理韧性是个体适应消极环境的能力。[⑤]

第二，过程性定义，重点关注心理韧性的动态形成过程，将心理韧性视作个体环境中各个因素的作用总和。Luthar 等强调个体经历灾难性事件时的心理变化和发展过程，认为心理韧性是个体面对逆境、创伤、威胁或其他重大压力时实现良好适应或成功应对的动态过程。[⑥]Richardson 等认为，心理韧性是外界负性生活事件与个体内在保护性因子相互作用的动态过程。[⑦]

第三，结果性定义，强调关注积极的结果，从发展结果出发来定义心

① Block J，Siegelman E，von der Lippe A. Optimal psychological adjustment：Response to Miller's and Bronfenbrenner's discussions. Journal of Consulting and Clinical Psychology，1971，36（3）：325-328.

② 胡月琴，甘怡群. 青少年心理韧性量表的编制和效度验证. 心理学报，2008（8）：902-912.

③ 张海鸥，姜兆萍. 自尊、应对方式与中职生心理韧性的关系. 中国特殊教育，2012（9）：77-82.

④ Block J，Siegelman E，von der Lippe A. Optimal psychological adjustment：Response to Miller's and Bronfenbrenner's discussions. Journal of Consulting and Clinical Psychology，1971，36（3）：325-328.

⑤ Lazarus R S. From psychological stress to the emotions：A history of changing outlooks. Annual Review of Psychology，1993，44：1-21.

⑥ Luthar S，Cicchetti D，Becker B. The construct of resilience：A critical evaluation and guidelines for future work. Child Development，2000，71（3）：543-562.

⑦ Richardson G E，Neiger B L，Jensen S，et al. The resiliency model. Health Education，1990，21（6）：33-39.

理韧性。Masten 认为，心理韧性是个体在威胁或逆境条件下仍能表现出较好适应或顺利发展结果的一类心理现象。①

综上，过程性定义结合了能力性定义和结果性定义的特征，突出了心理韧性具有可干预性，因此，本研究认为从过程性定义的角度来解读心理韧性的概念更具有实践意义，并将心理韧性界定为个体在经历挫折、逆境等生活压力时，外界生活压力与环境因素、个体主体特征相互作用后保持良好适应或健康成长的动态过程。心理韧性既是个体所特有的能力特质，是个体在应对环境过程中的能力，也是多种因素共同作用的综合结果。心理韧性被认为是一种与人的健康和幸福有关的重要心理素质，可以通过有效训练来促进其提高和发展。②

2. 校园心理剧对心理韧性影响研究的理论依据：心理韧性的因素-过程整合模型

库普弗（Kumpfer）在生态系统理论基础上所提出的心理韧性的因素-过程整合模型（图 10-1）涵盖了心理韧性的相关因子以及心理韧性的发展过程，主要包括三个方面：①环境因素，即保护性因子和危险因子。②个体内部特征，即个体的内部心理韧性因素，在本研究中主要指认知、情绪和行为。③个体与环境间、个体与适应结果间的相互作用。心理韧性的具体发展过程为：外界压力打破了个体内部动态平衡，外界压力与外部环境因素（如家庭、学校、同伴）、个体内部特征（认知、行为、情感）相互作用，帮助实现心理韧性重整，其反面结果即适应不良（非心理韧性）。③

基于心理韧性的因素-过程整合模型，校园心理剧从表演内和表演外两方面对学生心理韧性的发展产生影响。

在表演内，校园心理剧从认知、情感、行为倾向以及同伴协作等方面对中职学生心理韧性的发展产生影响：①由于在表演中客观存在角色差距，学生们可以在角色差距的背景下体验挫折情景，从而降低自我防御机制，找到压力应对方法，提高自身的心理韧性。②学生们通过在表演中进

① Masten A S. Ordinary magic：Resilience processes in development. American Psychologist，2001，56（3）：227-238.

② Utsey S O，Hook J N，Fischer N，et al. Cultural orientation，ego resilience，and optimism as predictors of subjective well-being in African Americans. Journal of Positive Psychology，2008，3（3）：202-210.

③ Kumpfer K L. Factors and processes contributing to resilience：The resilience framework. In M D Glantz，J L Johnson（Eds.），Resilience and Development：Positive Life Adaptations（pp.179-224）. Dordrecht：Kluwer Academic Publishers，1999.

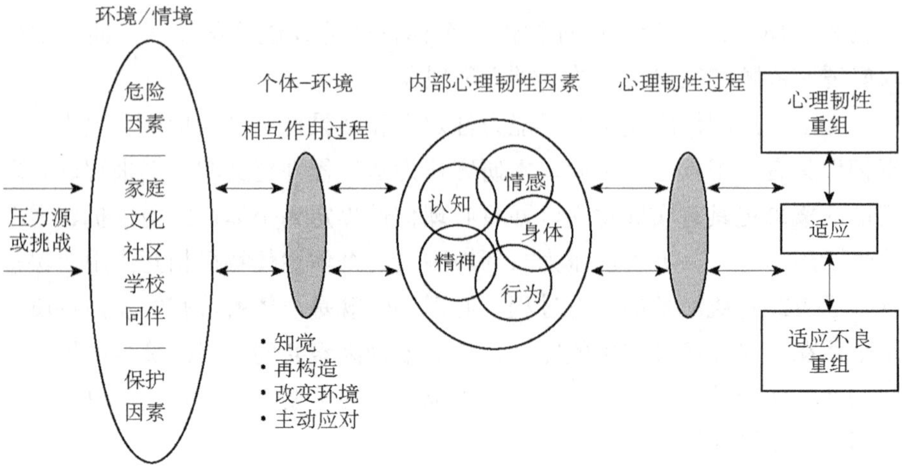

图 10-1　心理韧性的因素–过程整合模型（Kumpfer，1999）

行认知领悟，能够改变以往不合理的认知，适当地宣泄情感，从而能够加深自我认识，更好地控制自己的情绪，更加积极地看待问题。③通过在舞台上的表演、协作，学生们展示了自己的风采，增加了自己的自信心和团队协作能力。总之，校园心理剧的表演过程让学生们改变了以往不合理的认知，学会了控制自己的情绪和一些压力的应对技巧，增强了自己的自信心和团队协作能力，有利于学生今后在面对压力情景时心理韧性的发展。

在表演外，校园心理剧从校园氛围和家长支持两方面对中职学生心理韧性的发展产生影响：①校园心理剧的开展为学校创建了更加和谐、欢快的氛围，活跃了校园文化，学校和教师对中职学生的重视程度增加，为中职学生心理韧性的发展提供了环境保障。②学校鼓励家长参与观看校园心理剧，让家长更加了解孩子的生活困扰，增进家长与孩子间的沟通、交流，促进家长与孩子良好亲子关系的发展。[①]总之，和谐的校园氛围和有力的家庭支持，有利于学生心理韧性的发展。

在青少年群体中，处于青春期的中职学生是心理问题较多的人群之一。[②]中职学生是学校教育阶段中的一个特殊群体，他们处于身心急剧发展、情感丰富强烈、情绪波动大的青春期，也是心理问题易发的时期。由于中职学生学习方式和发展方向的转变，他们不仅存在学业压力、生活和成长烦

① 王振宏，吕薇，杜娟等. 大学生积极情绪与心理健康的关系：个人资源的中介效应. 中国心理卫生杂志，2011，25（7）：521-527.

② 李春华，任文芳. 试论校园心理剧在高校心理健康教育中的应用. 鸡西大学学报，2013，13（4）：4-5.

恼，而且还面临择业、就业的困境[①]，他们比普通中学生面临更多、更复杂的压力和挫折。在这个特殊的成长时期，学校心理健康教育对中职学生心理发展具有重要的作用。如果教育得当，就会形成良好的人格，反之，就会阻碍学生心理的正常发展。

伴随着积极心理学思潮在国内的兴起，我国教育工作者不再只关注学生的心理问题，而更多的是从全新的角度挖掘促进个体自我实现的各种积极的心理潜能。研究发现，并非所有的中职学生都会出现心理行为问题，还有相当大一部分学生能适应良好，心理健康发展。于是研究者开始关注中职学生在经历挫折、逆境等生活压力时，外界生活压力与环境因素、个体主体特征相互作用后保持良好适应或健康成长的动态过程，即心理韧性。

心理韧性作为中职学生应对问题的积极面，反映了个体在压力、逆境等负性事件的影响下保持良好适应或健康成长的过程。其发展主要受两方面的影响：①个体内部资源，如聪慧、自信、积极认知等；②外部社会支持，如家庭支持、同伴协助、学校氛围、教师重视等。[②]因此，增加个体的内部资源或外部社会支持均有利于促进个体心理韧性的发展。基于心理韧性的因素-过程整合模型，校园心理剧是一种切身体验式的团体治疗方法，可以通过加强外在保护因子和激活内部韧性因子的方式来促进个体的韧性重整。[③]

那么在干预实践中，校园心理剧能否促进中职学生心理韧性的发展？心理韧性中的哪些因子受到了影响，影响程度又如何？

二、研究方法

（一）研究目的与假设

本研究通过开展以“克服困难，坚持梦想”为主题的校园心理剧，探索其对中职学生心理韧性的影响，主要目的是通过开展校园心理剧，培养学生的目标专注、积极认知和情绪控制能力，促进亲子关系和同伴关系的发展，最终使学生的心理韧性积极发展。

① 王丽. 浅议校园心理剧在高职院校心理健康教育中的应用. 四川职业技术学院学报，2013，23（1）：92-94，98.

② Glantz M D，Sloboda Z. Analysis and reconceptualization of resilience. In M D Glantz，J L Johnson（Eds.），Resilience and Development：Positive Life Adaptations（pp.109-126）. New York：Kluwer/Plenum，1999.

③ 王琪，李恒超，丁凡等. 心理剧团体对学业不良大学生心理韧性的促进. 中国健康心理学杂志，2021，29（5）：750-757.

本研究假设，以“克服困难，坚持梦想”为主题的校园心理剧有助于中职学生心理韧性的发展。

（二）研究对象

本研究的实验对象是成都某中职学校高一学生。从参与校园心理剧表演的 100 多名学生中随机抽选出 66 人作为实验组，从不参与表演但参与观看的学生中随机选出 66 人作为对照组。所有被试均自愿参加本研究活动。

（三）研究工具

本研究采用胡月琴和甘怡群①编制的青少年心理韧性量表对参与研究的学生进行前后测。该量表采用 5 分计分，共 27 题，包括个人力量和支持力量两个维度。前者包括目标专注、情绪控制和积极认知三个因素，后者包括家庭支持和人际协助两个因素。本研究中，该量表的内部一致性系数为 0.81，各因子的内部一致性系数为 0.63—0.76，结构效度为 0.13—0.78，表明该量表具有良好的信度和效度。

采用 SPSS19.0 对数据进行配对样本 t 检验和独立样本 t 检验的分析。

（四）实验设计与实施

本研究采用实验组与对照组前后测的等组实验设计，研究以“克服困难，坚持梦想”为主题的校园心理剧对中职学生心理韧性影响。在校园心理剧活动结束后，通过对学生和教师的简单访谈，搜集学生和教师表演后的感受，从质性研究的角度探究校园心理剧对中职学生心理韧性的影响。其中，在与教师进行交流时，主要围绕学校氛围的变化、学生的变化、家长的变化以及教师自己的变化四个主题进行。

在实施校园心理剧项目时，我们紧密围绕学校的办学理念“建设人生”、学校精神“雕梁画栋”以及学生发展的实际需求，精心设计了剧情。以下是剧情的逻辑层次和核心内容。

1）主题确定：我们选择了“克服困难，坚持梦想”作为校园心理剧的主题，旨在激励学生在追求目标的过程中展现出坚韧不拔的精神。

2）剧情背景：剧情以主人公在考取“双证”（指某种专业资格或技能证书）的过程中所遭遇的一系列挑战和困难为背景，通过现实与梦幻相结合的叙事手法，展现主人公在面对逆境时的心理变化。

---

① 胡月琴，甘怡群. 青少年心理韧性量表的编制和效度验证. 心理学报，2008（8）：902-912.

3）心理状况表现：剧情深入描绘了主人公在遇到困难时的心理状态，包括焦虑、挫败感以及自我怀疑等，这些都是学生在追求“双证”过程中可能经历的心理冲突。

4）困难与克服：剧情详细阐述了在考取“双证”过程中可能遇到的各种困难，以及主人公是如何通过不懈努力和积极策略来克服这些困难的。

5）成功与启示：通过主人公最终取得成功的故事，剧情传递了坚持梦想、不放弃的重要性，并为学生提供了面对挑战时的应对技巧。

6）教育意义：该剧不仅帮助学生对“双证”有了更正确的认识，而且通过揭示和解决学生在“双证”考试中可能出现的心理冲突，为学生提供了实用的应对策略，以便他们在未来面对人生挫折时能够更有效地应对。

通过这样的剧情设计，我们希望学生能够从中获得启发，学会在面对挑战和困难时保持积极的态度，坚持自己的梦想，并发展出应对未来挑战的能力。

三、结果与分析

（一）实验组和对照组学生心理韧性的同质性分析、前后测差异分析

1. 实验组和对照组学生心理韧性前测同质性分析

对实验组和对照组学生心理韧性的前测得分进行独立样本 t 检验，结果如表 10-1 所示。

表 10-1　实验组、对照组学生前测得分比较

维度	演员（$M \pm SD$）	观众（$M \pm SD$）	t
目标专注	3.34±0.77	3.29±0.81	0.36
情绪控制	3.19±0.62	3.17±0.66	0.14
积极认知	3.39±0.91	3.36±0.97	0.23
家庭支持	3.21±0.60	3.08±0.65	1.17
人际协助	3.16±0.68	3.11±0.77	0.42
心理韧性	3.23±0.44	3.19±0.44	0.65

由表 10-1 可知，在前测中，实验组与对照组的心理韧性总分及其各子维度得分都不存在显著差异，这说明两组学生的心理韧性水平不存在显著差异，不是异质群体，可参与干预效应的数据分析。

2. 实验组和对照组学生心理韧性后测差异分析

对实验组和对照组学生心理韧性的后测得分进行独立样本 t 检验，结

果如表 10-2 所示。

表 10-2 实验组、对照组学生后测得分比较

维度	演员（$M\pm SD$）	观众（$M\pm SD$）	t
目标专注	3.64±0.69	3.24±0.73	3.24**
情绪控制	3.21±0.72	3.10±0.75	0.87
积极认知	3.70±0.85	3.41±0.86	2.09*
家庭支持	3.41±0.58	3.20±0.56	2.08*
人际协助	3.29±0.73	3.00±0.80	2.17*
心理韧性	3.42±0.45	3.17±0.43	3.17**

注：*p<0.05，**p<0.01，***p<0.001，下同

由表 10-2 可知，在后测中，实验组与对照组学生在除子维度情绪控制外的所有心理韧性子维度及总分上都表现出显著差异。

从表 10-1 和表 10-2 可知，在进行校园心理剧展演之前，实验组与对照组的心理韧性及各子维度得分均不存在显著差异，而在校园心理剧开展之后，实验组在心理韧性、目标专注、积极认知、家庭支持、人际协助五个水平上均显著优于对照组。这从横向上说明了校园心理剧对实验组学生的有效性。

3. 实验组心理韧性前后测差异分析

对实验组心理韧性及其子维度的前后测得分进行配对样本 t 检验，结果如表 10-3 所示。

表 10-3 实验组前测、后测得分比较

维度	前测（$M\pm SD$）	后测（$M\pm SD$）	t
目标专注	3.34±0.77	3.64±0.69	−2.41*
情绪控制	3.19±0.62	3.21±0.72	−0.21
积极认知	3.39±0.91	3.70±0.85	−2.29*
家庭支持	3.21±0.60	3.41±0.58	−2.18*
人际协助	3.16±0.68	3.29±0.73	−1.18
心理韧性	3.23±0.44	3.42±0.45	−2.80**

由表 10-3 可以看出，在校园心理剧开展前后，实验组的目标专注、积极认知、家庭支持和心理韧性得分均有显著差异，实验组后测得分显著高于前测得分，说明实验组学生在心理韧性、目标专注、积极认知和家庭支持这四个水平上有了显著提高。

4. 对照组心理韧性前后测差异分析

对对照组心理韧性及其子维度的前后测得分进行配对样本 t 检验，结果如表 10-4 所示。

表 10-4　对照组前测、后测得分比较

维度	前测（$M\pm SD$）	后测（$M\pm SD$）	t
目标专注	3.29±0.81	3.24±0.73	0.37
情绪控制	3.17±0.66	3.10±0.75	0.53
积极认知	3.36±0.97	3.41±0.86	−0.35
家庭支持	3.08±0.65	3.20±0.56	−1.49
人际协助	3.11±0.77	3.00±0.80	0.86
心理韧性	3.19±0.44	3.17±0.43	0.19

由表 10-4 可以看出，在校园心理剧开展前后，对照组的心理韧性及各子维度得分均无显著差异，对照组的积极认知和家庭支持后测得分相对于前测得分有所提高。

从表 10-3 和表 10-4 可知，在校园心理剧开展前后，实验组学生的目标专注、积极认知、家庭支持和心理韧性得分均有显著差异，实验组后测得分显著高于前测得分；而对照组学生在校园心理剧开展前后在各维度上的变化均不显著。这从纵向上说明了开展校园心理剧能显著提高实验组学生的心理韧性。

（二）访谈结果

在校园心理剧表演结束以后，我们对参与校园心理剧演出的学生进行了访谈调查，搜集了他们在活动结束后的收获与感想，以从质性研究视角验证其作用。

1. 学生结果

参加心理剧的演出让我懂得了许多：付出就会有收获，坚持就是胜利。从一次次的选择中找到一条适合自己的路，坚持不懈，放飞自己去寻找梦想，成功就在前方。——廖燕林

我记得每个人在最初时稚嫩羞涩的脸，也记得每个人在演出时舞台上的自信、成熟、洋溢着快乐的脸。经过几个月的磨炼，老师的悉心指导，同学之间的互相支持，我们一定会给观众演绎一幕完美人生。——唐金凤

心理剧对我们这些没有表演经验的人来说是一种挑战，也是一种

锻炼，我们从排演中收获到了很多的友谊和团结合作精神。作为心理剧中的舞蹈精灵，也作为一个舞蹈爱好者，我想给大家说：“不要为模糊不清的未来担忧，要为清清楚楚的现在奋斗。”——苏宇鹏

多一些信息，多一些乐观才会找到一条比旁人更美丽、更宽广、离成功更近的路，或许此时我说的都词不达意，但是我的心中却充满自信、乐观，如果非要问我有什么收获的话，那就是“我改变了”。——张超

当一次次心理剧艺术表演展现在我们自己面前时，我同样也看到了自己的影子，有一个片段就是一个同学演自己在考双证之前的不自信，气馁，成天不想学习，脾气差，任性，有一些同学不喜欢他，嘲笑他，看不起他，但也有一些同学一直鼓励他，支持他，帮助他，给他时间，给他机会，给他希望。尽管离成功很遥远，尽管这一路上也失望过，伤心过，气馁过，烦恼过，但最终未放弃，他最终获得了成功，通过了考试，也并没有让帮助他的老师、同学失望，这一次的成功，将会推动他向前。向前，给他在人生的道路上奠定了基础——希望与自信。——熊嘉馨

其实我们很多学生都有着言林同学的这些想法，有过这些做法，对于学习上，有过不自信，想过要逃避问题，想过要挣脱老师和学校的束缚，想做自己想做的事，也有不懂事的时候。其实，这些大多不过是我们自己的心理障碍，因为一次次的指责、一次次的责备、一次次的失败而感到气馁，自暴自弃，彷徨无助，其实很多事想通就好了，别憋在心里，要跟父母、老师交谈。自己便会卸下心中的包袱，不再矛盾、伤心、不相信自己。当自己认真地对待一件事，全心全意地去做，对自己有信心时，那就没有什么事情我们做不到，只有这样，才会成功地登上山顶，一览脚下的风景，当初不辞艰辛地爬上山，再苦也不算什么了。——罗佳

演出完校园心理剧后，我变得不再不自信，也和同学们玩得更加融洽了，这大概也是参演后自我的变化吧，虽然校园心理剧活动已经过去了许久，但是那天晚上的情景依然不断浮现在我眼前，那晚是我在这所学校中最深刻的记忆，那是我最美好的回忆，也让我改变了许多。所以，我得感谢学校给了我这样一个参加校园心理剧的机会。——卢鑫阳

这次校园心理剧犹如一个灯塔照亮我们小船中一些迷失了方向的舵手，在同龄人表演中，拥有这些心理问题的同学、家长能够及时调

整自己。这次校园心理剧不仅是精彩的表演，还是我们与同学之间建立友谊的桥梁，加固了我们与父母的亲情。——补鸿程

每一个参加校园心理剧的同学都有很多感悟和收获，上面呈现的只是一小部分例选。我们通过搜集参与校园心理剧演出的学生的收获与感想，发现这一活动对学生的心理发展和生活态度有了很大的影响，主要表现在如下方面：①使学生意识到人应该有梦想，在实现梦想的过程中可能会遇到困难，只要坚持下去，梦想就会实现。②改变了学生的生活态度，他们能以更积极的眼光去看待世界、看待生活，从而变得更加自信、乐观。③提高了学生的社交能力，在表演过程中，与伙伴团结合作、相互支持，让他们彼此更加珍惜对方。④促使学生身心健康发展，找到了应对困难的方法，采取诸如向同学和老师倾诉、运动等健康的方式发泄情绪，而非以不健康的方式发泄情绪。⑤能够意识到要多与父母沟通，试着站在父母的角度看问题，理解父母。

2. 教师结果

在校园心理剧表演结束后，围绕学校氛围的变化、学生的变化、家长的变化以及教师自己的变化这四个问题，我们与教师做了交流与沟通，了解了教师的感受。

对于“学校氛围的变化”这一问题，许多教师表示：对于中职学生这个群体，发生打架事件是常事，但是自从学校开展了校园心理剧这一活动，许多学生都投入到校园心理剧的排演过程中，将生活安排得既充实又有意义，整个校园都沉浸在学生们的欢声笑语中，学校氛围变得更加欢快、和谐、有活力。

对于“学生的变化”这一问题，许多教师表示：学生们最典型的变化就是变得更加自信了，更有目标感了。有教师指出，自己班上的某个学生以前一上课就睡觉，从来不听课，也拿他没办法，但自从参演了校园心理剧“舞蹈精灵”这一角色后，现在他上课都很认真，学习更主动了。另一名教师也指出，自己班上有个男生，在班上也不怎么起眼，平时感觉也不太自信，一次偶然的机会老师发现他打太极拳的动作还不错，于是把他选作校园心理剧中一个跳舞的角色，在之后排演的过程中，他特别刻苦，而且他的舞蹈很能表现出演员的内心感受，还为此给他加了一段独舞来表达主人公的内心，现在他变得越来越自信，经常主动参加学校的这类活动。

对于“家长的变化”这一问题，教师表示本校的很多学生都存在父母

离异的情况，或者父母在外打工的背景，再加上学生们处于青春期这个阶段，因此与父母沟通很少。在这次校园心理剧活动中，学校主动联系家长，邀请家长前来观看学生的表演，为家长和学生搭建了沟通的桥梁。在这次校园心理剧开展之后，家长也主动与老师交流，开始反思自己以往与孩子的相处模式，并且开始关心孩子的心理发展问题，希望给孩子提供一个更好的成长空间。

对于“教师自己的变化”这一问题，许多教师表示，在开展校园心理剧的过程中，自己与学生建立了深厚的友谊，变得更能理解学生。有老师说道：“我们不再像老师和学生的关系，我们更像是朋友。”同时，老师们还改变了一些原有的观念，不再只关注学生表层的表现，而更倾向于关注学生的闪光点。

四、讨论

（一）促进中职学生心理韧性发展的校园心理剧的可行性

校园心理剧作为一种新型的心理健康活动方式，避免了传统的灌输式教育，而是采用互动、启发和体验的方式，将学生在真实生活中所遇到的心理冲突、烦恼和困扰作为表演素材，在剧中融入心理调适的方法，让学生通过角色扮演达到自我体验、感悟的效果。同时，相似的经历能唤起台下参与者相应的情感共鸣，让参与者也思考并学会解决心理问题的方法。校园心理剧这种体验式、互动式的心理教育方式更易被学生接受，由此更能发挥其自身的效果。

根据 Kumpfer 的心理韧性因素-过程整合模型，环境因素和个体内部特征是影响个体心理韧性的两个主要方面。

第一，环境因素，主要包括以下几点：①家庭。家庭是个人成长和发展的重要环境，家庭氛围、父母的教养方式、家庭经济状况等都会对个体的心理韧性产生影响。一个和谐、支持性的家庭环境有助于个体在面对压力时保持心理韧性。②文化。不同的文化背景对个体的心理韧性有不同的影响。一些文化强调个人主义和自主性，而另一些文化则强调集体主义和依赖性。这些差异可能会影响个体面对压力时的应对方式。③学校和同伴。学校和同伴是个体成长与发展的重要社会环境。学校的教育方式、同伴关系等都会对个体的心理韧性产生影响。积极的、支持性的学校和同伴环境有助于个体更好地应对压力。

第二，个体内部特征，主要包括以下几点：①认知。个体的认知方式、应对压力的策略等都会影响其心理韧性。积极的认知方式有助于个体更好地应对压力，而消极的认知方式则可能加剧个体的压力反应。②情感。个体的情绪状态、情绪调节能力等也会影响其心理韧性。稳定、积极的情绪状态有助于个体更好地应对压力，而情绪波动或情绪失调则可能负向影响个体的应对能力。③行为。个体的行为模式、应对压力的方式等也会影响其心理韧性。积极的应对方式，如寻求支持、放松技巧等，有助于个体更好地应对压力。

本研究基于Kumpfer的心理韧性因素–过程整合模型开展校园心理剧活动时，综合考虑了上述因素，通过提供相应的支持和指导，帮助个体提高心理韧性。

综上，本研究从积极心理学的角度考察中职学生的心理韧性，针对中职学生的心理发展特点，结合中职学生的实际情况，编排了以“克服困难，坚持梦想”为主题的校园心理剧来促进中职学生心理韧性的发展。剧本主要讲述了主人公在实现梦想的道路上，遇到过挫折，有想过放弃，但最终在朋友、家人和老师的支持下，实现了梦想，取得了成功。具体而言，校园心理剧从以下几个方面促进中职学生心理韧性的发展。

1）以“克服困难，坚持梦想”作为主题，唤起了参与者对梦想的追逐，使他们产生了目标意识；主人公在实现梦想的过程中遇到了坎坷，但坚持了下去，最后取得了成功，让参与者意识到只要自己努力，坚持目标就可以取得成功。

2）学生在校园心理剧的表演过程中提高了自我表达能力，增强了自信心。

3）学生从校园心理剧中学习到一些应对困难的方法，培养了解决问题的意识，进而改变了消极的认知观念和行为方式。

4）校园心理剧的表演过程就是参与者情绪宣泄的过程，同时还传达出通过向朋友或老师倾诉、运动等健康的方式来宣泄自己的不良情绪，从而提高了学生对自己情绪的控制力。

5）校园心理剧的表演过程需要团队相互配合，促进了学生人际交往能力的发展。

6）校园心理剧的开展加强了教师与学生间的联系，让学校和教师更加重视学生的身心发展。

7）校园心理剧的表演过程邀请家长参与，可以让家长了解孩子的内心世界，更加关心自己孩子的成长。

其中，前四个方面主要是增强学生个体的内心力量，后三个方面主要是加强同伴、学校、教师、家庭对学生个体的支持力，从而为学生提供一个良好的外部环境。

这次校园心理剧从个体内部特征和外部环境因素两方面干预中职学生的心理韧性，符合 Kumpfer 心理韧性的因素-过程整合模型，有助于促进中职学生心理韧性的发展。

（二）校园心理剧对中职学生心理韧性发展的影响

从以上结果可以看出，在横向和纵向两方面，参与演出的中职学生的心理韧性有显著提高，而观看表演的中职学生心理韧性的变化不显著，这与舒曼等关于校园心理剧对观众、演员心理素质的影响结果不一致①。首先，这可能是因为观看者和表演者对心理问题或心理冲突的情感体验与反思程度不同，表演者在表演过程中需要揣摩角色心理，对角色和剧情发展的理解与体会更深刻，同时通过角色扮演，表演者经历心理问题的发生、发展到解决过程，仿佛身临其境，使校园心理剧对表演者的影响在认知和情感体验上明显优于观众。其次，个体心理韧性的发展需要长期的干预和影响，表演者经过长达两个多月的排演，在排演过程中增强了表演者的自信心，促进了其积极认知、人际交往等方面的能力，而观众仅通过观看一次校园心理剧，可能对其认知上产生一定的影响，但还无法对其心理韧性产生显著影响。

另外，研究结果还发现，校园心理剧对中职学生的情绪控制维度没有显著影响。这可能是因为情绪是对外界刺激产生的直接心理和生理反应，与以往的生活经验有密切的联系，它的转变需要一个过程，而不是一个阶段的活动就可以得到完全改善，这需要一个长期的过程。因此，学校要多样化地开展心理健康教育活动，教给学生心理调适的方法，让教育活动内化为中职学生的心理品质，促进中职学生心理健康发展。

通过结合学生和教师的收获与感受发现，在校园心理剧开展之后，学生的内部特征和外部环境发生了以下几方面的转变：①学生开始有目标，并逐渐去坚持目标。②变得自信，用积极的眼光去看待世界。③变得成熟，习得了应对困难的方法，如学会通过向同学和老师倾诉、运动等健康的方式发泄情绪，不再胡乱发泄情绪。④提高了人际交往能力，与同学、朋友

---

① 舒曼，黄欢，徐朝亮. 校园心理剧对提高大学生心理素质的探索. 华东交通大学学报，2007（6）：71-74.

的相处更加和谐。⑤家长对孩子更加关心、重视，提供了更多的家庭支持。⑥学校氛围变得更加欢快、和谐、有活力，学校和教师也更加重视学生。

实验干预研究支持了校园心理剧能够促进中职学生心理韧性发展的假设。同时，调查结果发现，校园心理剧对中职学生情绪调节方面也产生了一些良性影响，学生逐渐学会运用习得的方法来解决问题，而不是一味地胡乱发泄情绪。因此，实验研究和调查研究两方面结果表明了校园心理剧对中职学生心理韧性发展的有效性。

（三）本研究的创新之处和有待解决的问题

1. 本研究的创新之处

1）扩展了校园心理剧的研究领域，深化了校园心理剧的研究，第一次把校园心理剧这一心理健康活动与心理韧性相结合，探究校园心理剧对心理韧性形成和发展的影响。

2）为校园心理剧的编制提供了新的思路。在校园心理剧的演出过程中，采用及时分享的方式，将分享过程设置在每一次冲突发生时和每一次冲突解决后，通过及时互动和交流，让学生和家长表达出真情实感，以反映他们最真实的想法，同时通过家长分享的反馈，演员可以从多角度看待问题，进而能够更好地体会、表达情感。

3）针对目前心理韧性干预研究还比较欠缺的情况，开展促进中职学生心理韧性发展的校园心理剧，丰富了我国对中职学生心理韧性的研究领域，为我国心理韧性的干预研究积累了经验。

2. 本研究的不足

1）由于本次校园心理剧的剧本编排相对较长，剧情相对复杂，这在一定程度上降低了该剧的推广性。

2）本次活动的开展选在了理工类职业学校，男生比例太大，无法得到性别差异的相关结果。

3）在本次校园心理剧的编制过程中，教师的主导性过大，没有将学生的主体性充分表现出来。

4）在考察中职学生心理韧性的现状特点时，忽视了对中职学生家庭教养方式和父母离异情况的考察。

五、结论

以“克服困难，坚持梦想”为主题的校园心理剧有助于提高参与演出的中职学生心理韧性的发展，而对观看校园心理剧的中职学生心理韧性的提高作用不显著。

第二节　校园心理剧对中职学生感戴水平的影响

感戴是一种正面的人际关系情感，源于对他人无私贡献的认识和感激。这种情感激发人们采取回报行动，有助于维护人与人之间、人与自然和社会之间的和谐关系。校园心理剧是一种发展性团体辅导方式，通过特殊的戏剧化形式，让学生通过角色扮演、角色互换、内心独白等方式解决学习生活中遇到的冲突、困惑和烦恼，提高学生的心理健康水平和道德品质。

校园心理剧通过让学生扮演不同角色，体验感戴的产生过程和作用，既可以提高他们对善意的敏感性，也可以激发他们主动行善回报别人。把感戴作为一种道德情感来演绎，可以让学生深刻理解感戴的道德意义。

为探索校园心理剧对中职学生感戴水平的影响，本研究对参与校园心理剧活动的 26 名中职学生进行了为期十周的心理剧辅导活动。运用“中学生感戴量表”对实验组被试进行了前后测量。研究发现，以“感戴心灵”为主题的校园心理剧活动能够显著提高参与表演学生对父母和生活的感戴水平。

一、研究背景

（一）感戴的概念

感戴是一种积极的情绪体验，通常出现在人际互动中。哲学家、人类学家、社会学家以及心理学家都对感戴做出过定义和解释，从不同学科视角阐释了感戴的内涵。尽管定义各异，但他们关于感戴的基本认识是一致的。

首先，感戴被广泛认为是一种正向的情感体验，通常与获得非功利性相关联。其次，感戴发生在人际关系中，当一个人认识到他人的仁慈与关怀时，便可能产生感戴之情。再次，感戴具有激发报偿行为的功能，使受惠者产生回馈恩人的动机。最后，感戴不仅针对人，也可针对上帝、动物、大自然等非人格化目标。

在心理学领域，学者从认知和情感两个角度解释感戴的生成机制。一些学者从认知角度看待感戴，认为感戴源自个体对非功德性益处的正向评价，认识到这种益处来自他人的有意为之。这种观点强调了意向性判断和非功德性认知在感戴产生中的作用。另一些学者则从情感角度看待感戴，把它定义为一种积极的情绪反应。这一视角关注感戴体验的愉悦情绪成分。尽管认知和情感解释存在差异，但都凸显了感戴的积极属性。

关于感戴的积极功能也获得了广泛关注，如加强社会联系、促进个体发展等。有研究表明，感戴可以增进人际关系，因为它包含回馈的动机；初中生的感戴能力与更好的学业成就相关。①感戴团体辅导能促进学生的亲社会水平，也能减轻抑郁和焦虑。②这些研究为应用感戴机制以提升健康水平提供了依据。

（二）感戴的研究

1. 中职学生的感戴教育研究

在心理学界，许多专家已认识到感戴对青少年成长的积极促进作用，并开始致力于这一人群的感戴研究。但是正如 Froh 等指出，尽管感戴对青少年发展的重要性广为关注，但针对这一领域的探索还比较薄弱。他们通过对感戴的发展、评估、培育和效果的考察，发现感戴与儿童和青少年的许多正面行为高度相关，不仅可以使个人获益，也可以使伙伴、家庭、学校和社会更加稳定，并将感戴视为帮助新生代发展潜能的有效途径。③已有研究验证了感戴能增进青少年的亲社会行为、自尊心、胜任力和幸福感；同时也探索了感戴如何提升青少年的快乐、社交发展、成就感，以及对学校的贡献，发现感戴水平的提高可使青少年在各个方面受益，如幸福感、学校满意度、亲社会性等。尽管如此，目前针对职业中学生这一特定群体的感戴教育研究还相对缺乏。

与普通中学生相比，中职学生的成长环境和既有的成长经历均具有特殊性，尤其是在家庭环境、学校环境以及学业发展等方面，这类学生存在不良行为和人格适应问题的情况相对较为多见，如攻击性明显、冷漠、自卑等，其心理健康水平往往较差。因此，专门针对这一群体开展感戴教育，对于培养职业学生的积极人格品质，推动其亲社会和利他行为的发

---

① 韦义平，周婷婷，张家苗等. 初中生感戴与学业成就的关系：学业情绪的中介与泛化影响. 广西师范大学学报（哲学社会科学版），2015，51（6）：130-136.

② 郭意欣. 留守儿童累积生态风险和心理健康的关系：应对方式和感戴的作用. 武汉：华中师范大学，2018.

③ Froh J，Bono G，Emmons R. Being grateful is beyond good manners：Gratitude and motivation to contribute to society among early adolescents. Motivation and Emotion，2010，34（2）：144-157.

展，促进其健康成长尤为重要。

2. 校园心理剧与感戴：道德情感理论

道德情感理论认为，感戴属于一种道德情感，有助于激发个体的道德行为。作为道德情感，感戴在道德生活中发挥着独特作用。它依赖社会认知输入而产生，当一个人认识到他人的善意时就会感到感戴。这种情感既是对道德行为的反应，也能推动个体采取亲社会行为。

道德情感理论阐明了感戴的三大功能：①作为道德晴雨表，它响应社会关系中他人提升自身幸福感的变化；②作为道德动机，它激发受惠者回报施惠者；③表达感戴可强化他人的道德行为。

通过校园心理剧让学生扮演不同角色，体验感戴的产生过程和作用，既可以提高他们对善意的敏感性，也可以激发他们主动行善以回报别人。把感戴作为一种道德情感来演绎，可以让学生深刻理解感戴的道德意义。因此，在校园心理剧设计中运用道德情感理论，可达到提高学生感戴水平的目的。具体来说，校园心理剧可从以下三方面提高学生的感戴水平。

首先，能够培养学生的感戴意识和能力。通过校园心理剧，学生可以体验不同的角色和情境，感受他人的善意和帮助，从而激发自己的感激之情，学会尊重和回报他人。

其次，能够促进学生的感戴行为和习惯的形成。通过校园心理剧，学生可以在实践中运用感戴的道德规范，与他人建立良好的互动关系，形成积极的社会态度和价值取向。

最后，能够提高学生的感戴水平和品质。通过校园心理剧，学生可以在情感上得到满足和成长，提升自己的自信和自尊，增强自己的道德责任感和公民意识。

二、研究方法

（一）研究目的与假设

本研究通过开展以“感戴心灵”为主题的校园心理剧来探索其对中职学生的感戴水平的影响，主要目的是通过开展校园心理剧活动，以提高学生对家长、对生活、对老师的感戴水平，促进学生积极健康成长。

本研究假设，以“感戴心灵”为主题的校园心理剧有助于中职学生感戴水平的发展，提高其感戴水平。

（二）研究对象

本研究的被试来自成都市成华区某职业中学，在经过公开招募后，有26位高一、高二的学生自愿参演本次主题性校园心理剧活动。

（三）研究工具

本研究采用香港浸会大学苏细清①于2007年编制的中学生感戴调查量表。该量表共33个项目，包括对父母感戴、受助感戴、对生活感戴、生活丰富感、逆境感戴五个维度。该量表的聚敛效度和区分效度均较为理想。

采用SPSS19.0对数据进行配对样本 t 检验分析。

（四）实验设计与实施

本研究采用单组前后测的实验设计，研究以“感戴心灵”为主题的校园心理剧对中职学生感戴水平的影响。为了激发学生的亲社会特质，培养更多的利他行为，学校开展了以“感戴心灵”为主题的校园心理剧活动，剧本按照感戴的内容维度进行划分，部分取材于中职学生个体咨询真实个案，部分取材于学生的真实生活经历。所有剧本由学生独立创作而成，其具体内容如下。

1）《掌心的温暖》主要涉及对生命、父母的感戴，讲述了一位家庭贫困、身患疾病的男孩子，从万念俱灰到感受温情后的积极转变。

2）《来不及说爱你》主要涉及对生活的感戴，展现了一位少年由叛逆到亲社会的转变，突出家庭、社会评价对学生感戴品质形成的重要作用。

3）《最后一班地铁》主要涉及对逆境的感戴，让学生学会积极思维，从逆境中看到希望，感戴逆境对于意志的磨炼。

4）《因为爱》主要是涉及对受助的感戴。故事取材于职业中学一位来自农村的孩子，展现其在职业中学生活中所受到的关爱，以及毕业后回馈社会的故事。

具体实施时，分别在校园心理剧第一次干预前和校园心理剧结束后进行“中学生感戴量表”的前测和后测。辅导周期总共为十周，由《掌心的温暖》《最后一班地铁》《来不及说爱你》《因为爱》四个剧组成。

综上，本研究的具体流程为：根据中职学生个案由学生自己生成剧本—公开招募演员—进行前测—校园心理剧干预—进行后测。

---

① 苏细清. 中国中学生感恩结构：概念、测量及应用. 香港：香港浸会大学，2007.

三、结果与分析

为了考察干预前后学生感戴水平的变化，我们首先在实验干预之前，对所有被试的感戴水平进行了前测，为期十周的校园心理剧干预之后，再对其感戴水平进行了后测。具体结果见表 10-5。

表 10-5　干预前后学生感戴水平的差异检验

因子	前测（$M \pm SD$）	后测（$M \pm SD$）	t
对父母感戴	5.84±1.21	6.68±0.67	−3.62***
受助感戴	6.15±0.57	6.35±0.58	−1.33
对生活感戴	4.98±1.16	5.79±0.96	−3.91***
生活丰富感	4.53±1.33	5.18±1.55	−2.27*
逆境感戴	5.73±0.91	6.23±0.88	−1.96
总感戴水平	5.46±0.63	6.07±0.59	−4.44***

从表 10-5 中可以看出，校园心理剧干预前后，学生在感戴量表总分上的差异达到了显著水平。学生在参与校园心理剧表演之后，在对父母感戴、对生活感戴、生活丰富感三个维度上的得分均显著高于参与校园心理剧表演之前的得分，说明经过校园心理剧的表演之后，学生对父母、对生活等方面的感戴水平得到了提高。

四、讨论

（一）校园心理剧对中职学生感戴水平的提高

配对样本 t 检验分析结果表明，校园心理剧干预取得了较好的效果，表明校园心理剧对于学生问题的改善有积极意义。参演校园心理剧的被试在对父母感戴、对生活感戴、生活丰富感三个维度上的得分以及总分的前后测差异均达到显著水平，但是在受助感戴、逆境感戴维度上的得分差异不显著。

职业中学生在受助感戴和逆境感戴维度上的后测得分虽然高于前测得分，但两者差异不显著，可能是由于他们一直以来在学校都属于“边缘”学生，几乎是被“放弃”的孩子，在以学习成绩为衡量标准的中考中，他们更是“垫脚石”，获得的社会支持太少，在长期的斥责、批评声中，他们对待周围人的关心、帮助表现得很冷漠，从而形成了负面、消极的态度。虽然在经过校园心理剧干预后，他们的受助感戴和逆境感戴水平提高不显著，但仍有所提高，这表明未来还需要更多的时间对这部分学生进行个体辅导，通过采取个体辅导和校园心理剧相结合的方式，有效培养他们健康的人格品质。

（二）校园心理剧的主题与中职学生心理发展的需要

校园心理剧既要发挥出其教育功能，又要发挥其团体治疗功能，因此要根据中职学生心理发展的需要，来确定校园心理剧的主题。校园心理剧主题的确定除了要根据中职学生年龄阶段的心理发展需要外，还要考虑中职学生特殊的心理发展现状。

职业中学生正处于心理发展的关键阶段，他们面临着来自家庭、社会等多方面的压力，自卑心理、学习问题、人际交往问题、攻击行为等都是他们常见的心理问题。因此，在选择校园心理剧的主题和内容时，必须考虑到他们的心理发展需要，题材主要反映学生在校园生活中所发生的各种事件以及他们所面临的困惑和问题。校园心理剧可以使学生的内心世界具象化、立体化，这样能够让学生们更好地理解和感受自己的情感与心理状态，帮助他们打开心灵僵局、人际情结，从而达到平衡与和谐的状态。同时，这种方式也可以让他们学会更好地应对心理问题和压力，提升他们的心理素质和心理健康水平。

（三）本研究的不足

1）本研究历时十周，在校园心理剧的执行过程中出现了成员流失的问题，造成了样本的减少。

2）研究者的经验不足，不能兼顾每位成员的生理和心理变化，因此会对干预效果产生一定的影响。

3）与学校各科室教师的合作和沟通不够充分，受到教学制度、教学安排等因素的影响，校园心理剧的干预效果可能会受到一定的影响。

五、结论

以“感戴心灵”为主题的校园心理剧有助于提高参与演出的中职学生对父母和生活的感戴水平。

第三节　校园心理剧对中职学生自我同一性的影响

中等职业教育是现行教育的重要组成部分，为我国各行各业培养了大批基础性技术人才。然而，中职学生中有一部分是因在应试教育中成绩不理想而被淘汰下来，他们在学习中常常带着消极、无奈的情绪情感，并且容易出现矛盾、自卑、迷茫等心理问题。同时，由于中职学生面对未来的发展更加不确定，以及面临的现实挑战更为复杂，他们在自我认同发展上存在更多问题。因此，在对中职学生进行心理引导的过程中，自我同一性发展受阻是一个亟待解决的问题。

为了解决这一问题，我们提出了一种新的干预方式——校园心理剧。校园心理剧是一种团体心理治疗方法，具有新颖性和受欢迎性。通过参演校园心理剧，学生能够发现自己的心理问题，体验情绪，改变认知，从而对提高心理健康水平具有重要影响。我们发现，校园心理剧能够有效提高学生的自我同一性水平。

本研究是在原有研究基础上进行的，旨在探索如何利用校园心理剧有效地干预青少年自我同一性发展这一阶段，从而为其成年期的心理发展奠定基础。干预实验发现，参与了校园心理剧的学生在自我同一性发展方面取得了显著进步。这表明，校园心理剧是一种有效的干预方式，可以帮助青少年顺利通过这一阶段，为他们的心理健康发展打下坚实的基础。

一、研究背景

（一）自我同一性的概念

埃里克森心理社会发展阶段理论的核心概念自我同一性，又称自我认同感。他认为自我同一性的形成和保持是人类一生的发展过程，其中青少年期是自我同一性发展的关键时期。他强调自我同一性不仅仅是一个简单的概念，而是涉及多个方面，因此，他从不同的角度对其进行了解释。首先，他认为自我同一性意味着个体在过去、现在、未来的时空中对自己内在的一致性和连续性的感知与体验，同时也会关注他人对自己的看法和认知。其次，他认为同一性是社会心理结构的一种表现形式，反映了社会对个体的影响，这种影响主要通过个体在与他人的互动过程中，通过模仿、认同和积极的自我建构来实现。最后，他还认为自我同一性是一个自我调节系统，可以帮助个体更好地关注自己、处理信息、控制意识和选择适当的行为。总之，埃里克森强调了自我同一性在个体心理发展中的重要性和复杂性。①

自我同一性概念被提出后，便引起了广大学者的深入探究，这让自我同一性的内涵更加丰富多元。例如，Marcia 强调自我结构的认知，认为自

① 王树青，朱新筱，张粤萍. 青少年自我同一性研究综述. 山东师范大学学报（人文社会科学版），2004（3）：29-32.

我同一性的形成是人格发展过程中的重要事件，标志着个体从儿童期到成年期的转变。他提出了自我同一性理论的两个主要维度——探索和投入。①Waterman 则强调同一性是个体寻找和确定那些可能的同一性承诺的目标、价值观、信念的方法与技巧，以及个体在任何特定领域的投入程度。他强调把同一性作为过程变量和内容变量来研究，认为同一性的实现体现在目标、价值、信念的清晰感和方向感上。②另外，一些学者从人格结构的角度来阐述自我同一性，例如，Grotevant（1987）认为，同一性的基本特征是解释自我的主题，涉及人格的一致性和跨时间的连续性。③

我国的学者也提出了一些相关的观点。例如，林崇德等认为，同一性是个体对自己生活目标的意识，是在心理社会性发展的第五个阶段的危机得到解决后形成的。黄希庭则将同一性称为“自我统合”，是个体对“我是谁”“我将走向何方”等问题的回答，是一种摆脱迷茫和困惑的感觉。④车文博则认为，自我同一性在精神分析中既指自我一致性、连续性和不变性的意识，也指个体具有一定集团和成员之间的连带感、价值观、目标追求等。⑤总的来说，自我同一性指的是人格发展的连续性、成熟性和统合感，包括三个层面的含义：自我同一性（ego-identity）、个人同一性（personal identity）和社会同一性（social identity）。它不仅包括个体内在自我和个人性格的一致性与连续性，还包括个体与环境互动下形成的稳定的目标、信念和价值观，以及个体在社会交流中产生的内在归属感和认同感。

（二）现有研究中存在的问题

目前关于中职学生的心理问题已受到了多方关注，但对其心理问题的研究仍处于理论探讨阶段，且缺乏深入具体的教育实践层面研究。

现有的国内外研究已经对青少年自我认同感进行了大量探讨，但大多数研究主要集中在理论建构、发展特点以及与其他心理特质的相关性上，

① Marcia J E. Development and validation of ego-identity status. Journal of Personality and Social Psychology，1966，3（5）：551-558.

② Waterman A S. Identity as an aspector of optimal psychological functioning. In G R Adams，T P Gullotta，R Montemayor（Eds.），Advances in Adolescent Development（pp.50-72）. Newbury Park：Sage Publications，1992.

③ Grotevant H D. Toward a process model of identity formation. Journal of Adolescent Research，1987，2（3）：203-222.

④ 转引自王书. 当代大学生自我同一性研究概述. 珠海城市职业技术学院学报，2010，16（4）：68-76.

⑤ 车文博. 当代西方心理学新词典. 长春：吉林人民出版社，2001.

实践层面的研究相对较少。除了王书采用团体辅导点方式对大学新生的自我同一性进行了研究外，其他关于自我同一性发展的干预研究相对少见，特别是在中职学生群体中，尚未有成熟的自我同一性干预研究。①

目前，心理剧在我国学校心理健康教育中的角色逐渐显现，但其应用大多仅限于校园心理剧和心理情景剧层面，主要考察其对某一群体的心理健康水平的影响，针对性不强。因此，对心理剧应用于心理健康教育领域的具体内容和方法进行深入探讨与挖掘是非常必要的。但是，我们在这个领域的研究仍存在一定的局限性，需要对心理剧的应用技术进行更为精细化的研究和探索。

综上所述，对中职学生自我同一性的发展特点进行研究以及运用校园心理剧手段对其进行干预研究是一个关系到中职学生自我发展、心理健康的重要课题，有助于了解中职学生自我同一性的发展现状，对于提高他们的心理健康水平、改善中职学校的心理健康教育质量有实践意义。

二、研究方法

（一）研究目的与假设

本研究根据中职学生的身心发展特点和实际需要，探讨校园心理剧对中职学生自我同一性发展的干预效果，为改善中职学生自我同一性发展的实验研究提供实证依据。

本研究假设，相对于干预前，在校园心理剧干预后，实验组的自我同一性水平有显著提高，且实验组的自我同一性水平显著优于对照组。

（二）研究对象

本研究选取了重庆市某职业高中高一年级两个班共 95 名学生作为实验对象，其中，一个班级的 54 名学生作为实验组，参演校园心理剧；另一个班级的 41 名学生作为对照组，不接受任何干预。在本次校园心理剧的表演中，所有的被试均为自愿参加。

（三）研究工具

本研究采用张青方和郑日昌②编制的青少年自我同一危机量表作为自

① 王书. 基于心理素质培养的团体辅导对大学新生自我同一性的影响. 重庆：西南大学，2007.

② 张青方，郑日昌. 青少年自我同一危机量表的信度、效度检验. 中国心理卫生杂志，2002，16（5）：304-307.

我同一性的测量工具，该量表共有七个维度，分别是时间观念、自我疑虑、角色尝试、工作无力、自我确信、权威混淆、价值定向，采用五点计分方式。该量表具备良好的信效度。

采用 SPSS19.0 对数据进行配对样本 *t* 检验和独立样本 *t* 检验的分析。

（四）研究设计与实施

本研究采用实验组和对照组前后测的实验设计，研究校园心理剧对中职学生自我同一性影响的统计学差异。首先，进行前测分组，对实验组和对照组进行前测，记录两组自我同一性的前测数据。

其次，进行校园心理剧团体干预。运用结合中职学生自我同一性和心理剧理论设计的校园心理剧干预方式对实验组进行干预，同时，对对照组则不进行任何干预，让其自然发展。

再次，进行后测并进行统计处理，对实验组和对照组进行后测，方法同前测，然后对实验组和对照组的同一性状态进行 *t* 检验比较，以分析实验组在校园心理剧干预后自我同一性状态的变化情况，以及两组自我同一性的变化情况。

最后，被试反馈与实验效果评价。采用团体活动效果评估调查表了解被试参加活动前后对自我改变的主观感受以及对团体活动的评价和建议。

三、结果与分析

（一）实验组和对照组学生自我同一性的同质性分析、前后测差异分析

1. 实验组和对照组学生自我同一性前测同质性分析

采用独立样本 *t* 检验，对实验组和对照组的前测得分进行差异检验，结果如表 10-6 所示。

表 10-6　实验组和对照组自我同一性水平及各维度得分前测差异比较

维度	实验组（$M\pm SD$）	对照组（$M\pm SD$）	t
时间观念	2.74±0.65	2.69±0.99	0.32
自我疑虑	3.22±0.87	3.16±0.98	0.31
角色尝试	2.58±0.79	2.27±0.88	1.82
工作无力	2.70±0.67	2.74±0.83	−0.25
自我确信	2.85±0.69	2.99±0.94	−0.84
权威混淆	2.56±0.74	2.44±1.09	0.69
价值定向	3.20±0.83	3.01±0.82	1.15
总均分	2.84±0.54	2.77±0.67	0.58

由表 10-6 可知，在前测中，实验组和对照组在自我同一性总均分和 7 个维度上的得分均无显著差异，这表明实验组和对照组在自我同一性水平上不存在显著差异，两个班级可被视为同质班级。

2. 实验组和对照组学生自我同一性后测差异分析

采用独立样本 t 检验，对实验组和对照组的后测得分进行差异检验，结果如表 10-7 所示。

表 10-7　实验组和对照组自我同一性水平及各维度得分后测差异比较

维度	实验组（$M\pm SD$）	对照组（$M\pm SD$）	t
时间观念	2.09±0.42	2.78±0.82	−3.96***
自我疑虑	2.92±0.49	3.04±0.93	−0.86
角色尝试	1.91±0.57	2.54±0.93	−8.91***
工作无力	2.47±0.60	2.66±0.93	−2.13*
自我确信	2.30±0.43	2.63±0.68	−2.93**
权威混淆	2.08±0.52	2.65±0.95	−2.83**
价值定向	2.94±0.43	3.04±0.81	−0.75
总均分	2.64±0.20	2.77±0.60	−3.06**

表 10-7 的结果表明，实验组和对照组在前测中的自我同一性总均分及各维度得分的差异均不显著，但经校园心理剧干预后，两个班的自我同一性水平有了显著差异，实验组在时间观念、角色尝试、自我确信、权威混淆维度上的得分以及自我同一性总均分均显著低于对照组，表明校园心理剧干预对于提高被试的自我同一性水平有一定效果。

3. 实验组自我同一性前后测差异分析

对实验组自我同一性及各维度的前后测得分进行配对样本 t 检验，结果如表 10-8 所示。

表 10-8　实验组自我同一性前后测差异比较

维度	前测（$M\pm SD$）	后测（$M\pm SD$）	t
时间观念	2.74±0.65	2.09±0.42	4.87***
自我疑虑	3.22±0.87	2.92±0.49	2.21*
角色尝试	2.58±0.78	1.91±0.57	9.62***
工作无力	2.70±0.66	2.47±0.60	2.21*
自我确信	2.85±0.68	2.30±0.68	5.35***
权威混淆	2.56±0.74	2.08±0.52	4.29***
价值定向	3.20±0.43	2.94±0.43	2.01*
总均分	2.84±0.54	2.64±0.20	2.21*

从表 10-8 可以看出，实验组在接受校园心理剧干预后，自我同一性总体水平和各维度水平上都有了显著差异，表现为分数有所降低。在时间观念、角色尝试、自我确信和权威混淆维度上存在极其显著的差异，在自我疑虑、工作无力和价值定向维度上有显著差异。实验结果表明，实验组被试在接受干预后，自我同一性危机分数有所降低，自我同一性水平有了显著提高。

4. 对照组自我同一性前后测差异分析

对对照组自我同一性及各维度的前后测得分进行配对样本 t 检验，结果如表 10-9 所示。

表 10-9　对照组自我同一性水平前后测差异比较

维度	前测（$M\pm SD$）	后测（$M\pm SD$）	t
时间观念	2.69±0.97	2.78±0.82	−0.58
自我疑虑	3.16±0.97	3.04±0.93	0.94
角色尝试	2.27±0.87	2.54±0.93	−1.71
工作无力	2.74±0.83	2.66±0.93	0.65
自我确信	2.99±0.93	2.63±0.68	2.68*
权威混淆	2.44±1.04	2.65±0.96	−1.55
价值定向	3.01±0.82	3.04±0.81	−2.40
总均分	2.77±0.66	2.77±0.60	0.01

由表 10-9 可以看出，对照组的前后测得分在自我同一性总体水平上没有显著差异，除了自我确信维度外，在其他维度上的前后测得分均不显著。

（二）实验组自评调查结果

在校园心理剧干预结束后，实验组被试填写了学生校园心理剧活动反馈表，以对整个活动安排及其效果进行反馈，主要包括评估学生在活动中的自我感受及其对自己的影响。

1. 实验组被试主观自评结果

本研究采用的自我评估问卷采用双向评分，每个方面的变化都分为两个方向，分数分布为−5 到+5，0 表示没有改变，正数 1—5 代表好的改变，负数 1—5 代表情况变得越来越糟糕。统计结果见表 10-10。

表 10-10　成员自我评估反馈结果

项目	得分（$M\pm SD$）	项目	得分（$M\pm SD$）
了解自己	2.36±2.06	理解他人	2.29±1.96
很好与人沟通	2.27±2.20	控制情绪	2.18±2.89
能与人分享情感或秘密	1.53±2.86	善于表达自己	0.80±2.97

续表

项目	得分（$M\pm SD$）	项目	得分（$M\pm SD$）
欣赏自己	1.18 ± 2.51	关怀他人	2.04 ± 2.43
有责任感	3.00 ± 1.78	相信自己的能力	1.31 ± 2.71
接纳自己	1.91 ± 2.64	喜欢自己的班集体	2.75 ± 2.35
愿意参加此类活动	2.56 ± 2.74		

表 10-10 显示，参加活动的成员对校园心理剧活动的总体感受是好的，在自我认同的多个方面都有了正向提高，尤其是在自我责任感、认同集体、了解自己、理解他人和控制情绪方面有很好的效果。可见，成员自身变得更加有力量，更加自信，对自己和他人有了更清晰、客观和正确的认识。成员对参加此类活动也表现出了很大兴趣。

此外，在开放式问卷的主观问答题部分（“你觉得还有哪些方面发生了改变？”），统计数据显示，多数成员的回答与客观题统计结果一致，他们普遍认为自己可以更好地与他人进行交流，对集体有更强的认同感和责任感；自己变得更加自信、乐观，更加相信自己的价值，敢于去做一些具有挑战性的事情；自己也更能理解和尊重他人，学会了站在他人的角度思考问题。

2. 实验组被试对团体活动的评估结果

本研究采用开放式问答题形式让成员填写自己对团体活动的想法，主要涉及以下三个问题。

第一，你觉得本次活动给你印象最深的活动是什么？对该问题的回答显示，每个成员印象最深的活动可能不尽相同，但他们普遍对那些具有探索性、合作性和创新性的活动印象深刻，如用捡来的东西作画、写自己和他人的优点、团队站报纸、处理“规则”事件等。这表明中职学生对自我探索有强烈渴求，他们希望了解自己，寻求集体安全感，找到归属感；他们也希望在日常生活中体现自己的价值，并乐于与人分享和交流。这些特点与中职学生的心理发展阶段相吻合。

第二，你觉得这段时间的辅导在哪些方面有积极作用？对该问题的回答显示，大多数学生认为此次活动增强了他们的自信心，提升了班级凝聚力，他们的心理素质也得到了显著提高。他们不仅能更加了解自己，也能更深入地理解、信任和包容他人。此外，他们在人生观和价值观方面也有了改变，更加肯定自己的价值，对未来也更有信心。总的来说，他们对自己、自己与他人的关系以及未来有了更深入的认识。

第三，你觉得本次活动还需要做哪些方面的改变？对该问题的回答显示，成员们提出了各种建议，主要包括对活动场地和时间的改进、对活动的调整以及对领导者的建议。部分成员认为，活动场地应该更加宽敞和安静，道具也应更加完善。由于参与人数较多，应加强对时间的控制，避免有人因他人占用时间过长而脱离团体；在校园心理剧活动中，应加入更多关于信任他人和未来讨论的活动；为了更好地形成班级凝聚力，应邀请班主任加入进来，许多学生希望与老师有更多的互动。此外，大多数成员认为活动时间太短，他们希望总体活动时间能够再长一些，以更充分地进行活动。

四、讨论

（一）校园心理剧对同一性干预效果分析

1. 校园心理剧干预的定量分析

我们对校园心理剧干预进行了定量研究，对实验组和对照组的自我同一性危机情况进行了差异分析。研究结果显示，经过校园心理剧干预，实验组的自我同一性和心理健康水平相较于对照组均有显著进步。此外，实验组被试在自我同一性和心理健康总水平上的前测和后测得分有显著差异。特别是在对自我同一性各维度得分的分析中，我们发现实验组在时间观念、角色尝试、自我确信、权威混淆等维度上的前测和后测得分有极其显著的差异。

2. 校园心理剧干预的定性分析

通过对实验组成员填写的反馈调查表结果的分析，我们发现绝大多数成员对校园心理剧活动持有较高的认同感，大多数成员表示自己在此次活动中收获颇丰。他们对自己和班级有了更深入的认识和理解，许多学生反馈通过此次活动，他们变得更加自信，更有责任感，情绪也变得更加稳定，并觉得未来更加清晰。他们对此次活动感到相对满意，尤其是对那些探索性的、创造性的活动。

总之，开展校园心理剧可以提高中职学生的自我同一性水平，为提高中职学生的自我认识水平提供了一种可供参考的有效干预方式。

（二）本研究的不足和展望

1）由于各方面原因，被试存在流失情况，造成了样本的减少。

2）本研究只选取了重庆某职高一年级两个班级的学生作为被试，可能其他年级和地区存在差异，这就限制了结论的可推广性，实验的外部效度尚待考察。

3）研究内容和时间的限制。由于自我同一性是一个内涵极为广泛的概念，本研究中对其进行的干预只能涉及其中几个主要的方面，还有一些需要深入考察的方面无法涉及。另外，心理的成长和改变是一个漫长的过程，由于条件限制，本研究的周期相对较短，这可能会直接影响到干预的效果。如果未来研究能涉及更多关于自我同一性的内容，并进行长期的干预实验，可能会获得更好的效果。

4）对干预效果的确定性检验不足。本研究没有对被试进行延时重测，如果在条件允许的情况下再增加延时重测，可能会使研究结果更具有说服力。

五、结论

在校园心理剧干预后，实验组被试的自我同一性水平较之干预前有了显著提高，较之对照组也有了显著提高，表明采用校园心理剧的干预方式能够有效提高个体的自我同一性水平。

第四节　校园心理剧对大学生心理健康水平的影响

大学生心理健康教育是当今高等教育改革中备受关注的话题之一，也是素质教育的重要内容之一。为了有效地开展这一教育，许多心理学教育工作者都在积极探索富有成效的方式。在实践中，我们发现校园心理剧作为一种团体心理治疗方法，是一种新颖且广受欢迎的方式。

校园心理剧可以帮助大学生发现自己的心理问题，提供情绪体验的平台，改变大学生的认知，对提高大学生心理健康水平具有重要影响。通过参演校园心理剧，大学生可以获得更加积极健康的情绪体验，有效缓解抑郁情绪，从而促进他们的心理健康发展。

同时，我们还注意到，越来越多的高校开始采用这一方式来促进大学生心理健康教育。这些校园心理剧往往围绕学生的实际生活和学习经验展开，让他们能够通过体验真实情感来提高心理素质和人际交往能力。这种方式既实用又有趣，可以有效地吸引大学生的参与兴趣，提高他们的心理健康水平。

综上所述，校园心理剧作为一种团体心理治疗方法，对于大学生心理健康教育具有重要意义。它不仅可以帮助学生发现自己的心理问题，提供情绪体验的平台，改变大学生的认知，还可以有效缓解抑郁情绪，促进心理健康发展。因此，我们应该积极推广这一方式，让更多的高校参与到大学生心理健康教育中来。

一、研究背景

（一）心理健康概念

心理健康是指个体在心理的各个方面和活动过程中处于一种良好或正常的状态。心理健康的理想状态是保持性格的完整、智力的发展正常、认知的准确、情感的适度、意志的合理、态度的积极、行为的适当以及适应能力的良好。这意味着个体能够有效地应对生活中的各种挑战和压力，能够保持情绪稳定，具备良好的人际关系，并且能够适应不同的环境和生活阶段。心理健康是健康和福祉必不可少的要素，能够强化个人和集体做出决定、建立关系和塑造世界的能力。

（二）心理健康的研究

1. 大学生的心理健康教育研究

大学生是国家和社会的未来，他们的心理健康状况直接影响着社会的进步和国家的发展。然而，随着社会的变化和竞争的加剧，大学生面临着越来越多的心理压力和困扰，如学习压力、就业压力、人际关系、恋爱婚姻、自我认同等，这些问题可能导致大学生出现抑郁、焦虑、自杀等严重的心理问题。①因此，加强大学生的心理健康教育，提高他们的心理素质和适应能力，是高等教育的重要任务和目标。

大学生的心理健康教育是指在高等教育中，通过开设心理健康课程、开展心理咨询服务、组织心理健康活动等方式，向大学生传授心理健康知识，培养心理健康技能，提供心理支持和干预，促进大学生的心理成长和发展。大学生的心理健康教育既是一种教育，也是一种服务；既是一种预防，也是一种治疗；既是一种科学，也是一种艺术。

大学生的心理健康教育有着重要的意义。首先，它有利于提高大学生的学习效率和质量，提高他们的创新能力和竞争力，为他们的职业发展和

① 王树朋. 体育锻炼对大学生孤独感、抑郁情绪的影响研究. 健与美，2023（11）：136-138；孙玮，赵晨. 大学生自杀意念发生情况与生活事件及社会支持的相关性研究. 安徽预防医学杂志，2023，29（5）：412-416；朱浩，冯珂，王雅妮等. 基于抽样调查的在校大学生抑郁、焦虑、压力状况研究. 包头医学院学报，2023，39（10）：69-75.

社会适应打下坚实的基础。其次，它有利于促进大学生的人格完善和心理平衡，增强他们的自信心和自尊心，培养他们的责任感和合作意识，为他们的人生幸福和社会和谐奠定良好的心理基础。最后，它有利于预防和减少大学生的心理问题和行为问题，维护他们的心理健康和生命安全，为他们的身心健康和全面发展提供保障。

大学生的心理健康教育是一项系统工程，需要多方面的支持和配合。教育部门要加强政策引导和制度保障，完善心理健康教育的规划和标准，加大心理健康教育的投入和支持，建立健全心理健康教育的监测和评估机制。高校要加强心理健康教育的组织领导，建设专业化的心理健康教育队伍，完善心理健康教育的课程体系，提供多元化的心理健康教育服务，营造良好的心理健康教育环境。家庭要加强心理健康教育的家庭基础，增进亲子沟通，培养良好的家庭氛围，给予适度的关心和支持，尊重和理解孩子的心理需求。社会要加强心理健康教育的社会支持，提供丰富的心理健康教育资源，开展多样的心理健康教育活动，形成有利于大学生心理健康的社会舆论，营造有利于大学生心理健康的社会环境。

2. 校园心理剧与心理健康

校园心理剧是一种受心理剧启发的团体心理治疗方法，它在校园中应运而生，成为一种心理健康教育形式。它采用集戏剧、小品、心理问题于一体的表演方式，不仅能帮助当事人解决自己的心理问题，还能让其他学生获得心理健康教育。①

校园心理剧主要针对学生普遍存在的校园生活适应、生命探索、情绪调节与控制、健康人格塑造、人际沟通、生涯规划等问题。它借鉴了心理剧的过程，分为三个阶段：暖身阶段、演出阶段和分享阶段。在暖身阶段，主要任务包括建立团体的信任感、确定主题、选出主角等，以便尽快投入到表演中。在演出阶段，主角及配角对生活事件进行演出。在分享阶段，主角、配角和成员发表各自的感受，分享心理剧对他们各自生活的影响。②

校园心理剧的形式主要有两种：一种是在班级内进行的编演，如在心理课、班队会及其他学科课上由本班同学自行编排演出；另一种是在舞台上进行的编演，针对学生身上所存在的共性心理问题，编写和排练稳定的

① 代欣然，刘衍玲，刘帮国等. 校园心理剧助力中职生心理健康发展. 现代中小学教育，2019，35（5）：54-58.

② 程忠智. 校园心理剧与心理剧的区别. 中学生博览，2023（27）：9.

剧本和表演形式。通过校园心理剧，学生可以在编剧、演剧中学到心理学知识，学会正确处理心理问题，从而健康成长。

二、研究方法

（一）研究目的与假设

本研究旨在探讨参与校园心理剧《成长风暴》是否能有效提高大学生的心理健康水平，并假设参演校园心理剧《成长风暴》能够促进大学生心理健康的发展。

（二）研究对象

本研究随机抽取西南大学全日制本科生共120人，其中实验组60人，对照组60人。采用配对法来控制性别这个额外变量，具体操作为实验组和对照组男女生各30人。在本次的校园心理剧展演活动中，所有的被试均为自愿参与。

（三）研究工具

本研究采取SCL-90症状自评量表来测量被试的总体健康水平，该自评量表包含心理健康的较多因子，主要包括躯体化、强迫症状、人际关系敏感、抑郁、焦虑、敌对、恐怖、偏执、精神病性。该量表能够较为全面地反映个体的心理健康总体水平，信效度良好。

采用SPSS19.0对数据进行独立样本 t 检验的分析。

（四）实验设计与实施

本研究采用完全随机化设计中的实验组、对照组前后测的实验设计。具体来说，本研究采用创新设计的校园心理剧《成长风暴》作为实验干预手段，针对中国大学生，特别是大一新生可能面临的心理问题，如人际关系障碍、目标缺乏、迷茫困惑等进行剧本创作。在《成长风暴》中，我们通过素材整理、搜集和提炼，重现了当代大学生在生活中遇到的种种场景，引导观众在“生活”中共同参与、体验，激发观众的创造力和行动力。同时，我们将自信训练、信任训练等心理学训练方法融入其中，使观众在得到审美享受的同时，更能得到心理能量的提升。

本研究共分为三个阶段，具体如下。

第一阶段：随机分组。从全体参与观看演出的学生中随机选取120人，再随机分为两组，一组为实验组，另一组为对照组，每组各有60

人。对两组的心理健康水平进行测量。

第二阶段：实验干预。实验组的 60 名学生参与《成长风暴》的演出，而对照组的 60 名学生则不参与演出。

第三阶段：后测。对实验组和对照组的心理健康水平进行后测，并对后测结果进行统计分析，比较两组之间的变化。

以上就是整个实验的实施过程。通过这种方式，我们希望能够深入了解校园心理剧对大学生心理健康的影响，并为其未来的推广和应用提供参考。

三、结果与分析

（一）实验组和对照组学生心理健康水平前测同质性分析

采用独立样本 *t* 检验，对实验组和对照组的前测得分进行差异检验，结果如表 10-11 所示。

表 10-11　实验组、对照组 SCL-90 前测差异分析

因子	实验组（*M*±*SD*）	对照组（*M*±*SD*）	*t*
躯体化	0.70±0.51	0.91±0.55	−0.73
强迫症状	1.46±0.44	1.36±0.54	1.25
人际关系敏感	1.36±0.45	1.37±0.53	−1.27
抑郁	1.12±0.52	1.12±0.44	1.03
焦虑	1.51±0.58	1.70±0.45	−1.43
敌对	0.93±0.53	1.25±0.46	−0.90
恐怖	0.71±0.56	0.69±0.47	−1.24
偏执	1.07±0.41	1.23±0.42	−0.84
精神病性	0.99±0.58	0.91±0.52	1.19
其他	0.81±0.58	0.92±0.52	−1.19
总分	85.15±43.59	94.56±46.79	−1.26

由此可知，在参与校园心理剧之前，实验组与对照组的 SCL-90 各因子得分和总分都无显著差异，两组学生的心理健康状况基本一致，说明实验组与对照组总体上同质，具有较强的可比性。

（二）实验组和对照组学生心理健康水平后测差异分析

采用独立样本 *t* 检验，对实验组和对照组的后测得分进行差异检验，结果如表 10-12 所示。

表 10-12　实验组、对照组 SCL-90 后测差异分析

因子	实验组（$M\pm SD$）	对照组（$M\pm SD$）	t
躯体化	0.51±0.41	0.74±0.52	−1.74
强迫症状	1.25±0.68	1.45±0.69	−1.07
人际关系敏感	0.96±0.53	1.36±0.72	−2.23*
抑郁	0.90±0.46	1.28±0.71	−2.21*
焦虑	0.79±0.44	1.91±0.63	−1.91
敌对	0.72±0.64	1.04±0.60	−1.82
恐怖	0.50±0.43	0.52±0.54	−1.13
偏执	0.95±0.55	1.15±0.61	−1.24
精神病性	0.78±0.37	1.06±0.65	−1.81
其他	0.80±0.61	1.13±0.62	−1.89
总分	70.63±38.65	96.64±48.99	−2.10*

由此可知，在实验后测的比较中，实验组的心理健康总分发生较大变化，实验组和对照组的心理健康总分和人际关系敏感、抑郁的后测得分差异显著。此外，通过对实验组和对照组的前后测得分进行差异分析，结果发现，实验组和对照组的心理健康总分在前后测得分中的差异显著，因此总体上，实验组学生的心理健康水平有所改善。

四、讨论

校园心理剧是一种将心理学知识和技能融入戏剧创作和表演中的教育形式，能够激发学生的创造力和行动力，增强学生的自信和信任，帮助学生解决生活中遇到的各种心理问题，如人际关系障碍、目标缺乏、迷茫困惑等。本研究所采用的校园心理剧《成长风暴》针对当代中国大学生的心理特点和需求，通过真实的场景和互动的方式，引导学生共同参与和体验，从而达到心理健康教育的目的。

本研究的结果与前人的一些研究结果相一致，都证实了校园心理剧在中小学和中职学校的心理健康教育中的有效性和可行性。①校园心理剧不仅能够提高学生的心理健康水平，还能够增进学生的学习兴趣和动机，培养学生的合作和沟通能力，提升学生的综合素质。校园心理剧作为一种寓教于乐的教育方式，更能够吸引学生的注意力和参与度，调动学生的主动性和积极性，使学生在得到审美享受的同时，更能得到心理能量的提升。

① 田晓莉，杜志瑶. 校园心理剧在中小学心理健康教育中的应用与前瞻. 中小学心理健康教育，2023（22）：63-65；宁爱平. 校园心理剧在中职心理健康教育中的探索. 中国多媒体与网络教学学报（中旬刊），2022（9）：90-93.

当然，本研究也存在一些局限和不足之处，需要在未来的研究中加以改进和完善。首先，本研究的样本量较小，仅限于西南大学的本科生，不能代表全国大学生的心理健康状况，因此需要扩大样本范围，增加样本代表性。其次，本研究的实验干预时间较短，仅为一次校园心理剧的参与，可能不能反映校园心理剧对大学生心理健康的长期效果，因此需要延长实验干预时间，增加实验干预次数，观察校园心理剧对大学生心理健康的持续影响。最后，本研究仅采用了 SCL-90 症状自评量表作为心理健康水平的评定工具，可能不能全面地反映大学生的心理健康状况，因此需要结合其他的心理健康评估工具，如心理健康素质量表、心理健康知识问卷等，以提高研究的信度和效度。

综上所述，本研究探讨了校园心理剧对大学生心理健康水平的影响，发现实验组的心理健康水平在参与校园心理剧后有显著提升，而对照组则没有明显的变化。这一结果说明校园心理剧是一种有效的心理健康教育方式，能够促进大学生的心理健康发展。本研究为校园心理剧在高等教育中的应用提供了理论和实践依据，也为未来的相关研究提供了一些建议和启示。

五、结论

本研究以校园心理剧《成长风暴》对大学生心理健康水平的实验干预为例，初步探讨了校园心理剧对大学生心理健康的影响，得出以下结论：①校园心理剧对大学生心理健康中的人际关系敏感、抑郁有较大影响；②校园心理剧对大学生心理健康水平总体上有一定的促进作用。

附录　校园心理剧剧本实例

一、小学剧本实例

实例一:《快乐的童年》[1]

辅导目标:

1. 教会孩子通过咨询信箱，以及与老师交流、同伴互助、与父母沟通等方法来解决问题。

2. 让孩子学会表达自己的想法和愿望，培养主动沟通与交流的意识。

3. 让孩子明白选择自己喜欢的事情，不管生活怎么样，生活中总有一些事情是自己喜欢的，也有不喜欢的，但要学会正确去面对。

4. 让家长有所触动，思考如何加强亲子沟通、减轻孩子学习负担，给孩子一个快乐的童年。

心理技术和表现方式:

独白、旁白、梦境、舞蹈、歌唱、定格、引导者等技术。

故事梗概：乐乐是一个品学兼优的小学五年级的小女孩，爸爸妈妈都是高级知识分子，妈妈一心望女成凤，给乐乐报了很多兴趣班。乐乐因为压力太大，没有时间做自己喜欢的事情而深感苦恼。乐乐主动向知心信箱寻求帮助，还通过和班主任的沟通，学会以写信的方式跟妈妈主动沟通。最终，在爸爸的帮助下，乐乐妈妈终于愿意理解乐乐，乐乐也更理解妈妈，和妈妈达成了共识——减少兴趣班的数量，快乐地学习和生活，有一个快乐的童年。

主要人物：乐乐、妈妈、爸爸、王老师、钢琴老师、奥数班宣传员、乐乐好朋友悠悠、悠悠妈妈、乐乐的同学们、代表兴趣班的同学。

演员：旁白、乐乐、乐乐心声、乐乐歌声、乐乐妈妈、乐乐爸爸、班主任王老师、乐乐同桌悠悠、悠悠妈妈、乐乐好朋友彤彤、钢琴老师、引导者、美术老师、书法老师、奥数班宣传员、兴趣班的舞蹈演员。

道具：四个塑料凳、知心信箱、毛笔两支、画笔两支、领带、帽子。

---

① 张川丽，艾红梅，陈娅利等. 快乐的童年. 重庆市北碚区中山路小学内部资料，2018.

PPT 背景：快乐的童年。

第一幕　周末啊，周末

旁白：星期六到了，早上 7：00 的闹钟已经响了，乐乐还在床上睡觉。

声音：闹钟响了。

乐乐妈妈上台。妈妈一边梳洗打扮，一边焦急地说："哎呀，现在这年头，咱这当妈的容易吗。周一到周五，时间都是单位的，好不容易盼到了周末，时间都给了孩子了。辛苦是辛苦，总算没让咱家的乐乐输在起跑线上。咦，怎么还没有响动呢？这孩子，乐乐，起床了，起床了，快点起床了。"

妈妈看到乐乐还是没有声音，加大了嗓门儿说："乐乐，今天还要上兴趣班呢，快点儿起床了。"

后台传来了乐乐极不情愿的声音："妈妈，让我再睡会吧，我不想去上兴趣班。"

妈妈："不想上兴趣班，那怎么行。别家的孩子都在学习，现在社会竞争这么激烈，你不去学，那不就落后了？快点，快起来了，一会都要迟到了。"妈妈拉着乐乐，背起书包出门了。

旁白：一到周末，乐乐就像个勤劳的小蜜蜂，穿梭于不同的兴趣班。

音乐、灯光、舞蹈

（用舞蹈的方式演绎乐乐穿梭于兴趣班之间的情形。舞蹈、英语、美术、书法、围棋、钢琴课，每个兴趣班都举着一个牌子。乐乐到不同的兴趣班观望，到舞蹈、美术班时很开心，到其他几个班时很不高兴。当走完所有的兴趣班后，乐乐已经累得瘫倒在地上了。最后，乐乐强撑着身体，爬到了钢琴前面，疲惫地练着琴。）钢琴老师用哑剧的方式指导乐乐练钢琴。

钢琴课结束后，钢琴老师对乐乐妈妈说："乐乐妈妈，最近乐乐的状态不对呀，原来会弹的曲子都忘了。"

妈妈非常生气地质问乐乐："乐乐，怎么回事？这么简单的曲子竟然会出错。我一天陪着你学这学那，我自己的周末生活都没有了，全部精力都放在你身上，我容易吗？"

乐乐生气地说："那就不学了！"

妈妈："什么？你再说一遍！"

乐乐："我说都不学了！"

妈妈："你是要气死我吗？"

乐乐："气死了就可以不学了。"

啪，妈妈情急之下打了乐乐一耳光。

定格，灯光暗。

妈妈："我这是怎么了？我怎么会打她？她是我心爱的女儿啊！但是，乐乐，你知道吗，妈妈做这一切都是为了你好！"

乐乐："为我好？那你知道我真正要什么吗？我只想有一个快乐的童年，有一个能休息、能玩耍的周末，这样的要求难道过分吗？"

灯光亮。

乐乐瞪了妈妈一眼，一气之下，丢下妈妈，跑回了家……

旁白：乐乐回到家，一边哭，一边坚持做作业。妈妈在家里做家务。

爸爸回来了，乐乐跟爸爸哭诉了今天的事情。（哑剧表演）爸爸在极力劝解，一边安慰着乐乐，一边安慰着妈妈。

闹钟又一次响了。

妈妈："都 10 点了，乐乐该去睡觉了。"

乐乐说："今天是周末呀，我想玩一会儿，就一会儿。"

爸爸说："想玩就玩会儿吧，做你自己喜欢做的事情。"

妈妈说："不行，明天还要上兴趣班，早点睡了。"

乐乐无助地看看爸爸，爸爸温和地对妈妈说："孩子想玩就让她玩会儿吧。"

妈妈严肃地说："这孩子就想着贪玩，看看别人的孩子，这会儿还在看书呢。她明天还要学习，必须上床睡觉了。"

乐乐失望地走向卫生间，开始刷牙、洗脸。

旁白：星期一的早上，乐乐满脸疲倦地走进了学校。

在学校门口，碰到了她的同桌悠悠。悠悠高兴地跟乐乐讲自己的周末到河边放风筝的经历，还说下个周末要去洋人街呢。乐乐羡慕地说："你的命可真好！我怎么就没那么好命呢？"

舞台布置知心信箱。

她在楼梯的拐角处看到了学校的知心信箱，她突然想到了什么。她左看右看，旁边没有其他人，她赶紧从信箱旁边，拿了一张卡片，把自己的烦恼全都写在了卡片上，满怀希望地把载着她心愿和烦恼的卡片投进了知心信箱……

第二幕　兴趣啊，兴趣

乐乐唱歌，表达自己疲惫而无奈的心情。（周杰伦歌曲《蜗牛》的伴奏）

歌词：该不该搁下重重的壳，寻找到底哪里有蓝天，随着轻轻的风轻轻地飘，历经的伤都不感觉疼，我要一个怎样的明天，等待阳光照亮我的童年，小小的天有大大的梦想，重重的壳裹着轻轻地仰望……

旁白：第二周的周末，和往常一样，妈妈照例带着乐乐穿梭于各个兴趣班。在她们上完钢琴课回家的路上，乐乐和妈妈看到有培训机构正在做宣传。

乐乐看到宣传员满脸堆笑地朝她们走过来，顿感不妙，随即厌恶地瞪了宣传员一眼。而妈妈则兴致勃勃地接过了宣传单，高兴地听宣传员介绍着奥数学习的好处。

宣传员："这位家长啊，我给你说，孩子早学奥数好呀，将来升初中，可以择优录取哟，这对孩子来说，可是多了一个选择哟！好多重点中学的自主招生都要考奥数的。"

妈妈若有所思地点了点头。

宣传员继续热情地推销："这样吧，您不妨先留个联系方式，先试听两节课看看？"

妈妈满意地留下了培训机构的联系方式。

乐乐刚想跟妈妈说话就被妈妈激动地打断："乐乐，这个奥数班听起来很不错哟，对你将来的学习有帮助。听说我们邻居王奶奶的孙子读小学时就学了奥数的，你看他今年都考上北大了呢。"

乐乐撅着嘴巴刚想跟妈妈说什么，却又被妈妈打断了："乐乐，学了奥数有利于提高你的数学能力，而且奥数成绩好的话，将来小升初咱们就可以多一个择校的机会了。你说对不对？"

乐乐紧张地望着妈妈，正要说不，妈妈又自顾自兴奋地说："听说学习奥数还可以训练人的逻辑思维能力，对你将来的发展有很大的帮助……"

画面定格，追光打在乐乐身上。

乐乐内心独白：妈妈呀，你就不能停下来听一听我的想法吗？妈妈，我知道你所说的那些兴趣班，对我将来的发展很有用。可是，那些都不是我喜欢的呀！妈妈，你就不能听我说一说吗？妈妈，您就不能征求一下我的意见吗？妈妈，我多想做我喜欢的事情啊……

引导者：亲爱的爸爸妈妈们，你们听见孩子们内心的声音了吗？我们是不是也像乐乐妈妈这样，为了让孩子有一个精彩的未来，而在他们的童年时期让他们学习各种课外辅导班的课程？……家长们请想一想：如果孩子们没有快乐的童年，他们会有精彩的未来吗？

旁白：第二天，又是一个星期一的早上，乐乐依旧拖着疲惫的步伐来到了学校，刚上完上午的第二节课，同学们都像快活的小鸟一样飞出了教室，到操场上自由活动去了，只有乐乐趴在桌子上，不一会儿，她就进入了梦乡。

梦境展示：不同兴趣班的牌子在跟乐乐打招呼，有的是乐乐喜欢的，有的是妈妈觉得好但乐乐不喜欢的。所有的牌子配着不同的音乐和场景出现。喜欢的兴趣出现时阳光灿烂、五彩斑斓。不喜欢的兴趣出现时是严肃灰暗的，简单地罗列一些好处。乐乐在其中挣扎，在喜欢与不喜欢之间迷茫。

这时，乐乐的班主任王老师经过教室，看到了趴在桌子上睡着的乐乐，觉得很奇怪：这个孩子是怎么了？居然一大早就睡着了。这时，乐乐的好朋友彤彤回来了，她手里拿着刚发下来的《新苗》校报，高兴地朝乐乐跑过来："乐乐，乐乐，快醒醒。你怎么还在睡觉呢？乐乐，快看，你的书法作品都登上校报了呢。"乐乐睡眼惺忪地睁开了眼，看了看彤彤手中的校报，说："校报，校报出来了，上面可有知心姐姐的回信？""有啊，这次知心姐姐回复的是关于同学们周末上兴趣班的苦恼呢。"乐乐高兴地抢过校报，"快让我看看。"

王老师看到了这一幕，觉得很奇怪："乐乐这个孩子一向都很优秀，可是最近却经常表现出很疲倦的样子，是怎么回事呢？"

旁白：中午，王老师找乐乐了解情况。

王老师："乐乐，今天上午课间的时候，老师看到你都睡着了，是怎么了，能给老师说说吗？"

乐乐："王老师，我最近感觉好累呀！周末要参加的兴趣班越来越多，我都快要受不了了。"

王老师："这些都是你自己想学的吗？"

乐乐："有的是，有的不是。不过我喜欢的妈妈基本都不让我选，说是学了没多少用处。我不喜欢的妈妈却非要我学，说是对我将来发展有帮助，非要我学。"

王老师："那你和妈妈说过没有呢？"

乐乐："我试过，可妈妈根本就不听我说，她有一大堆的理由。"

王老师："那你试过给妈妈写一封信吗？"

乐乐："写信？还可以写信吗？"

王老师："当然，你肯定有很多想说却不好意思说的心里话，可以把它们都写在信上，让妈妈看一看。当然，你还可以和爸爸、妈妈一起聊一聊他们的童年，聊一聊他们小时候的周末都是怎么过的。这样吧，我给你的妈妈打个电话，让她好好听你讲一讲，和你谈一谈童年的趣事，好吗？"

乐乐："嗯，好的，谢谢王老师。"

引导者：亲爱的孩子们，如果你们是乐乐，想一想，除了给妈妈写信外，你们还可以怎么做，才能让妈妈不再强迫自己参加不喜欢的课外辅导？

第三幕　童年啊，童年

第二天，乐乐妈妈接到了王老师的电话，应约到学校交流乐乐最近的情况。她正准备回家，在校门口偶遇来开家委会的悠悠妈妈。

悠悠妈妈说五一带孩子们去开心农场体验农耕文化，邀请乐乐参加。

乐乐妈妈回到家，忽然注意到桌子上放着一封信，写着"亲爱的妈妈收"，她开始认真阅读乐乐写的信。

"亲爱的妈妈：

我爱您！

我是您最疼爱的孩子乐乐！妈妈，您给我取名字叫乐乐，就是希望我快乐。可是，周末的兴趣班越来越多，还有好多我都不喜欢。妈妈呀，妈妈！您的乐乐一点儿都不快乐，我好累呀！在学校，各科老师都夸我学习好，我真不知道，我还要怎么做，才会让您满意啊！我喜欢阅读，我喜欢陶艺，我还喜欢旅游，可是，周末满满的兴趣班，让我根本没有自己的时间。亲爱的妈妈，我多想轻轻松松地过一个周末呀，多想痛痛快快地玩一天啊!"

妈妈读完信，已是泪流满面，若有所思地和爸爸一起讨论起来。

妈妈哭诉着："孩子她爸，难道我做错了吗？我这么辛苦地陪着她学这学那，我可全都是为了她好呀！"

爸爸："孩子她妈，我知道你做的这一切都是为了咱们乐乐好。可是，孩子的负担太重了，你也太累。孩子每天下午都要练钢琴，晚上还要练书法，周末也都是安排得满满的。咱们的乐乐太累了。亲爱的，你回想一下我们的童年，咱们小时候，爬树、抓鱼、去野炊，和小伙伴一起玩各种游戏，是多么自由自在，是多么快乐啊！咱们不是也一样发展得很好吗。"

妈妈："可是，别的孩子都在学习，她现在快乐了，将来就痛苦啦。"

爸爸："那也不一定啊，你看当年咱班成绩最差的牛二，现在不一样当董事长了吗？再说，咱们的乐乐一直都很优秀，我们要相信她。兴趣班，本来就是为了发展孩子的兴趣特长。要不这样吧，我们跟孩子好好谈谈，结合她自己的兴趣爱好，给她少报一点儿班。关键是要让孩子有时间做她自己喜欢做的事情。"

妈妈："嗯。"

旁白：就这样，在爸爸的引导下，妈妈和爸爸达成了共识，要给乐乐一个快乐的童年。

第四幕　快乐啊，快乐

旁白：从那以后，乐乐的兴趣班减少了，上的都是她喜欢的内容，即便是妈妈最希望乐乐去上的奥数辅导班，乐乐也可以不去了。

第一个画面：音乐，舞蹈。乐乐和自己喜欢的兴趣班一起高兴地跳舞。

第二个画面，爸爸、妈妈带着乐乐一起去看电影。爸爸妈妈还带着乐乐和她的好朋友们一起去郊游！

演员上场：

我是______，我扮演乐乐，我想说：快乐，就是学会沟通，做自己喜欢做的事！

我是______，我扮演乐乐爸爸，我想说：孩子的快乐就是我们父母的快乐！

我是______，我扮演乐乐妈妈，我想说：多听听孩子的心声，和孩子一起成长。

我是______，我扮演王老师，我想说：愿我们的学生都有一个快乐的童年！

四个人一起：愿我们都有一个快乐的童年！

所有演员上场：愿我们都有一个快乐的童年！

实例二：《我想当个好组长》①

辅导目标：

1. 学会看到别人的优点并加以肯定。

2. 学会与人沟通、交流。

3. 学会与他人合作，培养团队合作精神。

心理技术和表现方式：

旁白、独白、定格、黑白技术、引导者。

故事梗概：

小瑜是班里的小组长，但一直以来与组员相处得不愉快。在面对语文老师布置的小组合作学习的任务时，成员之间再次发生矛盾。最终，在父母的关心下、在老师的指导下、在同学的帮助下，小瑜明白了怎样当一个小组长，收获了同学们的信任，并最终体验到了团队合作的成功！

主要人物：小瑜、小江、小白、小圆、老师、小瑜爸爸、小瑜妈妈。

第一幕　你是组长你担当

时间：星期一

地点：教室

旁白：语文课上，老师给全班同学布置了一个任务。

老师：同学们，这段时间你们读了不少书，收获颇丰，为了展示大家的读书成果，我们将在班级开展一次“好书伴我行”的读书汇报系列活动。现在要做的第一项活动就是各小组“读书小报”的展示，上交的时间是下周一。请各小组集中全组同学的智慧，发挥每位成员的优势，团结合作，齐心协力完成任务！

旁白：老师任务一下达，各个小组的同学就忙开了。

（定格技术，各小组轮动）

场景一：

一小组组长：嗨，一小组的同学们这边集合。

一小组组员：到——

一小组组长：老师布置了办“读书小报”的任务，大家都来想想办法，怎么样办得更好？你们都知道，办小报不是我的强项，这个任务还得你们多使点儿劲儿，我尽一切努力做好服务工作。拜托了！

① 肖书惠，陈苑，刘衍玲等. 我想当个好组长. 中小学心理健康教育，2019（6）：75-80.

组员七嘴八舌：你放心，组长！（甲）

好，没问题！（乙）

大家加油！（丙）

场景二：

二小组组长：二小组的同学们集合。

组员迅速聚齐。

组长：同学们，这次办“读书小报”的任务，我们可要认真对待，别的小组实力都不弱，要想脱颖而出，我们可得在创新上下功夫。来，我们先来商量一下吧！

组员齐点头，连声称：好！

全组做商量状。

场景三：

三小组组长：小倩、小兰、小新，小勇，你们都过来。我们来讨论一下办“读书小报”的事情。我看了一下，我们组的组员都各有所长，只要大家齐心协力，一定会出色地完成这个任务。大家可以根据自己的特长和爱好各领一个任务，剩下难做的事儿就我来做，好吗？

组员：好！

组员一：组长，我画画好，我负责美化。

组员二：那好，我负责版面设计。

组员三：我写字还可以，我就负责抄写。

组长：那好，剩下的工作就我负责，我来写稿子。大家分头行动吧！

旁白：四小组的组长小瑜看着大家忙前忙后，心里忐忑而落寞。

小瑜（心理独白）：哎！别人当组长怎么就那么顺利啊？组员们一个个都那么听话，看看他们气氛多好呀！小组多团结！组长说什么大家就做什么！不像我们小组！成天就知道和我唱反调，我说什么也没人听？……哎！我最怕接任务了。可怕什么，偏偏就来什么！你看，老师又布置任务了，我可怎么办呢？啊！

回忆技术（前一天，小组合作学习时，大家相处得不愉快的片段。）

小江：组长，你在搞什么啊？其他小组的同学都在讨论办小报的事，你倒好，像个没事儿人似的？难不成又要得“第一”吗？

小白（冷笑）：哼，就是，第一，倒数第一！反正我们组经常都是倒数第一！

小瑜（委屈而气恼）：我想得倒数第一吗？你们就知道怪我，你们怎么不想想办法？

小江：我们又不是组长，谁让你当组长来着？你是组长就该你想呀！你看看其他小组长，多有主意！谁像你呀？半天都放不出个屁来。

小瑜（眼里含着泪）：你，你骂人！

小白：好了，好了，别吵了！再吵，真得倒数第一了！我看我们还是赶快讨论吧！

（回忆结束）

小瑜（强打精神）：四小组的同学集合。

小江、小白原地不动，小圆慢慢吞吞地走了过来。小杰在远处玩自己的，似乎没听见。

小瑜（命令似的）：小白，你去把小杰叫过来。

小白（脖子一伸）：怎么叫我去呀？你是组长，你自己去！

小瑜（无可奈何、气急败坏地走到小杰身边，大叫）：小杰，集合！

小杰（嬉皮笑脸）：嘿嘿嘿，组长，我再玩一会儿，你们先讨论着，我一会儿就来。

小瑜（斩钉截铁）：不行，现在就来。

拎着小杰的衣服连拖带拉

小瑜（盛气凌人）：好了，人齐了，大家说说这个小报怎么办？

大家面面相觑，僵持了一小会儿。

（定格技术）

小瑜：一个一个就像大爷一样，还得我来伺候。我哪里像组长？像他们的丫鬟还差不多。

小杰：不就是办个小报嘛！这么多人也不差我一个，反正我也起不了多大作用，还不如多玩一会儿。

小圆：我最讨厌动脑筋了，反正结果不好有组长担当，可不关我的事。

小江：我们组长什么都不懂，还喜欢摆阔架子，就知道使唤人，哼哼，关键时刻还不是要靠我。

小白：我们组现在这个状况真让人心烦呀！动不动就吵架，一点也不团结。我可不想再得一个倒数第一了。

（定格结束）

小瑜：小圆，你说！

小圆（慢条斯理）：嘿嘿，你们说怎么办就怎么办，我没意见。

小瑜（埋怨地）：你就会说没意见，你没长脑子啊？

小圆：哼！（背过脸去）

小瑜：小杰，你说！

小杰正在玩玩具，不予理睬。

小瑜（一字一顿）：小杰，认真点儿！你说！

小杰（茫然）：说……说什么呀？

小瑜：你就知道玩儿，注定了没出息！

小杰：你，你有出息！

小江：好了，好了，我来说，我觉得呀，我们这个报名，可以叫《与书为友》，然后我们每个人写一篇稿子，可以推荐好书，也可以写读后感，还可以是好词好句好段……然后再来汇总，大家一起动手，把小报办出来。

小白（鼓掌、赞赏地）：我觉得小江的点子不错，小江，你可真是我们组的智多星啊！

小圆、小杰（都鼓起掌来）：不错！不错！

小瑜（酸溜溜地、涨红了脸）：什么智多星？这不是人人都会的吗？要是这样做出来，不得倒数第一才怪呢？

小江（气呼呼地）：那好，你说我的不好，你是组长，那你说，你有什么好主意？

小白：是呀，你说说，你有什么好主意？

小圆、小杰（点头）：对，你说！

小瑜（没有底气）：我……我还没有想好呢？

小江：嗨，反正我不管了，谁是组长谁来做？

小白：对，你是组长你来做！

小圆和小杰：你是组长你来做！

小江、小白、小圆、小杰都转身走了，只留下小瑜一个人，小瑜伤心地趴在课桌上哭了。

引导者：同学们，你们在现实生活中遇到过这样的问题吗？如果有，你们是怎么处理的？

第二幕　这个组长好难当

时间：星期一放学后

地点：小瑜家

旁白：下午放学，小瑜回到家里。（小瑜喊：妈！）家里一个人也没有，冷冷清清、空空荡荡的。妈妈上夜班，要半夜才能回来，爸爸在外地工作，常年不在家。小瑜连个说话的人都没有，感到更加伤心了。

小瑜（拨通了妈妈的电话）：妈——

小瑜妈妈（正在忙工作）：什么事儿，小瑜？

小瑜（吞吞吐吐）：妈——你什么时候回来？

小瑜妈妈（急促地）：妈妈还早呢？小瑜，饭、菜都在冰箱里，你自己热着吃，我正忙着呢！有话回来再说，啊！

小瑜：妈！妈！

妈妈已挂断了电话，电话那端传来一阵忙音。

小瑜（哭着说）：忙，忙，就知道忙，什么时候关心过我呀！

小瑜又拨通了爸爸的电话（哭着）：爸——

小瑜爸爸：怎么了？小瑜！

小瑜（哭着说）：爸，我讨厌我们小组的同学，他们都不听我的。老师说做小报，他们都不做，让我一个人做……

小瑜爸爸：真没用，就这点儿小事儿也哭。他们不做，你就一个人做呗！

小瑜：可是我做不来！再说了，还要评比呢！我做不好，他们又要说我。

小瑜爸爸：那就别当这个组长了，我早说过，学习成绩才是最要紧的，心思放到学习上来，你把学习成绩给我提上去，比什么都强！你成绩都没搞好，当什么组长？自从你当了组长之后，成天就哭哭啼啼的，闹得一家人都不清静。我马上就给老师说去，这个组长你不当了……

小瑜（情绪激动）：你不许去！我就要当组长，我就要当个好组长！你要是去了，我就不理你了！

小瑜挂断了电话，小瑜爸爸一次又一次拨通电话，可小瑜都没有接。

小瑜（心理独白）：我想当组长，我错了吗？我想让大家都看得起我，我错了吗？老师不是说过吗：只要有一颗真诚为同学们服务的心，只要愿意大胆地尝试，不怕失败，就一定能当好组长！我虽然成绩不算最好，但我愿意为同学们服务啊！小江和小白虽然成绩比我好，但是他们连组长都不敢竞选，他们凭什么看不起我？小圆和小杰成绩比我差，为什么也不听我的？爸爸妈妈总是那么忙，和他们说句话都那么困难，而且每次说话都是学习、学习，除了骂我没用，就是唠叨我要努力啊。我也想学习成绩好，我也努力了，可就是好不了啊！我当组长不就是为了证明自己，让同学和爸爸妈妈都看得起我吗？可是，当个组长怎么就这么难啊？

与此同时，小瑜爸爸拨通了肖老师的电话。

小瑜爸爸：肖老师，您好！我是小瑜爸爸，我说你们班能不能不搞什么小组合作啊？我们小瑜今天回来一直哭，我在外地，她妈妈又上夜班，我给她打电话她又不接……

老师：小瑜爸爸，别着急，您慢慢说，到底是怎么回事儿？

……

老师：小瑜爸爸，小组长都是孩子们自愿申请的，凡是想当的孩子都可以轮流担任，目的就是要培养孩子们的责任感，提升孩子们解决问题的能力。我们小组合作的目的就是要培养孩子们的团队精神，学会怎样与人相处，怎样去和同伴沟通，怎样在一个团队中发挥自己的作用。这不但不会影响学习，反而还会促进学习呢！当然，在这个过程中，孩子们肯定会出现一些问题，这是很正常的。我们做老师和家长的，不能因为怕麻烦而去批评、指责或是阻拦他们，而是要给他们正确有效的指导和帮助，这样，孩子们才可以尽快地成长起来。

小瑜爸爸：肖老师，您说得对！谢谢您！您费心了！我念的书少，没什么文化，加上又隔得远，平时和孩子没什么沟通。她妈妈又经常上夜班，对孩子也照顾得不多。我们俩拼命挣钱，就是为了孩子学习和生活条件能好一点儿。我们没什么别的要求，就是希望她能成绩好，别像我和她妈……

老师：小瑜爸爸，在这个阶段，心灵的成长比学习知识更重要！在学校，老师和同学们都会关心她的，但是家人的爱和家庭的温暖是谁也无法代替的！

引导者：是啊，家是我们温暖的港湾，当我们遭遇挫折时，我们都会试着从家庭中寻求力量支持。那么，在座的各位家长，如果您的孩子遇到了同样的问题，你们会如何引导他们呢？

第三幕　组长就该这样当

时间：星期二

地点：学校（老师办公室）

小瑜：报告！

老师：请进！

小瑜：肖老师，你找我有什么事吗？

老师：听你爸爸说，你昨天很伤心，是遇到什么麻烦了吗？

小瑜（愣了一下）：啊？我，我……（低着头，迟疑，小声地说）我看不惯小江，我觉得她做得不对。她一说什么，大家都听她的，不听我的，我虽然是组长，但事事都做不了主，这感觉一点也不好！是，他们比我能干，但他们又不敢去竞选组长！现在我当了组长，我也想当好组长，可他们又来和我唱反调，搞得整个小组乌烟瘴气的！（声音越来越大，心里不平衡）我不想看到我们小组这样，老师，小组长怎么就这么难当呀……（声音低下去，委屈，快要哭了）

老师：小瑜，小江他们肯定有做得不对的地方，但是，你想过没有，大家为什么都不听你的呢？

小瑜（沉默片刻）：我不知道。

老师：其实答案就在你刚才说的那句话上，你看不惯小江，问题就出在这儿。你真诚地、友好地对待别人，别人就会还你以尊重和感激。你要是看不惯别人，别人自然也会看不惯你！作为组长，更应该胸怀宽阔，能够容人、容事，组员们才会尊重和接纳你！小瑜，不要着急，回去想想问题到底出在哪儿？一个人想要改变世界，首先得想想如何改变自己？好吗？

小瑜：好，谢谢肖老师！

小瑜离开了办公室，陷入了沉思：

你要是看不惯别人，别人也看不惯你！一个人想要改变世界，首先得改变自己！老师的话是什么意思？难道是我错了吗？

……

旁白：中午，肖老师召集班里的8位小组长开了个短会。

老师：同学们，我们今天开会的目的，就是互相交流一下经验，看看怎样当好一个组长，才能使得自己的小组团结和谐，拥有凝聚力？大家各抒己见，自由发表自己的看法。

组长甲：我觉得，作为组长，不要高高在上，摆架子，好像自己很了不得似的，不管你的组员是什么样的，都要尊重和接纳你的组员。

组长乙：对，还要注意说话的态度，不要命令，语气要柔和，多用"请、可以吗"这样一些商量的语句。

组长丙：你们说得对，我认为还要公平公正，不要因为哪一个组员成绩好或是和你关系好，你就特殊对待，这样会造成矛盾。你看，我们组多和谐！（有点自豪）

组长戊：我能说一下吗？我觉得要特别关注小组里有困难的同学，要主动去帮助他们，如果组员做得不好，不要去责备她，而是去鼓励她，说"没关系，我们下次再努力就好了"。

组长己：我们组还有一个好方法，就是对于特别调皮、经常违反纪律的同学，可以派一个管得住的同学监督和提醒他，做得好的话，我们小组会给她发小奖品。

组长庚：每个组员的性格和能力都不一样，我们要根据他们的特点分配任务。还有要尊重他们的意见，如果他们说得对，就要采纳，这样他们就会很高兴。

组长辛：是的，不管小组成员的能力强不强，都要给他们锻炼和展示的机会。选任务的时候，让组员先选，组长后选，没有人愿意做的，组长就去承担，不要去埋怨。组员不会做的，组长要尽力帮助组员。

组长甲：我再补充一点，人无完人，组长不可能处处都比组员强，当你的组员比你强的时候，组长不要嫉妒她，要真心地欣赏和赞美她。当组员比你弱的时候，组长不能嫌弃她，要团结组内的其他同学真诚地帮助她。总之，组长不能自私，不能只想到自己的感受，要真心为了小组服务，这样，组员们自然就会喜欢你、支持你！

（定格）

小瑜没有作声，她默默地听着，心里却很不平静。

黑白技术

白：是的，尊重、公平、给每个人机会！小瑜，你现在知道为什么别的小组长能把小组组织好了吧！

黑：难道你没有尊重吗？你也叫他们出主意呀！可是谁理你呀？他们都只管自己，一点也不关心小组。

白：小瑜，想想刚才其他组长说的，组长要多鼓励组员，组员比你强的时候，要真心地欣赏和赞美她。这样他们才会觉得自己是小组的主人，才会积极参与小组的活动。

黑：你别听她的，她都是骗你的，看看你自己，你也没有当组长的天分。反正他们也不尊重你，你也别管他们了。

白：小瑜，如果要别人尊重你，你首先要尊重别人，要多考虑他们的想法，多鼓励、多支持、多欣赏，这样别人才会尊重你。要相信自己，你一定可以当一个好组长！

（定格结束，黑、白角色走下舞台）

老师：同学们，听了你们的话，老师很欣慰！这说明你们在成长！你们不仅仅是在学习做小组长，你们还是在学习做人和生活。你们在做小组长的过程中，一边实践一边反思一边学习，总结了很多宝贵的经验和方法，老师为你们感到骄傲……今天的小组长到此结束。小瑜留一下，我们谈谈吧。

老师：小瑜，老师了解你的苦衷，你想当个好组长，也许你可以像其他组长说的那样，多站在你的组员的角度去思考问题。有时候，我们眼中别人的样子恰恰就是我们自己的样子。我们能够看到别人的善良和友好，那是因为我们自己有一颗善良的心；如果我们处处看到别人的不友好，那是因为我们也是同样不友好地对待了别人。

小瑜（低声道）：也许真的是我错了！是的，老师！我看不惯小江，是因为小江成绩比我好，脑子比我灵活，点子比我多，同学们都听她的，不听我的，我妒忌她；还有小白，其实小白心眼儿挺好的，只是嘴巴贫了点儿，因为他常帮着小江，我也看不惯他；还有小圆和小杰，我只知道责备他们，从来就没有真心帮助过他们，他们又怎么会支持我呢？是我先看不惯他们，他们才会不听我的。

老师：小瑜，你能认识到自己的错误，我真为你高兴！你知道你接下来该怎么做吗？

小瑜：老师，您放心，我知道怎样做一个好组长了！

第四幕　我能当个好组长

时间：星期三

地点：教室

小瑜（走向小江）：小江，我想好了，我们小组的小报名字就用“与书为友”，就按你说的做，你看行吗？

小江（惊讶地）：按我说的做？

小瑜：对，就按你说的做。小江，对不起，以前是我错了，我……我妒忌你比我能干……你……你能原谅我吗？

小江（不好意思）：其实……其实我也有错。你知道吗？小瑜，我也挺嫉妒你的，因为……因为你比我勇敢，你有勇气当组长，而我没有……

小瑜：小江，我们一起当组长，好吗？

小江（惊讶地）：一起当组长？

小瑜：对，一起当组长！我想我们小组里的每一个同学都成为组长，大家都发挥自己的长处，共同来建设我们的小组……

小白（突然跳出来拍手说道）：说啥呢？我也要当组长？

小江和小瑜（调皮地）：不——行——！

小白（像蔫打的丝瓜）：哦！我好失望啊！

小江和小瑜（心领神会地一笑）：骗你的，我宣布，小白是四小组的组长了！

小白（欣喜若狂地）：哈哈，我真的是组长啊！

小瑜：对，不过，我们都是组长！你、我、小江，还有小圆、小杰，我们都是组长！

众人：耶！（大家都鼓起掌来！）

小瑜、小江、小白：走，我们一起找小圆和小杰去！

（小圆、小杰——教室里回荡着他们清脆的叫声。）

音乐表演：我们都是小组长！（表现小组成员团结协作、欢乐活泼的场景）

旁白：星期四、星期五，四小组的同学们为了“读书小报”幸福地忙碌着，他们从未拥有过如此的团结，如此的勤奋，如此的和谐，如此多的欢声笑语！

小江：组长，你看看这个标题摆在这儿怎么样？

小白：组长，我看这个字还得重新写一遍。

小圆：组长，要的颜料我已经带来了。

小瑜：组长，你把这个稿子再审一遍，看看有什么错别字没有？

众人：哈哈哈，组长，你瞧你，成了大花脸了……

哈哈哈……

星期一的语文课上，

老师宣布：同学们，经过大家认真的准备和评选，这次“读书小报”最为出色的小组是：一小组、五小组、七小组，还有，四小组！请四个小组的同学上台领奖！

老师：请获奖小组的代表发表获奖感言。

其他小组略。

小瑜：我非常非常激动和高兴，因为这是我们小组第一次获奖。我想感谢班里所有的同学和老师，特别要感谢我们四小组的小江、小白、小圆、小杰，因为是大家的团结努力，才取得了今天的成绩。我以前特别想当一个好组长，但是我不是一个好组长，因为我不懂得尊重和真诚。经过这一次的事情，我觉得，只要我们相互尊重和理解，我们每个人都是小组的组长，我们一起努力就能做好每一件事情！

全班同学送上热烈的掌声。

二、中学剧本实例

实例一：《在路上》（节选）①

辅导目标：

1. 通过校园心理剧的演绎，让学生在模拟情境中体验到自己与他人的互动会产生的后果和情绪，学会正确沟通的方式。

2. 让学生意识到成人成才目标的多样性，注重人际关系维护。

3. 让家长有所触动，思考如何加强亲子沟通、关心青春期孩子的身心健康。

4. 鼓励学生积极追求梦想，建立坚强的品格、自律的行为习惯。

心理技术和表现方式：

独白、旁白、定格、引导者、空椅子、镜像等技术。

故事梗概：“我要上大学！”这是一个职高生程石的梦想，他全身心投入到学习中去，并拒绝与其他室友一起参加文化节表演。于是，一系列人际关系的困难接踵而至，程石难以控制自己的情绪，还与老师和父亲都爆发了激烈冲突。当一切都无法控制的时候，在室友的劝说下，程石回归校园，参加集体活动，收获了自己的成长，也完成了大学梦想。

---

① 出自成都市建筑职业中专校校园心理剧《在路上》，有修改。

主要人物：旁白、引导者、程石、乔明阳、南飞、张茂、肖溪、何陆、萧朦、兰老师、班主任、英语老师、主持人、包工头、老板、程石妈妈、程石爸爸、程石舅舅、其他同学们。

演员表：（略）

片头视频

音乐【1】

旁白：每一个人都是独特的，就如这斑斓的色彩耀眼夺目。建中520寝室的六个男孩儿，他们青春阳光、他们积极向上，正如那热情的红色、纯净的白色、欢快的黄色，甚至是忧郁的黑色。在这多彩的生活里，在这绚丽的人生中，又会发生什么精彩的故事呢？又会展现什么灿烂的人生呢？让我们共同感悟色彩带给我们的性格启迪。

舞蹈：色彩之舞

音乐【2】

第一幕　不欢而散的520寝室

时间：中午

地点：520寝室

人物：乔明阳、南飞、张茂、肖溪、何陆、程石

音乐【3】

旁白：窗外灿烂的阳光洒在洁净的地板上。程石坐在寝室的一角，一如既往地安静地看着书，南飞埋头努力地锻炼着，张茂沉浸在音乐世界中，何陆打扫卫生，肖溪则无聊之极。

音乐【4】

肖溪：（玩手机，舔棒棒糖）南飞，你以为可以成为肌肉男（南）啊！

（南飞亮肌肉）

（肖溪拇指朝下）

肖溪：大音乐家在听什么呢？

（张茂继续摇头晃脑）

肖溪：想出名吧？（鬼脸）

张茂：出名？！你也太俗了！哥玩的是艺术！你不懂！（继续听）

肖溪：切！

肖溪：（走到程石面前，凑近看一眼书本封面，无趣走开。）这日子真无聊啊，空虚啊，寂寞啊。

何陆：（在一旁看着，笑了）你这小子，成天到晚，吊儿郎当，叽叽歪歪，无所事事，哎……回头是岸吧！来，打扫打扫。

肖溪：（对着何陆，正要发作）你！

音乐【5】

“建筑未来，实现梦想，这里是筑梦广播。亲爱的同学们请注意啦，你热爱你的室友吗？你喜欢亮丽炫目的舞台吗？你热爱共同努力的丰收吗？我校一年一度的寝室文化节将提供给你展示自己的机会！全寝室集体参加将加上整整五分哦。同学们，不要再犹豫，赶紧报名吧！”

音乐【6】

乔明阳：（从外飞奔到寝室，心情激动）嘿，哥儿几个，听到了没，千载难逢的机会呀！

肖溪：（立刻凑过来）嘿，兄弟，听到啦！听到啦！

张茂：（随之起身）得得得，看来这回该哥大显身手了，音乐的事儿包在我身上。

乔明阳：我们建中 F6 这次肯定酷毙了。

南飞：（放下哑铃）明阳，想当明星？有那味儿没那范儿，做你的春秋大梦去吧！

乔明阳：瞧你这话说的，不是我吹，就凭咱哥儿几个，那气质，那水准，一码成为全校女生焦点！

南飞：这话嘛，听起来还蛮带劲儿的。

张茂：看来哥这么大一腕儿终于要浮出水面了，兄弟们，上！

肖溪：（过来凑热闹）多大的腕儿？还浮出水面，我看你，就一搁浅的独木舟。可别把自己当泰坦尼克号！

何陆：你这小子，就数你嘴贫，就算咱是独木舟，凑在一起那也是航空母舰啊！

乔明阳：我们 F6 是战无不胜的，六位一体才是硬道理。（转身看着无动于衷的程石）不过话说回来，集体参加才有加分，石哥，你就一点都不动心吗？

程石：（这时才慢慢地放下书，抬头看旁边这几个人）嗯，挺好的一活动，你们好好表现，我给你们加油。

南飞：（激动地）程石，这是什么话，难道你不参加？

肖溪：（着急地）石哥，没你怎么成事儿啊？

张茂：石哥别怕呀！有哥这个音乐狂人在，准保你变成张学友。

何陆：对啊对啊，要天籁之音咱是没有，咱就出去比试比试，众人拾柴火焰高嘛。石哥你说是不是这个理儿？

（程石也不表态，仍然低头看书）

乔明阳：（把手搭在程石的肩膀上）好兄弟，哥儿几个就差你啦。想想咱几个美少年不比F4帅气，也比过飞轮海潇洒呀。

程石：（打断乔明阳，冷冷地）谁有兴趣谁去吧，我对这活动真的不感兴趣，也不是那块料。

肖溪：别啊，别扫兴啊，缺了你这一大才子，我还想让你给咱们写一首原创歌曲呢。

程石：我是说真的。你们想参加就参加嘛，缺我一个又不要紧。

张茂：石哥，难道你是怕自己重口味熏翻全场吧，不用怕，有哥在，准保你变少女杀手。

程石：哎呀！你们不用劝我了，我只是不想参加而已，我不想成为张学友，更不想成为少女杀手。

乔明阳：什么理由啊，你把你不去的理由说出来。一寝室好歹一团队，你不去算怎么回事啊，难道我们不是哥们儿？

程石：（低下头看着课本）快考试了，很多课需要温习，你们去参加吧，不用管我，少一个人也没关系。

南飞：（情绪激动）就因为这？程石你别跟我们扯这个。

音乐【7】

程石：我想学习，你们想参加活动，咱就各行其道吧，我需要安静。

乔明阳：（终于发怒）你！程石！你行！

（程石头更低了，一手紧紧地抓着自己的课本）

南飞：（冲过来，走到程石身边一把抢过程石手中的书）大家都去，你不去什么意思？！还是整体吗？你又没缺胳膊少腿的，我上次参加篮球比赛还有脚伤呢！我说什么了吗！

程石：我说了我不去，你们少我一个又妨碍不了什么！

南飞：（手中抓着程石的书）你还不懂？我们是整体，整体！谁都知道每个寝室六个人，你不去，别人怎么看我们？不团结？闹分歧？这些流言都会有！

肖溪：是啊，石哥我们一起去吧！

何陆：老石，我这么胆小的都去了，你还想什么啊？

乔明阳：程石，你不去可不够哥们儿啊，你想好了！

南飞：（见程石还是这般犹豫，愤怒地把书扔给程石）算了算了，他是有前途的人，我走了！

张茂：（看了一眼大家）呃，飞哥，等等！（极力劝阻南飞）

肖溪：我看这 F6 迟早散伙儿。（肖溪回到床上）

何陆：我……继续打扫。（所有人物定格）

音乐【8】

（定格技术）

程石：我本来就不擅长表演，我想学习难道有错吗？

肖溪：好好的一个团体，弄得四分五裂的，真没劲儿！

张茂：哥这么大一腕儿，好不容易有个展示歌喉的机会，又泡汤了。

南飞：油盐不进，我真想揍他！

何陆：人是人的妈生的，妖是妖的妈生的，他有他的道理，我们有我们的想法，真的是众口难调啊！

乔明阳：哥们儿，你真让我失望啊！

乔明阳（转头望了一眼继续看书的程石，气愤地摔门而去）

旁白：程石呆呆地坐在那里，虽然想要继续看书，内心却是一阵烦躁。

音乐【9】

程石内心独白：有必要吗?你们想去参加活动，我就不能有自己想做的事吗?凭什么啊，凭什么我要听你们的安排，而你们一点儿都不尊重我的选择？爱学习有错吗？（定格）

引导者：大家好，我是建筑职中的一名教师，我叫兰海。很荣幸能与大家一起在这所学校当中，共同梦想着、成长着、坚持着、幸福着。我知道青春年少的你们内心有丰富的情感，你们敏感、封闭、焦虑，甚至叛逆，你们渴望得到力量，你们追求特立独行，你们更需要信任、理解和支持。像程石这样不被寝室同伴理解的情况你们有遇到过吗？面对这样的情况你心里是什么感受呢？

接下来我们来看程石身上还会上演什么样的故事。

第二幕　我不想读书了

时间：下午

地点：教室

人物：程石、老师

同学女：嘿，你们寝室的节目准备得怎么样了？

同学男：还好吧，你们呢？

同学女：我们寝室肯定是第一名，没的说！

同学男：你们第一，那我们就第二呗。

何陆：寝室文化节的事到底咋办啊？

肖溪：能咋办呢？凉拌呗。

张茂：人家程石，高才生，才没时间做这些，我们寝室还是算了。

（寝室其他人都不自觉地瞄了一眼程石，在一旁玩篮球的张茂用篮球砸向了程石）

张茂：哎，不好意思啊，不是故意的啊。

（程石忍住内心的愤怒白了他们一眼）

第一节班主任的课。

音效：上课铃声

（师生问候）

老师：同学们，今天我们上第五章，请同学们把书翻到第158页。

旁白：程石想着刚才受排挤时的场景，内心不禁莫名火起。他越想越气，觉得自己爱学习并没有什么不好。他程石论成绩，寝室里无人能敌，大家又有什么资格排斥他？看着书本上的一串串数字和符号，程石渐渐陷入了回忆。

音乐【10】

回忆场景一：程石家

程石（回到家）

父亲：（欲言又止）石头，石头……

程石：爸，有什么话你就说吧。

父亲：（看母亲）还是你来说吧。

程石：爸，妈，有什么事你们就直说吧。

父亲：（小声地）他妈，还是你来说吧（在一旁点烟）

程石：（注视着父亲的背影，转头看向母亲）妈！

母亲：（还没有说话，自己眼眶先红了）石头，爸妈对不起你。

程石：（低头）

母亲：（断断续续地说）咱们家的情况你是知道的，你弟弟还小，他除了上学还干不了什么活儿。

程石：（猛地抬起头）妈，可是我刚刚拿到重点高中的录取通知书啊。

母亲：石头，妈知道对不住你，可是，咱家实在供不起两个学生啊。你和弟弟，爸妈只能选一个，你要是真想念书，那就让你弟弟回来好了。

程石：（捂住自己的胸口）妈！

母亲：石头你也不小了，这事你自己拿主意吧。

音乐【11】

（人物定格）

程石：你们永远都让我拿主意，永远都只疼弟弟，这次我们班只有两个人考上重点高中，你们知道这对我是多么难得的机会吗？知道我有多不容易吗？

父亲：石头，我知道你想读书，但是……我这是怎么当爸的！（同时打自己一耳光）

母亲：石头，即使你读了高中，考上大学又怎么样，家里又没钱，至少也要让弟弟读完初中啊！

音乐【12】

程石：（看了一眼流泪的母亲，转过身朝向大门口）妈，弟还小，让弟念书。我，我去打工挣钱。

母亲：石头！

回忆场景二：工地

音效：打雷声

程石：工长、工长！

包工头：工什么长，你做的这叫什么活？什么都不懂！小小年纪，还是回去读你的望天书吧。滚！

音效：打雷声

程石：（转身）

音乐【13】

程石内心独白：你以为是我不想读书吗？我是多么的无奈，如果给我读书的机会，我一定拼尽全力。

回忆场景三：程石家里

音乐【14】

旁白：程石拖着疲惫的身躯，结束了一天的打工，回到家，推开门，除了父母，舅舅居然也在。

程石：舅舅。

舅舅：石头，回来啦，累吧？

程石：（看看父母斑白的两鬓）我不累！

母亲：石头，妈问你，还想读书吗？

程石：（低头）妈，我……我这样挺好的。

父亲：石头，你要好好谢谢你舅舅。

程石：（抬头看向舅舅）舅舅？

舅舅：石头，读书是好事儿，你成绩那么好，放弃实在太可惜了。

程石：舅舅，可是家里的情况……

舅舅：（笑）石头，只要你能好好念书，舅舅供你。

程石：（不敢相信）我，我能接着读书？

母亲：傻孩子，你可要记得你舅舅的好啊。

程石：（扑到舅舅怀里）舅舅，谢谢舅舅，我、我一定好好读，好好学习，将来我好好感谢你。

舅舅：傻孩子，什么感谢不感谢的，你只要好好学习，对得起自己就行了。

父亲：石头，这次机会对你来说非常不容易，你一定要好好珍惜！

地点：教室

旁白：严厉的班主任老师注意到程石的笔记本上空白一片，大家都在认真地记笔记，而平时成绩优异的他却坐在那里动也不动，老师的喊声惊醒了回忆的程石。

老师：程石、程石。

老师：（提醒程石）程石，干吗呢，怎么不记笔记？

（程石看看老师，扭过头一副完全没心情搭理的样子）

老师：问你呢，怎么不记笔记？

程石：我就是没记！我穷，没笔！

老师：（面对程石的无名火起，有些惊讶与疑惑）怎么会没笔呢，没笔向同学借呀！

程石：不想借！我就是不想借（他抱着胸，一副完全不妥协的样子。旁边的张茂递给程石一支笔，可是程石完全不接受同学的好意）

老师：你到底想干吗？

张茂：（再次拿笔给他。）

程石：（想到课前张茂的调侃，直接打掉张茂手中的笔）不记不记，我就是不记！我不想干吗！

（笔落在地上，笔帽被撞击后飞出去老远）

音效：下课铃声

老师：程石，下课到我办公室来。通知家长！

旁白：老师十分生气地离开了。谁都知道事情严重了。室友七嘴八舌，大家都惊讶地望着他，他像一个焦点，在众人眼中被放大镜聚焦成了火焰。

肖溪：呀，他今天怎么了？

张茂：谁知道他发什么神经？

南飞：是不是我上课前太过分了？

何陆：平时上课比谁都认真，居然连笔记都不记，还跟老师顶嘴，奇怪啊奇怪。

地点：办公室

旁白：程石站在班主任老师的面前，一副视死如归的样子。

老师：说吧，今天是怎么回事。

程石：我就是不想记笔记！

老师：你是不是有情绪？

程石：我没情绪，我就是不想记笔记。

（父亲在门外听到这句话冲进来便狠狠地打了程石一巴掌）

定格音乐【15】

引导者：家长朋友们，在你们的生活中，有没有遇到过类似的情况呢？当时，你们是怎样想的呢？（采访家长）

在孩子们成长的过程中，家长们难免与孩子发生矛盾与冲突。这种矛盾和冲突也许会给我们带来伤害。同时，它也表达了孩子们成长的力量，为他们的成长提供了契机。良好的亲子关系需要亲子双方真诚沟通、相互理解、互相尊重。接下来我们一起来看故事的发展。

父亲：（使劲捏着程石的耳朵）你这个混账，读书的机会来得容易吗？你就是这样回报我们的！啊！干脆你就别读了！

程石：不读就不读！（气愤地冲了出去）

老师：快！我们去追上他！您别激动，孩子只是叛逆了点，我们去把他追回来！

父亲：行，追到他我一定好好收拾他。

（老师一脸无奈）

第三幕　我的一生，疼痛永远比你多

地点：程石家

旁白：父亲一路骂骂咧咧，和程石一起进了家门。父亲把外套狠狠往沙发一扔，这时电话来了，但是屋内信号不好。父亲到阳台上接电话。

音效：电话铃声

父亲：喂，喂，是是是！老板，实在是家里有点急事，我马上就到。对不起对不起。

（对着程石）我这会儿有事得出去，你给我好好待在家里，哪儿也不许去！

音效：关门声

旁白：程石转过身看着空荡荡的家，只剩下日历上被圈红的数字，今天是程石 17 岁的生日。此刻孤寂、落寞、忧伤围绕着他。

音乐【16】

舞蹈：魔鬼舞

音乐【17】

旁白：程石走出家门，慢慢爬上了天台。他坐在天台的石柱上，望着这高楼挺拔的城市，觉得它灰暗无比，隐约感到眼泪要汹涌而出。于是他拼命仰着脸，灰色的天，一只鸟都没有，都去了哪里了呢？连同生日歌一起消失了，或死亡了吧。

地点：天台上

程石：（在天台上大声呐喊）啊……

音效：闪电声

萧滕：（震惊）你这是怎么啦？

（程石扭过头去，看到邻居萧滕惊讶的目光，又埋下了头）

萧滕：我们聊聊吧，其实我知道今天是你的生日。

程石：竟然还有你能记得我的生日。

萧滕：怎么会不记得呢？我们可是从小一起长大的好朋友呢！（顺势推了程石一下）

程石：对我来说就没有生日这个概念。

萧滕：怎么会呢？你傻啊。

程石：你不懂。

萧滕：我懂，别忘了，在我的生命中疼痛永远比你多。

程石：你怎么了？（停顿三秒）你爸又打你了？

萧朦：嗯……没事儿！

萧朦：所以啊，别在我面前装深沉，有什么坎过不去的呢？晚上回去睡一觉，第二天什么事儿都没有了！石头，跟我来，我们一起，我做什么，你就做什么。石头，我们一起……

程石：喔……萧朦……

（两人宣泄着，做呐喊的动作）

萧朦：石头一定要加油喔！

程石：我听见了。

（两人相互望着对方停顿几秒，互相笑了，两人击掌鼓劲儿）

音乐【18】

引导者：看到孩子们之间的交流，我们是否渐渐理解了他们……心理学家马斯洛告诉我们：爱和归属是我们每个人的基本需要。家庭是我们获得爱与关怀的重要途径，如果在家庭中我们获得关爱的需要没有办法得到满足，孩子们会产生无助感，自卑感，有些孩子甚至为了引起家长的关注而做出一些违反常规的事情，显得特别叛逆。有些孩子会寻找另外的社会支持，比如朋友、老师等等。青少年的人际交往中，相似性是一个重要的吸引因素，像程石和萧朦这样有着共同经历的孩子成为相互倾诉、相互鼓励的对象，也就不足为奇了。接下来，故事又会怎么发展呢？

第四幕　我们都在等你

地点：寝室

人物：乔明阳、南飞、何陆、肖溪、张茂

旁白：明天便是寝室文化节的海选了，刚刚排练完的520寝室都疲惫地瘫坐在床上，只有还不熟悉动作的南飞和张茂，在一边反复练习着自己的动作。

乔明阳：明天就比赛了，这次海选我们一定要进！

南飞：必须的，我们排练这么久，流的汗比谁都多。

何陆：（紧张）你说明天我们一定能过吗？我看其他寝室的节目也毫不逊色。

南飞：你有点自信好不好，我们一定会过的！

何陆：不怕一万就怕万一啊。如果加上运气不好那可就前功尽弃了。

肖溪：乌鸦嘴，一边儿凉快去，少在这儿惑乱军心。（鄙视地瞥了一眼士气不足的何陆）

乔明阳：没事儿，大家一起加油，尽力就好。

南飞：等等，都怪何陆那张乌鸦嘴，弄得我现在很不爽，大家说（使眼色）……

南飞：（坏笑着望着大家）

张茂：都是兄弟，何必呢！

何陆：啊！哈，救命啊！别挠啦！都是什么兄弟啊！

旁白：第二天，大家都纷纷换好演出服参加海选，开始大家都十分兴奋并且自信，然而回到寝室他们个个都像遭遇了严重空袭的难民，愁眉苦脸，十分沮丧。

音乐【19】

何陆：我就说嘛，节目编排不够精彩，主要是人也不齐，能得什么高分嘛！（何陆坐在地上有些自暴自弃）

南飞：闭嘴！

乔明阳：那就重来！把老师指出来的那些不足统统改掉，我就不信晋不了级！（乔明阳握紧了拳头，心中十分有斗志）

肖溪：可是，我们始终少一个人……（望了望左边的空铺）

张茂：（走向程石的空床，直接躺在程石的床上）锣齐鼓不齐啊！

乔明阳：（望着那空铺，再望了望此时失魂落魄的大家，他“腾”地一下子从椅子上站起来）不行，我得去找他回来！

南飞：（惊讶）你怎么出校门呢？

乔明阳：（思考了一下）我去找班主任请假，不过现在老师也正在气头上，得好好想个理由才是。

南飞：你就说回去拿生活费啊。

乔明阳：不行，我妈明明把生活费放在老师那儿了。

何陆：就说你家里人生病了。

乔明阳：唉，这理由我上周才用过！（看张茂）

张茂：别看我呀，我们音乐人，做不了这个，还是交给智多星吧！（指肖溪）

肖溪：（脑筋一转，便马上脱口而出）嘿，有了，我觉得吧，身体是革命的本钱，还是病假这个理由最好。

南飞、何陆：（相视一看）也只有这个了。

地点：办公室

乔明阳：（敲门声）报告。

老师：（正在批改作业）进来。

乔明阳：（走到老师面前）老师，我身体不舒服，我想请个病假。

老师：（停下手中的笔，抬头看向乔明阳）你身体不舒服？

乔明阳：（故做有气无力状）对啊，老师，我头疼，（手摸肚子）我想出去买药。

老师：（笑了）生病了是要买药吃，你这么不舒服，老师陪你一起去吧。

乔明阳：啊？！老师不用了，我自己可以的，（蹦了两蹦）老师您看，我自己去没问题。

老师：（笑）乔明阳，你这生龙活虎的样，该干吗干吗去，好好学习，别老想着出去玩。

乔明阳：（着急）老师，你。

老师：（低头看作业，摆摆手）乔明阳，回去吧。

地点：520 寝室

乔明阳：（一脚踢开寝室的大门）唉！

南飞：什么情况啊？

（乔明阳边摇头边走进寝室）

肖溪：看来情况不容乐观啊，真的勇士，敢于直面惨淡的人生，敢于正视淋漓的鲜血，明阳你不要气馁啊！

张茂：男人哭吧哭吧不是罪，乔明阳你哭吧，哈哈。

乔明阳：（砸了张茂一拳）去你的。

何陆：（一旁小声说）要不就算了，明阳你也别太在意。

乔明阳：（来回踱步）不行不行，我得想个办法出学校……有啦！（表情诡异）

（众人围上去）

何陆：他！他！他！

张茂：不就是翻个墙嘛！

肖溪：（惊讶的）啊！翻墙！（一起捂住他的嘴）

地点：程石家

旁白：大家心里都在为他捏一把汗。因为谁都知道，要是被学校发现了，后果是不堪设想的。

音效：超级玛丽

音效：敲门声

程石：谁啊？

乔明阳：我！是我！乔明阳！快开门啊！

程石：（自言自语）可是今天是星期三，明阳不是应该待在学校里上课吗？（迟疑着前去开门）

程石：真是你？你怎么来了？！

乔明阳：先不说这些，有水吗？我渴死了！

程石：嗯，有。

（程石望了望茶几上的水杯，乔明阳走过去一饮而尽了）

程石：跑过来的吗，看你累的。

乔明阳：（擦了擦嘴角，忽然看见一旁的游戏机，兴趣高涨）哇，你小子舒服啊，成天待在家里玩游戏，不像我们被关在学校里，玩游戏都成了奢侈。不如我们大战一场？

（程石先是愣了愣，后又十分爽快地答应了）

音效：超级玛丽

（激烈战斗中……）

乔明阳：程石，跟我回学校吧。（乔明阳望着游戏屏幕目不转睛，但心里依然没忘记自己来的目的。）

程石：（故意引开话题）呀，我快赢了耶！你加把劲啊！

乔明阳：哼，还早呢！我可不会这么输给你。

程石：哈哈，积分双倍耶，你小子死定了！

乔明阳：切！还没决胜负呢，喂，问你呢，跟我回学校吧！

程石：……

乔明阳：（停下手中的游戏机）那天南飞语气是重了点，但他是无心的，大家都是兄弟，不要往心里去啊？

程石：我没怪他。

乔明阳：你没怪他，那就跟我回去呗！

程石：让我再想想。（其实内心已决定回去）

乔明阳：想什么想啊，兄弟们都在等你呢。

程石：那好吧。

（二人继续打游戏）

音效：电话铃声

老师：程石父亲吗？我是钟老师，程石这段时间在家怎么样？

父亲：不好意思老师，我这段时间的确太忙了，没顾得上他。

老师：您再忙也要先和孩子谈谈啊，孩子才是最重要的。

父亲：好好好，我马上回家去和他谈谈。

旁白：突然，程石的父亲回来了，顺势把手机放在了桌上，程石吓得有些不知所措。

父亲：你这混账！现在是越来越不像话了，老师让你在家复习，你却在家打游戏！现在你马上给我回学校去！

乔明阳：叔叔，其实程石他……

（程石的父亲根本不讲理）

父亲：（根本不听，一把推开乔明阳）你懂什么？我还没说你呢，我们家程石就是被你这种逃学出来玩游戏的学生给带坏了！（慢慢逼向乔明阳）

程石：我不回去！我就是不想读了！（拉着乔明阳）

父亲：你，给我回房间去，我今天就守着你看书！走，给我进去！（指向乔明阳）你从哪儿来回哪儿去！

音效：手机铃声

乔明阳：（瞳孔不禁放大）喂？额……钟老师。

班主任：你现在立刻，马上，给我回学校，不然后果很严重！

乔明阳：我……

班主任：回来再说！（说完，那边挂了电话）

音效：忙音

音效：来电铃声

老板：老程，你现在在哪儿？

程石：叔叔，我是他儿子，我爸他出去了！

老板：我管你是谁，叫他快点过来，问他还想不想上班了，还想不想要饭碗了。

音效：忙音

空椅子技术：

音乐【20】

程石：爸爸你在外面打拼也很不容易，无论生活和工作都让你喘不过气来，为什么你不能像其他父亲一样和我心平气和地好好谈谈，你知道我有多难受吗？

程石：（角色扮演父亲）爸爸也很想陪你，但是每次面对你的时候就不知道应该说什么，爸爸也不知道该怎么和你交流。

程石：爸爸、爸爸。

地点：办公室

班主任：说！去哪了？

乔明阳：我……

旁白：乔明阳想了想，若是说实话，就会引出程石不想读书的念头，那么班主任一定会与学校一起商讨处罚他的事。他顿时改变了主意。

乔明阳：我……去打游戏了……

班主任：什么？

乔明阳：在网吧里待了一会儿。

班主任：你行啊乔明阳，胆子越来越大了！

乔明阳：也没去多久，我这不回来了吗？

班主任：我如果不给你打电话呢？你还有理了是不？今天你就给我站在德育处！清醒了再来找我！

乔明阳：……

地点：德育处

旁白：乔明阳被罚站了德育处，同寝室的人都去向班主任求情，但都没用，反倒还被训了一顿。于是，他们决定陪乔明阳一起站，他们是一个团体，要受罚就一起受罚。看到兄弟们都过来看自己，乔明阳很惊讶。

乔明阳：你们怎么来了？

南飞：要受罚一起呗！当初是我惹程石生气的，也有我的错。

张茂：我也有错，当初我不该那样。

何陆：想想他爱学习也没什么错，我们哪一次作业不是依靠他，才这么顺利？

音乐【21】

肖溪：就是啊。如果当初我们能冷静下来好好说，也不会是今天这个结果。

乔明阳：后悔也没用。看他吧，希望我今天没白去。

何陆：嗯！哎……程石，你倒是回来啊。

引导者：同学们，乔明阳用这样的方式处理问题，你觉得妥当吗？

如果你是乔明阳，你会如何处理这件事情？（采访学生）

一件好事，假如我们处理问题的方式不恰当，也会给我们带来委屈、愤怒，甚至伤害……凡事三思而后行。

音乐【22】

地点：天台

旁白：晚上了，父亲又出门了，程石一个人爬上了天台。凉风冷飕飕的，却吹不散他繁重的心情。萧朦从后方走了过来，原来，难过的时候，萧朦总是能如此轻易地找到他。

萧朦：又怎么了啊？

程石：正烦呢，想明天到底去不去学校。

萧朦：石头是一个懦弱的人，懦弱到自己都不敢面对。

音乐【23】

镜像技术

反：懦弱有什么不好？活得轻松，落得自在。

正：轻松虽然不错，但这样有意义吗？

反：不是所有的人生都有意义。

正：没有意义的人生还能叫人生吗？

音效：电话铃声

老师：程石，你还好吗？

程石：老师，我！

老师：事情的经过我已经清楚了。

程石：老师，我心里真的很乱!

老师：人生就像坐过山车，有起有落。这样才是真实的人生。老师希望你正确地面对人生的起起落落，拥有一个有意义的人生。孩子，其实你并不孤单，你们寝室的其他同学都在等你。孩子，加油！

音乐【24】

旁白：当我觉得仿佛全世界都在离我远去的时候，他们却突然出现，并且一点一点将我从泥沼里拉出来，这种新生的感觉比阳光还要温暖。

第五幕　皆大欢喜

地点：学校

人物：乔明阳、南飞、张茂、肖溪、何陆、程石、兰老师

第二天

旁白：520 寝室的团结感动了学校的文艺老师，他决定帮助这些孩子们，这天，大家与兰老师一起排练。

兰老师：同学们咱们寝室弄这个节目也不容易呀！大家，要加油啊！明阳你起个音！

乔明阳：给你我的心作纪念。

其他人一齐唱：这份爱 任何时刻你打开都新鲜 有我陪伴 多苦都变成甜 睁开眼就看见永远

程石：给我你的心作纪念 我的梦 有你的祝福才能够完全

何陆、南飞：风浪再大 我也会勇往直前

齐唱：我们的爱 镶在青春的纪念册

（突然，门口站立着一个熟悉的身影——程石）

乔明阳：程石！（激动得喊出声来，大家也都十分惊喜）

（六个兄弟抱在了一起）

音乐【25】

地点：办公室

人物：程石、老师

（程石站在老师的办公桌前）

老师：程石，请坐下。

程石：（低头）老师，我……是我错了。

老师：（微笑）回来就好。我已经了解情况，你想学习也没有错。

程石：（抬起头看着老师）老师，我。

老师：你想学习的出发点是好的。但是，老师希望你能看长远一点。在学校里，你会觉得成绩好就是一切，但是当你踏入社会，你在学校里的那些成绩并不能代表一切。

程石：（疑惑）成绩好不是学生应该做到的吗？

老师：（笑）成绩好固然是不错，但是将来在社会上的人际交往，那也是一种能力的体现啊！对于你来说能力和学习同等重要。老师希望你能好好考虑一下。

（程石点点头）

老师：程石，你知道对口高考吗？

音乐【26】

程石：（瞪大眼睛）啥？对口高考？从没听说过！

老师：对口高考是属于全日制普通招生中的一种，它只针对职高的学生，我想以你的基础，再努努力，还是很有希望的。

程石：（心情变得激动）我还可以上大学，要不是因为家里，我也不会放弃高考，但我从没有想过，职高生也可以参加高考。

老师：是啊，程石，你是有机会的！

程石：（压住激动）我一定好好考虑考虑，谢谢老师。

旁白：这突如其来的喜讯让他久久难以平静，刚出办公室，他就一蹦一跳地跑出校门。回家的路上，一路的景物在他身边掠过，他哼着歌，高兴极了，晚上也兴奋得难以入睡。这次谈话后，程石发生了根本性的改变。

音乐【27】（主持人上台）

主持人：老师们，同学们，这里是成都市建筑职业中专校寝室文化节决赛现场，刚刚比赛结束的408和302寝室表现得都非常不错，现在即将登上舞台的是520寝室的6位帅哥，他们为我们带来的是《青春纪念册》，请欣赏。

音乐【28】

（全寝室在舞台上现场精彩表演）

旁白：表演结束，家长们纷纷上台给自己的孩子拥抱。程石的父亲在台下默默地注视着程石，眼眶湿润了。终于，父亲缓慢走上了台，像朋友一样拥抱程石。

音乐【29】

旁白：程石长这么大，这是第一次被父亲表扬，多激动啊！他笑得像一束阳光，这光亮驱走了内心所有的阴暗。你一定也在某段特别压抑灰心的时光里呐喊过，或者痛苦地挣扎。失心于堕落，却又想从堕落里重新迸发。青春里的脆弱是那段生命里特别的质地，柔软，却依然美好。我们正是因此而收获了无比深厚的友谊，这是真心的结局！

第六幕　建设人生 筑梦天下

场景一：

地点：教室

人物：程石、乔明阳

音乐【30】

程石：乔明阳，有件事想和你商量一下。

乔明阳：什么事？

程石：（犹豫）你知道吗？职高生一样可以高考。我不甘心，我想参加，我要证明一下自己。

乔明阳：（打着手机游戏，脱口而出）可以啊，我陪你。为什么突然会有这种想法。

程石：没什么，只是觉得有点不甘心。感觉这不是我想要的生活。

乔明阳：（坏笑）呵，你要的生活！你想要什么样的生活呢？

程石：不知道，所以才要高考，或许能找到。

乔明阳：那如果你找不到呢？

程石：（沉思）找不到就继续找呗，相信总有一天会找到的。水总是九十九度加一度才会沸腾，大多数人都是想用温水推动生命的火车，却还总是埋怨人生不如意。

乔明阳：那好吧，你就再加一度吧。我的学习是零下一度，佛祖加观音也帮不了的，我顶你啊。

程石：你别光顶我啊，你也顶顶你自己，没有梦想就没有方向，现在有了高考，我也感觉自己充实多了。兄弟，你得陪我啊。

乔明阳：（悲壮）得，那我就舍命陪君子，看看我们这状元才子是怎样炼成的。

程石：（高兴）好！成交！（两人击拳）

场景二：

时间：黄昏，上晚自习前

地点：教室

人物：程石、乔明阳、肖溪、南飞、何陆、张茂、钟老师

乔明阳：（早早地便来到教室，扯着嗓子）号外号外，著名才子程石和乔明阳即将进京赶考。

肖溪：哟哟哟，那不是赶鸭子上架吗？

何陆：瞧你这没出息的，你这小子胸无大志！不过那可是天才们才能完成的事情啊，我们可想都不敢想。

南飞：明阳，你小子不挂科，你爸就阿弥陀佛了。

张茂：我觉得呀，程石还有一点儿希望，你小子，就别做白日梦了。

钟老师：同学们，我们班有同学参加对口高考我们应该支持他。（钟老师坐到了程石的身旁）老师很开心，我教了那么多年的职高，你是第一个要高考的。我第一个支持你。有什么需要，你尽管说。

程石：钟老师，其实大家说得很有道理，想想以前的成绩，我也只是

不甘心。可能现在已经跟不上了。

音乐【31】

钟老师：学校会帮助你的，只要你有这个愿望，事情就好办。

程石：老师，谢谢你，和你交谈让我了解自己要做什么了。自己想成为什么样的人，拥有怎样的人生，是自己在掌握。别人的生活纵然五光十色，也不能影响我自己的选择。因为，对自己负责的只有，也只能是我们自己！我要让我的大学梦没有遗憾，让我的青春没有遗憾！

场景三：

时间：暑假实习

地点：重庆某建筑公司

人物：程石、公司老板

旁白：高三的时候，班里的情况发生了很大的变化，班上的同学陆续地出去实习了。程石也找到了称心的实习单位，但为了心中的梦想，他决定辞职。

程石：老板有件事情我想和你商量，感谢你给我工作的机会。我要回学校去参加高考了，特来向你辞职的。（递交辞职信）

老板：（接过辞职信，看着程石）程石，你在我公司里表现真的不错，你留下来吧。我正需要你这样的人才。

程石：谢谢老板，可是考上大学是我现在唯一的目标，为此我愿意付出一切。

老板：程石，不是我说，就算你考上了，念了大学，毕业以后又能怎么样呢？你能保证找到一份比这儿还好的工作吗？

程石：不能保证。

老板：（亲切）你留下来，我一定会重用你的。

程石：谢谢老板，我知道就算我努力了也不一定就考得上，但是我觉得我尽力了，就问心无愧了。

老板：哎……既然你那么坚决，那好吧，我祝福你，无论结果如何，我们公司的大门永远为你敞开着。

程石：谢谢您，老板。真的很感谢您，我会努力的，也祝您生意兴隆，再见！

老板：（遗憾地叹了口气）好吧，希望你能金榜题名，再见！

音乐【32】

引导者：我们每一个人都是一个独特的自我，我们选择我们自己的生活。生活中，我们会面临很多这样的选择，一旦我们选择了，我们就要为我们的选择坚持下去。对吗？

场景四：

地点：成都市某普通高中教室

人物：程石、乔明阳、老师、学生

旁白：程石、乔明阳拿着课本专注地看着。可是他们的内心却无法平静。这是学校领导通过多方努力，安排他们俩到某普通高中高考复习半年。

乔明阳：石头，你看你天天复习，都病成这样了，我们现在的选择对吗？同学们总是以为我们差，上课不敢回答问题，看不起我们，真的太辛苦了！受不了！你觉得我们的选择有必要吗？

程石：既然我们选择了，我们就应该坚定地走下去，不管结局怎么样，至少我们努力过，就行了。（两人互相望了一眼，程石埋下了头，继续看书）

音乐【33】

音效：上课铃声

老师：Class begin!

学生甲：Stand up.

学生们：Good morning，Mr Li.

老师：Goodmorning，everyone.

老师：同学们，今天我给你们出一个英语口头作文，题目是“I have a dream”，即《我有一个梦想》，给你们五分钟的思考时间。（回头写字）

学生乙：So easy for us right？这对我们来说，太容易了！但是……（用肩膀撞撞同桌指指程石、乔明阳），切！

学生丙：就是，连 ABC 都没搞懂的职高生，还能写口头作文？

（乔明阳瞪眼回头，气愤地就要起身。程石拖住乔明阳）

老师：So，谁先来试试？

（部分同学低下了头）

（程石自信地举起手）

音乐【34】

程石：I am a vocational school student. But I have the same pursuit with everybody here. It’s a beautiful university dream. Along the way，I experienced many difficulties. The poor of the family，once so desperate to give up. Thanks to the support of teacher and school. It helps me regain that original， so I cherish being together with you. I will make good fuel， because I think young life should be like this.

老师：（感叹）才短短几周，程石的进步真快呀！平时你们总是以优等生自居，看看，他已经超越了许多同学，还超越了自己。

（乔明阳举手）

老师：乔明阳。

乔明阳：（委屈）我知道大家一直都看不起我俩。可是，你们知道吗？当你们晚上睡得正香的时候，他正在路灯下背单词；当他感冒发着高烧的时候，他还咬牙坚持听课。他为了圆自己的大学梦，付出了多少艰辛、多少努力，走的求学路比在座的任何人都艰辛。你们可以歧视我，但我希望你们不要看不起我的兄弟。

全体同学起立给程石鼓掌。

音乐【35】

旁白：有时，我们为梦想而活着，有时，我们为现实而努力。一年以后，程石最终以语文 120 分、数学 150 分、英语 110 分、专业综合 223 分、总计 603 分的好成绩考入了四川农业大学。

视频：程石大学场景，和学校领导讨论新校场景，展示新学校效果图。

音乐【36】

六位主演：

不是一切大树都会被暴风折断

不是一切种子都找不到生根的土壤

不是一切真情都流失在人心的沙漠

不是一切梦想都甘愿被折断翅膀

不是一切火焰都只燃烧自己

而不把别人照亮

不是一切星星都仅指示黑夜

而不报告曙光

引导者邀请原型人物上场

音乐【37】

全场唱响《青春纪念册》

音乐参考：

[1]人间天上

[2]色彩舞
[3]安妮的仙境
[4][6][25][28][29][35][37]青春纪念册
[5]校园多美好
[7]Total Eclipse of The Heart
[8][11][15][23]浅笑
[9]最后的抉择
[10][13]神秘园之歌
[12]天国的阶梯
[14]流动的城市
[16]幽灵公主 电锯惊魂
[17]生日快乐歌
[18]虫儿飞
[19]Amazing Grace
[20]为我好好的
[21]Follow you
[22]天空之城
[24]You Rise Me Up
[26]钢琴曲
[27]开场曲
[30]Defender
[31][34]蜗牛
[32]我相信
[33]爱与希望
[36]阳光总在风雨后

实例二：爱是 Loving·友情[①]

辅导目标：本季校园心理剧“爱是 Loving·友情”围绕友情之爱这一主题，运用校园心理剧这一团体心理辅导的技术与方法，展示同学们在学校同伴人际交往中的矛盾与困惑，帮助学生理解友情，珍惜友情，引导

① 引自重庆市九龙坡职业教育中心德育的心理健康教育特色建设工程校园心理剧之“爱心”建设系列剧《爱是 Loving·友情》。

学生纾解、释放负性情绪，学会表达友情之爱，以此表现友谊对学生成长和发展产生的各种影响以及同学们对于真挚友谊的渴望、维护和追求，同时启示老师、家长应走进学生的内心，明白“尊重、爱护、帮助”等社会支持对孩子们健康成长的重要性。

心理技术和表现方式：旁白、独白、定格、黑白、替身、雕像、卡牌等。

故事梗概：成长的路上难免磕磕绊绊，友谊之花需要用心浇灌。本季校园心理剧以学校棒垒球队一路征战，荣获全国冠军殊荣这一真实故事为载体，围绕棒垒球队核心队员——投手林浩然与其队员之间、其好同学李佳与同寝室方洁同学之间的同伴交往为线索，讲述了发生在青春期职高同学之间的同伴友谊故事。

林浩然，从小学习跆拳道，获奖无数，且学习成绩优秀。自从来到职高，因良好的身体素质加入学校棒垒球队后成为所向披靡的投手，内心逐渐飘然……由此导致在一场重大比赛中因个人失误，比赛失利，被队友指责、孤立。在好友李佳及教练的开导下，在队友的包容接纳中，他找到了本真的自我，真正意识到友谊的可贵和团队的力量，最终在全国比赛中和队友一起捧回了冠军的奖杯。

方洁，母亲离世早，父亲常年在外打工，由爷爷带大的她外表强大，内心却十分敏感脆弱。她将李佳的关心误认为是在揭她的伤疤，一时冲动动手打了李佳。通过赵老师的引导和自我反思，方洁最终走出了内心的阴霾。

李佳，成熟懂事，热心同学事务。因呼吁同学们多关心方洁而引起对方误会，被护女心切的妈妈带离学校。在好友林浩然的帮助下，在同学们的呼唤中，在方洁的真诚道歉中，在班主任对其妈妈的开导中，李佳最终重回校园。

三朵同伴交往的友谊之花，在两条线上各自风雨、各自盛开，看似独立，实则共生。友谊的困惑、友谊的矛盾、友谊的成长、友谊的力量……友谊的喜怒哀乐：男孩女孩们，正在经历、正在感受……

主要人物：

林浩然（自傲）：学习优秀，跆拳道冠军，棒垒球队得力投手，性格好强，自我中心、自以为是，导致队友、朋友渐渐疏远而去。但他内心渴望友情，渴望融入团队，渴望来自集体的力量支持和关注。

李佳（热心）：待人谦和，热心同学事务，但因母亲的过度保护导致其遇事隐忍，不会主动沟通。林浩然、马东等是她的死党。作为寝室室长的她，工作认真负责，但因其缺乏良好沟通技巧，遇到人际冲突习惯隐忍克制，她渴望和室友化解矛盾，融入集体。

方洁（敏感）：自幼母亲离世，父亲常年在外打工，由爷爷抚养长大。自尊心强，对人对事比较冷漠，且敏感多疑，遇事比较偏激和冲动。从小缺乏安全感的她渴望得到关爱，渴望一份真挚的同学友情来温暖她冷漠的心灵。

马东（乐观）：林浩然的好友，乐观开朗，性格直率，是幽默搞笑的乐天派。他在处理人际关系时愿意主动沟通。

小丽（直率）：方洁室友，内心单纯，说话直接，不注意他人感受，容易引发同学、朋友间的误会。

赵老师：班主任，关心爱护学生，视生如子。她熟谙教育学、心理学，善于与学生沟通。

李教练：校棒垒球队教练，善于发现人才。他注重团队建设，对学生包容理解、尊重爱护。

剧幕梗概：

第一幕：相识相知

第二幕：相争相怨

第三幕：相助相融

第四幕：相亲相爱

第一幕　相识相知

第一场　初识学校

地点：校园广场

人物：李佳、李珊、小丽、方洁、田源、马东、吴志刚、林浩然、群演若干

道具：行李箱、背包、宣传册

LED：校园全景

【大型舞蹈】：九龙坡职业教育中心（以下简称九龙职教）四大专业部展示：电商部、汽车部、机电部、航旅部。丰富的专业展示呈现出九龙职教学生靓丽热情、蓬勃向上的青春朝气。

舞蹈定格。

画外音：同学们、朋友们，欢迎来到重庆市九龙坡职业教育中心！

旁白：崭新的高中生活即将拉开帷幕，一群可爱的孩子怀着希望、带着憧憬，来到了九龙职教。

（众多新同学出场，穿行于舞蹈定格的各个群体间，他们看见学校的美景、丰富的专业，非常惊奇、兴奋）

（李佳、李珊上场）

李珊：李佳，你在哪儿？

李佳：我在这儿。

李珊：李佳，你看，这个学校有好多专业！

李佳：就是！有汽车、机电、电商，还有航空……

李珊：咱俩小学初中就同班，这次也选同一个专业吧。

李佳：好啊！

（她们认真地看着宣传单，纠结着选哪个专业）

（小丽、方洁上场）

小丽：方洁……方洁……方洁，你在哪儿？

方洁：小丽，我在这儿。

小丽：你打算读哪个专业呢？

方洁：我还没有想好。

小丽：要不咱俩读一个专业，好不好？

方洁：好啊。

小丽：走，我们去看看吧。

（小丽、方洁一起看着宣传单）

（马东、林浩然上场）

马东：食堂、寝室、浩然哥，快看，小卖部在这儿……

林浩然：别闹，把单子给我。

马东：浩然哥，你打算选什么专业啊？

林浩然：当然是自己喜欢的专业啊。

马东：喜欢的专业？没事，我、田源、吴志刚，我们三个都跟你读一个专业。

林浩然：那他们人呢？

（田源、吴志刚上场）

田源：诶，我在这儿。

吴志刚：我在这儿。

田源：这么多专业，我眼睛都看花了！

马东：你们说像我这么完美的人，该读哪个专业好呢？

齐（3）：你的脸还能再大点吗？

马东：去去去，谁脸大呀。

李佳：你们四个真是形影不离。

吴志刚：你们两个不也一样吗？

齐（4）：（取笑李珊）小跟屁虫！

小丽：同学，你们也是来报名的吧？

齐（4）：对啊。

马东：小姐姐，你们选的什么专业呀？

小丽：我为什么要告诉你！

方洁：我们还没想好。

林浩然：那要不我们大家去报名处看看吧。

李佳：行李给你们，溜了！

（一群人朝报名处走去，拿行李箱的担子最后落在了马东的身上）

灯光灭

第二场　初识集体

地点：教室

人物：小丽、方洁、赵老师、王乐山、吴志刚、田源、林浩然、李佳、李珊、马东、李教练、群演若干

道具：桌椅、书本

LED：教室

旁白：新学期开始了，那一群刚刚入学的孩子走进了班集体，他们有的是老朋友，有的是新伙伴，有的第一次住校，有的第一次鼓起勇气竞选班委，有的第一次有机会参加丰富多彩的社团活动……充实而愉快的校园生活让九龙职教的每个角落都充满了欢声笑语，全新的中职生活开始了。

小丽：猜猜我是谁？

方洁：别闹，小丽。

小丽：一点也不好玩，又被你猜到了。

方洁：谁叫你一天天这么无聊。

小丽：方洁，你到教室了，我还到处找你。待会班会课上要选班委，你想不想竞选呀？

方洁：你也知道的，我对这些没多大兴趣。

小丽：要不你当我们寝室的室长吧。这样以后你就可以帮我做清洁。

方洁：你怎么这么懒。我才不要帮你呢。

小丽：求求你了，方洁，你就当我们的室长吧……

方洁：待会再说吧

（上课铃声响起，班主任赵老师走进教室）

赵老师：同学们，今天我们班会课的主题就是竞选班委。班干部职位已经提前发到了 QQ 群，接下来欢迎大家踊跃参加，谁先来？

王乐山：不想当将军的士兵不是好士兵。大家好，我叫王乐山，我出生于军人家庭，我想当班长，希望大家可以支持我。（鼓掌后）谢谢大家。

赵老师：王乐山，很有勇气！接下来谁来竞选？

李佳：赵老师，我想推荐林浩然当我们班学习委员，他的学习非常好。（眼光鼓励林浩然上台竞选）

林浩然：大家好，我是林浩然，既然李佳推荐我，那我就来试一试学习委员，希望大家支持！

赵老师：林浩然，很不错！咱们竞选继续。

吴志刚：大家好，我叫吴志刚，你们当班长，当学习委员。可心理委员这个职位，我以前还从来没有见过，我想试一试，希望可以给大家带来更多的开心啊。

（吴志刚戴着眼镜，因紧张上台时还差点摔了一跤）

赵老师：吴志刚勇于挑战一个全新的职位，值得大家学习。还有同学挑战自己吗？

（这时候，小丽催促方洁竞选，方洁鼓起勇气站了起来，没想到的是同寝室的李佳也站了起来。她们俩对看了一眼，气氛有些尴尬）

赵老师：方洁、李佳，你们要竞选的职位是？

方洁、李佳：223 室长！

（听到对方说出竞选职位，两人都有些惊讶）

田源：赵老师，我们从小就认识李佳，她是典型的处女座，她要是当寝室室长，那这寝室肯定是全校最干净的。

（李佳觉得有些不好意思，示意朋友们别再说了，此时的方洁感到特别尴尬）

李珊：就是就是，李佳要是当了室长，肯定把寝室管理得特别温馨。

小丽：赵老师，方洁她也会很认真负责的。

赵老师：嗯……让我想一想……

方洁：赵老师，那就让李佳当吧。（方洁坐下）

赵老师：嗯……这样吧，第一个月李佳先来，第二个月由方洁担任，然后我们再进行民主测评。大家说，好吗？

同学们：好！

（方洁坐下，脸色有些不好看，看着方洁的表情，小丽有些后悔自己叫方洁竞选）

赵老师：今天同学们的积极和热情让我充满了信心，班级建设需要班干部以及我们每一个同学共同努力，在新的集体中，希望大家团结友爱，互相帮助，大家有信心吗？

李教练：赵老师，打扰一下，我们想来班里挑选一下棒垒球苗子。

赵老师：哦！是李教练啊！同学们，欢迎李教练！

李教练：同学们，棒垒球是学校的一项特色体育项目，我是这个项目的教练，非常期待有体育特长的同学加入我们团队！

马东：教练，我们班林浩然练过跆拳道，你看，他算不算有特长？

小丽：哇，林浩然你还会跆拳道！是一段还是二段啊？

吴志刚：一段，二段？你那是围棋吧。我们家林浩然可是黑带。

李佳：黑带就是高手！

李教练：那林浩然，可以给我们展示一下吗？

赵老师：林浩然，试一下。（看着全班）大家掌声鼓励！

（林浩然展示跆拳道动作）

同学们：哇……（惊讶，崇拜，集体鼓掌）

李教练：小子，条件不错啊！来我们棒垒球队，怎么样？

（林浩然有些犹豫，没有说话）

田源：浩然哥，浩然哥，你就去吧！你打棒垒球肯定很帅！

齐：浩然，去吧。

马东：就是，浩然，你跆拳道打得那么好，棒垒球没问题。

李佳：对呀，初中时你拿过那么多奖，你一定可以的！

齐：去吧去吧！

赵老师：浩然，去试一试，给咱班争光！

林浩然：好吧！我试试！

第二幕 相争相怨

第一场 从来都是佼佼者

地点：教室

人物：林浩然、赵老师、田源、李珊、小丽、吴志刚、马东、熊凯丽、群演若干

道具：课桌、凳子、书本、成绩单、清洁工具

LED：教室照片

旁白：时间过得真快，转眼一个月过去了，同学们通过努力都有了不少的收获，林浩然更是在各方面崭露头角，显得格外突出。

（放学后同学们做清洁，赵老师来到教室外）

赵老师：林浩然，你来一下。

林浩然：赵老师，您找我？

赵老师：你不是很关心技能测试的结果吗？这是你的成绩（把成绩单递给林浩然），你的成绩稳定，我很放心。不过作为学习委员，也应该帮助一下学习上有困难的同学，对不对？

林浩然：赵老师，我知道您的意思，作为学习委员帮助大家那是应该的，但是总有学习不好的同学，我也不知道为什么。不过，老师您放心，我能帮肯定就帮！

赵老师：好，老师相信你。

林浩然：对了，赵老师，那个……班长王乐山考得怎么样？

赵老师：你很关心？

（林浩然嘿嘿一笑）

赵老师：你呀，就是喜欢较劲！

林浩然：老师，您就告诉我吧。

赵老师：（抿嘴）这次你的成绩啊，高一点点。

林浩然：（笑）哦……行吧！我知道了。

（林浩然走进教室，田源抢过林浩然的成绩单）

田源：哇，全优！厉害了我的哥。

吴志刚：来来来，我看看，这真是全优！

马东：浩然哥，你可真是咱们班的学霸啊！

小丽：林浩然你怎么这么厉害？是不是有什么《学习宝典》啊？

熊凯丽：就是呀，林浩然，给我们传授一下经验呗！

齐（4）：就不告诉你！

马东：算了，不是说，同学情，万古存嘛，看在同学的份上，我还是告诉你吧。这学习成绩好嘛，那是有原因的，这学习成绩不好嘛……那也是有原因的。

同学们：切……

林浩然：学习嘛，当然还是要靠自己努力啊。

李珊：我也很努力啊，可是为什么还是不如你啊？

林浩然：那是因为，我和你们不一样呗（得意状态）。

田源：这就叫一直被模仿，从未被超越！

马东：我们家浩然哥不光学习成绩好，还是棒垒球队的灵魂人物。

吴志刚：你们羡慕吧！

同学们：哇！

（同学们全都对林浩然投来羡慕的目光，林浩然自信而又高傲地迎接着这些目光。定格，灯光灭）

第二场　得意忘形

地点：电子实训室

人物：林浩然、马东、吴志刚、田源、王乐山、群演若干

道具：实训器材、凳

LED：电子实训室照片

旁白：理论考试门门得优，实训练习得心应手的林浩然习以为常地享受着同学们羡慕的眼光，内心逐渐膨胀起来，当一个人骄傲的时候，他对人、对事的态度悄悄地发生着变化。

（林浩然、田源、吴志刚、马东追逐嬉闹着上场）

吴志刚：浩……浩然。

马东：慢点，浩然哥。浩然哥，你上次打跆拳道太炫酷了，教教我呗。

（林浩然拉动马东的胳膊）

林浩然：骨骼太硬，已经晚了。

马东：太硬？我还能劈叉。

（马东边说边就劈开腿，结果却是惹来朋友的取笑）

吴志刚：太软了！

田源：软，真软！

（正在指导同学实训的班长王乐山听到他们的打闹声，走了过来）

王乐山：别吵了，已经上课了！今天晚自习老师还布置了实训任务！

吴志刚：急什么嘛！一个晚自习难道还完成不了吗？

田源：就是嘛！这么简单，我们用不了多久的。

马东：走吧！浩然哥，今天的实训作业靠你了！

王乐山：赶紧的，把实训服先换上。

田源：我帽子呢？

马东：给你。

（马东从抽屉里拿出帽子扔给田源）

林浩然：我裤子呢？

田源、马东：（一边找裤子一边说）裤子呢？裤子呢？

吴志刚：裤……裤子，我给忘在寝室了。

王乐山：你们实训服都没有，怎么操作？

林浩然：有人跟你说过穿了实训服就能拿高分吗？

王乐山：这是学校的规定，进实训室必须穿实训服。

林浩然：规定？规定是死的，人是活的。

吴志刚：哎呀！别说了，这次是我的失误，是我给忘了。

马东：班长，我们下次注意啊！

王乐山：只此一次，下不为例！大家抓紧时间把光立方做好，晚自习下课之前全部交上来。

（大家进行光立方制作。所有人的光立方都能正常通电，唯独马东的没有亮）

马东：浩然哥，我这个……怎么不亮啊！

（吴志刚、田源二人取笑马东）

吴志刚：我这个亮了。

田源：我的也亮了。马东，你脑子短路了吧？

林浩然：来，我看看！嗯……你别说，还真短路了！你看，这芯片都装反了，怎么会亮？

马东：怎么会？我记得我装好了的！

林浩然：看着！学着点！笨蛋！

（林浩然一边修理马东的光立方，一边取笑马东）

吴志刚：傻到家了。

田源：真短路了。

马东：你们再说我！浩然哥，你说，你读高一，我也读高一，你身高184，我身高也是184，我这可是紧跟着你的步伐啊！

林浩然：但是啊，我们的脑回路好像不太一样！

田源：马东，知道什么叫 IQ 吗？

吴志刚：IQ，你知道是什么吗？

马东：IQ？我知道啊，智商嘛。

林浩然：对啊，但是啊，你的智商在这儿，我的智商在这儿。（用手比画着高低）

（班长王乐山走上前来）

王乐山：马东，要不我来教你吧。

马东：好，班长，教教我呗。

林浩然：马东，你要他教，就不要来找我了。

马东：浩然，你不教我，班长教我。

（田源、吴志刚发现气氛不对，赶紧圆场）

吴志刚：浩然，教教我们两个吧，我觉得我这个做得不是很好。

田源：对对对，你教教我吧，我觉得我这个也不是很好。

林浩然：我没这个能力教你们，你觉得谁有这个能力，找谁去。我还要训练，先走了。

王乐山：林浩然！

林浩然：班长大人，麻烦您把他们教好！

（说完林浩然径直离开实训室，剩下四人面面相觑）

第三场 有我在，你放心

地点：田径场

人物：林浩然、李教练、队长、队员若干

道具：棒垒球、球棒

服装：棒垒球服

LED：田径场照片

旁白：西南地区中学生棒垒球联赛拉开了序幕。林浩然果然很有运动天赋，几场比赛下来，他的个人能力越来越突出。为了赢得最后的比赛，队员们拼命训练，作为投手的林浩然，却在这个时候出现了状况……

【舞蹈】：展示棒垒球训练，舞蹈毕。队长正在组织队员练体能。

队长：集合，抓紧了，我们是这支队伍的王牌，马上就要开始西南地区的比赛了，我希望你们能拿出最好的状态，来迎接这场比赛。练好自己的体能，加油！

谢方华：每天都是练体能、练体能、练体能。

张路希：不知道什么时候能熬过头啊。

李跃：上球距离我们实在太遥远了。

队长：教练说了，体能是基础，练好了体能，后面打比赛的时候才扛得住！

（林浩然上场）

杜亦骁：你看那个林浩然，一天就投几个球。

张路希：每次比赛他都能打主力，哪像我们那么辛苦。

王志恒：练吧，练吧，人家啊，可是跆拳道冠军。

（这时候，林浩然走到他们面前捡球，听到他们的对话）

林浩然：（林浩然把球递给队员）不服气啊？那你来投球，我来练体能。

张路希：你什么意思？你以为你是投手就很了不起吗？

林浩然：谁都知道，投手是一个队的灵魂，投手投得好，你们不是也跟着沾光？

杜亦骁：没有大家的配合，就凭你一个人，难道你会赢吗？

林浩然：凭我一个人显然赢不了，但那是比赛规则决定的；如果你们没有我，你们更赢不了，那是我个人实力决定的。

张路希：你什么意思！

队长：别打了别打了。

（队员听了很生气，正要冲上去与他理论的时候，李教练来到了训练场。他吹响口哨，发出集合的命令）

李教练：干什么呢？马上就要比赛了，你们还在打架？！知不知道团结对一个队的重要性！把头抬起来！接下来是一场硬仗，难道你们不想赢了吗？想不想赢？

队员们：想！（整齐、有力）

李教练：能不能赢？

队员们：能！一定赢！一定赢！（整齐、有力）

李教练：我们的目标是？

队员们：全国冠军！（整齐、有力）

李教练：好，那我把下场的任务安排一下，一垒二垒。

齐：到。

李教练：注意内场封杀！

齐：好！

李教练：中外左外，注意高空球落点，跑动积极。

齐：好！

李教练：林浩然，出列。作为投手，你的状态对比赛很重要。你如果发挥好了，我们离胜利就更进一步了。

林浩然：好的！教练，有我在，你放心！（回到队列）

李教练：这个周末，我要出去开会。大家好好配合，抓紧时间训练。

齐：好！（李教练下场）

林浩然：坚哥，你周末有时间吗？咱们出去玩吧。

队长：玩？浩然，马上就要比赛了，还是认真训练吧。

（林浩然掏出手机）

林浩然：喂，马东。

马东：浩然哥，怎么了？

林浩然：你周末有安排吗？

马东：没有啊。

林浩然：那出来玩吧。

马东：浩然，你周末不训练啊？

林浩然：好不容易有个周末，拿来训练多可惜啊。

马东：我还是希望你参加训练，我们都希望你夺得全国冠军。

林浩然：耽搁一天没什么的。

马东：好吧。

林浩然：那周末我给你打电话，叫上李佳他们几个。

第四场　比赛遭遇滑铁卢

LED：西南地区中学生棒垒球比赛

旁白：一周以后，棒垒球队迎来了最重要的一场比赛，他们的对手是实力强劲的建新职教，九龙棒垒能否不负众望，赢得比赛呢？

比赛（LED：九龙职教 VS 建新职教 5∶4）非常激烈，有强烈的对抗、拼搏，我方队员之间配合不默契，着急、埋怨。

伍春旭：刚才那个球，林浩然怎么打的？

杜亦骁：力量根本不够！

谢方华：那么慢的球他都没有击中！

王志恒：林浩然平时就是一副高高在上的样子，老觉得自己是球队的灵魂就很了不起。

张路希：我看他就快失魂落魄了。

队长：安静！8∶8了！准备上场。

队员们：加油！加油！

比赛赛点阶段（LED：九龙职教VS建新职教8∶8，全场安静，屏住呼吸，心跳声逐渐增大）

（林浩然投了最后一个球，球“嘣！”的一声，飞出了场外，对方获胜，极强的喜悦、兴奋；我方失败，垂头丧气、极度的失落）

比赛结束（LED：九龙职教VS建新职教8∶9）

伍春旭：这球，我也没办法，真是成也萧何，败也萧何！

谢方华：他不是说他是灵魂人物吗！灵魂呢，出窍了吗？

张路希：这场比赛被他给整输了！看他还得意不！

杜亦骁：他的自大会毁了我们整个球队！

王志恒：教练不在时，他一个人练球多轻松啊！

队长：好了，都别说了。凭借积分，我们还可以出线。

旁白：因林浩然的失误导致这场比赛失败，终于，队员们积压的怒火爆发了。可是一向高傲的林浩然并不愿意承认自己的失误。

（定格技术。灯光灭，周围黑，其他同学不动，灯光打在林浩然身上）

林浩然：他们凭什么指责我，埋怨我？！我平常一向发挥很好，次次投球必中！要不是因为有我，就凭他们怎么可能打到这场比赛？他们非但不感激我，居然因为一点小小的失误就跑来骂我，不懂感恩！这次失误就是因为他们速度和力量不够好，不够配合我！要不然这次一定会赢的！

引导者：每个人都希望生活幸福快乐，友谊天长地久。与人交往的关系需要是我们的基本需要，但在人际交往中，矛盾和冲突在所难免。同学们，我是××老师，是这个校园心理剧的引导者。我想问问大家，在我们平时的生活中是否有过和林浩然相似的经历？是否有不被同学理解或者与同学发生矛盾或者冲突的时候？

引导者（采访现场同学）：当时的感受如何？遇到这样的情景，我们是否也像剧中人这样首先站在自己的立场，抱怨、指责他人的问题？

引导者相机回应学生：人际交往中争论是很正常的，但是要注意不要直接批评、责怪和抱怨别人。直接批评、责怪和抱怨别人会使他人的自尊心和自我价值感受损。美国心理学家卡内基说，批评要从称赞和诚挚感谢入手；批评前先提到自己的错误；用暗示的方式提醒他人注意自己的错误；给别人保留面子。这就是所谓的“坏话好说”的艺术。

请大家想一想如何才能避免人际冲突的发生及人际关系的破裂？心理

学家 Myers 发现，认清人际冲突或分歧的本质，并学会建设性地处理分歧或冲突，可以有效地减少人际关系恶化和破裂的发生。请大家继续观剧，并思考：发生矛盾时我们要怎么做？

第五场　寝室风波起

地点：寝室

人物：李佳、赵老师、方洁、小丽、小维、同学、邻居

道具：床、床单、被套、衣柜、桌子、凳子、衣服

LED：寝室照片

（LED 展示林浩然说说内容）

“不怕狼一样的对手，就怕猪一样的队友！”

（LED 展示 QQ 对话）

李佳：怎么了？

林浩然：没什么……

李佳：比赛……输了？

林浩然：是啊，遇到猪一样的队友，没办法。

李佳：浩然，你们是团队，要共同进退啊。

林浩然：他们根本就不配合我！

李佳：配合是相互的。你是投手，更要懂得和大家合作。

林浩然：合作？还是算了吧。

李佳：浩然，你怎么这样？！作为朋友，我还是希望你能好好训练，拿到全国冠军！（就在李佳与林浩然聊天的时候，赵老师来到了 223 寝室）

画外音：咚咚咚（敲门声）。

赵老师：（微笑着和 223 寝室的同学打招呼）李佳、小维！

李佳、小维：（二人抬起头发现了赵老师）赵老师！

李佳：您来查寝吗？

赵老师：我在楼下散步，正好上来看看你们！

赵老师：（一边细心地查看寝室，一边关心地对她们说）这天气啊，越来越热了，你们回到寝室，可以把门窗打开，注意通风。

（李佳点了点头）

赵老师：（看着小维床边的衣物，走到床边一边叠一边说）衣服呢，要勤洗勤换，这样才能保持个人卫生。（小维也点了点头）

赵老师：李佳啊，你是代理寝室室长，这方面要多多提醒寝室的同学。

李佳：好的，赵老师！

赵老师：哦，对了，昨天生活老师给我发来一张照片，说咱们寝室有一张床特别乱……当然，我也知道这张床是谁的，你呢，作为室长，在她们做完清洁以后留下来检查一下。

李佳：嗯！我知道，赵老师。

赵老师：老师相信你会做好的，我去看看别的寝室。

李佳、小维：赵老师再见！

（寝室灯光暗，赵老师下场）

旁白：晚自习下课后，因为昨天的寝室清洁问题，方洁和小丽被老师留了下来。

（方洁和小丽走在舞台前端，追光打在她俩身上）

小丽：方洁，你说昨天我们寝室的清洁也不是特别不好，赵老师把我们留这么晚。

方洁：哎，我们自己没做好，赵老师是班主任，教育我们也是应该的。

小丽：我看李佳她们今天做得还不如我们呢。

方洁：算了，我们做好自己就行了。

小丽：唉……要是你当这个室长的话，我们可能就没这么惨了。

方洁：其实李佳……工作还是挺认真的。

小丽：好吧……

（方洁、小丽正往前走，方洁的电话响起，是爷爷打来的，她接通了电话）

方洁：喂，爷爷！生活费够了，你放心吧！我知道了！（方洁迅速地挂断了电话，她不想让旁边的小丽听到爷爷对自己的关心，她不想让别人知道自己没有妈妈，是爷爷抚养长大的孩子）

小丽：方洁，是你爷爷啊？

方洁：（小声地回答）嗯。

小丽：上次在寝室我听李佳说，说你爸爸不在又没有妈妈，让我们多关心你一下。她这句话是什么意思？是说你是……孤儿吗？

方洁：什么？

（小丽意识到自己说错话了，捂着嘴退下了）

旁白：听到这句话，方洁愣住了，她的耳边响起了那些最不想听到的声音……

（灯光打在方洁身上，音效出）

同学们的嘲笑声（画外音）：没妈的孩子像根草，你们看她，就像一根狗尾巴草！

邻居的议论声（画外音）：方洁她妈的病没治好。哎，真是可怜啊！小学还没毕业，这么小就成了没妈的孩子。

方洁呼唤妈妈（画外音）：妈妈，你回来！妈妈，我想你……

（灯光亮）

（方洁的内心非常难受，她心不在焉地走回了寝室）

（回到寝室的方洁，内心仍然无法平复，她呆呆地坐在床边，小丽想到自己刚刚说的话有些不好意思，一边整理衣柜一边偷偷地看着方洁，李佳和小维正在看书）

小维：李佳，把你的笔借给我一下，我的笔没笔芯了。

李佳：给！（李佳从桌子里拿出一支漂亮的钢笔递给小维）

小维：这支笔真好看！

李佳：这是我生日的时候，我妈妈给我买的！

（听到"妈妈"两个字，坐在一旁的方洁仿佛受到了刺激，可李佳却完全没有意识到）

小维：你妈妈对你真好！

李佳：就是啊，从小到大，她什么都为我着想，我都不敢想象要是我没有妈妈，可怎么办啊！

（方洁走到李佳旁边）

方洁：李佳！

李佳：怎么了，方洁？

方洁：你有妈妈很了不起，是不是？

李佳：什么意思，方洁？

方洁：你到处去跟别人说我是一个没有妈的孩子，你什么意思？

（小维意识到可能要出事，她收起了桌上的书本，跑回自己的床边）

李佳：我没有，我什么时候去跟别人说了？

方洁：你自己说了，你还不知道吗？

方洁：你以为我没有妈妈就很可怜吗？我不需要你这样假惺惺的！

（说话间，方洁已冲动地扔掉李佳的钢笔）

李佳：方洁，我不是这个意思，我……（话被方洁打断）

方洁：昨天你给赵老师打我的小报告，说我床铺收拾不干净？说我收拾得不干净，是吧，嫌弃我收拾得还不够干净！！

（方洁情绪激动，一边说着一边冲向李佳的床铺，将被单全部拉扯了下来）

李佳：不是，真的不是。

方洁：现在别人都认为我是个孤儿！我到底是哪得罪了你？你要这样戳我伤疤！

李佳：方洁，我真的没有，我不是这个意思……

方洁：你说了还不承认！我看你是欠打！

（方洁气不过，把手高高举起准备打李佳耳光，定格，灯黑。熄灯后，大家都进入了梦乡。李佳偷偷坐起身，拿出日记本写日记，追光打在李佳身上，LED 展示日记内容）

旁白：夜渐渐深了，熄灯后，整个校园都进入了梦乡，唯独李佳辗转难眠，她摸着自己被打的脸，强忍着的泪水终于流了下来，她偷偷地从被窝里爬起来，拿出了日记本。

李佳（画外音）：妈妈，我想你了……我想把今天的委屈告诉你，可是又害怕你担心。浩然、李珊，还好今天你们没有看见我狼狈的样子，我不想你们为我出头而受处分，我不想有人被开除……包括……方洁，方洁她也很可怜，所以，赵老师我也不能告诉你。今天就当做了一个梦吧，明天，就会好好的……（灯光渐暗，李佳睡着了）

第三幕　相助相融

第一场　我们都爱自己的孩子

人物：赵老师、李佳妈妈

旁白：李佳以为那噩梦般的耳光，自己忍耐着，就过去了，可是“明天不会更好”。赵老师、妈妈都已知晓情况。此时，李佳妈妈找到了赵老师……

李佳妈妈：赵老师，我听佳佳同学说了，我们佳佳被打了。佳佳从来没有受过这样的委屈，你们学校必须给我们家长一个交代。

赵老师：李佳妈妈，你放心。学校一定会公正处理这件事的。

李佳妈妈：李佳我要先带回家，我可不想佳佳再受到欺负，我要求开除那个学生。

赵老师：每个孩子都是家里的宝。你心疼李佳，我很理解。两个孩子都是我的学生，平日里两个孩子都挺懂事，她们之间有误会。

李佳妈妈：小小年纪不学好，还动手打人，就应该严肃教育！

赵老师：嗯，这是我们学校、我们老师的责任。

李佳妈妈：学校不应该有这样的学生。

赵老师：如果孩子犯了错就直接开除，推给社会，更不利于孩子成长啊！

李佳妈妈：话是不错，可我这个当妈的看着佳佳挨了打，心疼啊。

赵老师：您的心情，我很理解，孩子们处于青春期，处理问题有时比较冲动，我们作为家长和老师应该引导和鼓励孩子们主动解决问题……

李佳妈妈：你们学校想怎么做？我是当妈的，我必须保护我的孩子。我现在就带李佳回家，等学校的答复。

赵老师：说实话，我的心里很着急。我不知道方洁去哪儿了，全班同学都在找她，我担心她出事。等找到孩子，再解决问题，好吗？

李佳妈妈：等你们把方洁找到了再说，我现在带李佳回去。

第二场　是她激怒了我

地点：湖边花园的角落里

人物：方洁、黑白人 2 人

道具：黑白人服装

LED：湖边花园照片

旁白：方洁听说李佳妈妈气冲冲找到班主任，以为自己会被学校开除，于是她一个人悄悄地跑出寝室，安静地蹲在一个僻静的角落，可她的心里并不宁静。

孤零零待在校园僻静的小路边。是去还是留？天使和魔鬼在她的心里发生着激烈的争吵！

天使：方洁，去找赵老师帮忙，去给李佳道歉吧。

魔鬼：方洁又没有做错，为什么要道歉？是李佳在背后说小话，方洁是在自我保护。

天使：不，方洁，你做错了。打人就是不对。

魔鬼：保护自己有什么错？方洁，你做得对。

天使：不，不对！方洁，暴力是解决不了问题的，它只会让矛盾越来越恶化。

魔鬼：方洁，你没有妈妈，自己不强大，到时候会有更多同学在背后说你小话。你必须反抗，越反抗你越强大！

天使：方洁，强大不是用暴力来展现的。暴力只能说明你内心的脆弱。

魔鬼：那用什么？用忍受？就应该用巴掌给那些揭人伤疤的人一个教训。

天使：方洁，你忘记赵老师对你的关心了吗？你忘记同学对你的帮助了吗？

魔鬼：方洁，是他们要抛弃你的，走出校园，外面的世界同样多姿多彩。

天使：方洁，你不想离开学校，你渴望友情，你渴望温暖。

魔鬼：方洁，这些友情不要也罢。只有强大才能保护自己。

天使：方洁，光明和黑暗有时候只是一步之差。你做错了，去道歉，去解决问题吧。

魔鬼：方洁，你没有错。越反抗你越强大。

……

（天使与魔鬼不断重复、反复争执，最后在方洁痛苦地呼喊中消失。）

方洁：不要再说了！我不想打人。是她激怒我的，是她激怒我的……

（展示方洁内心纠结的舞蹈）

第三场　我们都爱你

地点：心理咨询室

人物：方洁、赵老师、方洁妈妈

道具：桌子、椅子、卡牌

LED：心理咨询室室内照片

旁白：赵老师带着全班同学找到了方洁并告诉方洁不会放弃她，方洁内心震动，仿佛感受到了妈妈的温暖。可是“妈妈”依然是方洁内心最深处的伤痛……这份缺失的爱该如何弥补？这时，她跟着赵老师来到了“温心氧吧”。

（灯亮）

（方洁和赵老师坐着，赵老师拿出了心理卡牌）

赵老师：方洁，我们来做一个游戏。你看这里有很多卡牌，选一张最能代表你此时心情的牌。

（屏幕上显示心理卡牌的介绍。方洁在挑选卡牌，最后屏幕上定格几张卡牌。方洁在寻找属于自己的那张）

引导者（引导者出现在舞台一角）：心理卡牌，也叫潜意识投射卡，喻为心灵的镜子。借助心理卡牌，能帮助我们把潜意识里的东西呈现出来，在解读中有所顿悟和整理。镜子反射的是我们的外表，心理卡牌反射的是我们内在的意识。

（方洁选出了一张“剁手”的图卡，LED 呈现这张卡牌）

赵老师：它和你的生活有什么关联吗？

方洁：这只手打了人，犯了错。我不想打人。我只是想质问一下李佳，可是后来没有控制住情绪……

赵老师：没有控制住情绪，你的心情也不好受吧！我们继续看。

（方洁低下头不再说话。赵老师慢慢地翻开一张张卡牌。方洁只是静静地看着。突然一张“输液”的卡牌出现，方洁一怔，泪如雨下）

方洁：我小时候，我妈妈就一直住在医院里。就是这样躺在病床上，输着液。她说话声音很小……她很瘦很瘦……我妈妈后来不住医院了，她回家了……现在我没有妈妈了，妈妈……

（方洁想起了妈妈。）（回忆技术）

画面一：妈妈生病了。

妈妈：方洁……方洁……方洁……

方洁：妈妈，你好点了吗？你还难受吗？

妈妈：我还好，不难受了。倒是你，这些天照顾妈妈，辛苦了。

方洁：不辛苦！妈妈，你看你都瘦成什么样子了，你要多吃东西……妈妈，我们什么时候回家啊？妈妈，我想吃你做的清蒸鱼、红烧肉，还有我最喜欢的……

（方洁开心地数着美食，回头一看，妈妈已经不在眼前）

画面二：方洁呼唤妈妈

方洁：妈妈，你去哪呢？我们不是要回家吗？不是要回家吗？你怎么一个人走了，你不要我了吗？我在学校犯了错，我该怎么办呢？

妈妈：方洁，妈妈不能一直陪着你。但你还有同学、老师、朋友，你要坚强，你要加油！……记住，你是一个善良的孩子！

方洁：不，我不要坚强，我不要善良。以前遇到问题，你总是陪着我，可现在……我好想你！你回来啊，你快回来啊！妈妈，你带我回家吧……

（赵老师走到方洁身边，用拥抱温暖着方洁）

赵老师：孩子，咱班就是你的家，班里的每个同学都很关心你，都是你的亲人。还记得吗，军训时李佳经常为你打热水；你生病了，小丽一直在医院陪着你；校运会你参加 800 米，全班同学在终点迎接你……

方洁：是啊，他们真的很关心我。

赵老师：孩子，试着把心打开，你并不孤单，我们都很爱你。

方洁：赵老师，刚才我还看到一张卡牌。

（LED 直接呈现“拥抱”卡牌）

方洁：拥抱，接纳彼此。这种相互支持的力量，才是友情的力量，这才是真正的自我保护。赵老师，我希望李佳能回来，我应该给李佳道歉。

引导者：在人际交往中，谁都可能有出错的时候。同学们，你们觉得自己在交往中曾经有过哪些过错呢？自己意识到做错时，内心是什么感受？是否给予对方真诚的道歉？道歉后你们的友谊有没有受到影响？（相机采访）

古人说：人非圣贤，孰能无过！当我们意识到自己的错误时，都知道“有错就改，善莫大焉！”但是承认自己有错会很难受，做起来也很不容易。不过，当你一旦真诚地道歉后，我们的内疚、羞愧等心理就会消失，我们的自我会因为自己的勇气和担当而变得更强大，这个时候你就会体会到来自集体、来自同学友谊的力量！

第四场　惺惺相惜

地点：运动场

人物：李教练、林浩然、马东、吴志刚、棒垒球队队员若干

道具：手机、棒球、口哨

LED：学校运动场

旁白：上次的棒垒球比赛，因为浩然的自负与轻敌，虽然输了，但凭借积分优势队伍顺利出线晋级国赛。为了全国冠军这个目标，队员们更加积极地投入到下一阶段的训练。

（队员们正在自行训练，队长上台，吹响了口哨）

队长：集合！

（队员们集合站好）

队长：报数！

队员：1、2、3、4、5、6、7……

队长：谁没到？

张路希：该到的都到了。

伍春旭：好像林浩然没到。

谢方华：他没到，正常！

王志恒：没准又去看电影了……

（李教练上场，队长跑向教练）

队长：教练，今天林浩然没有到。要不……我去找他。

李教练：（犹豫了一下）不用了。这次比赛……

（李教练带队员跑步，途中遇到林浩然，队员退场，李教练单独找到林浩然）

李教练：臭小子，今天怎么不来训练？

林浩然：额……教练，我……我……我的肩受伤了，我想请一天假。

李教练：小子，我知道你的肩没有受伤，你的伤在心里。

林浩然：教练……

李教练：你是个好苗子，我看重你。但是……练体能偷懒的，是你吧？集训时提前下课去看电影的，是你吧？比赛时，横冲直撞，打乱节奏的也是你吧！

林浩然：教练，我太想赢这场比赛了……

李教练：小子，记住：这是 9 个人的团结作战，不是一个人的争强好胜！

林浩然：教练……我知道错了。

教练：知道错了，就要勇于改正。拿出男人的气魄来，勇敢面对，勇敢解决。

林浩然：是，教练。

李教练：赶快调整好，等你归队。

（李教练下场。林浩然陷入沉思。马东、吴志刚上场）

马东：浩然，我们从小一起长大。你一直是我们的榜样。

吴志刚：我们是兄弟。所以我们必须告诉你——你变了。

马东：以前的你，自信，阳光。

吴志刚：后来，你越来越高傲自负，都找不着北了。

马东：我们是永远的兄弟，我希望你找回你自己。

（林浩然静静地听着朋友的话，似乎明白了很多）

吴志刚：我们是好兄弟，我们希望你更优秀。你好好想一想，我们先走了。

马东：浩然，记住：同学情，万古存！我们支持你！

马东、吴志刚：对！加油！我们支持你！

（马东、吴志刚下场。）

吴志刚：（回头）浩然哥，李佳还没有回来。你给她打个电话吧。

（林浩然拿出电话，电话接通声）

李佳：喂。

林浩然：李佳，多久回来？

李佳：快了。

林浩然：快了，几个意思？

李佳：昨天赵老师给我妈打电话了，我妈似乎很有触动，主动找我聊了很久。

林浩然：啊，你妈态度大逆转啦。

李佳：嗯，她说她会尊重我的想法，放手让我处理和方洁的误会，这样我才能真正成长。你呢？在训练吗？

林浩然：我的肩受伤了……

李佳：肩受伤了？刚才马东给我打电话，都没有说。

林浩然：他不知道。

李佳：浩然，你是堂堂男子汉，应该正确面对自己的问题。逃避、找借口，不是解决问题的方法。浩然，你还鼓励我要积极争取呢？

（林浩然不知道怎么回答，一时间，电话中的二人都沉默了）

李佳：林浩然！我们一起努力！

（舞蹈：展示友情的双人舞蹈）

第五场　寝室风波平

地点：寝室

人物：方洁、小丽、小维、李佳

道具：床、床单、被套、衣柜、制服、盒饭、桌子、凳子

LED：寝室的照片

旁白：随着林浩然的这通电话，他对好朋友李佳的牵挂告一段落，他知道李佳很快就会回学校了。而风波过后的其他人，并没有如释重负。方洁在赵老师的帮助下虽然解开了心结，但看着李佳空荡荡的床铺，方洁的心里却是五味杂陈。看似若无其事的223寝室，大家都有着一个共同的期盼……

方洁：嗨，我回来了。这是我给你们买的水。

小丽：方洁，那天是我不小心说错话了，你不要放在心上。

方洁：没事，我都忘了。来，我们一起打扫卫生吧。

小丽：哎呀，我的饭还没吃呢！

方洁：等一会吧。一会我请你吃好吃的。

小丽：好！那我收拾收拾，把衣服洗了。

小维：我来拖地……方洁、小丽，其实我觉得李佳对我们挺好的。赵

老师那天来寝室，我也在场，李佳她什么也没说。

（小丽洗着衣服，想起曾经李佳对自己的好）

李佳（画外音）：小丽，我帮你把衣服洗了。

（小丽端起饭盒。小丽很惭愧地坐了下来）

李佳（画外音）：小丽，我帮你把饭打回来了，快趁热吃。

小丽：方洁，李佳还没回来，这两天，我的心里很不是滋味。我能不能做点什么呀？

方洁：小丽，前两天，赵老师跟我说了很多，她希望我勇敢去面对。我们住在一个寝室，难免有误会和矛盾。但是这些都是我们要去面对和解决的。明天早上，我帮李佳把床铺收拾了，我们不能给223寝室丢脸。小丽，你觉得呢？

（小丽终于忍不住了，她走到舞台前，以独白表述内心）

小丽：李佳，对不起！我知道自己平时话多，可能无心的话给你带来伤害，但是你知道的，那不是我的本意。李佳，我知道自己错了，李佳，请你原谅我，你快回来吧。

（小维也拿出手机发着信息，LED展示短信内容）

小维：李佳，方洁说她要把寝室管理好，等你回来再当室长。小丽也很想你回来，我们都很想念你，你快回来。

方洁给李佳发了一条短信："李佳，对不起！那天我脾气不好，很冲动！我特别不该动手打你。我没有妈妈了，特别怕别人说我是孤儿，特别怕别人异样的眼光。赵老师说了，没有妈妈，我还有爸爸、爷爷、老师和同学，特别是有你们这帮室友。我不是一个人。诚挚地向你道歉！希望你早点回来。"

弹幕1：老铁，你真准备抛弃我们这帮兄弟了吗？不够意思，赶快回来！

弹幕2：佳佳，我们都想你，快回来吧。

弹幕3：李佳，礼仪队没有你，颜值都被拉低了，快回来。

弹幕4：李佳，全班都在等你回来！

弹幕5：等你回来！

弹幕6：等你回来！

弹幕7：等你回来！

弹幕8：我们等你回来！

（舞台一角，李佳背着背包，上场。准备回学校。李佳妈妈也上场）

李佳妈妈：佳佳，准备回学校吗？

李佳：嗯，妈妈。同学们每天都在给我发信息。大家都在等我回去呢！

李佳妈妈：可我还是不放心……

李佳：妈妈，方洁已经给我道歉了，这段时间我不在，都是她在帮我管理寝室。

李佳妈妈：你愿意原谅她？

李佳：嗯，我原谅她了，同学情，万古存嘛！

李佳妈妈：佳佳，我是真没想到，同学们会这么挂念你，妈妈以前总是很担心，你这孩子又老实，我害怕你吃亏。

李佳：我就知道妈妈对我最好了。（抱着妈妈）

李佳妈妈：赵老师说得对，我不能保护你一辈子，一味地逃避更不能解决问题，你和方洁的误会就该放手让你去沟通，自己去成长。

李佳：妈妈，我知道，我也要勇敢一点，学会积极地去沟通。

李佳妈妈：嗯，妈妈也要和你多沟通。要学习怎么做女儿的好闺蜜。

李佳：嗯，我的好闺蜜！我回学校啦！

李佳妈妈：到了学校，记得帮妈妈再给赵老师道个歉。这次妈妈处理问题太冲动了。

李佳：知道了。

（李佳阳光自信地回头看看妈妈，勇敢地向前走着，看看 223 寝室，灯黑）

【女声独唱】《阳光的味道》

第六场　雨中狂奔

地点：训练场

人物：林浩然、替身、李教练、队友若干、对方队员若干

道具：奖杯

LED：训练场照片

旁白：李佳终于回学校了，而林浩然在教练和朋友的提醒和帮助下也认识到了自己的问题。他渴望与队友齐心协力捧回全国冠军的奖杯，他满怀信心回到队伍里，参加训练。

队长：1！2！3!

（队员们正在队长的带领下练习挥棒。林浩然正欲加入，而队员们却突然停止了训练，站到一旁。队长无可奈何，林浩然懊恼地呆坐到地上。李教练上场）

李教练：臭小子，怎么了？

林浩然：他们都不接纳我。

李教练：想继续训练吗？

林浩然：想！

李教练：想赢吗？

林浩然：想！

李教练：想，就用行动告诉大家，就用行动证明给大家看。

（李教练拍拍林浩然的肩膀后离开，突然转过身，抛给林浩然一个球）

李教练：小子，记着——你欠我一场胜利。

旁白：林浩然望着教练离去的背影，情绪翻涌，往事一幕一幕浮现在眼前。

【替身】

场景一：朋友离他而去。林浩然想拉住朋友，却徒劳无力。

马东：你最行，你最厉害，我们不配做你的朋友！

吴志刚：你走你的阳关道，我过我的独木桥。

田源：保重！浩然哥！

林浩然：不，不要走，回来，我们不是朋友吗？回来！回来啊！

场景二：在队友的欢呼中，林浩然（替身）正要兴奋地举起奖杯。突然，对方队伍的投手一把夺过奖杯，在另一队伍的欢呼中扬长而去。林浩然用力想夺回奖杯，却是一场空。

林浩然：奖杯是我们的。不要抢！不要抢！还给我！

场景三：林浩然（替身）抱着头接受队员的指责。队员们陆续上台，围着林浩然（替身），指责声此起彼伏。

张路希（画外音）：全部都是因为你！

杜亦骁（画外音）：林浩然，你的投球我佩服。可是，你太毒！

王志恒（画外音）：不要以为自己很了不起！

彭杨（画外音）：平时我们都忍着你，今天，我们不想忍了！

伍春旭（画外音）：你可以不用回来了。

李跃（画外音）：我们不需要你。

谢方华（画外音）：（情绪激动，高喊）换人！换人！换人……（声音此起彼伏）

林浩然：不要说了。（林浩然痛苦、懊恼，扔掉球棒，推开人群，推开情绪）

（默默地走上前，狠狠地将矿泉水瓶砸了）

林浩然：我知道是我不对！我影响了团队！你们回来吧，我改！

（林浩然奔向跑道。随着音乐，开始奔跑。）（背景音乐：《明天，你好》）

李教练：我们这个棒垒球队的每个人都要把心拧成一股绳，输了比赛我们不能埋怨个人，我们是团队，是朋友，是兄弟。我们需要林浩然，林浩然也需要我们！

（话毕，李教练加入到林浩然的奔跑中，队员们一个、两个、一排、两排陆续加入林浩然奔跑的队伍，用陪伴化解所有的阴云）

李教练：我们是谁？

队员齐：九龙棒垒！

李教练：我们的梦想？

队员齐：全国冠军！

第四幕　相亲相爱

第一场　我们是冠军！

地点：赛场

人物：林浩然、棒垒球队队员、啦啦队队员

道具：奖杯

【大型舞蹈】舞蹈一方面呈现啦啦队为比赛加油，另一方面呈现林浩然带领全队的棒垒球比赛，最后以林浩然捧得全国冠军奖杯结束。

LED：全国中学生棒垒球比赛场照片

第二场　同学，朋友！

地点：操场

人物：赵老师、李教练、林浩然、李佳、方洁、同学若干

道具：奖杯

旁白：团结拼搏的九龙职教棒垒球队一路过关斩将，终于获得了期盼已久的全国冠军。喜讯传回学校，全班同学等待着冠军归来。

【集体舞】《青春纪念册》

（林浩然带领棒垒球队上场）

杜亦骁：大家还记得吗，最后那场比赛，浩然的那个绝杀球，真是帅到没朋友。

林浩然：如果不是你们实力压住对方，我也找不到那么好的机会啊！

队长：浩然，这次太棒了，我们棒垒球队太默契了。

谢方华：我看了李教练发的小视频，真的很给力！

彭杨：那明天呀咱们接着练。

齐：接着练！

全班同学：嗨！英雄回来啦！（队员撤到两侧，李佳跑上前）

李佳：战胜了挫折，赢得了冠军，林浩然，你是好样的！

林浩然：我以前那么令人讨厌，你怎么都不告诉我呀。

李佳：浩然，这都是成长的过程，是我们必然经历的。

林浩然：是啊，不管路途多么艰难，我们要勇敢面对啊。

方洁：你说得对，不管问题多困难，我们都要正确地解决。

李佳：昨天，我失去过朋友。

林浩然：昨天，我失去过队友，也失去了好兄弟，但是今天这个奖杯是属于大家的，队长！（林浩然将奖杯送给了队长）

林浩然：昨天那个不可一世的林浩然，滚蛋吧！

方洁：昨天那个敏感脆弱的方洁，滚蛋吧！

李佳：昨天那个胆小退缩的李佳，滚蛋吧！

李佳：223寝室，我的好姐妹！

林浩然：棒垒球队队友，我的好兄弟！

李教练：孩子们，我看到你们的团结，我很欣慰！

赵老师：同学们，我看到你们的友爱，我很高兴！

李教练：我们希望，你们永远是——

齐：朋友，对，我们永远是朋友，同学情，万古存！

【集体舞】《青春纪念册》

（剧终）

屏幕展示诗歌：

天空收容每一朵云彩，不论美丑，所以天空辽阔壮观；

高山收容每一粒岩石，不论大小，所以高山巍峨无比；

大海收容每一朵浪花，不论清浊，所以大海浩瀚无涯……

谢幕

三、大学剧本实例

《成长风暴》（节选）[①]

辅导目标：

1. 引导同学们跟着少锐探寻人生的迷茫和困境，找出属于自己的人生答案。

2. 让同学们走进少锐的成长内心，审视自己的难题，体察自己的情绪。

3. 让同学们明白青春的成长过程中总会面对风暴，但是坚强下去就能看见彩虹。

4. 让教师更了解青年学子的迷茫，思考如何与他们沟通和交流，帮助他们走出青春的迷思。

心理技术和表现方式：

独白、旁白、梦境、舞蹈、角色互换、引导者等技术。

故事梗概：少锐的成长经历很坎坷，童年就失去了爸爸，大学又失去了妈妈。还好有好朋友晴儿和邱雨默默帮助、关心他。长大的少锐遭遇了爱情的风暴、母亲离去的风暴，要如何面对自己的内心、面对和朋友同学们的别离、面对长大成人的迷茫呢？在与引导者的交流中，少锐渐渐了解自己的内心，更加坚强有力。

主要人物：少锐、儿时少锐、晴儿、儿时晴儿、琳琳、邱雨、书生、小丫、出国者、创业者、老师、引导者、少锐的小学同学、幼儿园小朋友、学习委员。

第一幕

（一）独舞：现代舞（表示求索，追寻自我）

（二）打出剧名

（三）咨询场景：引导与少锐谈话引出主题

提纲：

（1）咨询场景的设置。

（2）咨询内容的设置：通过少锐之口讲出大家压抑已久的内心感受，如当代大学生对自我、生活、社会的迷茫和痛苦，心理严重失衡。

---

① 刘冬威. 民族心理剧的探索性研究. 重庆：西南大学，2006.

（3）引导者将现场观众带入思考，引出主题：我从哪里来，我是谁？

内容：

（1）咨询场景的设置

引导者：智慧、理性、善意

少锐：内心失衡、自卑、偏执、情绪低落

作用：通过咨询场景的设置，经少锐之口说出大家的烦恼，从而引出主题

道具：两张椅子，餐巾纸，一杯水

音乐起，剧名打出之后，全场灯逐渐至半亮，用蓝色作背景，半分钟后，引导者说话，音乐减弱

（2）咨询内容的设置

引导者：今天，你想谈些什么？

（少锐不答，姿势稍有改变，痛苦地用手抱着头）

引导者：能告诉我吗？是什么事情在烦扰着你？

（少锐把头缓缓抬起）

少锐：我不知道，我很烦！（内心痛苦，无助，毫无头绪）

（引导者略停）

引导者：我想我能够体会你的心情，能具体谈一下你现在的感受吗？

少锐：（长吸一口气）我不想见任何人，也不喜欢这个世界，我看到了太多太多丑恶的东西。（略停，有些激动）我讨厌虚伪、讨厌欺骗，我感觉这一切的一切都不是我应该和能够接受的！（情绪特别激动，有动作）

引导者：你说你不想见任何人？周围有太多的虚伪与欺骗，这让你感到很痛苦？难以接受？

少锐：（点点头）是的。我有一种害怕（稍停，目光空洞地看着前方），甚至是恐惧的感觉，却不知道害怕什么。我总觉得有很多双眼睛在盯着我，我不知道在何时便会伸出一只魔爪（痛苦与极度无助，快要哭出来），我感觉我生活的背景像纸一样苍白。我悬空着，有时竟孤独得像风席卷过来，把我包围得喘不过气。（停顿）

引导者：那么，在你的生活中，有没有什么事情让你感觉到快乐的？

少锐：（遥不可及的感觉）快乐？我不知道，也许曾经有过？从小我就有一个快乐的梦，可现在我真的不知道自己想要什么！（彻底绝望）

（3）引导者将现场观众带入思考，引出主题

剧停，钢琴起（思索的音乐），引导者上前，与观众交流，引出主题。

引导者开始说话，钢琴停。

引导者：我讨厌一切虚伪、一切欺骗，我觉得这一切的一切都不是我应该和能够接受的。我想大家都有过类似的感受。少锐感到很迷茫，内心异常痛苦，不知道自己想要什么，向我寻求帮助，今天就让我们一起寻找答案。现在我想请大家思考这样的问题：

（音乐起，钢琴）

生命中最重要的东西是什么？

如果我们去问一个生活在饥饿边缘的人，答案一定是食物：如果我们去问一个快要冻死的人，答案一定是温暖。然而，当这些基本要求都满足之后，如果我再问大家：生命中最重要的东西是什么？

是否还有些东西是每一个人都需要的？

第二幕

剧情

（一）用梦境开场

梦出现：对自由、飞翔生活的向往——音乐（轻松、轻快、空灵、柔和）、笑声（女孩子）、海浪、海鸥、船、翅膀。

（二）主人公上场

演员：少锐

（汽笛声，灯光渐亮，音乐起）

少锐：又做梦了！（幸福、疑惑、遗憾）

（主人公走动，台前定格）

少锐：还记得小的时候，我就开始做这个梦了！

（三）借梦回到儿时

演员：儿时少锐、幼儿园阿姨、妈妈、一群小朋友

（小孩子笑声响起——一群小孩子在老师的带领下玩游戏：丢手绢、老鹰抓小鸡、蒙面抓人、跳皮筋、踢毽子）

【互动】小孩子：我们找下面的大哥哥、大姐姐一起玩吧！

（忽然，儿时少锐陷入创伤体验，小朋友因为他没有爸爸不和他玩，欺负他，他哭着回家找妈妈）

第三幕

（场景切换，少锐独自上台）

（喃喃自语，一连串的“为什么”——突出内心的矛盾以及寻找自我的急切心情）少锐：长大了？为什么我没有小时候快乐？为什么周围的人都在不停地说着郁闷？为什么大人们都不愿承认自己的错误？为什么我总要不情愿地附和着周围人的言行？为什么我常常会感到不敢面对自己曾经的追求？为什么我现在不知道自己到底想要什么？为什么？

（一）小学阶段：上课场景[①]

演员：老师、学习委员小明、儿时少锐、儿时晴儿、小学同学

（预备铃声响起）

小明：交作业了，大家快点把作业交上来！

（小明在收作业，走到少锐跟前）

小明：（不客气地）少锐，你作业呢？

少锐：我……我忘带了。

小明：什么忘带？肯定又没做！（不屑地白了少锐一眼）

少锐：（气得脸红，起立）我是……不是……是我……

小明：你不用狡辩了，待会儿我告老师去！（扭头走开）

少锐：（气愤地）你告呗！你就知道告老师！谁怕谁呀！（正式上课铃响起）

（老师上场，开始上课）

老师：上课！

小明：起立！

众学生：老师好！（鞠躬行礼）

老师：同学们好！（鞠躬回礼）

小明：坐下！

（待同学坐好，老师开始讲话）

老师：在上课之前，我有一件事情要说。上周我布置的作文《我的爸爸》，大家都交了吗？（看向学习委员）

小明：（起立）老师，少锐没交！（转头看了一眼少锐）

（老师示意小明坐下）

老师：少锐，站起来！（略带威严）

① 本处仅节选了这一个场景，因此后文未见标题（二）。

（少锐又气又委屈，痛苦地站起来，伤心地低着头）

老师：（生气、无奈，语重心长）少锐啊，少锐。你怎么又没交作业呀？我跟你说了多少遍了，你不好好学习，怎么对得起你父母？现在不好好学习，怎么考得上重点中学？考不起重点中学，又怎么上得了重点高中。上不了重点高中，又怎么上大学？不上大学，你还有什么出息？（稍作停顿）难道你想没有工作吗？

（在老师说话的同时，晴儿一直在举手。此时，老师才注意到晴儿）

老师：（略带生气）晴儿，你怎么了？

（晴儿怯生生地站起来）

晴儿：（害怕地）老师！……少锐他……他……

老师：少锐他怎么了？

晴儿：少锐……他……他没有爸爸！（伤心地哭了）

（全场暗，一束独光打在少锐身上。全场安静，此时晴儿走到少锐身边，拉着少锐的手）

晴儿：少锐，别哭了，我们回家吧！

（此时，灯光全暗……）

第四幕

旁白：就这样，在老师谆谆教诲下，我和晴儿如愿以偿地考上了同一所重点中学。日子就这么过着，学习依然紧张。除了晴儿，我在中学里只结识了一位挚友，他的名字叫作邱雨，原因很简单：我们都毫无理由地疯狂爱上了踢足球……

（一）中学阶段，足球约定

演员：少锐、邱雨

（静止的四个场景）

场景一：邱雨出现

场景二：少锐出现

场景三：两人看书

场景四：两人踢足球

旁白：时间过得真快，中考就这么结束了。我们又一次成为幸运儿，顺利地升入了重点高中。当然，我们也实现了那个约定，终于痛痛快快地踢了一场球！那天，我们都很尽兴，晴儿也笑得很甜。后来，我们居然在草地上睡着了！不知道为什么，我又做了那个梦……

（梦境再次出现）

旁白：回头看看自己，看以前的自己、以前的朋友……长大，好像只是一瞬间的事（灯光打在少锐身上）。很快，我就要大学毕业了……

（二）毕业前的聚会

演员：少锐、邱雨、琳琳、创业者、出国者、书生、小丫

（灯光暗，一束独光投到少锐一个人身上。少锐起身揉揉眼，抬手看表）

少锐：噢！时间快到了！

（舞台另外一边：一束光打亮，照着已经坐好的众人）

创业者：哎！我说琳琳！你们家少锐怎么还不来呀？

（琳琳转头看着邱雨，做询问状）

（邱雨也耸耸肩，表示不知道）

（灯光跟着少锐向众人渐渐移动）

小丫：你们看，少锐来了！

（众人转头望向少锐）

创业者：（略带责备）你怎么才来呀？大家都等你老半天了！

（少锐从邱雨身旁绕过，坐到了琳琳的旁边；和琳琳有一个对视，后扫视一遍众人）

（灯光柔和，钢琴、萨克斯作为音乐背景）

书生：嗨！真快呀！

出国者：谁说不是呀！转眼就是毕业的人了！

创业者：诶，我说大家都定了没有？

（众人表情各异：书生叹气，创业者笑着看大家，出国者抬头看大家，小丫低着头在扣手指，少锐、琳琳、邱雨对视无语）

邱雨：少锐，考研准备得怎么样了？

少锐：就那样吧。

（琳琳关切地注视着少锐）

出国者：（智慧、自信地）其实也不一定非要考研！

众人惊疑：嗯？你不考啦？

出国者：为什么我们一直循规蹈矩地生活？为什么我们一直要按照别人的要求生活呢？难道我们就不能追寻真实的自我吗？为什么我们要按照老师的要求生活呢？为什么我们要顺从家长的意愿生活呢？为什么我们一

直要做一个听话的好孩子呢？（稍作停顿）可是为什么我们就不能按照自己的想法做？（众人惊讶，张口望着他）

出国者：（语气缓和）还记得小时候，学习并不好，可是我却很自由、很快乐！可是，有一天，我发现自己不知不觉也变成了一个好学生（停顿）但我并不快乐！这样的生活不知道还要持续到什么时候！

书生：可是大家都是这样过来的呀？

出国者：是啊！好一个"都是这样"。（不屑地一笑）但是，我，再也不要这样继续下去了。永远不要……（愤慨、自信）

（一小阵沉默）

书生：那你有什么打算呢？

出国者：（干脆地回答）我要出国！

众人：为什么？

出国者：我要去找回自己！

小丫：哇！你好厉害呀！可是我听不懂！（傻笑）

邱雨：（目光转向小丫）小丫，你有什么打算？

小丫：（怯怯地）我……我也不知道。我要去问一下我妈！

（众人微笑，创业者大笑，站起，叉腰挥手）

创业者：据我分析，从某种意义上说，当下的国内，挣钱的机会很多，甚至比国外还多，这是千真万确的事，所谓乱世出英雄，当下的国内，正处在资本积累的原始期，脱颖而出的机会很多很多……

书生：那又怎样呢？

创业者：那又怎样？（看着书生做疑问状）本人当然是要创业啦！

邱雨：创业？创什么业呀？

创业者：（故做神秘状，弯腰、低头，吸引众人聚集）秘密！

（众人后仰，"嘘"声四起）

琳琳：书生，你问了大家这么多，那你想干吗？

书生：（举举眼镜，慢悠悠）我，我没有你们想得那么多，我只想找一份稳定的工作，然后……（此时书生脸上浮现出幸福的表情，做遐想状）

琳琳：然后呢？

书生：然后……然后我会做一件更重要的事情……

琳琳：（迫不及待）那是什么事呀？

书生：别打岔！（又举举眼镜）我，我要和女朋友结婚！

（众人惊讶，创业者把正喝着的水喷出，被呛着，站起）

创业者：（万分惊讶）什么？结婚？和她？你们还没分呀？兄弟，我跟你说过多少遍呀。大学恋爱不能太投入，你看看咱们毕业班的同学还有几对没分的？嗨，你呀你，真是个书呆子……

（琳琳气急地站起来）

琳琳：瞎说！你以为人人都像你一样呀！花心大萝卜一个！（琳琳转向书生，微笑地赞同）

琳琳：书生！别理他，我支持你！

（琳琳转向少锐，用期盼的眼神看着他）

琳琳：是吧！？

（此时，少锐缓缓起身，抑制不住内心的痛苦）

少锐：为什么现在我们每次在一起谈的都离不开工作、赚钱、出国、创业、结婚这些东西，我，我都快疯掉了……（停顿，众人惊讶）我不想…我真的不想……我觉得活得、活得好累。我什么也不想要，我只想像以前一样，（仰望天空）看着晴儿甜甜地笑，和邱雨痛痛快快地踢一场球……

（少锐转身离开）

（邱雨有些激动地呼出）

邱雨：少锐！（半起身，半伸手挽留状）

第五幕

旁白：长大了，我得到了什么？失去了什么？成人的世界真的少了一份曾经拥有的爱与被爱。我依然怀念和晴儿在一起的那段高中生活。

（灯光由暗到淡）

旁白：高考临近，学习更加紧张，同学们更加忙碌；太阳依旧东升西落，似乎日子一切如常。可在我的心中，对晴儿的依恋也日渐加深，就像氧气一样到达了不可或缺的地步！

（一）高中生活——紧张的学习与情窦初开

演员：少锐、晴儿

（音乐起——轻柔、浪漫，鸟叫声，灯光渐亮）

（晴儿上场，悠闲地走在校园里）

（少锐出场，急切地找晴儿；忽然发现晴儿，欢快地蹦到晴儿面前，晴儿被吓了一跳；然后两人相视而笑。音乐渐小、弱、停）

少锐：（兴奋）晴儿！

晴儿：（略惊讶）嗯？

（少锐还是抑制不住兴奋）

少锐：晴儿！

晴儿：（略带疑惑、微笑）什么事呀，这么开心？

少锐：（神秘状）嗯……这个嘛（停顿）……

（少锐说着从身后闪出一张报纸）

少锐：（有些自豪、得意）你看！

（晴儿接过报纸，摊开看了一会儿）

晴儿：（很兴奋）哇！终于发表了！真为你感到高兴呀！

（少锐兴奋得从晴儿的一边跳到另一边。孩子气得“嘿嘿”傻笑）

少锐：那，有奖励吗？

（晴儿略加思索，看着少锐）

晴儿：嗯，那我给你买个冰淇淋吧！

少锐：（失望状）啊！就这个啊？

晴儿：（略好奇）那你想要什么？

晴儿：哼！给你买个冰淇淋就不错了！

（少锐这时有些局促，挠挠头，突然高兴起来，又孩子气地说道）

少锐：不如这样吧！我……我……还能像……像小时候那样……牵你的手吗？（少锐呆呆地看着晴儿。晴儿不语，略带犹豫、羞涩，但幸福地转身走到了少锐前面）

（此时音乐渐起）

（少锐慢慢跟上，与晴儿并肩走了两步，尝试了几次终于抓住了晴儿的手）（此时音乐到高潮）

（两人不语，走了一会儿）

少锐：晴儿……我……

晴儿：（低头）什么？

少锐：我能像这样永远牵着你的手吗？

（晴儿先是不语，然后看着少锐）

晴儿：（俏皮地）如果等到那天，我再告诉你！

（两人下场。灯光暗）

旁白：那天晚上，我做了一个梦……

（音乐起，音乐剧开始）

（二）音乐剧

演员：音乐剧中的少锐、音乐剧中的晴儿

（男主角入梦镜，细品恋爱的感觉）

音乐：浪漫、轻柔

场景设置：男主角兴奋，逐渐转入梦境。（灯光渐暗）——男主角捧着恋爱对象的小物品漫步向舞台一侧走。（到整个舞台三分之一处时，干冰器开始慢速地向舞台注入烟雾）到舞台四分之一处时，音乐渐起。最后男主角在离舞台3—4步时转向台前走。同时，舞蹈演员之一出场。（前排灯光已全暗，只留下台上的地灯，台下只看得到演员的影子。）舞蹈演员起舞，男主角在台下躺着，带着微笑入睡。（自灯光开始暗淡，追光就一直打在男主角身上，全场灯光渐暗，追光渐显。男主角入睡之后追光渐暗直至关闭）

（三）大学毕业前矛盾的集合（本剧高潮）

旁白：（晴儿声音“如果等到那天……”）我每天晚上睡觉前脑海中都会浮现晴儿这句话。日子就这样过着，经过不懈努力，我们再一次成为幸运儿，晴儿和我进入了同一所大学。我终于可以向她表白了，我至今还清晰地记得：那是秋天的一个下午，很凉爽。她，穿着一件白色的连衣裙，很美、很美！

1. 追晴儿失败

演员：少锐、邱雨、晴儿

（少锐和邱雨上场。灯光渐亮）

【角色互换】

① 邱雨和少锐

少锐：邱雨，我该怎么对晴儿说好呢？

邱雨：少锐，你不要紧张。你就和她慢慢地说，像聊天一样，很自然地就说出来了。

少锐：不行，我一想就觉得紧张。

邱雨：没事的，放心，我们从小玩到大，这么熟。何况你们青梅竹马，感情这么好。你一定会成功的！加油吧！

② 邱雨和少锐

少锐：（焦虑、急切）我还是觉得很紧张。怎么办？

邱雨：要不咱再练一遍？

少锐：快！快点！

（少锐很紧张地抓着邱雨的双肩，激动异常，老半天说不出话来。邱雨很莫名其妙）

邱雨：你干吗抓我这么紧？你倒是快说呀！

少锐：我……我……我……

邱雨：我什么我？快说啊！

少锐：我……我有东西给你。……我，我有一件东西给你。我……

邱雨：啊！……就这个？

少锐：我真的有东西给你！

邱雨：（略不耐烦）那快拿来呀！

（少锐在身上搜来搜去，从口袋里掏出了一封情书）

少锐：（颤抖着）给……给你！

（邱雨接过情书，正准备打开时，却被少锐一把抢回来）

少锐：不，你不能看！

邱雨：好！好！我不看！继续，继续！

少锐：（快速地）我……我喜欢你！

邱雨：我也喜欢你！

少锐：啊！

（少锐很惊讶，心想：怎么这么顺利。邱雨抬手看时间，急促地说）

邱雨：好了，好了。时间快到了，我走了。加油哦！你一定行的！哦，对了，把情书收好了，别再毛手毛脚的了！

（邱雨下场，少锐把情书揣来揣去，始终觉得不妥，最后还是把情书揣进了左胸口的外衣口袋里。正当少锐右手按住心口做安心定神状时，晴儿忽然从他身后拍了一下他的肩膀："嘿！发什么呆呢？"少锐惊得跳起。其实，刚才那一幕晴儿全部都看见了）

少锐：（忽然转回神来，看着晴儿）哦。没，没干什么！

晴儿：（好奇地）那你干吗一直摸着你的心口？

少锐：哦！一个民族在上帝的眷顾下，可以拥有自由与和平！

晴儿：（不知就里）你，没事吧？

少锐：嗯？没事，很好，非常好！咱们走吧！（惊喜地注视着晴儿）

晴儿：（疑惑）走？走去哪里？

少锐：嗯？去，去，去池塘边吧！

（两人并肩缓缓向前走着。此时，从侧面吹来缕缕秋风）

（晴儿本能地摸了摸自己露在外面的胳膊，做寒冷状）

晴儿：（细语）嗯，有点冷。

（少锐忽然眼睛一亮，好像意识到了什么……转身面向晴儿，关切地问道）

少锐：晴儿，你冷吗？

（晴儿微微点点头）

晴儿：嗯！

（此时少锐正准备脱自己的衣服给晴儿穿；晴儿注视着少锐，无语；可当少锐把衣服脱到一半时，却忽然停住，看着左前胸，似乎想起了什么，紧接着又把衣服拉起）

晴儿：（惊讶状）你怎么了？

少锐：（有些惶恐）嗯，没，没什么！

（晴儿更加疑惑不解。少锐接着说道）

少锐：噢，你，你不能穿我的衣服！

晴儿：（越发不解）为什么？

少锐：嗯？这个，这个。因为那样我会冷的！

晴儿：（略带生气）什么？

少锐：（语无伦次）哦，如果你冷的话，你应该自己带一件外套的！

（此时，晴儿想说什么，却又欲言又止，把目光从少锐身上移开，平视前方，偶尔分神看看路旁正在飘落的黄叶。同时，少锐也渐渐平静下来。两人无语走了一会儿。忽然，两人同时抬头望着对方，激动地说道）

晴儿（少锐）：我有件事和你说！

（而后，两人先同时愣住，然后又同时会心地笑了。接着，少锐略带激动和希望地说）

少锐：那你先说吧！

（晴儿先是愣了一下，然后有些不好意思地说道）

晴儿：少锐，我，我恋爱了……

……

（好一阵沉默，少锐呆呆地看着晴儿，如梦初醒状。少锐强行压抑着自己的感情，强作镇定。表现得很无奈，略带绝望又非常自卑）

少锐：（喃喃自语）这……这样啊……那，你……他……怎么回事？

（晴儿随后道出了网恋的经过和感觉）

晴儿：其实我和他认识很久了，只是一直都不知道怎么跟你说。

少锐：（表情尴尬、痛苦，却强颜欢笑）认识很久了？是……是怎么认识的？

晴儿：（低下头）在上网聊天时，偶然遇见的。

少锐：（痛苦进一步深化）哦，是这样啊。那，你爱他吗？

晴儿：是的……他也很爱我。

少锐：哦，那就好！

晴儿：嗯，而且，我真的很喜欢和他在一起的那种感觉；那种感觉是我一直所追寻的。

少锐：那……我，走了……（低头，转身离去）

（音乐起：《好想见你》）

晴儿：（伸手大喊）少锐……

（少锐略带希望回头，看着晴儿）

晴儿：你……你有什么事吗？

（少锐彻底绝望，双手握紧）

少锐：我，还能有什么事？

晴儿：少锐……少锐！

（少锐顿足，没有回头。然后继续向前走去……）

少锐独自走在瑟瑟的秋风中，终于忍不住痛哭流泪。

（此时晴儿甜美的声音出现。与晴儿在一起的欢乐时光的场景闪现，脑海中浮现出晴儿可人的笑。与此时痛苦的心情形成强烈反差。少锐手中颤颤地捏着那封情书，想撕了，试了几次，最终没撕）

旁白：那天的情景，在多年以后，依然萦绕在我的心头。那一刻，我的心，就像死了一样，只剩下跳动；我的神，犹如消失了一般，唯有意识。

（音乐到高潮）很多时候，我不知道，我是否失去了我不想失去的，得到了我想要得到的。当一切好像恢复平静的时候，另一个女孩闯进了我的世界，她的名字叫作琳琳，也就是我后来的女朋友，她是那样毫无保留地爱着我，但我不知道是否爱她。

琳琳与少锐相遇

场景：清晨、花园、晨读场景

少锐专心读，漫步朝前移动。

琳琳匆忙赶着上课，情急之中与少锐相撞。

琳琳：哎呀，惨了惨了，又要迟到了。快快快，哎哟（与少锐撞个

满怀）

少锐：哎！你！（有点生气，有点烦）

琳琳：你从哪冒出来的，走路都不长眼睛！（一边埋怨，一边捡书。两人同时捡到一本书，少锐抓到琳琳的手，对视四秒）。

琳琳：完了，这下真要迟到了！（匆忙跑下台）

少锐：哎！同学，你的书……（望着琳琳消失的背影）

旁白：确定是美丽的。但变幻无常更为美丽。三天后，同样的时间同样的地点，我们再次相遇了。

场景：少锐在长椅上专注地看书，琳琳哼着歌从少锐的身旁走过，忽然发现了少锐熟悉的身影。

琳琳：干什么呢？（推少锐的肩膀）少锐是吧……

少锐：你？什么啊？（冷漠，有点恼）

琳琳：这么快就把我给忘了，哼！书还给我！

少锐：噢，你就是那天撞我……

琳琳：噢你个头呀！傻瓜！你知道天为什么这么蓝吗？

少锐：关我什么事！

琳琳：告诉你，那是因为我想它是蓝色的，所以它才是蓝色，呵呵，你知道火为什么是烫的吗？

少锐：该不会是因为你吧！

琳琳：聪明！因为我不喜欢你整天这么闷，所以你就得给我开心点，嘿嘿，走，给我拿书去！

（灯光渐起，直至昏暗程度；配音乐“生活往往不是按照预料的发展……”）

少锐：此后。我常常做一个奇怪的梦，在梦中我呼叫着晴儿的名字，追逐着一个女孩。

（演出：女孩回头，原来是琳琳，惊出少锐一头冷汗）

（灯光全暗）

2. 妈妈去世

演员：少锐、邱雨、琳琳

（灯光昏暗。少锐、邱雨出场。音乐低沉）

（少锐埋着头，做痛苦状，邱雨默不作声地坐在少锐对面。此时，琳琳高兴地叫着少锐的名字从后台跑上来。看到这沉闷的一幕，先愣了一下，做莫名其妙状。然后叫了两声“少锐”，邱雨伸手、摇头给了琳琳一

个暗示，但琳琳没有理解，冲过去拍了一下少锐的肩膀）

琳琳：少锐，嘿！叫你呢！

（少锐不作理睬。琳琳有些生气地又拍叫了一次）

琳琳：你怎么啦？

（少锐不耐烦地挥了一下胳膊）

少锐：别烦我！

（琳琳委屈地看着邱雨做莫名其妙状）

琳琳：这……这是……

（邱雨无奈起身将琳琳引到一边）

邱雨：（声音压低）少锐，他母亲……不在了……

（琳琳吃惊地瞪大眼睛）

琳琳：不在了？

（顿了一会儿后，琳琳温情地转头望着少锐。只见少锐全身在发颤，忽然起身。目光斜视旁边，痛苦、低沉地说道）

少锐：你们都出去吧！

（邱雨、琳琳都没动）

少锐：（声音略有提高）你们，出去！

（邱雨做引琳琳走之状，琳琳不肯走，示意让邱雨先走，邱雨无奈离去。琳琳独自矗立门口，注视着少锐）

（音乐渐停……灯光有所改变。过了一会儿，电话响起，长响而无人应答。琳琳欠身接起电话）

琳琳：（压低）喂，你好，你找谁？

（……犹豫地拿着电话看着少锐，过了一会儿，慢慢说道）

琳琳：少锐，找你的！

（少锐没有应答，琳琳顿了一会儿，又说道）

琳琳：（更低）是晴儿！

（少锐顿了一下，慢慢地把头抬起；又顿了一会儿，慢慢地向电话走去，接过电话；再顿了一会儿，将电话慢慢贴到耳边，嘴唇微微动了两下。此时，电话那边传来晴儿的声音）

晴儿：喂，少锐，是你吗？

少锐：（顿了一下，低沉地说道）嗯，是我。

晴儿：怎么了？声音怪怪的？

少锐：嗯，没，没事！（很久没有听到晴儿的声音，显得有些激动）

晴儿：哦，我遇到了一个问题，想了很久，还是不知道该怎么办。所以，就……

琳琳气愤离开。

【角色互换】

少锐和琳琳角色互换

琳琳：少锐，我知道你现在很难过，能让我给你分担吗？我是那么爱你！可你还……

少锐：琳琳，我知道你很爱我，可是我并不清楚我是否爱你。

琳琳：可我愿意为你付出，心甘情愿。

少锐：可是那样对你不公平！

琳琳：那你能告诉我该怎么做吗？

少锐：不知道，我不知道，不要问我好吗？（痛苦）

3. 考研失败和酒吧场景

旁白：在经历了诸多不幸之后，我愈加迷茫，已经很难用语言来形容我当时的感受；如果可以用一个词来表达的话，我想是"绝望"。由于诸多的压力，我放弃了考研；更可悲的是，我并没有从绝望中找到希望。（稍作停顿）日子还这么过着，在镜中已经找不到少锐的影子……

酒吧场景（故事达到最高潮，用摇滚宣泄情感）

场景设置：在酒吧中，喧闹、强劲的音乐，舞台灯光接近全暗，旋转的灯光，群魔乱舞，在舞台中央一束追光打在少锐身上，少锐在极度痛苦与压抑中不停地喝酒，烦躁充斥了他的内心。在忍无可忍的时候，突然将酒瓶摔在地上，顿时整场安静（停顿数秒），少锐发出绝望的喊声。这时全场黑暗（停顿稍长时间）。

此时从黑暗中传出电吉他的声音，整个音乐和灯光渐起（摇滚音乐喧而不躁，旋律优美，灯光在音乐之后渐起，速度要慢，直至亮度适中）。音乐逐渐达到高潮，使观众充分宣泄情绪。

宣泄完之后，只剩一束独光打在少锐身上（停顿稍长），回放梦境做背景（音乐进行感情酝酿），儿时少锐出场，少锐缓缓抬头，儿时少锐围绕他慢慢走一圈，少锐想抓却怎么都抓不到他。儿时少锐离开，少锐抬头望着自己的梦。

引导者出场——读少锐妈妈的信（女声）——引领大家重新体验成长的历程。

（1）孩子出生的场景：

妈妈带给了我们什么？最伟大的事情莫过于我们的母亲将我们带到人间。可是，当我们过生日那天，又有多少人会想到这正是母亲的受难日？我现在又正在为妈妈做些什么呢？

（2）读妈妈的信与旁白：

随着妈妈的病情逐渐加重，我更加忧郁。妈妈的病像阴云一样笼罩着我，阳光对我来说，只是画面而已。我觉得呼吸更加沉重，但我必须独立！而我万万没有想到的是，沉重却来得如此猛烈！妈妈竟然不辞而别，我觉得我被压得喘不过气来，我觉得真的快要窒息了！

妈妈的信

少锐：

我亲爱的儿子，当你看到这封信时，妈妈已经不在你的身边了。这些日子里妈妈想了很多很多。当我知道自己得了绝症的时候，脑海中只有你的影子，当时只想你能回到我的身边。因为在我的生命里，让我最牵挂的只有你了。我本来想到学校看你的，可是不想让你看到我生病的样子。后来，我没有时间了。从小到大，你不仅是我的儿子，更是我最值得信赖的朋友，我们习惯了一起吃饭，一起谈心，一起争论问题，一起梦想未来。可是以后，我就不能陪你了。还记得小时候吗？你被小伙伴欺负，回来哭鼻子，妈妈告诉你男孩子不能哭，要坚强。从那以后，你就再也没有哭过，所以我希望你看到这封信的时候依然坚强！

现在，我已经忙完了手头的事情，回到家里把家里打扫得干干净净，然后洗了你所有的衣服，整理了我们的相片、你的奖状，还有你小时候最喜欢玩的变形金刚。然后我就一直坐在屋里，当时一直傻傻地想，要是我的儿子少锐突然在门口敲门，那该有多好。我几次都起身，觉得你有可能出现在屋子里的任何一个地方。最后，我走到了厨房，做了你最爱吃的菜，把它们放在桌上，又打开了电视，因为你一回到家里，总是爱先打开电视。妈妈想告诉你，虽然以后我不在你的身边了，但我会永远爱你！如果以后还有机会的话，我想拉着让我骄傲的儿子的手，一起去看看蓝天，一起去看看白云，一起带你去吃你喜欢的麦当劳。少锐，以后的日子里，妈妈不能陪你，你要一切小心。这个社会这么复杂，你要好好地照顾自己，万事小心。

要好好地和人相处，改改你那个坏脾气，不然会吃亏的。琳琳是个好女孩，你要好好地对她。少锐，我的儿子。妈妈现在意识到活着是多么美好的一件事情！妈妈真的不愿离开，不愿背弃对你的承诺，不愿把你一个人孤零零地留在这偌大的一个世界上，可是妈妈真的是无力回天。我思来想去，却不知道该把你托付给谁。靠山山会倒，靠人人会跑，只有自己最可靠。所以，你要学会自立。我希望你以后能够对自己的生命负责，能够有勇气去面对生活，战胜生活中的任何困难。生活是一面镜子，你哭它就对你哭，你笑它就对你笑，所以，孩子，仰起笑脸迎接大千世界！妈妈去了，但世界上还会有许许多多会爱你，会关心你的人。只要你以一颗赤诚的心去对待身边的人，你就会得到同样的回报。相信妈妈！

妈妈会在天国里看着你结婚生子，事业有成！妈妈知道你会过得幸福的，妈妈一直都知道。

第六幕

（一）回到访谈的场景——引导者与少锐对刚才故事的对白（点题——寻找自我）

（1）回到咨询场景（注意现场氛围、衣服、灯光的设置与转换）

（2）通过简短对白回应主题：对“我是谁”问题进行不断思考的过程

引导者：理智、善意。

少锐：平静，但内心依然矛盾。

少锐：谢谢你！

引导者：为什么要谢我？我并没有为你做什么！我只是尽我所能帮你回忆童年。

少锐：回想童年的时候确实给我带来了很大痛苦，虽然我现在还是不知道我想要什么，但现在我感觉舒服多了！

引导者：那谢谢你自己吧！事实也是如此，真正能帮助你的人，不是我，也不是别人，也只有你自己！

少锐：我？

引导者笑着点点头。

（二）回忆结束，少锐邀请引导者参加毕业典礼

场景设置：引导者和少锐坐在舞台中间，传来同学的拍照声，一人拿着相机出场，此时灯光全亮，其他照相者跟着出来。另有送书等其他送别场景。

由照相者请引导者与少锐照相：这么好的天！还坐着干吗？照张相吧！

（将他们引入这个场景）

由两人的对话引出少锐的梦想。

引导者：今天天气这么好，现在感觉怎么样？

（少锐苦笑）

引导者：要毕业了，有什么愿望吗？

少锐：愿望？下场雨吧！

此时（灯光变暗，隐隐有雷声传来），气球从天空飘落。同学们都惊喜地叫着、笑着、享受着这场雨。（暗含雨水对大地的洗礼和滋润）

少锐张开双臂，闭上双眼，任气球飘落，音乐到高潮。

（三）本剧结束，演员陆续上场——成长图片回放——引导者总结陈词

生命中最重要的东西是什么？

My dear friend,

I don't know if you can find the answer for yourself.

Maybe you are right.

Maybe you are wrong.

That is not the important thing.

The most important thing is:

We are thinking!

We are human beings!

That's enough!